一切皆有天意

一切皆有法度

天渡法商股权

三部曲之

股权激励

邰哲 著

中国政法大学出版社

2020·北京

图书在版编目（ＣＩＰ）数据

天渡法商股权三部曲之股权激励/邰哲著. —北京：中国政法大学出版社，2020.8
ISBN 978-7-5620-5964-6

Ⅰ.①天…　Ⅱ.①邰…　Ⅲ.①股权管理－公司法－研究－中国　Ⅳ.①D922.291.914

中国版本图书馆CIP数据核字(2020)第090919号

出　版　者	中国政法大学出版社
地　　　址	北京市海淀区西土城路 25 号
邮寄地址	北京 100088 信箱 8034 分箱　邮编 100088
网　　　址	http://www.cuplpress.com (网络实名：中国政法大学出版社)
电　　　话	010-58908289(编辑部) 58908334(邮购部)
承　　　印	北京中科印刷有限公司
开　　　本	720mm×960mm　1/16
印　　　张	26.5
字　　　数	420 千字
版　　　次	2020 年 8 月第 1 版
印　　　次	2020 年 8 月第 1 次印刷
定　　　价	89.00 元

　　2020 年对于整个世界乃至人类社会来说都是艰难的一年，太多的不确定性因素打乱了很多人的阵脚，对于大多数的中小微企业来说更是难上加难的一年。

　　过去的 10 年，互联网技术的迅猛发展冲破了信息差异的壁垒，乃至太多的信息来自四面八方，大家都变得急不可耐，只想赚"快钱"。企业纷纷挖空心思想着如何花钱、如何宣传、如何获取更多流量，但是我们所看到的行业巨头、崭露头角的行业 IP 曾经所走过的成功道路不可能适合每一个企业，很多时候钱花了却没有得到预期的结果，我们愈来愈意识到合法有效的方法往往才是核心。未来的 5 年甚至 10 年，很多企业可能都要做好准备换一种生存方式，"勒紧裤腰带"寻找最匹配自己的个性化生存道路。在这种时刻更加凸显出团队以及人力资源的可贵之处，一个能与之伴随并不断成长的平台将会是越来越多人的选择。我们从好高骛远到脚踏实地，看起来只是一步之遥，实际上却是迈开了很大的一步。

　　沸水需要冷却，企业也越来越能够客观冷静地看待自己。站在一个更加宏观的角度来看，这未尝不是一件好事。伴随着这些对企业以及对未来社会的思考，我开始了本书的写作。

　　本书的初衷是以专业律师的视角，为天渡法商团队的主要客户群体——中国的中小微民营企业提供专业的股权设计整体解决方案，以案例分析为主线、以通俗易懂的语言表达方式让企业能够了解什么是股权激励以及如何实施股权激励、如何创造适合自己的个性化平台。目前来说，为企业设计股权激励方案的主要机构有管理咨询公司以及律师事务所。管理咨询公司的优势是能站在一个更加宏观的角度为企业指明方向，但是咨询人员一般都没有受过专业的法律教育，在设计涉及多方权利义务关系的股权激励方案时，很可能存在法律隐患。而股权激励作为企业管理的一种手段，往往需要更加落地的方案，专业的律师在实操过程中才能给出更加合法合规的方案，减少法律纰漏。

本书在写作过程中，紧紧围绕股权激励的合规要求展开，在保持案例真实的前提下务求精准干练。我们希望，通过本书的抛砖引玉，通过对股权激励精彩案例的分享和深入分析，能够提高股权激励方案制定的专业性，推动富有中国特色的股权激励制度的完善和发展。我们同时希望越来越多的中国企业，通过实施股权激励制度，开疆拓土，越来越强。

在繁重的日常工作之余坚持写作是一件很困难的事情，因为你不可能奢侈地拥有一个相对固定的时间去更深入地思考、构思、寻找更贴切的案例。所以能够成书，苦乐自知，外人实难体会。

本书的写作得益于诸多朋友的帮助，没有天渡法商团队的律师和咨询师团队的鼎力相助，没有团队丰富的个性化咨询业务经验，本书绝无成书可能。感谢父母和家族的每一位成员，特别是我的宝贝儿子恩格，你就像深邃宇宙馈赠给我的最亮的星。你们是我的精神支柱，我深爱着你们。感谢我的助理胡晴雯和中国政法大学出版社的冯琰老师、徐梦鸽老师对本书的案例收集、校对和编辑贡献的智慧和辛劳。在此一并对她们表达诚挚的谢意。

最后，由于水平及时间所限，本书不当之处在所难免，敬请读者朋友们不吝赐教。

一切皆有天意，一切皆有法度。

邰 哲

2020 年 6 月

谨记于北京青年湖寓所

股权激励概论

　　随着现代企业的所有权和经营权的逐渐分离、专业化分工的不断深入，公司治理方面理论研究不断深入，催生了委托代理理论、人力资本理论和交易费用理论等一系列理论，极大地推动了现代企业管理理论的发展。自从美国律师路易斯·凯尔索（Louis Kelso）在 20 世纪 60 年代创设了员工持股计划（Employee Stock Ownership Plans，简称 ESOP）以来，股权激励制度在美国等西方国家众多企业中得到迅猛的发展，并在世界范围内得到推广。

　　20 世纪 90 年代以后，随着中国经济的迅速发展，中国企业越来越多地开始学习西方先进的企业管理制度，其中股权激励制度作为激励企业核心人才的一种长期激励机制，开始逐渐为中国企业所关注、学习和引进。进入 21 世纪以来，随着上市公司密集推出股权激励计划，引领了各行各业的企业特别是中小民营企业、高新技术企业开始大量推出自己的股权激励制度。事实证明，股权激励制度能够适当降低经营成本，减少职业经理人的代理风险，留住核心管理团队和技术团队。

第一节　股权激励的历史发展

一、欧美企业股权激励的发展

　　股权激励制度起源于 20 世纪 30 年代的美国，直至 20 世纪 80 年代获得了长足的发展，最常见的和运用最多的股权激励制度是股票期权制度。股票期权最初是用来应对高税负的一种手段，但实践证明其激励的效果明显大于避税的效果。所以美国各大公司纷纷效仿，将其作为一种长期激励授予高层管理人。在美国，经理人股票期权计划就基本等同于股权激励，股权激励被认为是 20 世纪美国经济高速发展的两大引擎之一，另一大引擎是科学技术创新。同时，股权激励制度也是约束职业经理人道德风险的三道防线之一，另两道防线分别是董事会制度和公司控制权市场争夺。[1]

目前，股权激励制度在美国企业中不断运用，发展出了多种衍生形式。例如限制性股票、虚拟股票、股票增值权、延期支付、员工持股计划等多种激励形式。股权激励让经理人在一定时期内持有股权，可以获得一部分剩余收益以及股权的增值收益；同时经理人将按照持股比例承担企业的风险。这样将经理人的利益与企业的利益捆绑在一起，可以使经理人在日常经营中更加关心企业的长期价值，引导经理人增加长期行为，减少短期行为。

美国证券交易委员会的抽样调查显示：2007 年，美联社对世界 500 强CEO（首席执行官）薪酬做了不完全统计，基本工资收入仅占他们总薪酬的9.5%，这一比例在总薪酬超过 3000 万美元的 11 位 CEO 中仅为 2.7%。在硅谷，股权激励更是成就了众多的年轻富翁和大量的新型知识企业。可以这样说，美国硅谷之所以有今天的繁荣，股权激励制度功不可没。

经过十几年的理论完善和实践探索，股权激励从理论基础到模式化及实际操作都得到了企业的广泛认可。现阶段的股权激励方式更为多样化，上市公司通过股票期权、限制股票、业绩股票等方式，可以实现员工直接持股，比如 2012 年 5 月 18 日 Facebook 在纳斯达克上市的时候，创始人扎克伯格持有 24% 的股份，而员工持股达到 30%。对于未上市公司，除了直接持有股份之外，还常使用一些让员工享有股份权益的虚拟持股的方式，比如华为的全员持股计划。

二、中国企业股权激励的前世今生

（一）晋商智慧

晋商是明清时期国内最大的商帮，崛起于明代，在清乾隆、嘉庆、道光时期已经发展到鼎盛，在流通界活跃了五百多年，足迹不仅遍布国内各地，还出现在欧洲、日本、朝鲜、东南亚和阿拉伯等国家或地区中。清朝中叶开始，晋商逐步适应金融业汇兑业务的需求，由经营商业向金融业发展，咸丰

---

[1] 参见马永斌：《公司治理之道》，清华大学出版社 2013 年版，第 329~330 页。

年间，山西票号几乎独占全国的汇兑业务，曲殿元在《中国金融与汇兑》中说："山西票庄执中国金融界之牛耳，约百余年。"可以说晋商对16世纪后的近世社会产生了巨大的影响。[1]

多年前央视热播的电视剧《乔家大院》通过再现几百年前的那些人和事，让普通群众对当时的山西票号有了大概的认识。

乔家商业从第一代乔贵发起家，到第三代乔致庸手上，事业突飞猛进，这一切都得益于其创造了一种特殊的制度，即顶身股制度。在《乔家大院》中，东家乔致庸就是现代意义上的股东，而掌柜的则是职业经理人，身股制度有效地解决了东家和掌柜之间的委托代理问题，确保二者齐心协力干事业。身股制度亦可称为"顶身股制度"，顶身股无须出一文资金，给符合条件的伙计以身股（也可称为劳力股），凭自己的劳动参与分红。乔致庸通过推出伙计身股制度，以人为本，把东家利益、商号利益和员工利益有机结合起来，充分调动了员工积极性。晋商身股制度如图1-1所示：

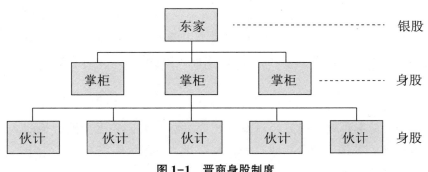

图1-1　晋商身股制度

晋商的身股制度还有一大特色，实行协账制度，称为"故股"，也就是对于掌柜和有突出贡献的伙计，在其去世后，家人还可以根据其之前所顶的身股，享受一到三个账期的分红。在掌柜一级的，比如大德通票号大掌柜高钰在1919年去世后，在1925年的账期分红时，仍以原顶身股1股获得分红8000两。而伙计一级的，比如1908年大德通账期的分红中，有陈通垣故股1

---

〔1〕 参见《晋商的股权激励》，载百度文库 https://wenku.baidu.com/view/6da40bbdf705cc17552709b2.html，最后访问日期：2019年8月30日。

厘 5 毫，分得余利银 2550 两。"故股"制度约束了掌柜和伙计的短视行为，更重视银号的长期经营，在掌柜推荐重用的伙计或者在退休时向东家推荐接班人时，也更加慎重，因为接班人的经营情况也和他的利益密切相关。同时如此优厚的待遇和浓郁的感情也使得上至掌柜下至伙计，无不以票号为家，使尽浑身解数努力经营。

晋商的身股制度是现在股权激励的雏形。伴随着竞争激烈的商业环境，现代股份制企业中所有权和经营权的分离，产生了所有者和经营者之间的委托代理关系，必然造成了企业的代理成本问题。像晋商的身股制度一样，现代股权激励让经营者拥有一定的股份或者股份权益，将企业和经营者的利益紧密地结合在一起，所有者和经营者的关系不再是单纯的委托代理关系，而是合作关系，让经营者自己监督管理自己，降低所有者监督的难度和成本的同时刺激了经营者积极性。

(二) 我国现代股权激励制度发展轨迹

由于历史原因，晋商的顶身股制度在我国之后的商业发展中未能衍变成现在的股权激励制度。直到 20 世纪 90 年代，西方的现代股权激励理论才逐渐传入中国。1993 年，深圳万科集团成为中国上市公司中第一家实施股权激励的公司。随后，天津、北京、武汉、浙江等地的部分公司开始逐步推行股权激励方案。

2004 年开始，国资委开始在其监管的中央企业中实行经营者年薪制，其中，年薪由基本薪酬、绩效年薪及中长期激励组成，并逐步推行长期激励制度。2005 年，我国上市公司股权分置改革开始。国资委发布《关于上市公司股权分置改革中国有股股权管理有关问题的通知》（已失效），并且在该通知中明确表示，对于已经完成股权分置改革的国有控股上市公司，可以探索实施管理层股权激励。

2005 年颁布的《上市公司股权激励管理办法（试行）》（已失效）和 2006 年颁布的《国有控股上市公司（境内）实施股权激励试行办法》，标志着我国上市公司股权激励的正式开始，为我国股权激励的实施提供了制度和法律的保障。从此，股权激励在我国的发展迎来了崭新的时期。

2011 年第五届中国上市公司市值管理高峰论坛将主题定为"股权激励：市值管理的新趋势"。中国证监会前主席周道炯在此次论坛上明确指出，股权激励机制可以解决股东与经理层之间利益纽带问题，是资本市场微观主体重大制度创新。

2016 年 7 月 13 日，证监会官方网站发布了历时半年多征求意见修订的《上市公司股权激励管理办法》（中国证券监督管理委员会令第 126 号，以下简称《管理办法》），《管理办法》于 2016 年 8 月 13 日施行，相较于《上市公司股权激励管理办法（试行）》及其配套规定，《管理办法》充分体现了以信息披露为中心的原则，体现了"宽进严管"的监管转型理念。

根据上海荣正 A 股数据统计：从 A 股市场整体公告数量上看，2017 年度 A 股市场披露股权激励计划的上市公司数量呈快速增长态势。2017 年全国共有 407 个上市公司股权激励计划公告，同比 2016 年增长 62.15%，按月度计算，平均每月上市公司就会推出 34 个股权激励计划。纵观 2006 年至 2017 年历年数据，A 股市场股权激励公告数量以年均增加 32 个计划的速度增长，年均增长率接近 30%。

综上所述，股权激励业务的发展大体可分为三个发展阶段：2006 年至 2010 年处于股权激励业务发展初期，整体年均公告数量有限，年均仅有 40 个上市公司股权激励计划公告；2010 年至 2014 年处于稳步增长期，年均 121 个上市公司股权激励计划公告，且每年以 28.88% 的增速增长；2014 年至 2017 年则处于快速发展期，年均 258 个上市公司股权激励计划公告，年均增长率达到 37.27%。

表 1-1　有关股权激励的相关法律法规

发布时间	证监会	国资委	其他部委
1998 年 3 月			财政部、国家税务总局：《关于个人转让股票所得继续暂免征收个人所得税的通知》
2005 年 3 月			财政部、国家税务总局：《关于个人股票期权所得征收个人所得税问题的通知》（部分失效）

发布时间	证监会	国资委	其他部委
2005 年 10 月			全国人大常委会：2005 年修订的《公司法》和《证券法》
2005 年 12 月	《上市公司股权激励管理办法（试行）》（已失效）		
2006 年 1 月		国资委、财政部：《国有控股上市公司（境外）实施股权激励试行办法》	
2006 年 2 月			财政部：《企业会计准则第 11 号——股份支付》
2006 年 9 月		国资委、财政部：《国有控股上市公司（境内）实施股权激励试行办法》	国家税务总局：《关于个人股票期权所得缴纳个人所得税有关问题的补充通知》（部分失效）
2007 年 3 月			外汇管理局：《境内个人参与境外上市公司员工持股计划和认股期权计划等外汇管理操作规程》（已失效）
2007 年 4 月	《上市公司董事、监事和高级管理人员所持本公司股份及其变动管理规则》		
2008 年 3 月至 9 月	《股权激励有关事项备忘录 1 号》《股权激励有关事项备忘录 2 号》《股权激励有关事项备忘录 3 号》		上海证券交易所：《上海证券交易所股票上市规则（2008 年修订）》（已失效）深圳证券交易所：《深圳证券交易所股票上市规则（2008 年修订）》（已失效）

续表

发布时间	证监会	国资委	其他部委
2008 年 10 月		国资委、财政部：《关于规范国有控股上市公司实施股权激励制度有关问题的通知》	
2009 年 1 月			财政部、国家税务总局：《关于股票增值权所得和限制性股票所得征收个人所得税有关问题的通知》
2009 年 5 月			财政部、国家税务总局：《关于上市公司高管人员股票期权所得缴纳个人所得税有关问题的通知》（已失效）
2009 年 8 月			国家税务总局：《关于股权激励有关个人所得税问题的通知》
2013 年 11 月			中共中央：《关于全面深化改革若干重大问题的决定》
2014 年 6 月	《关于上市公司实施员工持股计划试点的指导意见》		
2015 年 12 月	《上市公司股权激励管理办法（征求意见稿）》		
2016 年 7 月	《上市公司股权激励管理办法》（已被修改）		

江苏亚威机床股份有限公司（A股上市公司）第二期限制性股权激励计划节选[1]

1. 本计划依据《中华人民共和国公司法》（以下简称《公司法》）、《中华人民共和国证券法》（以下简称《证券法》）、《上市公司股权激励管理办法（试行）》及《江苏亚威机床股份有限公司章程》制订。

2. 本计划所采用的激励形式为限制性股票，其股票来源为江苏亚威机床股份有限公司（以下简称"亚威股份"或"本公司"、"公司"）向激励对象定向发行新股。

3. 本计划有效期为自首次限制性股票授予之日起计算，最长不超过4年。

4. 本计划的激励对象为公司董事、高管、中层管理人员、核心业务（技术）人员（不包括独立董事、监事）。

5. 对于按照本股权激励计划授予的首次限制性股票，激励对象每一次申请标的股票解锁的公司业绩条件为：以2015年净利润为固定基数，2016年、2017年、2018年公司净利润增长率分别不低于10%、20%、30%。

6. 公司承诺不为激励对象依本计划获取有关限制性股票提供贷款以及其他任何形式的财务资助，包括为其贷款提供担保。

7. 本计划必须满足如下条件后方可实施：公司股东大会审议通过。

■ 律师精彩解读

大家也许会认为，A股毕竟是资本市场的宠儿，实施股权激励实属正常。但根据新三板挂牌公司股权激励数据显示，2017年新三板挂牌企业共有281家，发布了306份股权激励方案，拟通过激励融资18.47亿元。该数据相当可观，表示新三板企业中仍有众多企业选择实施股权激励计划。所以，股权

---

〔1〕 参见《江苏亚威机床股份有限公司关于第二期限制性股票激励计划》，载看准网 https://www.kanzhun.com/news/279763.html,最后访问日期：2019年9月10日。

激励并不是上市企业的专利，已经有越来越多的非上市公司意识到，股权激励是管理创新、效益提升、企业快速稳健发展的刚需。

永安期货（新三板）员工持股计划节选[1]

1. 激励对象主要包括高级管理人员、中层管理人员、核心岗位员工、其他关键岗位员工，及公司认可的有特殊贡献的其他员工。具体筛选维度包含岗位层级、岗位重要性/业绩贡献、司龄及发展潜力。岗位层级：原则上公司内部职级 8 级及以上员工全部纳入参与范围。

2. 股权激励模式采取员工持股计划，将委托财通证券资产管理公司设立永安通鼎 13 号定向资产管理计划。

3. 激励资金来源：本员工持股计划的资金来源为公司员工的合法薪酬和通过法律、行政法规允许的其他方式取得的资金。

4. 股票来源：通过认购永安期货定向发行股票方式取得并持有永安期货股票。

5. 股票价格：本员工持股计划筹集资金总额不超过 26 763.2 万元，每份份额为 1.00 元。

6. 公司股东大会负责审核批准实施本员工持股计划。公司董事会是员工持股计划的执行管理机构，负责拟定和修改本员工持股计划，并在股东大会授权范围内办理本员工持股计划的其他相关事宜。

■ 律师精彩解读

没有上市或者挂牌，没有对接资本市场的企业，特别是广大的中小民营企业能不能实施股权激励呢？当然可以，不仅可以而且需要尽快实施，只有

---

〔1〕 参见《永安期货:员工持股计划(草案)》,载东方财富股吧 http://guba.eastmoney.com/news,833840, 221509281.html,最后访问日期:2019 年 10 月 1 日。

比别人先行一步，才能优化你的股权结构、留住和吸引优秀人才、减少管理层的短视行为、提高管理效率。天渡法商团队在为企业提供法律和咨询服务的过程中，深深感受到了引进股权激励制度对大多数企业来说是绝对必要的。

第二节　股权激励的理论基础

一、委托代理理论

（一）委托代理理论的背景及内容介绍

委托代理理论是过去 30 多年里契约理论最重要的发展之一。它是由 20世纪 60 年代末 70 年代初一些经济学家深入研究企业内部信息不对称和激励问题发展起来的。伯利和米恩斯 1932 年在《现代公司与私有财产》中提出了所有权和控制权分离的命题，所有者委托经理人从事经营与管理决策，所有者为委托人，经理人为代理人，二者之间形成一种委托代理关系。委托代理理论的中心任务是研究在利益相冲突和信息不对称的环境下，委托人如何设计最优契约激励代理人。[1]

委托代理理论的核心观点认为：委托代理关系是随着生产力大发展和规模化大生产的出现应运而生的。其原因一方面是生产力发展使得分工进一步细化，权利的所有者由于知识、能力和精力的原因无法行使所有的权利；另一方面是专业化分工产生了一大批具有专业知识的代理人，他们有精力、有能力接受代理并行使被委托的权利。但在委托代理的关系当中，由于契约不全面、信息不对称、经理人个人目标与企业目标并不完全一致等因素，使得代理行为始终存在机会主义行为。委托人追求的是自己的财富更大，而代理人追求的是自己的工资津贴收入、奢侈消费和闲暇时间最大化，由此产生代理人不以委托人利益最大化的逆向选择问题和道德风险问题。

而不管是经济领域还是社会领域都普遍存在委托代理关系，股东与经理、经理与员工、选民与代表、原（被）告与律师都可以归结为委托人与代理人的关系。现代企业所有权与经营权的分离，企业的所有权归出资者即股东所

---

〔1〕 参见百度百科：委托代理理论。

有，股东按照出资额享有剩余索取权和剩余控制权。经理人是代理人，在企业所有人即委托人的授权下负责企业全部或者部分运营。

委托代理理论是股权激励的重要理论基础之一，对我国企业建立现代企业制度具有重要指导意义。股权激励是充分解决企业内部交易的有效途径，它可以使职业经理人内部化、股东化，成为企业的所有者，以上因素必然会减低代理成本、提高资本收益率。

（二）委托代理理论的完善

1. 外部监督约束机制[1]

企业实行委托代理制必然存在风险，现代企业理论和实践证明，关键在于建立和健全有效的激励监督约束机制。激励监督约束机制的主要功能是要克服委托代理制的大难题，减少和防止代理风险、降低代理成本、增加代理收益。

工商、税务等政府部门，会计、审计、评估、法律等中介组织，网络、电视广播、报纸杂志等传媒机构，公众舆论和社会道德等都对代理人具有一定的激励监督约束作用。简森（Jensen）和梅克林（Meckling）认为，若资本市场完全理性，则外部投资者将能预见到企业内部的代理成本，并会降低对企业价值的评估，即代理成本所导致的企业价值损失最终将全部由企业的内部人承担。从而，在完善的资本市场条件下，委托代理问题较为严重的公司更乐意通过引入外部监督，以降低内部代理成本，并提高企业市场价值。

2. 内部激励机制

大棒和胡萝卜一个都不能少。光是有严厉的监管是不行的，给管理者适当地激励和报酬，比如采用"高薪养廉"制度，用丰厚的薪酬"收买"管理者的忠诚，降低在职消费和可能的道德风险；将高管的薪酬和公司的业绩挂钩；给予管理者股权激励等，这样管理者便会更加有主人翁意识，设身处地地为股东利益最大化服务，减轻代理风险。

---

[1]　参见黄治民：《股权激励操盘手册》，清华大学出版社2017年版，第52页。

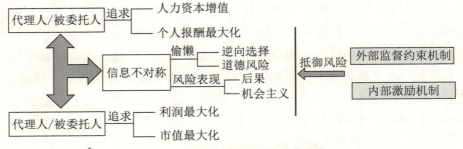

图 1-2 委托代理机制的风险及防范

阿里巴巴的合伙人制度[1]

阿里巴巴精神其实就是以马云为核心的合伙人精神：从 1999 年马云创办阿里巴巴一来，公司最早一批创始人以及后来的管理层，一直秉承合伙人精神。

2010 年 7 月，为了保持公司的这种合伙人精神，确保公司的使命、愿景和价值观的持续发展，阿里巴巴决定将这种合伙人协议正式确立下来，取名"湖畔合伙人"，取自马云和其他创始人创立阿里巴巴的地方——湖畔花园。

第一，阿里巴巴合伙人资格认定。

马云和蔡崇信为永久合伙人，其余合伙人在离开阿里巴巴集团公司或关联公司时，即从阿里巴巴合伙人中"退休"。每年合伙人可以提名选举新合伙人候选人，新合伙人需要满足在阿里巴巴工作或关联公司工作 5 年以上；对公司发展有积极的贡献；高度认同公司文化，愿意为公司使命、愿景和价值观竭尽全力等条件。担任合伙人期间，每个合伙人都必须持有一定比例的公司股份。

第二，合伙人的提名与选举。

阿里巴巴合伙人的产生分提名和选举两部分。新增合伙人至少由 3 位现有合伙人提名；投票时，到场人数不得低于合伙人总人数的 75%，未到场的视为反对，不允许弃权；新合伙人必须获得全部合伙人人数 75% 的赞成票才算通过。

---

〔1〕 由多篇互联网文章整理而成。

此外，阿里巴巴的合伙人制度还具备以下优点：

（1）用合伙人制度来防止"大公司病"，阿里巴巴称合伙人制度能够保证高层管理者之间的合作，克服官僚体系及等级架构。

（2）阿里巴巴当时有28位合伙人，其中有22位来自公司管理层，以及6位来自关联及下属公司。

（3）与美国流行的双层所有权架构不同，即投票权高度集中于少数创始人手中，阿里巴巴合伙人制度分散到更多的高管成员中，阿里巴巴称这样的好处是既能保持公司价值观，又能考虑到合伙人退休后的更新换代。

马云在致阿里人的一封信中，曾写道：

人总有生老病死的那一天。阿里巴巴的创始人有各种原因会离开这家公司。我们非常明白公司能走到今天，不是18个创始人的功劳，而是他们创建的文化让这家公司与众不同。大部分公司在失去创始人文化以后，会迅速衰落蜕变成一家平庸的商业公司。我们希望阿里巴巴能走更远。

怎样的制度创新才能实现我们的梦想呢？从2010年开始，集团开始在管理团队内部试运行"合伙人"制度，每一年选拔新合伙人加入。合伙人，作为公司的运营者、业务的建设者、文化的传承者，同时又是股东，最有可能坚持公司的使命和长期利益，为客户、员工和股东创造长期价值。

我们建立的不是一个利益集团，更不是为了更好控制这家公司的权力机构，而是企业内在动力机制。这个机制将传承我们的使命、愿景和价值观，确保阿里创新不断，组织更加完善，在未来的市场中更加灵活，更有竞争力。这个机制能让我们更有能力和信心去创建我们理想中的未来。

阿里巴巴集团于2014年9月19日成功登陆美国纽约交易所，以首日开盘价计算阿里巴巴的市值达到2383亿美元，比肩中石油的市值成为仅次于中移动、中石油的第三大市值的中国企业。而关于股权设计与股权激励，阿里巴巴有自己的合伙人制度。阿里巴巴集团新闻发言人表示：合伙人机制能够使阿里巴巴的合伙人——即公司业务的核心管理者，拥有较大的战略决策权，减少资本市场短期波动影响，从而确保客户、公司以及所有股东的长期利益。与班车、免费午餐、带薪休假、住房补贴等福利相比，股权激励是推动员工养成主人翁精神的重要法宝。特别对于在海外资本市场上市的科技公司，股权激励甚至是获得投资人认可的必要条件。阿里巴巴集团现在估值在6000亿美元以上，上市时的数据显示，阿里巴巴集团持股员工的比例至少在65%以上。

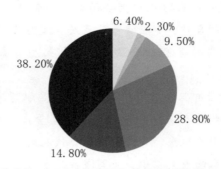

图1-3 2018年阿里巴巴股权结构

二、人力资本理论

（一）肯定人力资本剩余索取权

现代管理学之父彼得·德鲁克（Peter F. Drucker）早在数十年前预言，人类社会将进入知识时代。在知识时代，人力资本将成为唯一有意义的资源；只要拥有人才，其他资源就会纷至沓来。今天，德鲁克的预言已经成为事实。

那么和人力资本对应的是什么资本？是财务资本。在现阶段，人力资本已经崛起，甚至已经开始超越财务资本，成为最活跃的资源。现代企业由于企业运营和管理的专业化和复杂化，使得职业经理人和专业技术团队阶层的出现成为必然。如果将管理团队和专业团队从现代企业中分离，现代企业必将灭亡。

因此，人力资本可以和财务资本一样享有剩余价值索取权，人力资本是企业最重要的无形资产。只有将人力资本对接股权激励，拿股权激励去绑定他们，才有可能实现人力资本价值的最大化。

（二）人力资本对于企业的重要性[1]

在人类社会已进入知识经济时代的时候，人力资本的地位已在一国经济与社会的发展中扮演着越来越重要的角色。企业成功的关键在于引进和留住比竞争对手更优秀的人才，重视人力资源的投资开发。在改制后的现代企业

---

〔1〕 参见芦莹莹：《论人力资本对企业的重要性》，载《财税月刊》2017年第4期。

中，人力资本对企业的影响将越来越重要，有时甚至是决定性的。

1. 人力资本能够提高企业生产效率与企业绩效

现代的企业管理模式遵循的是以人为本的原则，并且这样的观点已经成为企业的公认。卓越的领导者与优秀的员工可以制造出好的品牌，从而使企业获得盈利。人是生产力的发展者，生产力水平的高低衡量着企业的发展空间。

2. 人力资本能够创新技术

技术创新对于企业而言，可以更新企业战略，迅速适应市场的变化。同时，人力资本能够创新技术，以促进生产率的提高。目前，华为公司中本科以上学历人员占员工总数的比例在 85% 以上，硕士、博士、博士后占员工总数的 70% 以上，已经成立了博士后工作流动站。公司每年进行研发投入的资金不低于该年主营业务收入的 10%，居国内企业领先地位。2011 年，华为研发费用支出为 237 亿元，近 5 年的研发投入超过 700 亿元。华为还成立了"2012 实验室"，作为公司创新、研究的主体，构筑未来研发能力的基石。公司不仅高度重视研发投入，而且加强专利权保护。如此"高精尖"的人才配置成为华为科技创新的能量来源。

2004 年 12 月，联想与 IBM 签订协议，收购 IBM 的个人电脑事业部。收购 IBM 后，联想获得了 IBM 电脑部门的研发团队和技术人员。这无疑为联想走国际化战略，开拓海外市场打下了坚实的基础。2014 年 1 月，联想以 23 亿美元收购 IBM X86 服务器业务，交易完成后，联想将有 7500 名员工加入。2014 年 1 月，联想以 29 亿美元从谷歌手中收购摩托罗拉移动。收购后，摩托罗拉旗下 3500 名员工，2000 项专利，品牌和商标组合，全球 50 多家运营商的合作关系都将归于联想。众所周知，摩托罗拉的技术和产品设计团队都在行业内有出色的地位，对摩托罗拉的收购使得联想获得了大量出色的技术型人力资本。

3. 人力资本对企业产权制度构造的影响

在传统企业形式中，企业的产权是以企业成立时法定货币资产的出资为标志和起点的，即出资方依各自出资多少拥有企业产权，而经理、技术人员等只是资方的雇佣劳动者。劳动者按工作量取得相应的报酬，并没有企业的产权，也就没有对企业的收益权和处分权。在这种产权构造中，货币资本是主动方，而劳动力处于一种被动的、受支配的地位。但在人力资本出现并且作用日益凸显以后，企业中已不再是货币资本一统天下，人力资本开始拥有了部分产权。而且，二者的关系正发生了某种逆转，货币资本逐渐变为被动资本，而人力资本逐渐变为主动资本。企业的产权构造发生了悄然的变化，从而产生了人力资本入股的新概念。

人力资本入股指人力资本所有者以其经过科学计算的贡献、通过科学技术、经营管理等创造的价值作为生产要素，加入生产过程，成为创造财富的主体，形成人力资本产权，从而参与收益分配，达到创造财富者拥有财富、创造价值者实现价值的目标。

据调查，美国500强企业中90%的企业实行员工持股，美国上市企业有90%实行员工持股计划。把员工持股企业和非员工持股企业进行比较，员工持股企业比非员工持股企业劳动生产率高了1/3，利润高了50%，员工收入高了25%~60%。

4. 人力资本对企业法人治理结构的影响

企业的法人治理结构的特点是权力的分离与制衡、决策的科学与民主，它与企业的产权结构紧密相连。既然人力资本的形成对企业产权结构产生了冲击，这一影响就必然延及企业的法人治理结构。企业治理的基本要务是解决经营者与所有者的关系问题。西方国家出现了CEO，CEO除对企业的经营管理直接负责外，还具有提名内部董事的资格，因此一般认为CEO拥有50%~60%的董事长权力，由此可见西方国家人力资本对完善法人治理结构有积极作用。

企业中人力资本之所以能够成为资本是因为它能够创造超过自身价值的价值。因此人力资本逐渐被认可为与物质资本一样，能够提高企业的生产效率与绩效、提升创新能力，更在很大程度上对企业的产权制度构造以及企业法人治理结构产生重大影响，成为知识经济时代下现代企业资本结构中不可忽视的重要部分。

小米在香港证券交易所挂牌上市[1]

2018年7月9日，小米集团在香港证券交易所正式挂牌上市。天渡法商

---

〔1〕 由多篇互联网文章整理而成。

团队通过解读小米集团招股说明书，向大家介绍一下小米集团的上市历程。

小米集团是一家以手机、智能硬件和LOT（物联网）平台为核心的互联网公司。公司发展了独特的"铁人三项"商业模式，由三个相互关联协作的支柱组成：一是创新高质量的硬件；二是高效的新零售；三是丰富的互联网服务。

小米集团于2010年1月5日在开曼群岛注册成立，由雷军、林斌、黎万强、黄江吉、王川以及其他投资人投资设立的BVI公司共同控制；在小米集团附属下拥有第二层BVI公司以及小米集团香港公司；香港公司附属下第三层在内地设立的WFOE（外商独资企业），WFOE与境内存在协议控制，通过协议方式对境内公司取得控制权，协议包括独家的业务合作协议、独家选择权协议、股权质押协议、授权书、贷款协议、相关个人股东确认、配偶承诺、争议解决、利益冲突、分担亏损、清盘、保险等。小米集团就是通过这种VIE（可变利益实体）架构取得了小米集团境内公司的控制，成为在香港上市的主体。

根据小米的招股说明书总结，截止到2018年3月31日，小米共计拥有14 513名全职员工，其中13 935名位于中国内地，其他主要分布在中国香港地区、台湾地区和印度、印尼。超过5500名员工拿到了小米的股份，也就是说总员工中的37.89%都拿到了小米公司的股份，这个比例是相当高的。虽然这个比例低于华为的50%以上，但小米的员工持股比例远远高于一般的科技互联网企业。根据小米目前的股价，估值约为500亿美元。小米员工购股权全部行使的话，价值也有约190亿美元。平均每个持股员工的身价也要达到约180多万美元，那么也就是超过1000万人民币！小米上市，又是一个造就数千个千万甚至亿万富翁的神话。

小米从2010年成立，短短不到十年时间，成就了一个营收超千亿人民币，市值可能超过千亿美金的企业，由此可以看到，持股员工被激发起来的企业内生动力是一个非常重要的原因。

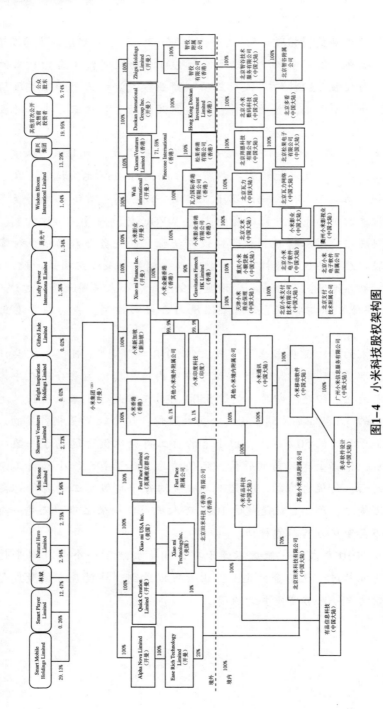

图1-4 小米科技股权架构图

第三节　什么是股权激励

通过前面的章节了解到股权激励的前世今生，那么关于股权激励是否有权威的定义呢？根据中国证监会发布的《上市公司股权激励管理办法》第一章第 2 条第 1 款的定义："本办法所称股权激励是指上市公司以本公司的股票为标的，对其董事、高级管理人员及其他员工进行的长期性激励。"

一、股权激励的定义

实际上从制度层面来讲，自《中华人民共和国公司法》（以下简称《公司法》）颁行以来，最早实行股权激励制度的公司是上市公司。但天渡法商团队主要服务于中国中小民营企业，中国的中小企业也有同样的股权激励需求，需要调动核心团队的积极性、需要对接资本市场、需要解决代理成本问题、需要解决人力资本剩余价值索取权问题，等等。因此，天渡法商团队从实际落地操作的多年经验积累总结了对于股权激励的一般定义：股权激励就是企业的所有者给予经营者一定数量的股权，使其能够以股东身份参与公司的经营决策，通过获得利润和资本溢价，从而勤勉尽责地为公司的长期发展服务的一种激励方法。

二、股权激励的目的

股权激励的目的就是通过给予经营者一定数量的股权，从而留住经营者，留住人才。通过股权激励，给员工以合伙人身份，老板与员工建立利益共同体，通过大家的共同努力分享企业利润；并且通过对接资本市场，争取获得资本溢价的机会。

对于企业员工来说，股权激励既是动力，又是压力，它可以促使员工对企业更加尽心尽责，自觉地提高工作水平和效率，并减少短视行为提高企业业绩。

（一）有利于提高工作效率，完善公司治理

股权激励会起到良好的导向作用，大大提高员工的积极性、竞争性、责任性和创造性。员工在这种预期收益或预期损失的导向下努力工作，一般可以获得好的业绩并因此受益，企业因此步入一种良性循环，生产效率大幅度提高。股权激励方案把高管人员的薪酬与企业的业绩相结合，更好地避免决策的行为短期化，完善资源配置，使股东的利益最大化，有利于完善公司的治理。

华为在1987年刚创建时，资本仅为2.4万元人民币。实行股权激励后，其以非常规的速度飞速发展，到了2006年，华为销售收入高达656亿元人民币。更叹为观止的是其惊人的利润率——在中国电子信息百强企业中，依据企业2006年营业收入排序，联想、海尔、华为占据前三。但在盈利的硬实力方面，华为以41.36亿元居首，远超第二名海尔的15亿元；华为上缴税金74.78亿元，接近前10名中另外9家公司之和。

（二）降低成本压力，建立企业利益共同体

对于任何一个企业而言，现金流和人才都是关乎生死的重要砝码。这两者的重要性，可以这样打比方：如果企业是一个人，那么现金流就是血液，人才就是大脑和四肢。没有现金流，企业将无法开展正常运作，不但生产效率会相当低下，而且会渐渐走向灭亡；没有人才，企业不会发展，不会壮大。

但是，几乎所有的企业在创业初期和发展期都存在着资金特别是现金流的压力，一般都无法给员工，包括高管人员和核心人员以较高的现金工资或奖励。怎么办呢？只有进行股权激励，通过持股经营、奖励股份等激励手段，可以相应地降低员工的工资、奖金等现金类的报酬，这样不仅可大大降低创业成本，还能使员工的努力与企业价值的成长紧密相连，极大地提高员工的积极性。

通常来说，员工和老板之间存在无法解决的矛盾，老板希望员工多干活少拿钱，员工则希望工资高少干活，这种心态的差异造成员工很难有主人翁心态，但是股权激励计划很好地将员工和老板的利益绑定在一起，形成新的利益共同体，从而提升公司业绩。

"1元" 年薪谈股权激励的价值[1]

许多知名公司不仅对普通员工进行股权激励,甚至对首席执行官(CEO)采取股权激励以减少现金流压力,用股权来支付他们高昂的报酬,所以他们的年薪非常少。比如苹果公司创始人史蒂夫·乔布斯、谷歌公司原掌门人埃里克·施密特和克莱斯勒原CEO亚科卡等,他们的年薪都只拿1美元,他们主要的报酬是公司通过股权激励支付的股票。

京东宣布董事会2015年5月批准针对公司董事长兼CEO刘强东的一项为期10年的薪酬计划。根据该计划,刘强东在计划规定的10年内,每年基本工资为1元,且没有现金奖励。虽然每年只拿1元年薪,但根据京东的股权激励计划,刘强东已被授予2600万股A类股股权,相当于公司所有流通股的0.9%。刘强东获得的这笔股权每股执行价格为16.70美元(相当于每股ADS33.40美元)。在该10年期限内,公司不得再向刘强东授予额外股权。股权激励计划规定,未来10年内,只有当京东股价达到或超过33.4美元时,刘强东才能将他那部分股权进行套现,以获得差价收益。如果以33.4美元的行权价计算,刘强东这些股权的价值为4.34亿美元,折合人民币26.95亿元。所以,刘强东每年基本工资1元,且没有现金奖励只是一种形式,公司是用股权来代替现金工资进行支付。

时任阿里巴巴集团董事及首席财务官的蔡崇信,在1999年加盟阿里巴巴的时候,马云给出的是月薪500元。值得注意的是,此前蔡崇信是瑞典银瑞达集团(Investor AB)的副总裁,年薪70万美元。初创期的阿里巴巴如果仅是通过高薪聘请蔡崇信这样顶尖的人才,也许整个公司一年的收入还不够发他一个人的工资。为什么蔡崇信能接受每月500元的工资呢?除了他对马云先生的认同之外,更重要的是公司里面有他的股权利益。

---

[1] 由多篇互联网文章整理而成。

律师精彩解读

对于任何一个公司而言，现金流和人才都是关乎生死的重要砝码。如果公司是一个人，那么现金流就是血液，人才就是大脑和四肢。没有现金流，公司将无法正常运营，严重的会导致破产；没有人才，公司难于发展壮大，只能苟延残喘，最终也难逃倒闭的厄运。

但是，大部分公司在创业初期和发展期都存在现金流不足的压力，很难及时向员工兑现不断上涨的工资或奖金。面对这种困境，老板可以通过对骨干员工实施股权激励来降低人力成本压力。通过持股经营、奖励股份等激励手段，可以相应地降低员工的工资、奖金等现金类报酬，这样可以大大缓解公司现金流紧张的难题。

（三）有利于人才战略的实施

《天下无贼》里葛优说过一句话：21 世纪什么最重要？人才！相信这句话一定道出了许多企业的认同。

随着企业的发展与扩张，"人才"所带来的问题往往成为企业难以突破的管理瓶颈，如何吸引并留住人才，大多企业一直在探寻着。统计资料表明，中国高管人才流动率在 60% 以上，由于种种原因，他们感觉在岗位上不能充分发挥自我价值。企业不能招揽优秀人才并充分、有效地开发他们的才能，将会给企业业绩的增长与未来的发展带来了损失。

有的企业家可能会认为，只有大企业才需要做股权激励，其实不然，小企业也需要做股权激励。"既然不能给予别人现在，就要给予别人希望与未来！"企业越小越要进行股权激励，因为和大企业相比，小企业一无资金，二无技术，三无品牌，那靠什么吸引和留住人才？靠的就是股权激励。

股权激励很好地调动了高层管理人员在公司发展的过程中，更好地实现自己的人生价值。实施股票期权激励机制以绩效考评体系为基础，通过这个制度更好地反映公司的价值倾向与对岗位的要求，有利于人才战略的实施。

顺丰控股股份有限公司 2018 年限制性股票激励计划（草案）节选[1]

特别提示

1. 本计划依据《中华人民共和国公司法》《中华人民共和国证券法》《上市公司股权激励管理办法》及其他有关法律、法规、规范性文件，以及《顺丰控股股份有限公司章程》制订。

2. 公司不存在《上市公司股权激励管理办法》第 7 条规定的不得实行股权激励的情形。

3. 本计划激励对象不存在《上市公司股权激励管理办法》第 8 条规定的不得成为激励对象的情形。

4. 本计划所采用的激励形式为限制性股票，其股票来源为顺丰控股股份有限公司（以下简称"顺丰控股"或"本公司""公司"）向激励对象定向发行公司 A 股普通股。

5. 本计划授予的激励对象为对公司未来经营和发展起到重要作用的核心人才，不包括独立董事、监事及单独或合计持有公司 5% 以上股份的股东或实际控制人及其配偶、父母、子女。预留激励对象指本计划获得股东大会批准时尚未确定但在本计划存续期间纳入激励计划的激励对象，由本计划经股东大会审议通过后 12 个月内确定。预留激励对象的确定标准参照首次授予确定的标准。

6. 本计划拟向激励对象授予 731.25 万股限制性股票，约占本计划草案公告时公司股本总额 441 357.22 万股的 0.17%。其中首次授予 585 万股，占本计划公告时公司股本总额 441 357.22 万股的 0.13%；预留 146.25 万股，占本计划公告时公司股本总额 441 357.22 万股的 0.03%，预留部分占本次授予权益总额的 20%。公司在全部有效期内的股权激励计划所涉及的标的股票总数

---

〔1〕　参见《顺丰控股股份有限公司 2018 年限制性股票激励计划（草案）》，载东方财富股吧 http:// guba. eastmoney. com/news,002352,757530649. html,最后访问日期:2019 年 10 月 5 日。

累计未超过公司股本总额的 10%。本激励计划中任何一名激励对象所获授限制性股票数量未超过本激励计划草案公告时公司股本总额的 1%。

7. 本计划限制性股票的首次授予价格为 24.33 元/股。在本计划公告当日至激励对象完成限制性股票登记期间，若公司发生资本公积转增股本、派发股票红利、股份拆细或缩股、配股、派息等事宜，限制性股票的授予价格将根据本计划予以相应的调整。

8. 本计划有效期为限制性股票授予完成登记之日起至所有限制性股票解除限售或回购注销完毕之日止，最长不超过 48 个月。

限售期为自激励对象获授限制性股票完成登记之日起 12 个月内。激励对象根据本计划获授的限制性股票在解除限售前不得转让、用于担保或偿还债务。

本计划首次授予的限制性股票的解除限售期及各期解除限售时间安排如表 1-2 所示：

表 1-2 首次授予解除限售期

首次授予部分解除限售期	解除限售时间	解除限售比例
第一个解除限售期	自授予完成登记之日起 12 个月后的首个交易日起至授予完成登记之日起 24 个月内的最后一个交易日当日止。	50%
第二个解除限售期	自授予完成登记之日起 24 个月后的首个交易日起至授予完成登记之日起 36 个月内的最后一个交易日当日止。	50%

预留授予解除限售期及各期解除限售时间安排如表 1-3 所示：

表 1-3 预留授予解除限售期

预留授予解除限售期	解除限售时间	解除限售比例
预留第一个解除限售期	自预留授予完成登记之日起 12 个月后的首个交易日起至预留授予完成登记之日起 24 个月内的最后一个交易日当日止。	50%

预留授予解除 限售期	解除限售时间	解除限售 比例
预留第二个 解除限售期	自预留授予完成登记之日起 24 个月后的首个交易日 起至预留授予完成登记之日起 36 个月内的最后一个 交易日当日止。	50%

9. 本计划授予（含预留）的限制性股票各年度业绩考核目标如表 1-4 所示：

表 1-4 限制性股票各年度业绩考核目标

解除限售期	业绩考核目标
第一个解除限售期	以 2017 年公司归属于上市公司股东的扣除非经常性损益的净利润为基数，2018 年公司归属于上市公司股东的扣除非经常性损益的净利润增长率不低于 10%。
第二个解除限售期	以 2017 年公司归属于上市公司股东的扣除非经常性损益的净利润为基数，2019 年公司归属于上市公司股东的扣除非经常性损益的净利润增长率不低于 24%。

10. 公司承诺不为激励对象依本计划获取有关限制性股票提供贷款以及其他任何形式的财务资助，包括为其贷款提供担保。

11. 本计划必须满足如下条件后方可实施：公司股东大会审议通过。

12. 自公司股东大会审议通过本计划且授予条件成就之日起 60 日内，公司按相关规定召开董事会对激励对象进行授予，并完成公告、登记。公司未能在 60 日内完成上述工作的，披露未完成的原因并终止实施本计划，未授予的限制性股票失效。预留部分须在本次股权激励计划经公司股东大会审议通过后的 12 个月内授出。

13. 本计划的实施不会导致股权分布不具备上市条件。

……

第二章　实施激励计划的目的

随着我国各行各业证券化脚步明显加快，主要的民营企业未来将借力资本市场平台进一步发挥自身产业优势、完善战略布局并提升内在核心竞争力。随着企业间竞争的加剧，未来各行业相关领域人才的流动性将大大提高。

因此，为了进一步建立、健全公司长效激励机制，吸引和留住优秀人才，有效调动公司核心人才的积极性，在充分保障股东利益的前提下，按照收益与贡献对等原则，根据《公司法》《证券法》《管理办法》等有关法律、法规和规范性文件以及《公司章程》的规定，制定本计划。

第三章　本计划的管理机构

一、股东大会作为公司的最高权力机构，负责审议批准本计划的实施、变更和终止。股东大会可以在其权限范围内将本次计划相关的部分事宜授权董事会办理。

二、董事会是本计划的执行管理机构，下设薪酬与考核委员会，负责拟订和修订本计划并报董事会审议，董事会对本计划审议通过后，报股东大会审议。董事会在股东大会授权范围内办理本计划的相关事宜。

三、监事会是本计划的监督机构，负责审核激励对象的名单。监事会就本计划是否有利于公司的持续发展，是否存在明显损害公司及全体股东利益的情形发表意见；并对本计划的实施是否符合相关法律、行政法规、部门规章和证券交易所业务规则进行监督。

四、独立董事应当就本计划是否有利于公司的持续发展，是否存在明显损害公司及全体股东的利益发表独立意见，并就本计划向所有股东征集委托投票权。

第四章　激励对象的确定依据和范围

一、激励对象的确定依据

（一）激励对象确定的法律依据

本计划激励对象根据《公司法》《证券法》《管理办法》等有关法律、法规、规范性文件和《公司章程》的相关规定，结合公司实际情况而确定。

（二）激励对象确定的职务依据

本计划激励对象为对公司未来经营和发展起到重要作用的核心人才（不包括独立董事、监事及单独或合计持有公司 5% 以上股份的股东或实际控制人及其配偶、父母、子女）。

二、激励对象的范围

本计划涉及的授予激励对象为对公司未来经营和发展起到重要作用的核心人才，不包括独立董事、监事及单独或合计持有公司 5% 以上股份的股东或实际控制人及其配偶、父母、子女。共计 1203 人。以上激励对象中，所有激励对象均须在公司授予限制性股票时以及在本计划的考核期内与公司或公司的分、子公司具有聘用或劳动关系。

三、激励对象的核实

（一）本计划经董事会审议通过后，公司在内部公示激励对象的姓名和职务，公示期不少于 10 天。

（二）公司监事会将对激励对象名单进行审核，充分听取公示意见，并在公司股东大会审议本计划前 3 至 5 日披露监事会对激励对象名单审核及公示情况的说明。经公司董事会调整的激励对象名单亦应经公司监事会核实。

■ **律师精彩解读**

在制定股权激励计划时，不管采取什么方式，都必须从股权激励的目标出发，最后才能达到最终的激励效果。根据公司不同的发展阶段，采取不同的股权激励措施。例如，针对创业阶段的公司重点应该放在如何留住人才上；而对于已经取得一定的发展，但在发展中遇到瓶颈的公司，则应当以如何调动技术人员的能力或如何吸引优秀人才为主，得以实现公司的再发展。

三、股权激励的误区

（一）股权激励不是解决现金流的救命稻草，实施需谨慎

民营企业贷款不易、上市不易，有一些企业因为现金流问题急需资金，故而想通过股权激励形式募集资金，根本不考虑股权激励方案中行权条件、

对价条件的合规性，极易产生法律风险。这种股权激励不仅不会调动员工的积极性，还存在着非法集资的刑事法律风险。

西安某电信有限公司股权激励计划

2008 年西安某电信有限公司实施了股权激励，该公司的员工福利在西安属于中上层，经过 7 年的发展，公司年销售额近 1 亿。但是根据行业潜规则，中国移动、中国联通、诺西等该公司的大客户在建设网络时均由其垫资，由于工程浩大、回款期长，使得该电信公司账面盈利数千万，但是现金流异常紧张，员工奖金已经在公司留存两年了，并且在银行有大量的信贷。公司为了发展急需不断冲入现金，于是大股东就借股权激励之名筹集现金，最终也筹到了 1000 多万。

在股权激励方案设计时，为了提高激励对象认购的积极性，公司设置的对价形同虚设，按公司正常发展趋势就可实现，如此低的"门槛"使得股权激励完全变成了集资的工具。

■ 律师精彩解读

天渡法商团队认为，首先，该电信公司的举措有非法集资的嫌疑；其次，这种股权激励完全没有激励的效果，对于公司治理结构的完善毫无益处；最后，大股东通过该激励计划是自己的股权比例得到稀释，用如此低廉的"价格"出售公司股权，是对公司价值的严重低估。

股权激励并不是使员工获得股权就了事，它是一套严格的管理制度体系。获得股权是有条件的，只有在激励对象不断完成绩效指标的情况下，才能获得相应数量的股权。此外，股权激励是长期激励，对于被激励对象而言具有收益不确定性的特点，如果企业主不诚信，员工就不会相信企业主真的在搞股权激励，不但不能激励，反而适得其反。

（二）股权激励不是员工福利，不应人人有份

股权激励不是共产主义，人人有份的股权激励最容易导致股权激励方案出现短期行为，管理层也会出现短视行为希望尽快分红、尽快上市或者对接资本市场。但是客观来说，股权激励是长期激励，企业上市不是一蹴而就的，需要一个艰苦奋斗的过程。企业不能误导员工，把股权激励当成奖金、年终奖或者午餐费，人人有份。

（三）股权激励不是免费的午餐，需要激励对象付出一定代价获得

很多民营企业家在进行股权激励时非常慷慨，直接拿出自己的股份免费送给被激励对象，结果发现被激励对象不仅没有感谢自己，更没有跟公司一条心，有的整天想着怎么把股权兑现，怎么为自己要更多的股权；有的患得患失，觉得是白送给自己的，总担心会不会直接收回去。

四、股权激励的原则

股权激励方案的设计是需要指导原则的，普遍性的原则主要包括如下几个方面：

（一）合法合规的原则

股权激励方案的设计和实施是受法律法规限制的，必须经得起检验，如果方案有瑕疵不合法，那么根据法律规定这个股权激励方案就是无效的，所以合法合规是第一位的。2016年7月，证监会发布了《上市公司股权激励管理办法》，该管理办法对于上市公司股权激励的模式、授予权益的价格、授予的程序以及其他方面都做了明确具体的规定。合法合规原则不可突破，否则企业的方案将通不过证监会的备案或审批，另外还得接受证监会的处罚。对于国有控股上市公司而言，除了需要遵守《管理办法》外，还需要遵守国资委有关文件的规定。

对于非上市公司，包括股份有限公司和有限责任公司，方案本身的合法性更需要注意，应该符合《公司法》《合同法》《劳动法》的有关规定。任何企业实施股权激励计划时，都应该严格遵守国家关于股权激励、股份支付财税方面的法律法规。

任何激励方案如果违反了法律的规定、违背了规范的要求，不但不能达

到股权激励的目的，也会给公司和激励对象带来不小的损失，为双方之间的纠纷留下隐患。

（二）公平公正公开原则

股权激励方案制定的出发点是激励对象的贡献大小，对员工应该统一标准一视同仁，不应掺杂一些主观因素，例如性别歧视、部门歧视、岗位歧视。否则，股权激励就成为双刃剑，鼓励一部分员工的同时人为割裂了整体，造成员工之间的对立和矛盾，影响团队的稳定。

（三）激励与约束相结合的原则

股权激励不是老板一味地给予或者员工一味地索取，给予和约束是共生的，缺一不可。特别需要强调的是：一定要建立约束机制，只有明确约束机制，才能让员工在获得收益的同时考虑到自己的义务和责任，奖罚明确才是好的方案。

最常见的约束机制就是绩效考核指标，既包括对公司整体的业绩要求（营收、净利润等），也包括对被激励对象所在部门甚至个人的考核要求。约束机制还体现在退出机制的设立，如被激励对象在公司服务期的要求等。如果被激励对象不能达到约束机制的要求，便无法拿到股份，或者被授予的股份也会被回购回来。

没有约束机制的股权激励方案是存在天然缺陷的，很有可能出现员工躺在股权上吃闲饭的情况，也有可能员工拿着公司的股权，却做着对公司不利的事情。

（四）股权激励方案的个性化原则

相对上市公司而言，非上市中小民营企业在制定股权激励方案时有更多的自由，也就催生了个性化的股权方案。设计股权激励方案的时候，要充分考虑到行业特征、企业治理结构、财务状况、发展状况、股权结构这几大因素。

拿互联网行业来举例，"全员持股"的模式可谓是互联网行业的惯例，原因有二，一是互联网企业的技术研发人员占比达到70%，二是互联网行业的流动性极大。对于一个智力密集型的企业，且人员流动性极强的时候，全员持股不失为一种好的选择。

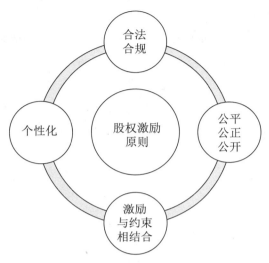

图1-5　股权激励的原则

腾讯公司股权激励发展历程[1]

2016年双十一是腾讯成立18周年纪念日，马化腾宣布，将向员工授予每人300股腾讯股票，作为公司成立18周年的特别纪念。预计本次授予股票总价值约达17亿港元（约15亿人民币）。

腾讯不止一次带给员工股权惊喜，从2007年开始便有长期持续的股权激励规划。向有志于在公司长期发展且绩效表现持续优秀的骨干员工提供公司股票期权，让员工能分享公司业绩增长，使员工个人利益与公司发展的长远利益紧密结合在一起。

2007年12月，腾讯宣布实施股权激励计划，根据该计划，股份将由独立受托人购入，成本由腾讯支付，计划自采纳日期（12月13日）起生效，有

---

〔1〕　参见《跟老司机腾讯学做股权激励，成为"别人家的公司"》，载创头条 http://zj. ctoutiao. com/242014. html，最后访问日期：2019年9月10日。

效期为 10 年。

2008 年 8 月，腾讯发布公告称，董事会决议向 184 位员工授出 101.605 万股新股作为奖励股份。8 月 29 日腾讯收报于 67 港元，以此折算腾讯奖励股份市值约 6807.535 万港元，平均每人被奖励股份市值约 37 万港元。

2009 年 7 月，腾讯宣布针对 1250 位员工发放 818.118 万股股票奖励，约占发行股本的 0.453%。当时腾讯的员工为 5000 人左右，股权激励的员工占了近 1/4。

2010 年 7 月，腾讯控股在港交所发公告称，董事会决定授出 366 万股股权奖励 1454 名员工，这部分股权约占腾讯总股本的 0.2%，购股成本由腾讯支付。按照 7 月 5 日腾讯收盘价 130.4 港元计算，此次奖励金额逾 4 亿港元。

2011 年 9 月，在 2011 年的前九个月中，腾讯在公开市场回购了 1 640 090 股公司股票，总交易额为 3.297 亿港元（约合人民币 2.77 亿元），用以奖励员工，该项支出已经从股东权益中减除。

2012 年 9 月，腾讯根据早前决议计划，于 9 月 13 日以配发新股方式授出 437.8 万股奖励股份予 1887 位合资格人士，授出该等奖励后，该计划项下仍有 682.2444 万股股份可供董事会用作往后的奖励。

2013 年 11 月，腾讯宣布新的股份奖励计划，最高限额由占已发行股本的 2% 提升至 3%。据悉包括项目经理、总监在内超过千名基层干部被纳入了新的奖励范围内。按照腾讯当时股价计算，3% 股票总价值 229 亿港元。

2014 年 7 月，腾讯控股发公告称，将发行约 1952 万股新股用于员工奖励，以当时股价计算，总价值约合 23.85 亿港元，约合人民币 19 亿元。

2015 年 7 月，腾讯控股公告称向 6650 名（获奖励）人士授出 21.76 亿新股。按当时交易价，上述新股总市值折合人民币 26.1 亿元，人均 39.26 万元。

2016 年 7 月，腾讯 7 月 6 日发布公告称，董事会已决议根据 2016 年 5 月 18 日股东周年大会的授权，向 7068 位受奖励人士授予 14 931 760 股奖励股份。以腾讯当日收盘价 174.3 港元计算，这部分奖励股份市值约 26 亿港元。

2016 年 11 月，腾讯成立 18 周年纪念日，授予当天仍然在职的正式员工每人 300 股腾讯股票。

根据腾讯半年报，截至 2016 年 6 月 30 日公司有雇员 31 557 人，根据腾讯的发展状况，按今日 19:20 港币兑人民币的即时汇率计算，至少有 3 万员工每人获得价值超过 52 000 元人民币的股票。

■ 律师精彩解读

　　腾讯对待员工的这份慷慨，也正是成就腾讯商业帝国的诀窍，即通过员工激励计划对员工进行"新陈代谢"，持续保持高昂的士气和战斗力。然而，股权激励并不是大公司的专利，我们现在看到的绝大部分成功案例，也是大企业在弱小之时，前瞻性的做出员工持股计划战略部署后，所带来的胜利果实。在欧美等国家，股权激励更被认为是驱动初创企业发展的关键要素之一。

　　对于初创企业而言，最大的需求就是找人、找钱，最高比例的死亡原因是股权纠纷。而股权激励用"股权换人才"，即帮企业招揽到了人才，又降低了资金消耗率，同时还优化了股权结构，一举多得，已然成为创业公司的标配。

股权激励是一个系统工程，涉及人力资源领域，例如绩效考核、岗位说明，等等；涉及公司治理领域，例如股东会职责、董事会职责、监事会职责，等等；涉及股权的顶层设计，例如股权激励的持股平台有很多都需要设计成有限合伙企业或者有限责任公司，等等。天渡法商团队将如何通过不同的企业组织形式实施股权激励称之为股权激励的驱动机制，企业组织形式之间的差异为实施过程中的激励方案带来了不同的动力。根据企业自身的特点，发挥不同企业组织形式的优势，选择不同的驱动机制，从而为股权激励的实施奠定良好基础。

因此，本章非常有必要介绍一下我国企业的主要组织形式。目前市面上的股权类的培训课程主要就包括三个方面：顶层设计、股权激励和股权融资。顶层设计主要讲的是结合商业模式的股权布局，股权融资主要讲的是股权类的融资工具和融资形式，本书主要介绍的是如何做好股权激励。

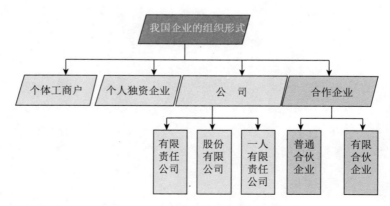

图 2-1　我国企业的组织形式

第一节　个体工商户和个人独资企业

一、个体工商户

2016 年最新修订的《个体工商户条例》，个体工商户定义：是指有经营能力的公民，依照本条例规定经工商行政管理部门登记，从事工商业经营的，为个体工商户。以前很多餐饮行业、美容美发行业、服装行业都是个体工商户。我国改革开放之初，很多倒买倒卖的称之为倒爷，这些基本上都是个体户，但是现在越来越少了。

个体工商户是个体工商业经济在法律上的表现，其具有以下特征：[1]

（1）个体工商户是从事工商业经营的自然人或家庭。自然人或以个人为单位，或以家庭为单位从事工商业经营，均为个体工商户。根据法律有关政策，可以申请个体工商户经营的主要是城镇待业青年、社会闲散人员和农村村民。此外，国家机关干部、企事业单位职工，不能申请从事个体工商业经营。

（2）自然人从事个体工商业经营必须依法核准登记。个体工商户的登记机关是县以上工商行政管理机关。个体工商户经核准登记，取得营业执照后，才可以开始经营。个体工商户转业、合并、变更登记事项或歇业，也应办理登记手续。

（3）个体工商户只能经营法律、政策允许个体经营的行业。

二、个人独资企业

依据 2000 年开始实施的《中华人民共和国个人独资企业法》（以下简称《个人独资企业法》），个人独资企业是指依照本法在中国境内设立，由一个自然人投资，财产为投资人个人所有，投资人以其个人财产对企业债务承担无限责任的经营实体。

个人独资企业相比一人有限责任公司在财务上对于股东来说更具灵活性，

---

〔1〕　参见百度百科：个体工商户。

《个人独资企业法》第 17 条规定：个人独资企业的投资人对本企业的财产依法享有所有权，其有关权利可以依法进行转让或继承。也就是说，个人独资企业的财产和投资者个人的财产可以完全混同，而在一人有限责任公司中，财产混同是受到新公司法严格限制的；一旦出现混同，投资人对公司债务的有限责任将转变成无限连带责任。

个人独资企业和一人有限责任公司相比，个人独资企业节税优势更强，一人有限责任公司风险管控优势更强。一人有限责任公司的收益除了要缴纳企业所得税外，其投资人的分红还要缴纳个人所得税，而个人独资企业只缴纳个人所得税。

在财务制度上，我国《公司法》第 62 条规定："一人有限责任公司应当在每一会计年度终了时编制财务会计报告，并经会计师事务所审计。"而根据《个人独资企业法》第 21 条规定："个人独资企业应当依法设置会计账簿，进行会计核算。"也就是说，我国相关法律只要求个人独资企业设置账簿，但并不要求该账簿必须经会计师事务所审计。

个人独资企业这种企业形式在特定的商业圈比较流行，例如演艺圈的明星工作室。以下分享一下今日头条的一个统计：今日头条公布的《2017 年中国名人收入榜单》上，100 位名人 2016 年一年的总收入达到 70 亿 9530 万元。虽然这份榜单是针对中国所有名人，包括歌手、演员、导演、编剧、主持人、作家、艺术家、体育明星等，上榜的 100 位名人中，仅有林丹、朗朗两人不属于影视歌行业。所以，这份名人收入榜几乎就是一份影视歌明星收入榜。

从税收来看，明星工作室是个人独资企业，通俗的解释就是类似个体工商户，缴税是按照个体工商户的规定来缴纳，纳税时是合并征收。因为影视公司的很多成本没有发票，会计账簿不健全，所以进行合并征收，就是合并个人所得税。

天渡法商团队要强调的是，个人独资企业的投资人是以其个人财产对外承担无限连带责任，假设企业负债是 1000 万，首先企业主要拿公司财产去偿还债务，如若公司无法偿还企业主需拿个人财产去偿还债务。这个风险显然是企业主不愿承受的，所以一般情况下不建议大家设立个人独资企业。除非设立的个人独资企业仅仅是一个持股平台，不做任何其他业务。

延伸阅读

税收优惠政策解读：

现实中有部分影视公司或明星工作室故意少报收入等方式来通过核定征收来降低税负。因此税务总局要求对这些不合规的影视工作室等不再施行核定征收，而改用查账征收，通过帮助督促影视行业纳税人健全财务制度、设置账簿来如实核算税收情况，依法纳税。而对此前合法合规纳税的影视公司，税负并没有变化。

2018 年 7 月，为贯彻落实中宣部等五部门关于治理影视行业天价片酬、"阴阳合同"、偷逃税等问题的通知要求，国家税务总局印发通知，要求各级税务机关深入推进税收领域"放管服"改革，进一步加强影视行业税收征管，规范税收秩序，积极营造支持影视行业健康发展的良好税收环境。通知称，帮助和督促影视行业纳税人健全财务制度、设置账簿，依法确定影视行业纳税人税款征收方式。

为了合理避开工资薪金最高 45% 的个税，一些明星成立属于个体工商户性质的影视工作室，适用 5%~35% 的超额累进税率，当应纳税所得额超过 10 万元的部分适用最高的 35% 税率。但如果采用核定征收，税率会明显低于这一税率。

是否采用核定征收，法律法规有明确的规定。

按照《个体工商户税收定期定额征收管理办法》，对个体工商户采取定期定额征税（即核定征税），适用于经主管税务机关认定和县以上税务机关批准的生产、经营规模小，达不到《个体工商户建账管理暂行办法》规定设置账簿标准的个体工商户。定额执行期的具体期限最长不得超过一年。

《个体工商户建账管理暂行办法》第 3 条和第 4 条对查账征收确定的条件明确。个体工商户应当设置复式账需要符合下列条件之一：①注册资金在 20 万元以上。②销售增值税应税劳务的纳税人或营业税纳税人月销售（营业）额在 4 万元以上；从事货物生产的增值税纳税人月销售额在 6 万元以上；从事货物批发或零售的增值税纳税人月销售额在 8 万元以上的。③省税务机关确定应设置复式账的其他情形。

另外，个体工商户符合下列条件之一应当设置简易账，并积极创造条件设置复式账。这些条件包括：①注册资金在 10 万元以上 20 万元以下的。②销售增值税应税劳务的纳税人或营业税纳税人月销售（营业）额在1.5万元至4万元；从事货物生产的增值税纳税人月销售额在3万元至6万元；从事货物批发或零售的增值税纳税人月销售额在4万元至8万元的。③省税务机关确定应当设置简易账的其他情形。

这意味着，当税务机关重新核定定额时，符合上述等条件的明星工作室将不再采用核定征收方式，而改用查账征收。

而查账征收，即企业按照实际经营情况来缴纳税款，而非按税务机关定的税额或者核定的利润率来确定应税所得额。转为查账征收后，对影视工作室最直接的要求就是，账簿、凭证、财务核算制度必须健全，以便能够如实核算，反映生产经营成果，正确计算应纳税款。这意味着明星工作室再也无法"自降身价"，而将等同一般企业，需自建账簿，每一笔收入金额都应有据可查。对于收入远高于核定情况的明星个人工作室而言，其税款或将面临大幅度提升。

第二节　公　司

一、有限责任公司

根据2018年最新修订的《公司法》和《中华人民共和国公司登记管理条例》（以下简称《公司登记管理条例》），公司这种企业形式主要分有限责任公司和股份有限公司。有限责任公司是指根据《公司登记管理条例》规定登记注册，由50个以下的股东出资设立，每个股东以其所认缴的出资额对公司承担有限责任，公司法人以其全部资产对公司债务承担全部责任的经济组织。

（一）有限责任公司兼具人合性和资合性

有限责任公司是一种资合公司，同时也具有人合公司的特点。下面就以有限责任公司为例对公司法中的人合性和资合性进行分析。其人合性表现在：股东是基于相互间的信任而集合在一起的，股东间的关系较为紧密，股份的转让，必须征得其他股东的同意。其资合性表现在：公司注册资本为全体股东缴纳股本的总和，股东的出资以现金及财产为限，不得以信誉及劳动出资，股东必须以自己的出资对公司负责。

人合性强调的是股东之间的相互信任，资合性表现为以资本作为公司信用的基础。有限责任公司所具有的人合性与资合性结合了无限责任公司（合伙企业）和股份有限公司的优点。

（二）如何设置合理的股权结构

公司有两个股东的情况下，若二者股权均等，即两人股东每人持有50%的股份，则容易造成公司僵局，经营效率低下，无法实现利润最大化的目的，公司无法长期存续；如若在一个仅有两个股东的公司，存在一股独大的现象，哪怕控股股东仅仅持有51%，该股东也会很容易控制公司的经营管理活动，进而利用对公司的控制权，排斥其他股东。因此，股权结构如何规划是一门技术，也是一门学问。天渡法商团队以股东数量为依据总结了合理的股权架构，如表2-1所示：

表 2-1　合理股权设计形式

股东人数	避免的股权架构	合理的股权架构	原　则
一人股东	无	以唯一的股东为核心设计	无
二人股东	●50%/50%（均分） ●65%/35% （一票否决，博弈型） ●98%/2% （一股独大吃独食）	●70%/30% ●80%/20% （大股东清晰，快速决策）	大股东保持绝对控制权，小股东股权比例<33.3%
三人股东	●33.3%/33.3%/33.3% （均分） ●35%/18%/18%/29% （博弈型） ●95%/3%/2% （一股独大吃独食） ●40%/40%/20% （三股东绑架大股东和二股东）	●70%/20%/10% （大股东清晰，快速决策） ●60%/30%/10% （大股东清晰，快速决策）	大股东股权比例>二股东股权比例+三股东股权比例

股东人数	避免的股权架构	合理的股权架构	原　则
 三人以上股东	● 25%/25%/25%/25%（均分） ● 95%/2%/2%/1%（一股独大吃独食）	● 70%/20%/5%/5% ● 67%（创始人）/18%（合伙人）/15%（老大能力极强，绝对控股，快速决策） ● 51%（创始人）/34%（合伙人）/15% ● 老大相对控股，合伙人意见一致则有一票否决权 ● 34%/51%（合伙人20%∶16%∶15%）/15%（员工股） （创始人具有一票否决权，合伙人股份相加大于创始人，创始人需慎重考虑合伙人的一致意见）	二股东股权比例＋三股东股比例＋四股东股权比例＞大股东股权比例＞二股东股权比例＋三股东股权比例

　　合理的股权结构是公司稳定的基石。在实践中，既要防止一股独大的现象，也要考虑到小股东相互联合，以更大发言权制约大股东的现象，因此保证股权结构的合理才能实现公司长久的稳定。

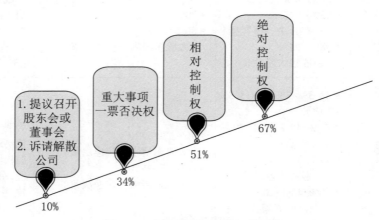

图 2-2　有限责任公司股权分界线

　　在股权结构设计中要重点关注 67%、51%、34%、30%、20% 等关键比例的权利实效和法律效力，具体分析如下。

1. 持股 67%，意味着具有决定公司存亡重大事件的绝对的控制权。《公司法》规定，股东大会作出决议，必须经出席会议的股东所持表决权过半数通过。但是，股东大会做出修改公司章程、增加或者减少注册资本的决议，以及公司合并、分立、解散或者变更公司形式的决议，必须经出席会议的股东所持表决权的 2/3 以上通过。

2. 持股 51%，是对公司的一般控制权、相对控制权，可以决定公司除 2/3 以上通过表决事项外的一般表决事项，也可以实现母公司并表。我国《公司法》第 216 条明确规定，控股股东是指其出资额占有限责任公司资本总额 50% 以上或者其持有的股份占股份有限公司股本总额 50% 以上的股东。

3. 持股 34%，意味着可以针对 2/3 以上通过表决事项行使一票否决权，但若要实现母公司并表，需要满足控制股东会等其他条件。因为《公司法》第 216 条也同时规定，出资额或者持有股份的比例虽然不足 50%，但依其出资额或者持有的股份所享有的表决权已足以对股东会、股东大会的决议产生重大影响的股东，也是控股股东。

4. 持股 30% 是上市公司要约收购线。

5. 持股 20% 是上市公司重大同业竞争警示线。

6. 持股 10% 以上享有临时会议请求权和公司清算诉讼权，例如，单独或者合计持有公司 10% 以上股份的股东请求召开临时股东大会，董事会不能履行或者不履行召集股东大会会议职责的，监事会应当及时召集和主持；监事会不召集和主持的，连续 90 日以上单独或者合计持有公司 10% 以上股份的股东可以自行召集和主持。另外，公司经营管理发生严重困难，继续存续会使股东利益受到重大损失，通过其他途径不能解决的，持有公司全部股东表决权 10% 以上的股东，可以请求人民法院解散公司。

7. 持股 5% 是重大股权变动警示线。

8. 持股 3% 以上具有临时提案权。《公司法》第 102 条第 2 款规定，单独或者合计持有公司 3% 以上股份的股东，可以在股东大会召开 10 日前提出临时提案并书面提交董事会；董事会应当在收到提案后 2 日内通知其他股东，并将该临时提案提交股东大会审议。临时提案的内容应当属于股东大会职权范围，并有明确议题和具体决议事项。

9. 持股 1% 以上的股东具有派生诉讼权。《公司法》第 149 条规定，董事、监事、高级管理人员执行公司职务时违反法律、行政法规或者公司章程的规定，给公司造成损失的，应当承担赔偿责任。有限责任公司的股东、股份有限公司连续 180 日以上单独或者合计持有公司 1% 以上股份的股东具有请求诉讼权和派生诉讼权。

海底捞，从均分走向控制[1]

1994 年

张勇、施永宏等 4 个要好的年轻人在四川简阳开设了一家只有 4 张桌子的小火锅店，这就是海底捞的第一家店。张勇（现海底捞董事长兼总经理）未出资，其他 3 个人凑了 8000 元钱，4 个人各占股 25%。后来，这 4 个年轻人结成了 2 对夫妻。

2004 年

随着企业的发展，没出一分钱的张勇认为另外 3 个股东跟不上企业的发展，毫不留情地先后让他们离开企业，只做股东。张勇最早先让自己的太太离开企业，随后让施永宏的太太也离开企业。张勇夫妇与施永宏夫妇各占股 50%。

2007 年

施永宏离开海底捞，张勇以原始出资额的价格，从施永宏夫妇的手中购买了 18% 的股权，张勇夫妇成了海底捞占股 68% 的绝对控股股东。

---

〔1〕 参见唐伟、车红：《种下股权的苹果树》，机械工业出版社 2016 年版，第 91 页。

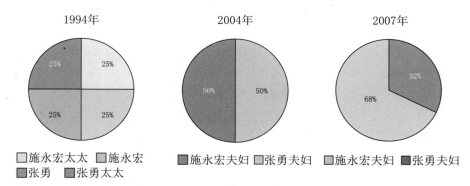

图2-3 海底捞股权关系变化图

■ 律师精彩解读

海底捞实际上从一开始就是一个有大股东的公司。虽然表面上看股权是平均的，但在公司实际管理中，张勇一直处于绝对的领导地位。公司最初的这种股权架构设计，更像是顾及情面的考虑，并没有与股东个人的价值联系在一起。随着公司的发展，股东个人对公司的贡献大小应当是衡量股权大小的核心依据，各个股东对此应当是心知肚明的，所以除了分红，施永宏在公司发言权上一直就是小股东的地位。张勇要求施永宏转让18%股权时，施永宏虽然心中不快，但作为合作搭档，他是认可张勇对企业的巨大贡献的，这为股权结构的顺利调整埋下了伏笔。

业界一直拿真功夫和海底捞做比较，两家企业从创业到成功有着相同的轨迹，但结局却完全不一样。真功夫的两位创始人为了争夺股权，不惜头破血流、陷身囹圄。而海底捞得益于施永宏的大度、豁达与忍让，不但迎来了企业的辉煌，还成就了一段令人艳羡的神话。

股权结构不合理的化解方式，在海底捞的案例里，更多还是需要各个股东从大局出发，从利于企业发展的角度出发，做出退让，最终寻找到了最优的解决方式。

真功夫的衰落[1]

2009 年 8 月，"真功夫"的广州总部爆发的一场真功夫表演，在投资界和创业界颇为轰动：共同创始人及公司大股东潘宇海委任其兄潘国良为"副总经理"，并派到总部办公，但遭到"真功夫"实际控制人、董事长蔡达标的拒绝后，引发剧烈争执。

1994 年，蔡达标和好友潘宇海在东莞长安镇开了一间"168 蒸品店"，后来逐渐走向全国连锁，并于 1997 年更名为"双种子"，最终更名为"真功夫"。真功夫的股权结构非常简单，潘宇海占 50%，蔡达标及其妻潘敏峰（潘宇海之姐）各占 25%。2006 年 9 月，蔡达标和潘敏峰协议离婚，潘敏峰放弃了自己的 25% 的股权换得子女的抚养权，这样潘宇海与蔡达标两人的股权也由此变成了 50：50。

2007 年"真功夫"引入了两家风险投资基金：内资的中山联动和外资的今日资本，共注入资金 3 亿元，各占 3% 的股份。这样，融资之后，"真功夫"的股权结构变成：蔡、潘各占 47%，两家 VC（风险投资）各占 3%，董事会共 5 席，构成为蔡达标、潘宇海、潘敏峰以及两家 VC 的派出董事各 1 名。

引入风险投资之后，公司要谋求上市，那么打造一个现代化公司管理和治理结构的企业是当务之急。但蔡达标在建立现代企业制度的努力触及另一股东潘宇海的利益，"真功夫"在蔡达标的主持下，推行去"家族化"的内部管理改革，以职业经理人替代原来的部分家族管理人员，先后有大批老员工离去。公司还先后从麦当劳、肯德基等餐饮企业共引进约 20 名中高层管理人员，占据了公司多数的要职，基本上都是由蔡达标授职授权，潘宇海显然已经被架空。

双方矛盾激化。2011 年 4 月 22 日，广州市公安机关证实蔡达标等人涉嫌

---

〔1〕 参见《真功夫企业失败案例分析》，载百度文库 https://wenku.baidu.com/view/bbcf9b936bd97f1923 79e94a.html，最后访问日期：2019 年 8 月 30 日。

挪用资金、职务侵占等犯罪行为，并对蔡达标等4名嫌疑人执行逮捕。

蔡潘双方对真功夫的混乱争夺让今日资本顶不住股东压力，而选择退出。2012年11月30日，今日资本将旗下今日资本投资——（香港）有限公司所持有真功夫的3%股权悉数转让给润海有限公司。至此，真功夫股权又再次重回了蔡潘两家对半开的局面。

三年之后，真功夫原总裁蔡达标一案尘埃落定。根据广州中院二审判决，蔡达标构成职务侵占罪和挪用资金罪被维持14年刑期。

■ 律师精彩解读

导致"真功夫"内乱的，当然有包括个人性格在内的诸多原因，但其股权结构和公司治理设计畸形很明显是最重要的因素。如果公司股权设计合理，公司治理结构科学，相关制度严谨的话，二人的不同，其实恰好可以形成互补。即便矛盾不可调和，也可以用制度化解，一方在控制权上形成妥协。

公司初创时期，除了不要平均分配股权外，还要避免容易导致公司僵局的下列股权比例设置，65：35、40：40：20、50：40：10。尽管65：35这样的股权结构设置往往是对股东作用或影响力的一种真实反映或者是对现实的一种妥协，在公司早期的蜜月期相安无事，但随着公司的发展壮大往往会发生共贫贱易、共富贵难的情况，利益分配的冲突日趋明显，小股东可能会行使投票权否决公司重大事项，使公司丧失船小好掉头的决策迅速的优势。类似于40：40：20的股权比例设置可能会导致两大股东都希望联合小股东控制公司股东（会）决策的情形，50：40：10的股权比例设置则易出现小股东联合导致出现公司僵局的可能性。

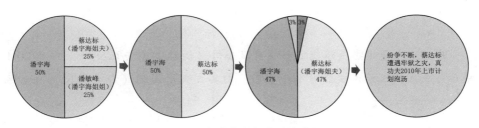

图2-4 真功夫股权关系变化图

二、一人有限责任公司

《公司法》第 57 条第 2 款规定：一人有限责任公司是指只有一个自然人股东或者一个法人股东的有限责任公司。第 58 条规定：一个自然人只能投资设立一个一人有限责任公司，该一人有限责任公司不能投资设立新的一人有限责任公司。

一人有限责任公司在设立时要求：

（1）最低注册资本人民币 10 万元。

（2）每年要接受会计师事务所的严格财务审计的条件，这一点无疑会加大公司的经常性财务审计支出，且对公司的财务保障的外在监督提出了比有限责任公司更高的审核要求。

（3）在公司资金使用上要求股东的公司资产和个人其他资产严格分离，否则将为公司负债承担连带责任，使得由于公司财务缺陷导致投资人承担无限连带责任风险大幅度增加。

基于以上分析，设立一人有限责任公司存在陷阱：投资人在设立一人有限责任公司时，应当根据自己的具体条件审慎考量，否则，将可能在资金占用量、财务成本以及债务承担上承受过大压力，形成事与愿违的不利结果。

龙华公司诉杰美讯公司等买卖合同纠纷案

案情简介[1]：

广东省东莞市杰美讯能源科技有限公司（简称"杰美讯公司"）于 2010 年 6 月成立，汪芳为该公司唯一股东，由其丈夫徐国鸿（台湾居民）负责经

---

[1] 参见《一人公司股权转让不免除原股东对公司债务的责任——广东东莞中院判决龙华公司诉杰美讯公司等买卖合同纠纷案》，载《人民法院报》2014 年 4 月 10 日，第 6 版。

营。2010 年 3 月至 7 月间，杰美讯公司多次向四川省绵阳市龙华薄膜有限公司（简称"龙华公司"）购买货物，但未支付货款。2012 年 2 月，汪芳将所持杰美讯公司股权转让给他人，并办理了股权变更登记。同年 3 月，徐国鸿与汪芳离婚。同年 10 月，龙华公司提起诉讼，要求杰美讯公司、徐国鸿及汪芳承担连带清偿责任。汪芳以其股权转让为由拒绝清偿，徐国鸿则以其行为属于职务行为为由，主张应由杰美讯公司承担。

裁判结果：

广东省东莞市第二人民法院经审理认为，杰美讯公司是一人公司，汪芳在涉案期间是杰美讯公司的股东，其未能证明在涉案交易期间杰美讯公司财产独立于其个人财产。根据《公司法》第 64 条的规定，汪芳应对杰美讯公司的债务承担连带清偿责任。因涉案债务发生于徐国鸿与汪芳婚姻关系存续期间，应按夫妻共同债务处理。据此，法院判决：杰美讯公司支付龙华公司货款，徐国鸿、汪芳承担连带清偿责任。

汪芳不服判决，提起上诉。

广东省东莞市中级人民法院经审理后判决：驳回上诉，维持原判。

■ 律师精彩解读

一人有限责任公司是有限责任公司的特殊类型。根据我国《公司法》第 63 条的规定，除非一人有限责任公司的股东举证证明公司财产独立于股东个人财产，否则就应当对公司债务承担连带责任。可见，我国对一人有限责任公司实行"法人人格滥用推定"原则，由股东自负举证责任。该制度是我国《公司法》的一大创举，有利于规范一人有限责任公司股东的行为，保护公司债权人的利益。本案的特殊之处在于，对于一人有限责任公司的股东发生变更的情形，债权人能否依"法人人格滥用推定"原则要求原股东承担连带责任？

天渡法商团队认为，债权人要求原股东对一人有限责任公司的债务承担连带清偿责任，应当同时满足以下要件：一是债务应当发生于原股东出让一人有限责任公司股权之前，债权人追索的债务必须发生于原股东经营一人有限责任公司期间。对于一人有限责任公司股东变更后发生的债务，原股东不负有清偿责任，债权人应当向公司及其新股东主张债权。二是原股东不能证明经营期间公司财产与其个人财产相独立。一人有限责任公司的原股东应就股权出让前其个人财产未与公司财产发生混同的事实承担举证责任，否则，法院应当推定一人有限责任公司的原股东存在滥用公司法人人格的行为，判令其对公司债务承担连带责任。

上述处理结果的法理依据在于，一人有限责任公司股东不能证明公司财产独立于股东个人财产的，应对公司债务向债权人承担连带清偿责任，此乃法定之债。除非债权人同意，否则，原股东不能以出让股权于他人而主张免除其连带责任。如此处理可以防止股东以股权转让为手段恶意逃避债务，最大限度地保护债权人的合法权益。

三、股份有限公司

股份有限公司（Stock corporation）是指公司资本为股份所组成的公司，股东以其认购的股份为限对公司承担责任的企业法人。我国《公司法》第78条规定，设立股份有限公司，应当有2人以上200人以下为发起人，其中须有半数以上的发起人在中国境内有住所。由于所有股份公司均须是负担有限责任的有限公司（但并非所有有限公司都是股份公司），所以一般合称"股份有限公司"。股份公司产生于18世纪的欧洲，19世纪后半期广泛流行于世界资本主义各国，到目前，股份公司在资本主义国家的经济中占据统治地位。

股份有限公司是典型的"资合公司"。一个人能否成为公司股东决定于他是否缴纳了股款，购买了股票，而不取决于他与其他股东的人身关系，因此，股份有限公司能够迅速、广泛、大量地集中资金。这一点与有限责任公司是不一样的，有限责任公司是人合兼资合的，股东之间是志同道合才合作，彼此之间是熟悉的。所有的上市公司都是股份公司，但股份公司未必是上市公司。表2-2为有限责任公司和股份有限公司的区别：[1]

---

[1] 参见《股份有限公司和有限责任公司的区别是什么》，载找法网 http://china.findlaw.cn/gongsifalv/gongsifalvfagui/gufenyouxiangongsi/1407449.html，最后访问日期：2019年12月12日。

表 2-2 有限责任公司和股份有限公司的区别

	有限责任公司	股份有限公司
公司性质	属于"人资两合公司"其运作不仅是资本的结合,而且还是股东之间的信任关系,在这一点上,可以认为它是处于合伙企业和股份有限公司之间的。	股份有限公司完全是资合公司,是股东的资本结合,不基于股东间的信任关系。
股权表现形式	有限责任公司里,权益总额不作等额划分,股东的股权是通过所认缴的出资额比例来表示,股东表决和偿债时以其认缴的出资额比例享有权利和承担责任。	股份公司的全部资本分为数额较小、每一股金额相等股份,股东的表决权按认缴的出资额计算,每股有一票表决权。
设立方式及流程	只能由发起人集资,不能向社会公开募集资金,也不能发行股票,不能上市。设立流程为:订立公司章程——股东缴付出资——验资机构验资——设立登记。	除了可以使用有限责任公司的设立方式外,还可以向社会公开筹集资金并上市融资,但设立流程比较复杂:订立公司章程——发起人认购股份和向社会公开募集股份——验资——召开创立大会——设立登记。
股东人数限制	股东不得多于50人,保护了公司的封闭性。	必须有2~200个发起人,股东人数无限制,上市公司拥有上百万人的股民都是公司股东。
组织机构设置规范化程度	有限公司比较简单、灵活,可以通过章程约定组织机构,可以只设董事、监事各1名,不设监事会、董事会。	股份有限公司的要求高,必须设立董事会、监事会,定期召开股东大会,而上市公司在股份公司的基础上,还要聘用外部独立董事。
股权转让与股权的流动性	股东之间可以相互转让出资额。向股东以外的人转让出资时,必须经股东会过半数股东同意,因而股权的流动性差,变现能力弱。	股票公开发行,转让不受限制,上市公司股票则流动性更高,融资能力更强。
社会公开	生产、经营、财务状况,只需按公司章程规定的期限向股东公开,供其查阅,无须对外公布,财务状况相对保密。	要定期公布财务状况,上市公司要通过公共媒体向公众公布财务状况,相比较更难操作,公司财务状况也难于保密,更容易涉及信息披露、内幕交易等问题。

第三节　合伙企业

合伙企业，是指自然人、法人和其他组织依照《中华人民共和国合伙企业法》（以下简称《合伙企业法》）在中国境内设立的，由2个或2个以上的自然人通过订立合伙协议，共同出资经营、共负盈亏、共担风险的企业组织形式。

一、合伙企业的特征

（一）合伙企业是不具备法人资格的营利性经济组织

合伙企业的非法人性，使得它与具有法人资格的市场主体相区别；合伙企业的营利性，使得它与其他具有合伙形式但不以营利为目的的合伙组织相区别；合伙企业的组织性，使得它与一般民事合伙区别开来，从而成为市场经济活动的主体和多种法律关系的主体。

（二）全体合伙人订立书面合伙协议

合伙企业是由全体合伙人根据其共同意志而自愿组成的经济组织。该组织的设立、活动、变更、解散等一系列行为都必须符合一定的行为规则，而合伙协议就是合伙企业的行为规则。合伙协议必须是书面的，如果没有合伙协议，合伙企业就不能成立，其运作也就无从谈起。

（三）合伙人共同出资、合伙经营、共享收益、共担风险

合伙企业的资本是由全体合伙人共同出资构成。共同出资的特点决定了合伙人原则上均享有平等地参与执行合伙事务的权利，各合伙人互为代理人。

共同出资的特点也决定了对于合伙经营的收益和风险，由合伙人共享共担。合伙企业作为人合企业，它完全建立在合伙人相互信赖的基础上，因此各合伙人彼此间的权利义务并无不同，不存在特殊的合伙人。

二、普通合伙企业和有限合伙企业

2007年6月1日起施行的《合伙企业法》，将合伙企业分为普通合伙企业和有限合伙企业。普通合伙企业由2人以上的普通合伙人（General Partner，

简称 GP）组成（没有上限规定），合伙人对合伙企业债务承担无限连带责任。例如律师事务所就是普通合伙企业，全体合伙人就企业风险承担全部连带责任。有限合伙企业由 2 人以上 50 人以下的普通合伙人和有限合伙人（Limited Partner，简称 LP）组成，其中普通合伙人和有限合伙人都至少有 1 人。当有限合伙企业只剩下普通合伙人时，应当转为普通合伙企业，如果只剩下有限合伙人时，应当解散。普通合伙人对合伙企业债务承担无限连带责任，有限合伙人以其认缴的出资额为限对合伙企业债务承担责任。普通合伙人和有限合伙人的区别如表 2-3 所示：

表 2-3　普通合伙人和有限合伙人的区别

	GP	LP
承担责任	对合伙企业债务负无限责任。	以其出资额为限对合伙企业负有限责任。
交易范围	不得同本企业进行交易，但是合伙协议另有约定或者全体合伙人另有约定的除外。	可以同本企业进行交易，但是合伙协议另有约定的除外。
业务范围	不得自营或者同他人合营与本合伙企业相竞争的业务。	可以自营或者同他人合营与本合伙企业相竞争的业务，但是合伙协议另有约定的除外。
是否参与经营	对合伙企业经营负责，一般有经营业绩报酬。	不负责经营，没有经营报酬，只根据出资份额取得相应的经营利润。

注：有限合伙人承担的是有限责任，不需要承担无限连带责任。普通合伙人出资份额少，担任管理合伙人，可以掌控整个合伙企业。如果公司的实际控制人通过设立有限合伙企业，对员工实施股权激励或者实施事业合伙人机制，可以通过设立有限合伙企业，自己做管理合伙人，股权激励对象设计成有限合伙人。

通过上述介绍，大家应该意识到，合伙企业与公司的概念是不同的，一些机构把有限合伙企业称为有限合伙公司，犯了很严重的错误。

通过对我国企业组织形式的介绍，让大家了解到了股权激励的驱动机制。天渡法商团队通过多年的管理咨询经验总结如下：个体工商户、个人独资企业显然不存在合伙人，不属于股权设计的主体；股份有限公司设立的门槛要求高，不适合初创企业。天渡法商团队专注于服务中小民营企业，故而本书主要以有限责任公司为主体，指导大家学习股权激励方案设计。同时请大家关注有限合伙企业的组织形式，以有限合伙企业作为持股平台，是股权设计非常重要的一种工具，后面的章节会对此做详细解读。

绿地集团借壳上市[1]

　　绿地集团借壳上市面临的一个重要问题就是内部股东持股会引发的风险。绿地集团解决这一问题的主要思路就是由管理层43人设立一个管理公司格林兰投资（GP）、职工持股会成员作为有限合伙人（LP），装入32家有限合伙企业；格林兰投资和32个有合伙企业再组出一家大的有限合伙企业，即上海格林兰，形成嵌套式有限合伙组织，吸收合并职工持股会资产和债权债务。

　　一、上市公司—金丰投资

　　金丰投资主要业务包括房地产流通服务、投资开发、金融服务和代建管理等。近3年来，金丰投资根据行业发展的情况，确定"投资+服务"的发展定位，逐步成为房地产领域的综合服务商。

　　二、借壳方—绿地集团

　　绿地集团是中国第一家跻身《财富》世界500强的以房地产为主业的综合性企业集团，在2014年《财富》世界500强排名中居第268位。目前绿地集团形成了"房地产业突出，能源、金融等相关产业并举发展"的多元化产业布局，集团主营业务包括房地产主业及其延伸产业（包括建筑建设、酒店、绿化园林等业务），还涉足能源、汽车、金融等其他产业。

---

　　〔1〕 根据互联网多篇文章整理而成。

三、操作步骤

1. 上海格林兰投资管理有限公司（以下简称"格林兰投资"）成立

2014年1月27日，由43位自然人股东（绿地集团管理层成员）投资的上海格林兰投资管理有限公司成立，注册资本为10万元，法定代表人是张玉良（绿地集团董事长兼总经理）。

2. "上海格林兰壹投资管理中心（有限合伙）"至"上海格林兰叁拾贰投资管理中心（有限合伙）"成立（以下简称"小有限合伙"）

2014年2月，32个小有限合伙成立，其中每个企业均由不超过49名自然人作为有限合伙人，格林兰投资作为唯一的普通合伙人而设立。其中格林兰投资只在每个企业象征性出资1000元，在32家企业共出资3.2万元，32家企业的有限合伙人是1997年成立的上海绿地持股会全体会员，出资为持股会会员的股权。

3. 上海格林兰投资（有限合伙）的成立（以下简称"大有限合伙"）以及对上海绿地职工持股会的吸收合并

2014年2月19日，大有限合伙在上海成立，其合伙人总数为33，其中只有格林兰投资是企业法人且为大有限合伙唯一的普通合伙人，另外32名合伙人为上文所述的32家小有限合伙。总共出资额为3766.55万元，其中格林兰投资出资6.8万元，32个小合伙企业合计出资3759.74万元。

根据2014年3月17日《上海金丰投资股份有限公司第七届董事会第四十五次会议决议公告》，大有限合伙已与上海绿地（集团）有限公司职工持股会（以下简称"职工持股会"）签署《吸收合并协议》。根据该协议，吸收合并完成后，职工持股会解散，由大有限合伙作为绿地集团股东，继受职工持股会的全部资产、债权债务及其他一切权利义务。自吸收合并完成之日起，将由大有限合伙取代职工持股会参与本次重大资产重组。

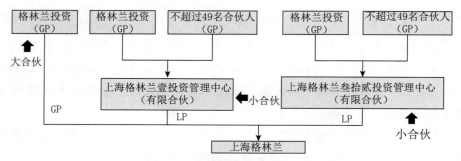

图 2-5　上海格林兰股权关系图

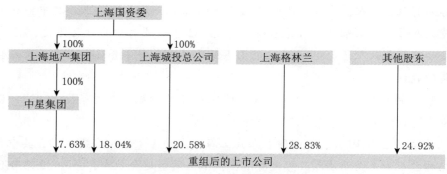

图 2-6　金丰投资股权关系图

四、通过一系列重组动作及嵌套型有限合伙组织（上海格林兰）完成控制权设计和借壳上市

绿地集团通过大小有限合伙的精心安排，最终达到了其管理层通过投资10万元而控制了190亿元资产的目的。另外，根据《重组预案》，上海市国资委合计持股比例未超过50%，不能对金丰投资形成控制；此外，上海地产集团和上海城投总公司是两家相互独立的主体，其作为财务投资人将来并不会实质性介入金丰投资的日常经营管理，而剔除上海国资委投资人的持股比例后，金丰投资第一大股东即为大有限合伙，其背后是绿地集团管理层。因此，绿地集团管理层控制了190亿元的资产，乃至整个金丰投资。

蚂蚁金服股权架构[1]

持股平台：分有限合伙与有限责任公司的模式。蚂蚁金服的经营团队都是通过两个有限合伙企业股东（杭州君瀚与杭州君澳）间接持有公司股份，有限合伙的决策权主要集中在普通合伙人（GP）手里，而这两个有限合伙企业的普通合伙人（GP）均指向同一家公司杭州云柏，而杭州云铂背后的唯一股东是马云。马云给团队分享了大量的利益，但并不会去分享公司的控制权。

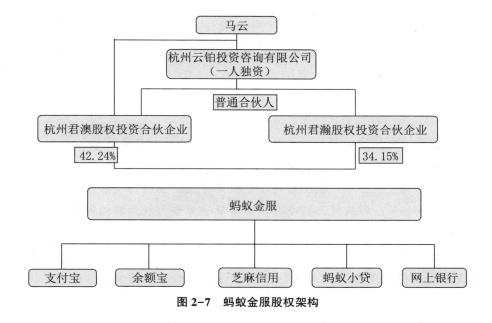

图 2-7　蚂蚁金服股权架构

---

〔1〕　根据多篇互联网文章整理而成。

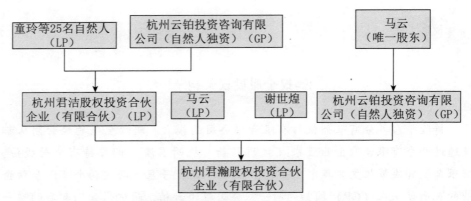

图 2-8 杭州君瀚股权投资合伙企业（有限合伙）股权架构

■ 律师精彩解读

蚂蚁金服这种以有限合伙作为主要持股形式的股权架构设计，有非常明显的优势，对于保证实际控制人对公司的控制权及管理风险起到了很好的作用。[1]

1. 实现控制权的成本较低

合伙企业中实现控制权的主要方式就是 GP 对合伙事务的执行，即使 GP 对合伙企业的出资份额很小，也不影响控制权。从上面结构可以看出，杭州云铂投资咨询有限公司对杭州君瀚股权投资合伙企业有两个层次的控制：第一层是直接控制，即杭州云铂投资咨询有限公司作为杭州君瀚股权投资合伙企业的 GP，行使着控制权；第二层是间接控制，即杭州云铂投资咨询有限公司作为杭州君洁股权投资合伙企业的 GP，对作为 LP 的杭州君洁股权投资合伙企业行使着控制权，从而在杭州君瀚股权投资合伙企业的 LP 中发挥影响力。

2. 实际控制人的风险隔离

GP 之所以在法理上能够以较小的出资比例实现对合伙企业的控制，关键就在于 GP 对于合伙企业的全部债务承担无限连带责任。因此，为了隔离风险，马云并未以自然人身份直接进入杭州君瀚股权投资合伙企业、杭州君洁

---

〔1〕 参见于强伟：《股权架构解决之道：146 个实务要点深度解析》，法律出版社 2019 年版，第 100 页。

股权投资合伙企业担任 GP，而只是在杭州君瀚股权投资合伙企业层面担任了 LP（只承担有限责任）。通过成立一人有限公司——杭州云铂投资咨询有限公司，并以该公司作为普通合伙人，就可以有效隔离马云作为实际控制人的法律风险。这样一来，即使杭州云铂投资咨询有限公司对合伙企业承担了无限连带责任，也不会波及马云的个人财产。根据工商数据显示，杭州云铂投资咨询有限公司注册资本为 1010 万元，也就是说，马云承担的个人责任是以 1010 万元为限度的，除非有证据证明该一人公司的财产与股东的财产发生了混同，才可以"刺破公司法人面纱"，而使其股东与公司共同承担无限责任。不过，从更谨慎的角度，如果杭州云铂投资咨询有限公司有 2 名以上的股东，这个风险就会更小，因为在多名股东的情况下，比只有 1 名股东时证明公司和股东之间财产混同的难度更大些

3. 便于对被激励对象的管理

将被激励对象放在有限合伙企业中作为 LP，会有多方面的好处。首先，便于意见统一，有限合伙企业作为股东的，其意见主要是由 GP 做出，LP 一般情况下不能参与合伙事务的管理，否则可能会突破有限责任的限制；其次，便于人员变动的控制，如果被激励对象直接在企业层面持股，每发生一次变动，都要进行工商变更，不仅手续烦琐，而且可能会遇到意想不到的障碍。

延伸阅读

分公司和子公司的区别：

1. 设立方式不同

子公司一般是由母公司投资，并由包含母公司在内的两个以上股东按照《公司法》的规定设立，注册应当符合《公司法》对设立条件及投资方式的规定，并到工商部门领取企业法人营业执照。

公司设立分公司或者分支机构，一般是由总公司在其住所地之外向当地工商机关提出设立申请，领取营业执照，分公司的名称最后都是某某分公司。

2. 法律地位不同

子公司具有法人资格，拥有独立的名称、公司章程和组织机构，对外以自己的名义从事经营活动，并可以在其自身经营范围内独立开展各种业务活动、从事

各类民事活动,独立承担公司行为所带来的一切后果和责任。但涉及公司利益的重大决策或重大人事安排,仍须由母公司决定。

分公司是由总公司在其住所地之外向当地工商部门提请设立的,其属于总公司的分支机构,不具有法人资格,无独立的名称、公司章程和组织机构,虽可以独立开展业务活动,但必须以总公司分支机构的名义从事经营活动,且只能在公司授权范围内进行。

3. 受控制方式不同

母公司对子公司一般不直接控制,多采用间接控制方式,即通过做出投资决策以及任免子公司董事会成员来影响子公司的生产经营活动。

分公司则不然,其财产、业务、人事受总公司直接控制,并只能在总公司的经营范围内从事经营活动。

4. 承担债务责任方式不同

子公司具有法人资格,其以自身全部财产为其经营活动中产生的债务承担责任。

分公司不仅无独立财产,且在财务上须与总公司统一核算,分公司在经营活动中产生的债务,总公司必须以其全部财产为限承担清偿责任。

5. 诉讼中的法律效果不同

我国法人制度的基本精神是法人仅以其自身财产承担民事责任,因子公司是独立法人,故子公司只需以其自身资产为限承担民事责任,除出资人(即子公司的各股东)出资不实或出资后抽逃资金外,无法清偿的部分出资人无须另行承担。

分公司不是独立法人,业务开展过程中出现不能履行债务的情形时,债权人可以要求总公司承担清偿义务,在诉讼中可直接以总公司为被告要求其承担责任。

股权激励的典型模式

股权激励是对员工进行中长期激励的一种方法，是企业为了激励和留住核心人才，而推行的一种长期激励机制。那么，有哪些股权激励形式？本书主要分为两大类：现金模式（分钱）以及股权模式（分股）。其中现金模式包含：虚拟股票（权）、股票增值权、分红权激励这三种模式，现金模式是虚股，既借助股票权益来核算利息金额，但实际上并不分配股权。股权模式包含：股票期权、员工持股计划以及限制性股票（权）这三种模式，这三种模式属于实股范畴。

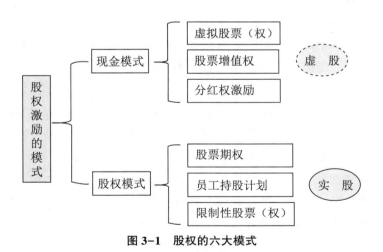

图3-1　股权的六大模式

第一节　虚拟股票

一、虚拟股票的概念

虚拟股票（Phantom Stocks）模式是指公司授予激励对象一种"虚拟"的股票，激励对象可以据此享受一定数量的分红权和股价升值收益。如果实现公司的业绩目标，则被授予者可以据此享受一定数量的分红，但没有所有权和表决权，不能转让和出售，在离开公司时自动失效。在虚拟股票持有人实现既定目标条件下，公司支付给持有人收益时，既可以支付现金、等值的股票，也可以支付等值的股票和现金相结合。虚拟股票是通过其持有者分享企业剩余索取权，将激励对象的长期收益与企业效益挂钩。

二、虚拟股票的特点

（一）虚拟股票的优势

1. 不涉及股票实际所有权的变化，激励对象广泛

与实际股票相比，虚拟股票可能有多种优势。首先，与授予员工实际股票相比，公司在虚拟股票计划的设计时有更多的灵活性。通过设计，可以使虚拟股票专门针对参与者负有职责的公司业务或者资产，而不是以整个公司的业绩作为依据。同样，通过适当地设计虚拟股票的现金收入发放时间或者等待期，在时间安排上，也可以使虚拟股票计划与员工的劳动合同期或者特定的公司目标相配合。

2. 不影响公司总资本和所有权结构

在虚拟股票计划中，参与者只有获得报酬的权利，而没有作为实际股东的其他权利。从公司角度来看，这一其他权利的缺位是虚拟股票的一个重要优势。在虚拟股票计划中，不会包括投票表决权。因此，采用虚拟股票计划可以避免打破原有控制权的均衡状态，有关意见分歧或者权力争夺的问题也可以得以避免。与此同时，也不需要为此专门制定股东协议，来控制实际股票的分配，只需被激励员工和公司签署一个内部协议，无须公司增发新股或者老股东转让股权，无须监管部门审批及工商部门进行变更登记，操作手续

简单便捷。

3. 分红方式比较灵活

虚拟股权的分红既可以作为一种人工成本从税前利润中列支，也可以作为溢价收入（股息）从税后利润中列支。当虚拟股权作为一种人工成本时，既可以按照与实际股本无关的固定比例的利润提取分红，也可以按照与实际股本相关的变动比例的利润分红方式进行分红，甚至是没有提取比例的约定数额的分红。在这些利润分配方式中，按照与实际股本相关的变动比例分红最为合理。

图 3-2　虚拟股的权限

（二）虚拟股票的劣势

首先，对虚拟股票计划的激励对象来说，其无法成为公司的真正股东，没有表决权。因此也无法参与公司的经营决策。而且虚拟股票无法转让，其只能根据市价或者内部价格获得相应的增值收益。

其次，对于公司而言，尽管在授予虚拟股票时，公司无须支付现金，但是在激励对象实现收益时，公司的现金支付压力较大。

最后，由于员工无法成为公司的股东，虚拟股票激励计划的效果并不如限制性股票和期权等激励方式，而且因为员工非公司股东，也很难发挥主人翁意识，自觉维护公司利益。另外，虚拟股票的激励对象的收益实际上来源于公司股东对一定比例的公司税后净利润的让渡，因此在实施计划时需要协调因激励计划而引起的各股东之间的矛盾。

表 3-1　虚拟股票和真正股票的区别

区别点	真正股权	虚拟股票
出资义务	有	一般没有，无偿发放

续表

区别点	真正股权	虚拟股票
是否在股东名册登记	是	否
表决权	有	无
知情权	有	无
分红权	有	有
股份增值权	有	可以有
转让权	有	一般没有
对公司控制权的影响	有	无
离职处理	原则上继续持有	收回

三、虚拟股票的适用范围

虚拟股票激励模式比较适合现金流量比较充裕的非上市公司和上市公司。有时，当企业在对经营层授予了股权激励后，还需要对核心骨干员工进行股权激励，但又不想所有权过于分散，即可使用虚拟股票，既达到同时激励经营层和核心骨干的目的，又不至于造成激励的不平衡。一般来说，无论是上市公司还是非上市公司，单独使用虚拟股票作为激励手段的企业都比较少，针对非上市公司建议企业将虚拟股票与其他激励模式相结合，虚拟股票也可在一定时间和条件下转换为股票期权或期股等实际股票和股权。

华为虚拟股票计划发展历程[1]

虚拟股票在国内的走红，源于华为的虚拟股票制度，目前也成为一种比

---

〔1〕 参见《华为虚拟股权激励方案》，载百度文库 https://wenku.baidu.com/view/5507139c366baf1ffc4ffe4733687e21ae45ff21.html，最后访问日期：2019 年 12 月 14 日。

较典型的股权激励方式。

华为技术有限公司（以下简称"华为"）成立于 1987 年，最初是一家生产公共交换机的香港公司的销售代理。由于采取"农村包围城市，亚非拉包围欧美"的战略策略，华为迅速成长为全球领先的电信解决方案供应商，专注于与运营商建立长期合作伙伴关系，产品和解决方案涵盖移动、网络、电信增值业务和终端等领域。

在企业管理上，华为积极与许多世界一流管理咨询公司合作，在集成产品开发、集成供应链、人力资源管理、财务管理和质量控制等方面进行深刻变革，建立了基于 IT 的管理体系。在企业文化上坚持"狼性"文化与现代管理理念相结合，其薪酬和人力资源管理上的创新是吸引众多优秀人才进入华为的重要原因，其中股权激励扮演着重要角色。

华为内部股权激励计划始于 1990 年即华为成立 3 年之时，至今已实施了 4 次大型的股权激励计划。

一、创业期股票激励

创业期的华为一方面由于市场拓展和规模扩大需要大量资金，另一方面为了打压竞争者需要大量科研投入，加上当时民营企业的性质，出现了融资困难。因此，华为优先选择内部融资。内部融资不需要支付利息，存在较低的财务困境风险，不需要向外部股东支付较高的回报率，同时可以激发员工努力工作。

1990 年，华为第一次提出内部融资、员工持股的概念。当时参股的价格为每股 10 元，以税后利润的 15% 作为股权分红。那时，华为员工的薪酬由工资、奖金和股票分红组成，这三部分数量几乎相当。其中股票是在员工进入公司 1 年以后，依据员工的职位、季度绩效、任职资格状况等因素进行派发，一般用员工的年度奖金购买。如果新员工的年度奖金不够派发的股票额，公司帮助员工获得银行贷款购买股权。

华为采取这种方式融资，一方面减少了公司现金流风险，另一方面增强了员工的归属感，稳住了创业团队。也就是在这个阶段，华为完成了"农村包围城市"的战略任务，1995 年销售收益达到 15 亿人民币，1998 年将市场拓展到中国主要城市，2000 年在瑞典首都斯德哥尔摩设立研发中心，海外市场销售额达到 1 亿美元。

二、网络经济泡沫时期的股权激励

2000 年网络经济泡沫时期，IT 业受到毁灭性影响，融资出现空前困难。2001 年底，由于受到网络经济泡沫的影响，华为迎来发展历史上的第一个冬天，此时华为开始实行名为"虚拟受限股"的期权改革。

虚拟股票是指公司授予激励对象一种虚拟的股票，激励对象可以据此享受一定数量的分红权和股价升值权，但是没有所有权，没有表决权，不能转让和出售，在离开企业时自动失效。虚拟股票的发行维护了华为管理层对企业的控制能力，不至于导致一系列的管理问题。

华为还实施了一系列新的股权激励政策：

（1）新员工不再派发长期不变 1 元/股的股票。

（2）老员工的股票也逐渐转化为期股。

（3）以后员工从期权中获得收益的大头不再是固定的分红，而是期股所对应的公司净资产的增值部分。

期权比股票的方式更为合理，华为规定根据公司的评价体系，员工获得一定额度的期权，期权的行使期限为 4 年，每年兑现额度为 1/4，即假设某人在 2001 年获得 100 万股，当年股价为 1 元/股，其在 2002 后逐年可选择四种方式行使期权：

（1）兑现差价（假设 2002 年股价上升为 2 元，则可获利 25 万）。

（2）以 1 元/股的价格购买股票。

（3）留滞以后兑现。

（4）放弃（即什么都不做）。

从固定股票分红向"虚拟受限股"的改革是华为激励机制从"普惠"原则向"重点激励"的转变。下调应届毕业生底薪，拉开员工之间的收入差距即是此种转变的反映。

三、非典时期的自愿降薪运动

2003 年，尚未挺过泡沫经济的华为又遭受 SARS 的重创，出口市场受到影响，同时和思科之间存在的产权官司直接影响华为的全球市场。华为内部以运动的形式号召公司中层以上员工自愿提交"降薪申请"，同时进一步实施管理层收购，稳住员工队伍，共同渡过难关。

2003年的这次配股与华为以前每年例行的配股方式有三个明显差别：

一是配股额度很大，平均配股接近员工已有股票的总和。

二是兑现方式不同，往年积累的配股即使不离开公司也可以选择每年按一定比例兑现，一般员工每年兑现的比例最大不超过个人总股本的1/4，对于持股股份较多的核心员工每年可以兑现的比例则不超过1/10。

三是股权向核心层倾斜，即骨干员工获得配股额度大大超过普通员工。

此次配股规定了一个3年的锁定期，3年内不允许兑现，如果员工在3年之内离开公司的话则所配的股票无效。华为同时也为员工购买虚拟股权采取了一些配套的措施：员工本人只需要拿出所需资金的15%，其余部分由公司出面，以银行贷款的方式解决。自此改革之后，华为实现了销售业绩和净利润的突飞猛涨。

四、新一轮经济危机时期的激励措施

2008年，由于美国次贷危机引发的全球经济危机给世界经济发展造成重大损失。

面对本次经济危机的冲击和经济形势的恶化，华为又推出新一轮的股权激励措施。2008年12月，华为推出"配股"公告，此次配股的股票价格为每股4.04元，年利率逾6%，涉及范围几乎包括了所有在华为工作时间1年以上的员工。

由于这次配股属于"饱和配股"，即不同工作级别匹配不同的持股量，比如级别为13级的员工，持股上限为2万股，14级为5万股。大部分在华为总部的老员工，由于持股已达到其级别持股量的上限，并没有参与这次配股。之前有业内人士估计，华为的内部股在2006年时约有20亿股。

按照上述规模预计，此次的配股规模在16亿~17亿股，因此是对华为内部员工持股结构的一次大规模改造。这次的配股方式与以往类似，如果员工没有足够的资金实力直接用现金向公司购买股票，华为以公司名义向银行提供担保，帮助员工购买公司股份。

华为的股权激励历程说明，股权激励可以将员工的人力资本与企业的未来发展紧密联系起来，形成一个良性的循环体系。员工获得股权，参与公司

分红，实现公司发展和员工个人财富的增值，同时与股权激励同步的内部融资，可以增加公司的资本比例，缓冲公司现金流紧张的局面。

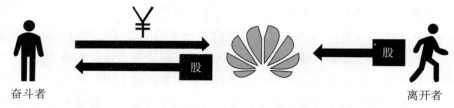

奋斗者　　　　　　　　　　　　　　　　　　　　离开者

图 3-3　华为虚拟股票模型

　　注：如图所示，只有公司认定的"奋斗者"，才有资格参与配股，尽管是虚拟股，配股也是需要真金白银的现金。离开企业时，股票由华为控股工会回购。

■ 律师精彩解读

1. 华为的股权激励方案分析

　　从华为的股权结构和变更趋势看，华为实际上走的是一条从员工持股到高管层持股的历程。华为员工历年获得的高分红源于从成立之初就实现的员工持股计划。红利的多少完全取决于企业的效益，这就使得全体员工都关心企业的发展，而不是一味地关心个人的利益得失。华为在成立之初，公司规模不大，且处于高速增长的行业，公司的利润率高，分红的比例历年以来都保持在 70% 的高位，这种有付出就有回报的立竿见影的效果，再加上任正非的个人魅力，极大促进了员工的积极性，创造了华为高速增长的奇迹。[1]

　　但是自 2002 年 3 月起，华为开始改变传统的一元钱买一股的做法，实行一种叫作"虚拟持股权"的计划，这个计划有点类似于期权。虚拟股票的发放不会影响公司的总资本和所有权结构，无须证监会批示，只需股东大会通过即可。在员工们看来，该计划比股权制度合理了很多。但由于很多员工选择将股权按照净资产兑现后离开华为，因此，同样给华为带来了资金方面的压力。

　　华为成立初期的股权激励是十分成功的，但是随着时间的推移，也逐渐

---

　　〔1〕　参见李灵坤、王明国：《股权激励案例分析》，载 https://wenku.baidu.com/view/337fb355ba4cf7ec4af e04a1b0717fd5360cb28f.html？from＝search，最后访问日期：2019 年 11 月 12 日。

出现一些弊端，原因主要有：首先，从体制上看，华为从成立之初的民营企业，到目前业务拓展到世界市场的大公司，其公司治理结构方面没有根据公司的发展阶段进行过战略性的调整，仍沿袭公司创业之初的体制和理念，这就造成了公司股权结构混乱，权衡制约性差，运作不规范不透明等问题。其次，华为的高分红以及虚拟持股计划是建立在一种高薪激励基础上的行为。这种激励在公司的创业初期和发展期能够起到很好的效果，但是现在的华为每年引进大批的应届毕业生，过高的淘汰率造成了华为人员的不稳定性，另外以现金为奖励的激励方式也助长了拿钱就走的行为，对华为的进一步发展非常不利。最后，华为员工持股计划的运作不够规范。其一，从华为员工取得股权的程序看，员工股权的购买不是建立在平等自愿的基础上的。其二，股份购进卖出没有统一合理的规定。公司可以根据业务发展需要变动回购股价，但频繁变动的回购价格，给人一种无章可循的感觉，认为华为的政策制定不具有战略性，只是为了应付当时情况的一种短期行为。因此，股权纷争案的出现也是必然的。

2. 华为改进股权激励方案的建议

首先，对股权激励方案的激励模式进行改进，由于我国股票市场估值体系不成熟、强化对公司高管激励效果的因素，可以考虑对公司副总裁和部分总监级以上高层管理人员进行现股激励加股票期权激励，将单一的股票期权激励模式改进为现股激励与股票期权激励相结合的混合式股权激励。其次，对被激励对象的具体选择标准进行明确，必须要有科学、明确、量化的评判标准，例如职务、职级、司龄等指标的具体要求，在公司内部创造公平合理的氛围，决不能出现同级别、同职务的员工待遇不同的情况，减少人为主观因素的影响，避免股权激励方案给公司内部带来负面效应。最后，应当引入股权激励与岗位聘任动态化关联机制，将股票期权的授予与岗位而非明确的个人进行挂钩，从而使任职同一关键岗位的人员都成为被激励的对象，有效提升公司的整体业绩。

北京精冶源新材料股份有限公司虚拟
股权激励方案（2015 年 11 月修订）[1]

第一章　总　　则

第一条　目的

为提高北京精冶源新材料股份有限公司（以下简称"公司"）的经济效益水平和市场竞争能力，吸引和保持一支高素质的人才队伍，营造一个激励员工实现目标和自我管理的工作环境，倡导以业绩为导向的文化，鼓励员工为公司长期服务，并分享公司发展和成长的收益，特制定本虚拟股权激励方案。

第二条　定义

虚拟股权指公司授予被激励对象一定数额的虚拟股份，被激励对象不需出资而可以享受公司价值的增长，利益的获得需要公司支付。被激励者没有虚拟股票的表决权、转让权和继承权，只有拟制分红权（即获得与虚拟股权收益金额相等的激励基金）。

第三条　有效期限

本计划的有效期限为 3 年，即 2015—2017 年，激励对象无偿享有公司给予一定比例的分红权，计划有效期满后，公司可根据实际情况决定是否继续授予激励对象该等比例的分红权。如在该方案的有效期内经股东大会和董事会决议通过了其他的股权激励计划，经股东大会和董事会表决后可以中止该计划。

第四条　组织实施

（1）公司董事会负责虚拟股权的组织管理工作：根据年度税后净利润确

---

〔1〕　参见《精冶源：虚拟股权激励方案（2015 年 11 月修订）》，载东方财富网 http://guba.eastmoney.com/news,831091,212513019.html,最后访问日期：2019 年 9 月 15 日。

定虚拟股权分配方案；根据员工持股情况设立员工个人持股明细账户，登记员工持有的虚拟股权状况，结算年终分红收益，办理虚拟股权的授予等事宜。

（2）董事会负责审核虚拟股权授予方案。

（3）董事会负责批准授予人选，制订年终分红方案，批准虚拟股权的授予方案。

（4）股东大会负责批准虚拟股权设置方案以及年终分红方案。

第二章　虚拟股权的授予

第五条　授予对象确定的标准和范围

虚拟股权授予对象参照如下标准确定：①在公司的历史发展中做出过突出贡献的人员；②公司未来发展亟需的人员；③年度工作表现突出的人员；④其他公司认为必要的标准。

授予范围包括公司高级管理人员、中层管理人员、业务骨干以及对公司有卓越贡献的新老员工等。

第六条　授予对象的确定

虚拟股权的授予，由公司根据上述标准在可选范围内提名确定具体人员名单，报经董事会批准。后进入公司的新员工如果符合上述条件，公司可以调整当年的股权激励计划，经董事会批准后，新员工可作为当年度的激励对象。原则上员工需在公司工作满一个自然年后（自入职到该方案每年的实施时间）方可享受该方案。

第三章　授予数量的确定

第七条　虚拟股权持有数量

虚拟股权的授予数量，根据虚拟股权激励对象所处的职位确定股权级别及其对应基准职位股数（经董事会表决同意后基准职位股数可按年度调整），根据个人能力系数和本司工龄系数确定计划初始授予数量，根据年终绩效考核结果确定当年最终授予虚拟股权数量。

虚拟股权的初始授予数量＝基准职位股数×能力系数×本司工龄系数

虚拟股权的最终授予数量＝虚拟股权的初始授予数量×绩效考核系数

第八条　股权级别及职位股数确定

表 3-2　股权级别（职位股数）评定表

股权级别	评定标准	基准职位股数（股）
1 级	通过按指令能基本完成本岗位的工作任务。	40 000
2 级	能够独立、合格地完成本岗位的工作。	60 000
3 级	通过自己的技术专长或团队管理能较好地完成本岗位的工作。	80 000
4 级	通过他人或团队管理能完成工作目标，业绩卓越且能保持团队稳定。	100 000

本方案实施或修订后，公司未来因权益分派、股票发行或其他因素导致总股本变动的，则上述基准职位股数按照总股本变动比例同步调整，相应基准职位股数按照变动时间进行加权平均计算确定（2015 年股本变动已直接调整基准职位股，不再加权计算）。

第九条　个人能力系数

个人能力系数由公司根据下表所列能力评定标准，结合员工个人学历、工作经历及在公司的工作表现等因素进行综合评定。

表 3-3　能力系数评定表

能力等级	能力评定标准	能力系数
中级	◆ 熟练运用所掌握知识、技能完成一般复杂程度的工作； ◆ 对工作相关风险或潜在问题具有一般的认知与把控能力； ◆ 能够将岗位相关经验应用于工作实际。	1.0
高级	◆ 精通某一方面知识或技能的工作应用； ◆ 能够独立处理富有挑战性和复杂的事项； ◆ 能够带领一定规模的团队开展相关工作。	1.1
专家级	◆ 能被征询意见，解决本职工作领域相关的复杂技术问题； ◆ 能对其掌握的知识、技能提出战略性建议或做出合理调整； ◆ 对公司业务及其工作有敏锐的洞察力并提出解决方案。	1.2

第十条　本司工龄系数

表3-4　本司工龄系数表

本司工龄	本司工龄系数
3 年以下（含）	1.0
3 年—5 年（含）	1.1
5 年以上	1.2

第四章　业绩目标与绩效考核

第十一条　业绩目标

公司以年度营业利润作为业绩考核指标。设定的每年业绩目标为：年度营业利润增长率不低于20%（含20%）。上述业绩目标作为确定是否授予年度分红权激励基金的基准指标。在计算确定上述作为业绩目标的营业利润时，涉及本方案所产生的应计入考核年度的成本费用不予扣除。

第十二条　业绩目标考核

每个考核年度期满且审计报告出具后30天内，由董事会组织财务部门考核是否实现公司业绩目标。如公司业绩目标实现，则开始实施当年度的分红权激励，向激励对象授予分红权激励基金。业绩目标未能实现的，不得授予分红权激励基金。

第十三条　业绩目标调整

当出现如下情况时，由董事会审议决定，可对公司业绩目标做出相应调整以剔除下述因素对利润的影响：

（1）会计政策及会计处理办法发生重大变更。

（2）国家税收政策直接导致公司的税收发生重大变化。

（3）国家经济环境、经济政策、行业政策等的重大变化直接对公司产品的市场和价格产生重大影响。

（4）战争、自然灾害等不可抗力因素影响公司正常经营。

（5）发生管理人员职责范围外的其他不可控制风险。

如果调整后的业绩目标变动幅度超过30%，则须由股东大会重新审议通过后才能执行。

第十五条　考核周期

本计划以一个完整的会计年度为一个业绩目标和绩效考核的周期。

第十六条　考核内容

每年年初，根据激励对象所在岗位的岗位职责，确定考核内容，包括工作态度、工作能力和工作业绩等方面的考核，其中工作业绩是重点考核内容。

第十七条　考核结果与绩效系数

每年年初，公司对上年度的个人绩效做评估，评定激励对象的考核结果和绩效系数（表3-5）。其结果作为激励对象参与股权激励基金分配的依据之一。

表3-5　绩效系数确定标准

序　号	绩效评级	绩效系数
1	优　异	1.5
2	良　好	1.2
3	达　标	1.0
4	不达标	0

第五章　激励基金的提取、分配和发放

第十八条　年度激励基金总额

每年以上述第十一条所确定业绩目标作为确定是否授予股权激励基金的考核基准指标。在实现公司业绩目标的情况下，按照公司该年度扣除非经常性损益后净利润和虚拟股权占比核算和提取股权激励基金。即：

当年激励基金总额=考核年度扣除非经常性损益后净利润×加权虚拟股权总数/加权实际总股本

每个考核年度末，当年激励基金总额参考经审计机构初步审定的财务数据和激励对象考核评定情况进行预提。在计算确定预提考核年度激励基金总额所参考的扣除非经常性损益后净利润时，涉及本方案所产生的应计入考核年度的成本费用不予扣除计算。根据经审计的扣除非经常性损益后净利润，确定考核年度最终激励基金实际应发放金额。

第十九条　虚拟股权的每股现金价值

每股现金价值＝当年激励基金总额÷实际参与分红的虚拟股权总数

第二十条　分红办法和分红现金数额

将每股现金价值乘以激励对象持有的虚拟股权数量，就可以得到每一个激励对象当年的分红现金数额。

个人实际可分配虚拟股红利＝虚拟股权每股现金价值×虚拟股股数

第二十一条　红利发放

当年的虚拟股红利在次年5月份发放，虚拟股红利以公司公告为准。虚拟股红利发放通过银行转账发放到员工银行卡上，涉及征税，公司代扣代缴。

第六章　激励计划的修订、终止及其他

第二十二条　虚拟股份退出

从激励对象离职或被解雇之日起所授予虚拟股份自动丧失；不再享有任何分红权。

第二十三条　转换条款

公司处于收购、兼并或转板上市阶段的，虚拟股权可以通过一定的对价方案转化为股票或者现金补偿，具体转换方案另行制定。

第二十四条　修订、解释

本办法试行期为1年，试行期结束后根据执行情况进行修订。本办法由董事会办公室负责拟定、修改和解释，由董事会、股东大会审议通过后实施。

■ 律师精彩解读

天渡法商团队总结虚拟股票的特点如下：

（1）虚拟股票不是真正的股权。真正的股权有什么特征？有所有权、表决权、分红权、优先认购权，等等，但是虚拟股权没有表决权，没有所有权，不能转让和出售，只享有分红权和股份增值权。

（2）虚拟股票和干股有区别。干股是什么？从法律角度就是分红权。老板给你10%的干股，就是分给你10%的分红权，不需要你出资，同时你也不能成为注册股东。虚拟股权与干股比较，就多了一项，股权增值的溢价权。

（3）因为是虚拟制股权，所以不发生实际股权转让，不改变公司现有的股权结构。

股权激励是现代企业管理中一种科学、有效的管理手段，运用好这一管理手段对提升我国企业的管理水平和管理质量意义重大。但股权激励能够成功实施的基础是能够对公司的价值做出准确的评价，这一工作职能需要专业团队协助企业完成。但是由于我国的资本市场，特别是股票市场并不成熟，公司股票的价格往往不能真实地体现公司的内在价值。因此，在资本市场估值体系发生偏离的情况下，首先要结合企业和市场的实际情况，选择正确的股权激励方式，不可生搬硬套，现股或期股与股票期权相结合的混合模式可能会给公司带来更好的效果和更低的成本。

第二节　股票增值权

一、股票增值权的概念

股票增值权通常来说是上市公司实施股权激励的一种形式，但随着商业环境的不断变化，股票增值权的激励方式不仅仅是上市公司的专利，也有越来越多的中小民营企业开始选择这种方式来进行本公司的股权激励计划。

关于股票增值权的定义，天渡法商团队在实践的过程中总结如下：公司授予激励对象一种权利，当达成目标时可以行使这个权利，按照约定数量的股票的增值部分作为奖金直接发放给激励对象；但是如果达不成目标或放弃行使权利，那么股票增值部分就不会发放给激励对象。股票增值权本质上也是一种股票期权，只是结算方式由以标的股票（权益）结算变更为以现金结算，股票增值权是企业利润的直接分配。如图3-4所示：

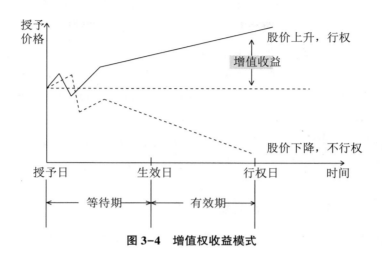

图 3-4　增值权收益模式

从图中可以看到，授予股票增值权之日会有一个"授予价格"，到"生效日"再判定激励对象是否满足行权条件，若满足则激励对象就可以行权，行权前他会看公司目前股价表现如何，如果目前股价高于授予价格，那么他选择行权可以获得的收益＝（行权价格－授予价格）×股票增值权份数（注意，此处股票增值权不说"股数"，而是"份数"，一般情况下一份股票增值权对应一股股票的增值收益）。当然，他也可以选择暂不行权，只要在有效期内择机行权即可。

若激励对象不满足行权条件，或者他不选择行权（一般是由于当时股价小于授予价格），由于公司并未给到激励对象真实的股票，因此对于双方来讲，并没有什么损失。

二、股票增值权的特点

（一）股票增值权的优点

1. 股票增值权相对于其他股权激励方式更易于操作，股票增值权持有人在行权时，直接对股票升值部分兑现。

2. 审批程序简单，无须解决股票来源问题。

（二）股票增值权的缺点

1. 激励对象不能获得真正意义上的股票，激励的效果相对较差。

2. 由于我国资本市场的弱有效性，股价与公司业绩关联度不大，以股价的上升来决定激励对象的股价升值收益，可能无法真正做到"奖励公正"，起不到股权激励应有的中长期激励作用。

（三）股票增值权税务处理

既然股票增值权的实质是企业奖金的延期支付，那其税务处理上应按员工薪酬所得缴纳个人所得税。纳税时间点是行权当日，应纳税所得额为本人行权所得收益，税率以"工资及薪金所得"的要求计算。通俗来讲，就是当作年终奖来发放和缴纳个人所得税。

三、股票增值权和股票期权的异同

不管是从形式还是操作方式来讲，股票增值权和股票期权都存在非常多的相似之处，但二者还是有本质上的区别的：

（一）股票增值权和股票期权的相同点

1. 获得条件。股票增值权和股票期权都是赋予激励对象一种未来的风险收益获取的权利，激励对象根据实际情况选择是否行权。因此在行权前，激励对象都没有任何损失，行权之后，股票增值权激励对象拿到的是对应增值收益的奖金，股票期权激励对象是按约定的价格购买约定数量的公司股票。

2. 获利原理。二者的获利原理都是通过二级市场股价和企业授予激励对象期权时约定的行权价格之间的差价。

3. 长期激励性。在可以实现的激励目标上，二者有很大的共同点，都具有很好的长期性和激励性，但约束性会偏弱一些。因为满足条件后，行权与否的权利全在激励对象本人手上，只要不行权就不会有一丁点损失。

（二）股票增值权和股票期权的不同点

1. 激励标的物的选择。股票期权的激励标的物是企业的股票，激励对象在行权后可以获得完整的股东权益。而股票增值权是一种虚拟股权激励工具，激励标的物仅仅是二级市场股价和激励对象行权价格之间的差价的升值收益，并不能获取企业的股票。

2. 激励对象收益来源。股票期权采用"企业请客，市场买单"的方式，激励对象获得的收益由市场进行支付，而股票增值权采用"企业请客，企业买单"的方式，激励对象的收益由企业用现金进行支付，其实质是企业奖金的延期支付。

四、股票增值权在上市公司主要应用

本书主要为中小民营企业提供指导意见，前面的章节也强调过作为股权激励方案首先需要合法合规，那么就需要大家了解目前已施行的针对上市公司相关法规条例。从已公告的案例上看，在 2016 年 8 月 13 日证监会施行的《上市公司股权激励管理办法》之前，多数股票增值权案例主要用在激励外籍员工，因为当时的法律法规和中国证监会的规定对外籍人士能否作为激励对象参与 A 股上市公司员工股权激励计划没有明确的规定——既未明文禁止，亦未明确允许。港澳台的员工还可开立 A 股账户，而外国籍的员工因无法开立 A 股账户而无法参与。2016 年施行的《上市公司股权激励管理办法》明确，在境内工作的外籍核心员工可以依规申请开立 A 股账户参与股权激励。

天渡法商团队查阅了 2011 年至 2016 年的 1010 个上市公司股权激励公告，发现采用股票增值权的案例仅 15 个，平均每年 2.5 个，按公告数量的百分比来算仅占 1.5%。为何采用股票增值权的案例较少？这主要取决于股票增值权的本身特点。

首先，股票增值权影响企业的现金流和利润。激励对象在行权时，企业需支付一笔奖金给员工，在会计处理上为提取管理费用，对企业的现金流有一定的影响，进而减少了企业当期的净利润数额。假设激励 10 人、平均每人 10 万份、行权时股票增值 10 元/股，则影响的利润数额为：10×10 万×10 元＝1000 万元，这个费用金额对公司的利润可能有比较明显的影响，还有可能会影响公司的市值。

其次，从激励的效果来看，股票增值权还是存在一定的投机行为。股票增值权只是符合条件了就给相应股票增值的收益，对员工来讲，完全没有任何损失，公司的业绩条件达到了，不管是否行业发展好了，不管是不是员工本人或是他人的努力，都可以坐享其成，因此想要真正靠这个起到作用，以天渡法商团队多年的股权激励咨询项目实操经验来看还是存在一定难度。

最后，从激励的本质来看，股票增值权本质上是虚拟股票，并非真正意义上的股票。天渡法商团队认为，股权激励真正要起到非常好的效果，终点一定是实股。因为只有通过产权关系实质上的转让才能给员工的行为、心态、意识上带来实质上的转变。这就是为什么绝大多数的上市公司股权激励公告案例都是限制性股票或股票期权，因为二者最终都是落实到真正意义上的股票。

五、股票增值权在非上市公司的应用

虽然股票增值权主要应用在上市公司的股权激励案例中，且被应用得较少，但是这并不代表股票增值权没有实际应用的价值。在非上市公司领域，也可以参照股票增值权的思路来设定激励的奖金，这种形式的激励也可以得到不错的激励效果：

首先，它量化了奖金的计算形式，而且简洁明了：

激励对象获得的奖励=持有的股票增值权数量×（行权时的股票价格-授予时的股票价格）。

不过此种方式的关键之处在于股票的定价方法是否被员工普遍接受。只要定价公允、道理讲透，员工还是会比较认可的。

其次，它实质是虚拟股，不用向员工增发或转让实股，不存在像实股模式下的控制权旁落的风险，也更多地避免了一些不必要的纠纷。

最后，它让员工更多地关注到了公司整体的价值，对于员工普及股权激励的概念也有一定的帮助。只要定价合理，反映在股票价格的增长上，也有一定的激励效果，可以成为实股激励前的过渡方式之一。

中科创达软件股份有限公司股票增值权激励计划（草案）[1]

特别提示

1. 本激励计划依据《中华人民共和国公司法》《中华人民共和国证券法》《上市公司股权激励管理办法（试行）》《股权激励有关事项备忘录1、2、3号》及其他有关法律、法规、规范性文件，以及中科创达软件股份有限公司（以下简称"中科创达"或"本公司"、"公司"）《公司章程》制订。

2. 本次激励计划采用股票增值权工具，以中科创达股票为虚拟标的股票，在满足业绩考核标准的前提下由中科创达以现金方式支付行权价格与兑付价格之间的差额，该差额即为激励额度。

3. 本计划不涉及真实股票交易，所涉及的公司虚拟标的股票总数为28.30万股，相当于公司股本总额的0.2830%。股票增值权有效期内若发生资本公积金转增股本、派发股票红利、股份拆细、缩股、配股等事宜，股票增值权数量及所涉及的虚拟标的的股票数量将根据本计划相关规定进行调整。

4. 资金来源：对于股票增值权，由中科创达直接兑付激励额度。

5. 股份来源：股票增值权不涉及实际股份，以中科创达股票作为虚拟股票标的。

一、激励模式

本激励计划的授予时间将结合"中科创达限制性股票激励计划"的授予时间确定。本计划采用的激励工具股票增值权是一种虚拟的股票，是公司给予计划参与人的一种权利，不实际买卖股票，仅通过模拟股票市场价格变化的方式，在规定时段内，获得由公司支付的行权日市场价格与行权价格之间的差额。

---

[1] 参见《中科创达软件股份有限公司股票增值权激励计划（草案）》，载百度文库 https://wenku.baidu.com/view/2d70c9553086bceb19e8b8f67c1cfad6185fe969.html，最后访问日期：2019年11月18日。

股票增值权的实质就是股票的现金结算，比照实施限制性股票激励计划可获得的收益，由公司以现金形式支付给激励对象。本次激励计划所采用的股票增值权工具是以中科创达股票为虚拟标的股票，由中科创达以现金方式支付行权日市场价格与行权价格之间的差额。

二、激励对象的确定

本计划激励对象根据《公司法》《证券法》《上市公司股权激励管理办法（试行）》《股权激励有关事项备忘录 1、2、3 号》及其他有关法律、法规、规范性文件和《公司章程》的相关规定，结合公司实际情况而确定。

本计划的激励对象范围为：受政策限制无法纳入限制性股票激励计划的公司员工，即公司境外（含港澳台地区）业务和技术骨干，合计 12 人。所有激励对象均须在本计划的考核期内与公司或公司的控股子公司具有劳动关系或聘用关系。

所有参与本计划的激励对象不能同时参加其他上市公司的股权激励计划。已经参与其他上市公司股权激励计划的，不得参与本计划。

本计划授予的激励对象不包括公司的独立董事、监事，也不包括持股 5% 以上的主要股东或实际控制人及其配偶和直系近亲属。

下列人员不得成为本次股权激励的激励对象：

1. 最近 3 年内被证券交易所公开谴责或宣布为不适当人选的。
2. 最近 3 年内因重大违法违规行为被中国证监会予以行政处罚的。
3. 具有《公司法》规定的不得担任公司董事、监事、高级管理人员情形的。

三、激励额度的分配

激励对象获授的股票增值权分配情况如表 3-6：

表 3-6 激励对象获授的股票增值权分配情况

激励对象	获授股票增值权的数量/万份	占本计划公告日公司股本总额的比例/%
公司外籍员工共 12 人	28.30	0.2830

四、股票增值权激励计划的期限

本期计划授予的股票增值权的行权等待期为 1 年，自股票增值权授权日起至该日的第一个周年日止。等待期满后的 3 年为行权期，其中第一批计划可行权的股票增值权占该期所授予股票增值权总量的 30%，第二批计划可行权的股票增值权占该期所授予股票增值权总量的 30%，第三批计划可行权的股票增值权占该期所授予股票增值权总量的 40%。实际行权情况应依据等待期和行权期规定的行权条件和考核结果，根据考核安排分批行权。

五、股票增值权激励计划的股票来源

由于股票增值权计划不涉及实际股票，以中科创达股票作为虚拟股票标的。

六、资金来源

对于股票增值权，由中科创达直接兑付行权日中科创达股票市场价格与行权价格的差额。

七、股票增值权激励计划的有效期、授权日、等待期、可行权日

（一）股票增值权激励计划的有效期

本激励计划的有效期为自股票增值权授权日起 4 年。每份股票增值权自授权日起 4 年内有效。

（二）授权日

授权日在本计划报中科创达股东大会审议批准后由公司董事会确定，授权日与《中科创达软件股份有限公司限制性股票激励计划（草案）》中限制性股票授予日为同日。授权日应自公司股东大会审议通过股票增值权激励计划之日起 30 日内，届时由公司召开董事会对激励对象进行授权，并完成登记等相关程序。授权日必须为交易日，且不得为下列区间日：

1. 定期报告公布前 30 日内。

2. 重大交易或重大事项决定过程中至该事项公告后 2 个交易日。

3. 其他可能影响股价的重大事件发生之日起至公告后 2 个交易日。

（三）等待期

指股票增值权授予后至股票增值权可行权日之间的期限，本计划等待期为 1 年。

（四）可行权日

在本计划通过后，授予的股票增值权自授权日起满 12 个月后可以开始行权，与《中科创达软件股份有限公司限制性股票激励计划（草案）》中限制

性股票可解锁日为同日。可行权日必须为交易日，但不得在下列期间内行权：

1. 公司定期报告公告前 30 日，因特殊原因推迟定期报告公告日期的，自原预约公告日前 30 日起算。

2. 公司业绩预告、业绩快报公告前 10 日。

3. 重大交易或重大事项决定过程中至该事项公告后 2 个交易日。

4. 其他可能影响股价的重大事件发生之日起至公告后 2 个交易日。

上述"重大交易""重大事项"及"可能影响股价的重大事件"为公司依据《深圳证券交易所股票创业板股票上市规则》的规定应当披露的交易或其他重大事项。激励对象必须在增值权有效期内行权完毕，计划有效期结束后，已获授但尚未行权的股票增值权不得行权。

八、股票增值权行权价格的确定方法

（一）本次授予的股票增值权的行权价格

本次授予的股票增值权的行权价格为 85.48 元/股，此价格与《中科创达软件股份有限公司限制性股票激励计划（草案）》中限制性股票授予价格为同一价格。

（二）本次授予的股票增值权的行权价格的确定方法

股票增值权行权价格依据《中科创达软件股份有限公司限制性股票激励计划（草案）》公告前 20 个交易日公司股票交易均价（前 20 个交易日股票交易总额/ 前 20 个交易日股票交易总量）的 50%确定。

九、激励对象获授权益、行权的条件

（一）股票增值权的获授条件

激励对象只有在同时满足下列条件时，才能获授股票增值权：

1. 中科创达未发生以下任一情形：

（1）最近一个会计年度财务会计报告被注册会计师出具否定意见或者无法表示意见的审计报告。

（2）最近 1 年内因重大违法违规行为被中国证监会予以行政处罚。

（3）中国证监会认定的其他情形。

2. 激励对象未发生以下任一情形：

（1）最近 3 年内被证券交易所公开谴责或宣布为不适当人选。

（2）最近 3 年内因重大违法违规行为被中国证监会予以行政处罚。

（3）具有《公司法》规定的不得担任公司董事、监事、高级管理人员的情形。

（4）公司董事会认定其他严重违反公司有关规定的。

（二）股票增值权的行权条件

激励对象行使已获授的股票增值权除满足上述条件外，必须同时满足如下条件：

1. 根据公司薪酬与绩效考核相关管理办法，激励对象上一年度绩效考核合格。

2. 行权安排：本计划有效期为自股票增值权授权日起 4 年。本计划授予的股票增值权自本期激励计划授权日起满 12 个月后，激励对象应在未来 36 个月内分三期行权。本次授予增值权行权期及各期行权时间安排如表 3-7 所示：

表 3-7　增值权行权期及时间安排

行权期	行权时间	可行权数量占获授增值权数量比例/%
第一个行权期	自授权日起 12 个月后的首个交易日起至首次授权日起 24 个月内的最后一个交易日当日止。	30
第二个行权期	自授权日起 24 个月后的首个交易日起至首次授权日起 36 个月内的最后一个交易日当日止。	30
第三个行权期	自授权日起 36 个月后的首个交易日起至首次授权日起 48 个月内的最后一个交易日当日止。	40

公司每年实际生效的增值权份额将根据公司当年财务业绩考核结果做相应调整。本计划有效期结束后，已获授但尚未行权的股票增值权不得行权，未行权的该部分增值权由公司注销。

3. 公司业绩考核条件

本计划授予的股票增值权，在行权期的 3 个会计年度中，分年度进行绩效考核并行权，每个会计年度考核一次，以达到绩效考核目标作为激励对象的行权条件。各年度绩效考核目标如表 3-8 所示：

表 3-8　各年度绩效考核目标

行权期	绩效考核目标
第一个行权期	以 2015 年业绩为基础，2016 年度营业收入的增长率不低于 20%。
第二个行权期	以 2015 年业绩为基础，2016 年度营业收入的增长率不低于 40%。
第三个行权期	以 2015 年业绩为基础，2016 年度营业收入的增长率不低于 60%。

由本次股票增值权激励产生的激励成本将在经常性损益中列支。如公司业绩考核达不到上述条件，则激励对象相对应行权期所获授的可行权数量由公司注销。

4. 个人绩效考核条件

薪酬与考核委员会将对激励对象每个考核年度的综合考评进行打分，并依照激励对象的业绩完成率确定其行权比例，个人当年实际行权额度=标准系数×个人当年计划行权额度。

激励对象的绩效评价结果划分为（A）、（B）、（C）和（D）四个档次，考核评价表适用于考核对象。届时根据表 3-9 确定激励对象的行权比例：

表 3-9　激励对象行权比例

考评结果（S）	S≥80	80>S≥70	70>S≥60	S<60
评价标准	A	B	C	D
标准系数	1.0	1.0	0.8	0

若激励对象上一年度个人绩效考核结果为（A）/（B）/（C），则上一年度激励对象个人绩效考核"达标"；若激励对象上一年度个人绩效考核结果为（D），则上一年度激励对象个人绩效考核"不达标"。

激励对象在行权年度的上一年度绩效考核达标，方可行权；激励对象考核不达标，则其相对应行权期所获授的但尚未行权的股票增值权即被取消。

十、股票增值权激励计划的调整方法和程序

（一）股票增值权数量的调整方法

若在行权前公司有资本公积金转增股本、派送股票红利、股票拆细、配股或缩股等事项，应对股票增值权数量进行相应的调整。调整方法如下：

1. 资本公积转增股本、派送股票红利、股票拆细

$Q = Q_0 \times (1+n)$

其中：Q_0为调整前的股票增值权数量；n为每股的资本公积转增股本、派送股票红利、股票拆细的比率（即每股股票经转增、送股或拆细后增加的股票数量）；Q为调整后的股票增值权数量。

2. 配股

$Q = Q_0 \times P_1 \times (1+n) / (P_1 + P_2 \times n)$

其中：Q_0为调整前的股票增值权数量；P_1为增值权登记日当日收盘价；P_2为配股价格；n为配股的比例（即配股的股数与配股前公司总股本的比例）；Q为调整后的股票增值权数量。

3. 缩股

$Q = Q_0 \times n$

其中：Q_0为调整前的股票增值权数量；n为缩股比例（即1股公司股票缩为n股股票）；Q为调整后的股票增值权数量。

4. 增发

公司在发生增发新股的情况下，股票增值权的数量不做调整。

（二）行权价格的调整方法

若在授权前有派息、资本公积金转增股本、派送股票红利、股票拆细、配股或缩股等事项，应对行权价格进行相应的调整。调整方法如下：

1. 资本公积金转增股本、派送股票红利、股票拆细

$P = P_0 \div (1+n)$

其中：P_0为调整前的行权价格；n为每股的资本公积金转增股本、派送股票红利、股票拆细的比率；P为调整后的行权价格。

2. 配股

$P = P_0 \times (P_1 + P_2 \times n) / [P_1 \times (1+n)]$

其中：P_0为调整前的行权价格；P_1为增值权登记日当日收盘价；P_2为配股价格；n为配股的比例（即配股的股数与配股前股份公司总股本的比例）；P为调整后的行权价格。

3. 缩股

$P = P_0 \div n$

其中：P_0 为调整前的行权价格；n 为缩股比例；P 为调整后的行权价格。

4. 派息

$$P = P_0 - V$$

其中：P_0 为调整前的行权价格；V 为每股的派息额；P 为调整后的行权价格。

5. 增发

公司在发生增发新股的情况下，股票增值权的行权价格不做调整。

（三）股票增值权激励计划调整的程序

公司股东大会授权公司董事会，当出现前述情况时由公司董事会决定调整行权价格、股票增值权数量。律师应当就上述调整是否符合《管理办法》《公司章程》和股票增值权计划的规定向公司董事会出具专业意见。

十一、公司与激励对象各自的权利义务

（一）公司的权利与义务

1. 公司具有对本计划的解释和执行权，对激励对象进行绩效考核，并监督和审核激励对象是否具有继续行权的资格。若激励对象出现本计划规定的影响行权条件之一的，经公司董事会批准，可以保留、取消激励对象尚未行权的股票增值权或要求返还股票增值权收益。

2. 公司承诺不为激励对象依股票增值权激励计划获取有关权益提供贷款以及其他任何形式的财务资助，包括为其贷款提供担保。

3. 公司应当根据股票增值权激励计划积极配合满足行权条件的激励对象按规定行权。但若因其他不可抗力因素造成激励对象未能按自身意愿行权并给激励对象造成损失的，公司不承担责任。

4. 法律法规规定的其他相关权利义务。

（二）激励对象的权利与义务

1. 激励对象应当按公司所聘岗位的要求，勤勉尽责、恪守职业道德，为公司的发展做出应有贡献。

2. 激励对象可以选择行使增值权或者不行使增值权，在被授予的可行权额度内，自主决定行使增值权的数量。

3. 激励对象有权且应当按照本激励计划的规定行权。

4. 在行权期内，激励对象应当分次行权，且须及时向公司提交《行权申请书》。

5. 激励对象获授的股票增值权不得转让、用于担保或偿还债务。

6. 激励对象因激励计划获得的收益，应按国家税收法律法规缴纳个人所得税及其他税费。

十二、公司/激励对象发生异动的处理

（一）公司出现下列情形之一时，本计划即行终止：

1. 最近一个会计年度财务会计报告被注册会计师出具否定意见或者无法表示意见的审计报告。

2. 最近一年内因重大违法违规行为被中国证监会予以行政处罚。

3. 中国证监会认定的其他情形。

当公司出现终止计划的上述情形时，激励对象已获授但尚未行权的股票增值权由公司注销。

（二）公司出现下列情形之一时：

1. 公司控制权发生变更。

2. 公司出现合并、分立等情形。

本计划不做变更，按本计划的规定继续执行。

（三）激励对象个人情况发生变化

1. 激励对象发生职务变更，但仍在公司内，或在公司下属分、子公司内任职的，其获授的增值权完全按照职务变更前本计划规定的程序进行。但是，激励对象因不能胜任岗位工作、触犯法律、违反职业道德、泄露公司机密、失职或渎职等行为损害公司利益或声誉而导致的职务变更，或因前列原因导致公司解除与激励对象劳动关系或聘用关系的，自情况发生之日，激励对象根据本计划已获授但尚未获准行权的增值权作废。

2. 激励对象因辞职、公司裁员而离职，自情况发生之日，激励对象根据本计划已获授但尚未获准行权的增值权作废。

3. 激励对象因退休而离职，自情况发生之日，激励对象已获授股票增值权可以按照退休前本计划规定的程序进行，且董事会可以决定其个人绩效考核条件不再纳入行权条件。

4. 激励对象因丧失劳动能力而离职，应分以下两种情况处理：

（1）当激励对象因工伤丧失劳动能力而离职时，自情况发生之日，激励对象将完全按照丧失劳动能力前本计划规定的程序进行，且董事会可以决定其个人绩效考核条件不再纳入行权条件。

（2）当激励对象非因工伤丧失劳动能力而离职时，自情况发生之日，董事会可以决定对激励对象根据本计划已获授但尚未获准行权的增值权作废，并由公司注销。

5. 激励对象身故，应分以下两种情况处理：

（1）激励对象若因执行职务身故的，自情况发生之日，激励对象的增值权，将由其指定的财产继承人或法定继承人代为持有，并按照身故前本计划规定的程序进行，且董事会可以决定其个人绩效考核条件不再纳入考核条件。

（2）若因其他原因身故的，自情况发生之日，董事会可以决定对激励对象已获授但尚未获准行权的增值权作废，并由公司注销。

6. 其他未说明的情况由董事会薪酬与考核委员会认定，并确定其处理方式。

十三、附则

1. 本计划在公司股东大会审议通过后生效。

2. 本计划由公司董事会负责解释。

律师精彩解读

股票增值权就是公司授予激励对象的一种权利，如果公司股价上升，激励对象可通过行权获得相应数量的股价升值收益，收益是行权价和股权行权日价值之差。股票增值与股票期权有一定相似性，都是享有股权的未来升值权。但两者也有几点明显区别：

（1）股票增值权不需要购买股权，不需要支付股权对价款，不需要支付行权价。而股票期权需要在行权的同时支付股权对价款。

（2）股票增值权在行权的时候公司直接将股权的实际价值与授予激励对象的行权价格之家的差价直接支付给激励对象，支付的方式是可以是现金、也可以是股权。股票期权在行权的同时，激励对象获得的公司的股权，员工获得的股权如何处置，是否能够套现或者回购，需要根据股权激励计划和公司发展程度的综合确认。

第三节　分红权激励

一、分红权的概念[1]

分红权激励是指企业股东将部分分配利润的权利奖励给企业董事、高级管理人员、核心技术人员和业务骨干人员等的激励方式，主要采用岗位分红和项目收益分红方式或者定额分红方式和超额分红方式。

国务院国资委于 2010 年 10 月 11 日印发《关于在部分中央企业开展分红权激励试点工作的通知》（国资发改革［2010］148 号），决定于 2010 年 10 月 11 日在 13 家中央企业开展分红权激励试点，试点对象是位于中关村国家自主创新示范区内的高新技术企业和院所转制企业。

前文第一章所述我国晋商智慧中的"身股"就类似现在的分红权。晋商采用"身股"制度直到 1949 年新中国成立后才逐渐消失，经历了三百多年的历史。另外，在我国民间特别是私营企业中，还有"干股"的说法。"干股"即虚拟股，是指未出资而获得的股份，但其实"干股"并不是指真正的股份，而应该指假设这个人拥有这么多的股份，并按照相应比例分取红利。持有"干股"的人都不具有对公司的实际控制权。干股类似"业绩奖金"（以明确的业绩目标来分享企业利润），源于晋商的"身股"制度。

《公司法》第 34 条规定："股东按照实缴的出资比例分取红利；公司新增资本时，股东有权优先按照实缴的出资比例认缴出资。但是，全体股东约定不按照出资比例分取红利或者不按照出资比例优先认缴出资的除外。"在这里需明确以下几方面基本内容：

（1）公司股东作为出资者，按投入公司的资本额享有所有者的资产权益，这种资产受益的权利就包含股东的分红权。企业股东可以将分红权转让或赠予其他人。受让人或受赠人成为该产权的受益人，不拥有该产权的

---

〔1〕　参见黄治民：《股权激励操盘手册》，清华大学出版社 2017 年版，第 68 页。

其他权利。

（2）公司股东获取的分红比例等同于该股东的出资比例，但是"全体股东约定不按照出资比例分取红利的除外"。也就是说，只要全体股东约定，没有出资的人也可以分取红利。这就意味着，企业可以让现有股东拿出一部分分红实行激励，而激励对象也可以不是公司股东。

二、分红方式的法律依据

目前，针对非上市公司没有特定的分红方式，中小民营企业在实施股权激励计划过程中可以参照上市公司股权激励的分红方式，主要包括两种：现金股利和股票股利。

（一）现金股利

现金股利是指以现金当作分派给股东的股利，这是最常见的分红方式。大多数投资者都有落袋为安的心理，喜欢现金分红，因为到手的是实实在在的利润。上市公司分派现金股利的多少，往往反映了公司现金是否充沛、经营是否稳健，所以企业发放现金股利可以激发投资者的信心。现金股利侧重反映近期利益，对于看重近期利益的股东很有吸引力。

（二）股票股利

股票股利是指公司用无偿增发新股的方式支付股利。采用这种方式，既不减少公司的现金，又可以使股东分享股票权益，还可以免交个人所得税，因而对长期投资者更为有利。股票股利侧重反映长远利益，对看中公司的潜在发展能力而不太计较即期分红的股东更具吸引力

三、分派现金股利的法律依据

（一）《公司法》的相关规定

现金股利的分派，应遵守《公司法》第166条的规定：

（1）公司分配当年税后利润时，应当提取利润的10%列入公司法定公积金。公司法定公积金累计额为公司注册资本的50%以上的，可以不再提取。

（2）公司的法定公积金不足以弥补以前年度亏损的，在依照前款规定提取法定公积金之前，应当先用当年利润弥补亏损。

（3）公司从税后利润中提取法定公积金后，经股东会或者股东大会决议，还可以从税后利润中提取任意公积金。

（4）公司弥补亏损和提取公积金后所余税后利润，有限责任公司依照本法第 34 条的规定分配；股份有限公司按照股东持有的股份比例分配，但股份有限公司章程规定不按持股比例分配的除外。

（5）股东会、股东大会或者董事会违反前款规定，在公司弥补亏损和提取法定公积金之前向股东分配利润的，股东必须将违反规定分配的利润退还公司。

（6）公司持有的本公司股份不得分配利润。

（二）《关于修改上市公司现金分红若干规定的决定》的规定

2008 年 10 月 7 日中国证券监督管理委员会第 240 次主席办公会议审议通过《关于修改上市公司现金分红若干规定的决定》（以下简称《决定》），自 2008 年 10 月 9 日起施行。《决定》明确做出如下规定：

（1）在《上市公司章程指引（2006 年修订）》第 155 条增加 1 款，作为第 2 款："注释：公司应当在章程中明确现金分红政策，利润分配政策应保持连续性和稳定性。"

（2）在《关于加强社会公众股股东权益保护的若干规定》第 4 条第 1 项增加规定："上市公司可以进行中期现金分红。"

（3）将《上市公司证券发行管理办法》第 8 条第 5 项"最近 3 年以现金或股票方式累计分配的利润不少于最近 3 年实现的年均可分配利润的 20%"修改为："最近 3 年以现金方式累计分配的利润不少于最近 3 年实现的年均可分配利润的 30%"。

（4）将《公开发行证券的公司信息披露内容与格式准则第 2 号——年度报告的内容与格式（2005 年修订）》第 37 条修改为："上市公司应披露本次利润分配预案或资本公积金转增股本预案。对于本报告期内盈利但未提出现金利润分配预案的公司，应详细说明未分红的原因、未用于分红的资金留存公司的用途。公司还应披露现金分红政策在本报告期的执行情况。同时应当以列表方式明确披露公司前三年现金分红的数额、与净利润的比率。"

（5）将《公开发行证券的公司信息披露内容与格式准则第 3 号——半年度报告的内容与格式（2007 年修订）》第 37 条第 1 款修改为："公司应当披

露以前期间拟定、在报告期实施的利润分配方案、公积金转增股本方案或发行新股方案的执行情况。同时，披露现金分红政策的执行情况，并说明董事会是否制定现金分红预案。"

（6）在《公开发行证券的公司信息披露编报规则第 13 号——季度报告的内容与格式特别规定（2007 年修订）》第 13 条后增加 1 条，作为第 14 条："公司应当说明本报告期内现金分红政策的执行情况。"

（7）中国证监会派出机构、上海证券交易所、深圳证券交易所和中国证券登记结算有限责任公司应当督促上市公司按照本决定修改公司章程、履行信息披露义务，做好监管和服务工作。

（8）本决定自 2008 年 10 月 9 日起施行。《关于规范上市公司行为若干问题的通知》（证监上字〔1996〕7 号）同时废止。

四、分红权激励和虚拟股票的区别

第一，虚拟股票的持有者是假想股东，而分红无须给激励对象"名义上"的股东身份。

第二，虚拟股票的持有者不仅可以享有分红权，还可以享有公司股票增值所带来的收益，这是与分红权的重要差别。分红权收益来自公司的税后利润分配，虚拟股票则有三种类型，包括分红型、增值型以及混合型，类型不同，其收益来源也不同。分红型的收益来源与分红权相同，增值型的收益来自虚拟股票的增值，混合型则两者兼有。

第三，分红权激励追求的是企业利润，而虚拟股票不仅追求企业利润，同时也追求公司股价的上升，虽然这两者存在密不可分的关系，但在某些情形下，两者变动并不同步。

表 3-10　分红权激励和虚拟股票的区别

区别点	分红权激励	虚拟股票
股东身份	无股东身份	虚拟股东
收益模型	税后利润分配	分红权+股票增值收益
收益来源	企业利润	企业利润+公司股价上升

浙江娃哈哈实业股份有限公司 2015 年度分红公告节选[1]

根据浙江娃哈哈实业股份有限公司（以下简称"公司"）2015 年度分红方案，现委托浙江股权托管服务有限公司代为分配公司全体股东 2015 年度的红利。具体事宜公告如下：

一、分红方案

向公司全体股东每股派发现金红利 0.58 元（个人股东税后为 0.464 元/股）。

二、红利派发对象及股权登记日

截至 2016 年 3 月 31 日（股权登记日）在浙江股权托管服务有限公司登记在册的本公司全体股东。

三、红利派发日期及派发方式

派发日期：2016 年 4 月 15 日。

派发方式：

1. 个人股东领取

持有中国工商银行、中国农业银行或交通银行派息账户的股东，请自行前往各派息银行网点支取；已办理三方存管的股东，红利在派发后第五个交易日到资金账户，股东可通过银证转账后领取红利；其余股东请前往浙江股权托管服务有限公司柜台领取红利。

2. 机构股东领取

法人股东按照在浙江股权托管服务有限公司在册登记的派息账户派发红利。

四、注意事项

1. 凡未办理股权托管的股东，请至本公司办理确认手续后再领取红利。

---

[1] 参见《浙江娃哈哈实业股份有限公司 2015 年度分红公告》，载企查查网 https://news. qichacha.com/postnews_fef99bce06917237578a9da22b146216. htmlcb6. html，最后访问日期：2019 年 8 月 7 日。

2. 请下列股东持本人身份证明、股东账户卡、派息账户（新）至浙江股权托管服务有限公司办理相关手续后领取红利：

（1）持有中国工商银行派息账户的股东，2009年后未办理派息账户确认手续的。

（2）持有中国农业银行派息账户的股东，2014年10月后未办理过新派息账户（绿色存折或借记卡）登记的。

（3）遗失派息账户或派息账户（号）已变更的股东。

传承之诺（香港）鞋服设计中心中高层管理人员分红权激励制度实施细则节选[1]

第一章　总　则

第一条　为了建立现代企业制度和完善公司治理结构，实现对企业高管人员和业务技术骨干的激励与约束，使中高层管理人员的利益与企业的长远发展更紧密地结合，充分调动其积极性和创造性，促使决策者和经营者行为长期化，实现企业的可持续发展，传承之诺（香港）鞋服设计中心（以下简称"传承之诺"）决定实施中高层管理人员分红权激励计划。

第二条　公司依据《公司法》等有关法律法规，以及泉州市伊护航家护理服务有限公司《公司章程》《中高层管理人员分红权激励制度管理办法》、公司董事会审议通过的关于建立中高层管理人员分红权激励制度的议案、公司股东会审议通过的关于建立中高级管理人员分红权激励制度及授权董事会负责组织实施、组建薪酬管理委员会的决议，制定《泉州市伊护航家护理服务有限公司中高层管理人员分红权激励制度实施细则》（以下简称《实施细则》或"本细则"）。

---

〔1〕　参见《分红权激励管理制度》，载百度文库 https://wenku.baidu.com/view/ce2aa04e571252d380eb6294dd88d0d233d43cb6.html，最后访问日期：2019年8月18日。

第三条 本细则所指的分红权激励是指，公司根据每年业绩水平，在完成公司既定业绩目标的情况下，从每年净利润中提取一定比例的专项激励基金，按照个人岗位分配系数和绩效考核系数，以长期激励形式奖励给公司的高管人员和业务技术骨干。

第四条 本细则是公司薪酬管理委员会实施分红权激励制度的工作依据。

第五条 实施分红权激励的原则：

（1）对中高层管理人员的激励应与公司的经营业绩挂钩。

（2）按劳分配与按生产要素分配相结合。

（3）短期利益与长期利益相结合。

（4）坚持先考核后兑现。

第二章 分红权激励制度的实施流程

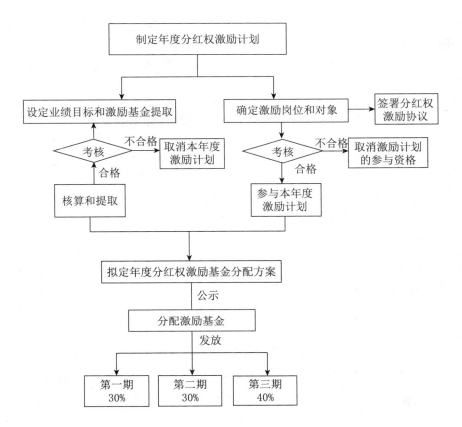

第三章　分红权激励制度激励对象的确定

第六条　分红权激励制度的激励对象是公司的核心人才，包括下列人员：

(1) 副总经理级高层管理人员。

(2) 各部门主任级中层管理人员。

(3) 财务经理、出纳。

(4) 少数业务技术骨干。

第七条　薪酬管理委员会根据公司的组织结构、岗位设置、岗位重要性和人才的变化情况，可在本细则规定的范围内合理确定激励对象，并在《年度分红权激励计划》（见附件1，以下简称《年度计划》）中提出当年度具体的激励岗位和激励对象名单。《年度计划》制定后进入公司的新员工如果符合第六条所列条件，薪酬管理委员会可以调整当年度的《年度计划》，将其列入激励对象范围。

对已确定的激励对象，均由公司与激励对象分别签订《分红权激励协议》。

第四章　业绩考核指标、业绩目标的确定

第八条　公司以年度净利润作为业绩考核指标。设定的每年业绩目标为下列第1项（供选择）：

(1) 年度净利润增长率不低于10%（含10%）。

(2) 年度净利润不少于上一年度净利润的10%（含10%）。

"净利润"为公司年度实收营业收入扣除相应的生产经营成本支出（购置设备、原材料、配件、租赁厂房、支付水电等费用）、管理费用、财务费用以及相关税费后的余额。

每年的××月××日至××月××日为一个考核年度（下文所提"每年"，均指每个考核年度）。

公司以2013年度为本细则的首次业绩考核年度。

上述业绩目标作为确定是否授予年度分红权激励基金的基准指标。

第九条　若某一年度经营环境发生变化，且薪酬管理委员会认为年度净

利润目标需调整，则可在《年度计划》中提出新的年度净利润目标，如果调整后的年度净利润目标值低于10%，则须由董事会重新审议通过后才能执行。

第十条　每个考核年度期满后30天内，由薪酬管理委员会组织财务部门考核是否实现公司业绩目标。

公司业绩目标实现的，开始实施当年度的分红权激励，向激励对象授予分红权激励基金。业绩目标未能实现的，不得授予分红权激励基金。

第十一条　当出现如下情况时，由董事会审议决定，可对公司业绩目标做出相应调整以剔除下述因素对利润的影响：

（1）会计政策及会计处理办法发生重大变更。

（2）国家税收政策直接导致公司的税收发生重大变化。

（3）国家经济环境、经济政策、行业政策等的重大变化直接对公司产品的市场和价格产生重大影响。

（4）战争、自然灾害等不可抗力因素影响公司正常经营。

（5）发生管理人员职责范围外的其他不可控制风险。

第五章　激励基金核算、提取及处理方法

……

第六章　绩效考核办法

第二十一条　绩效考核原则：

（1）体现本公司的愿景、宗旨与战略目标。

（2）将公司发展目标和个人发展目标紧密地结合起来。

（3）定性与定量指标相结合。

（4）公正、公平、合理地评估组织和个人绩效。

第二十二条　绩效考核周期：以公司业绩目标考核年度为一个周期。

第二十三条　每年年初，薪酬管理委员会根据激励对象所在岗位的岗位职责，确定绩效考核内容，包括工作态度、工作能力和工作业绩等方面的绩效考核，其中工作业绩是重点考核内容。

第二十四条　对工作业绩的绩效考核指标与该岗位的工作性质密切相关，通常包括财务类指标，如净利润、投资回报率等；经营类指标，如市场份额，

新业务收入占公司总收入比重等；管理类指标，如流程规范性、员工满意度等；技术类指标，如技术先进性、新品研发进度等。

第二十五条 具体各岗位的绩效考核办法，由薪酬管理委员会设计制定。

第二十六条 每年年末，根据年初确定的考核内容，进行个人绩效评估，根据考核得分结果确定绩效考核系数，并将绩效考核系数作为计算激励对象可分配分红权激励基金数额的一个依据。

第七章 激励基金的分配与发放

第二十七条 按本细则第三章产生的分红权激励计划激励岗位名单和本细则第五章的激励基金核算、提取、分配及处理方法，由薪酬管理委员会建立《分红权激励计划参与者名册》（见附件2）。

第二十八条 薪酬管理委员会综合考虑激励对象个人所担任岗位的重要性（岗位分配系数）和个人绩效评估结果（绩效考核系数），拟订《年度分红权激励基金分配方案》（见附件3，下称《分配方案》），确定各激励对象当年可分配激励基金，并将《分配方案》向激励对象予以公示。

公示期为3天。公示期内，激励对象如对《分配方案》有异议，可在公示期满后3天内提出，由薪酬管理委员会对异议进行核查。最终《分配方案》，以薪酬管理委员会核查结论为准。

最终《分配方案》确定后，由激励对象在《分配方案》上签名确认。

第二十九条 对激励对象当年可分配的激励基金，按照3∶3∶4的比例分三期发放：

第一期发放30%，于当年《分配方案》确定后7日内支付。

第二期发放30%，于下一考核年度期满当月工资发放日同时支付。

第三期发放40%，于下下个考核年度期满当月工资发放日同时支付。

在分期发放可分配激励基金时，激励对象应不存在本细则第三十一条规定的分配资格丧失的情形，否则，公司有权取消其剩余可分配激励基金的分配资格。

第三十条 激励对象在领取可分配激励基金时，由薪酬管理委员会在《分红权激励计划参与者名册》中作相应记录，并由激励对象签名确认。

第八章　特殊情况下分红权激励制度的管理方法

第三十一条　激励对象丧失激励基金分配资格的情形

任职期限内，激励对象有下列情形之一的，薪酬管理委员会有权决定取消其根据本细则第七章已获分配的全部激励基金，由其将已获分配的激励基金全数返还给公司，并取消其剩余可分配激励基金的分配资格：

（1）刑事犯罪被追究刑事责任的。

（2）劳动合同期未满，未获公司同意，擅自离职或辞职的。

（3）违法劳动法等法规规定，被公司依法解除劳动合同关系辞退、解雇的。

（4）严重违反公司有关管理制度和规定，损害公司利益的。

（5）执行职务时的错误行为，致使公司利益受到重大损失的。

（6）经公司认定对公司亏损、经营业绩下降负有直接责任的。

**第三十二条　**出现下列情况之一，激励对象不再参加当年度的激励基金分配，已分配尚未发放的激励基金仍按本细则规定的发放期限发放：

（1）劳动合同期未满，激励对象申请离职，公司同意时。

（2）劳动合同期未满，激励对象因公司裁员而解聘时。

（3）劳动合同期满，若公司提出不再签约时。

（4）激励对象退休时。

（5）激励对象因工作需要调离公司时。

**第三十三条　**激励对象在任期内丧失劳动能力、行为能力或死亡时，薪酬管理委员会在《分红权激励计划参与者名册》上作相应记录，激励对象可分配的激励基金可立即兑现，激励对象的代理人、监护人或其继承人按国家有关法律、法规的相关条款处理。

■ 律师精彩解读

从《公司法》意义上讲，分红权是股权的内容之一，所以获得分红权的前提是成为公司的股东。分红权激励来源股东让渡的部分分红权，往往与公司业绩、个人业绩挂钩，易于操作，无须工商登记和更改公司章程，且激励对象不需要支付大量现金购买股权，公司也无须付出过多的激励成本。因分红激励内容单一，故在激励计划设计中，尽管一些企业会选择单一的分红模式，即最终以现金支付激励对象全部应得分红，但是有些企业为了增强激励效果，会考虑将部分或者全部分红在一定期限后转化为公司股票期权、限制性股票或者一般股份。

第四节　股票期权

一、股票期权的概念

股票期权指公司给予激励对象在未来一定期限内以预先确定的价格和条件购买本公司一定数量股票（权）的权利。激励计划运作周期是这样的：在期权授予日，员工不能马上行权，必须持有期权一定的时间，就是等待期。等待期结束后可以行权的日期就是行权日，行权日与股票期权到期日之间就是行权期。超过行权期不行权，就等同于放弃，没有资格以约定价格购买股权。具体关于行权日、等待期等概念在后面的章节会详细阐述。

所以股票期权实质是对激励对象授予的一种看涨期权。员工既可以选择行权，也可以选择不行权。如若公司的业绩不好，股权不值钱，员工可以考虑不参与。但是从互利共赢的角度来讲，员工的个人利益与公司利益是紧密绑定在一起的，员工努力了公司业绩才更好，股权才能值钱，员工拿约定价格买未来的股权就是享受了股权增值和溢价的好处。这种员工与公司的绑定是一种互利共赢的局面：一方面，公司因激励对象的勤勉努力提升了公司的业绩和价值；另一方面，员工也赢得了公司的认可和股权上的回报。

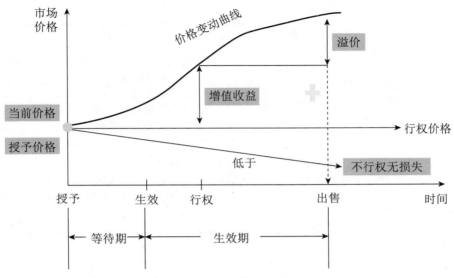

图 3-5　股票期权收益模式

二、股票期权的特点

根据股票期权的性质及其实施方案来看，股票期权是不可转让的，否则也就违背了其将管理人员的利益与公司利益相统一的初衷了。但是在某些特殊情况下也有例外。比如，美国国内税务法规规定，股票期权不得转让，但是期权拥有人可以在遗嘱里注明某人对其股票期权有继承权，当期权拥有人死亡、完全丧失行为能力等情况出现时，其指定的家属或朋友就有权代替他本人行权。

表 3-11　股票期权的优缺点

期　权	优　点	缺　点
1	能够将经营者或管理者的利益与公司的长期利益捆绑在一起，稳定内部人才，并吸引外部人才。	来自于股票市场的风险。即使激励时股价相对较低，但接受激励后，也可能会出现因为市场不稳定而导致股价持续下跌，影响到激励对象的收益。

续表

期 权	优 点	缺 点
2	激励对象拥有的是一种选择权,不是义务,在具备行权条件的情况下,可以选择行权也可以选择不行权,实现自身利益的最大化。	可能出现激励对象的短期行为。因为激励对象的收益来自于行权,若行权时股价远远高于激励时的价格,则容易令激励对象放弃公司的经营发展,而片面追求短期的利益。
3	股票期权是公司赋予激励对象的一种选择权,在不确定的市场中实现收益,企业并没有支出任何现金成本,企业现金压力较小。	激励对象行权后会分散公司股权,影响现有股东的利益和股权结构,在数量过多的情况下甚至会影响公司的控制权。

三、股票期权的来源

公司把股权赠予或配予经理阶层和优秀员工,以增加他们的归属感及对公司的忠诚,进而提高员工的生产力。那么用什么方法让员工持有公司的股权?在国外一般有三种方法,一是由原股东把其股权出让予雇员(公司由单一大股东组成时较适宜),二是由公司增发新股授予雇员(比较通行),三是公司自二级市场上回购股票来支付股票期权的需求(适合上市公司)。

结合我国中小民营企业的实际情况,可以参考第二种方法,通过一个专门的"员工购股权计划"来解决这个问题。即根据公司的扩股计划,经过股东大会批准,在公司历次增资扩股时预留一部分股票作为公司认股权计划可用股份。这种方式实际上是一种特殊的股份转让行为,我国法律没有明文禁止。

四、股票期权计划的生效条件

一个股票期权计划的生效一般应满足以下几个条件。

首先,股票期权计划必须经过股东大会批准。股票期权计划的具体内容主要包括下列各项:

(1)受益人。

（2）股份计划所涉及的总数及其上限。

（3）受益人所获得的认股权数目及上限。

（4）规定认股期权的期限（一般不得超过 10 年）。

（5）制定期权行权价的基准（通常不低于授予日前 5 个交易日的平均收市价的 80%）。

（6）促请参与人注意认股期权附有的投票权、股息、转让权及其他权利。

（7）该计划的最长有效期（一般不得超过 10 年）。

（8）订明已授出期权遇到公司资本化发行、供股、分拆、合并时调整期权价的规定。

其次，获得股票期权的员工必须与公司订立股权计划协议。期权实质上是一种契约，其持有人有权利在未来一段时间内（或未来某一特定日期），以一定的价格向对方购买（或出售给对方）一定数量标的物。股票期权制度是建立在员工与公司订立认股计划协议的基础之上的，离开了认股计划协议，股票期权制度也就无从谈起。

最后，股票期权计划的所有内容不能违反我国有关法律、行政法规的强制性规定。我国现行法律、法规中虽然没有对股票期权制度的明确规定，但与股票期权制度关系比较密切的主要有《公司法》《合同法》《证券法》及其他的一些相关的法律法规。

五、股票期权的适用范围

股票期权模式是最普遍、应用最广的股权激励模型。实施股票期权计划，会稀释原有的股东所持股权。激励对象需要缴纳现金才能行权，这样也会给激励对象带来资金压力，反之有利于公司的现金流。股票期权模式适合前途光明、现金流不充沛、利润有限、有市场机制退出规划的创业公司或稳健发展的上市公司。

苏宁电器股份有限公司股票期权激励
计划（草案）摘要节选[1]

特别提示

1. 本激励计划依据《公司法》《证券法》《上市公司股权激励管理办法（试行）》及其他有关法律法规，以及《公司章程》制定。

2. 公司拟授予激励对象 2200 万份股票期权，每份股票期权拥有在激励计划有效期内的可行权日以行权价格和行权条件购买一股公司股票的权利。本激励计划的股票来源为公司向激励对象定向发行股票。

3. 本次激励计划涉及的标的股票总数为 2200 万股，占激励计划公告日公司股本总额 72 075.2 万股的 3.05%。

4. 首次授予的 1851 万份股票期权的行权价格为 66.60 元。

向"董事长提名的骨干人员和特殊贡献人员"授予的 349 万份股票期权的行权价格在该部分股票期权授予时由董事会决定，该行权价格不得低于下列价格中较高者：

（1）授予该部分期权的董事会会议召开前一个交易日的公司标的股票收盘价。

（2）授予该部分期权的董事会会议召开前 30 个交易日内的公司标的股票平均收盘价。

5. 股票期权有效期内发生资本公积金转增股本、派发股票红利、股份拆细或缩股、派息事宜，行权价格将做相应的调整。

除上述情况外，因其他原因需要调整股票期权数量、行权价格或其他条款的，应经公司董事会做出决议并经股东大会审议批准。

---

〔1〕 参见《苏宁电器股份有限公司股票期权激励计划（草案）摘要》，载中国财经网 http://app. finance. china. com. cn/stock/data/view_ notice. php？ symbol＝002024&id＝13120687，最后访问日期：2019 年 9 月 28 日。

6. 行权安排

第一个行权期：激励对象自首个授权日起 12 个月后的首个交易日起至授权日起 30 个月内的最后一个交易日当日止，可行权额度上限为获授股票期权总额的 20%；经董事长提名的骨干人员和特殊贡献人员获授的股票期权自该部分期权获授之日起满 12 个月后方可行权。

第二个行权期：激励对象自首个授权日起 30 个月后的首个交易日起至授权日起 45 个月内的最后一个交易日当日止，可行权额度上限为获授股票期权总额的 40%；

第三个行权期：激励对象自首个授权日起 45 个月后的首个交易日起至授权日起 60 个月内的最后一个交易日当日止，可行权额度上限为获授股票期权总额的 40%。

向"董事长提名的骨干人员和特殊贡献人员"授予的 349 万份股票期权也需按照上述行权安排行权。

7. 行权条件

（1）第一个行权期内可以行权的，不超过获授股票期权总额的 20% 的股票期权的行权还需满足如下条件：

苏宁电器 2006 年度的净利润较 2005 年度的增长率达到或超过 80%，且 2006 年度的每股收益不低于 0.9 元（若发生资本公积金转增股本、派送股票红利、股票拆细或缩股等事项，则每股收益指标作相应调整）。

如达到以上条件，则该部分股票期权可以在第一个行权期内行权；如达不到以上条件则该部分股票期权由公司注销；如达到以上条件但在该行权期内未全部行权的，则未行权的该部分期权由公司注销。

经董事长提名的骨干人员和特殊贡献人员获授的股票期权自该部分期权获授之日起满 12 个月后方可行权。

（2）第二个行权期内可以行权的，不超过获授股票期权总额的 40% 的股票期权的行权还需满足如下条件：

苏宁电器 2007 年度的净利润较 2006 年度的增长率达到或超过 50%，且 2007 年度的每股收益不低于 1.35 元（若发生资本公积金转增股本、派送股票红利、股票拆细或缩股等事项，则每股收益指标作相应调整）。

如达到以上条件，则该部分股票期权可以在第二个行权期内行权；如达不到以上条件则该部分股票期权由公司注销；如达到以上条件但在该行权期内未全部行权的，则未行权的该部分期权由公司注销。

（3）第三个行权期内可以行权的，不超过获授股票期权总额的40%的股票期权的行权还需满足如下条件：

苏宁电器2008年度的净利润较2007年度的增长率达到或超过30%，且2008年度的每股收益不低于1.75元（若发生资本公积金转增股本、派送股票红利、股票拆细或缩股等事项，则每股收益指标作相应调整）。

如达到以上条件，则该部分股票期权可以在第三个行权期内行权；如达不到以上条件则该部分股票期权由公司注销；如达到以上条件但在该行权期内未全部行权的，则未行权的该部分期权由公司注销。

8. 激励对象行使股票期权的资金全部以自筹方式解决。本公司承诺不为激励对象依本激励计划行使股票期权提供贷款以及其他任何形式的财务资助，包括为其贷款提供担保。

9. 本激励计划必须满足如下条件后方可实施：中国证券监督管理委员会备案无异议、公司股东大会批准。

10. 公司审议本股票期权激励计划的股东大会将采取现场投票与网络投票相结合的方式。公司将通过深圳证券交易所交易系统和互联网投票系统向公司股东提供网络形式的投票平台，股东可以在网络投票时间内通过上述系统行使表决权。

一、释义

……

二、实施激励计划的目的

为进一步完善公司的法人治理结构，建立和完善对公司高级管理人员和其他骨干员工的激励和约束机制，稳定和吸引优秀的管理、营销和连锁经营人才，提高公司的市场竞争能力和可持续发展能力，保证公司发展战略和经营目标的实现，根据《公司法》《证券法》《上市公司股权激励管理办法（试行）》及其他有关法律法规，以及《公司章程》的规定，制定本激励计划。

三、激励对象的确定依据和范围

（一）激励对象的确定依据

1. 激励对象确定的法律依据

激励对象确定的法律依据为：《公司法》《证券法》《上市公司股权激励管理办法（试行）》等有关法律法规以及《公司章程》的有关规定。

2. 激励对象确定的职务依据

激励对象的职务级别为：公司部长级（含）以上。

3. 激励对象确定的考核依据

激励对象必须经《苏宁电器股份有限公司股票期权激励计划实施考核办法》考核良好。

（二）激励对象的范围

1. 公司董事（不包括独立董事、外部董事）、监事和其他高级管理人员。

2. 总部管理中心、地区管理中心和子公司部长级以上管理人员。

3. 连锁店店长、其他重要部门负责人。

4. 由董事长提名的骨干人员和有特殊贡献人员。

以上人员需在公司或公司下属子公司连续工作 2 年以上，有特殊贡献的人员，经公司董事会薪酬与考核委员会批准，可适当放宽司龄要求。

四、激励计划的股票来源和股票数量

公司拟授予激励对象 2200 万份股票期权，每份股票期权拥有在激励计划有效期内的可行权日以行权价格和行权条件购买 1 股公司股票的权利。

（一）激励计划的股票来源

激励计划的股票来源为公司向激励对象定向发行的股票。

（二）激励计划的股票数量

激励计划拟授予的股票期权数量为 2200 万份，涉及的标的股票种类为人民币普通股（A 股），涉及的标的股票数量为 2200 万股，标的股票占激励计划公告日公司股本总额 72 075.2 万股的 3.05%。

五、激励对象的股票期权分配情况

……

六、激励计划的有效期、授权日、可行权日、禁售期

（一）股票期权激励计划的有效期

股票期权激励计划的有效期为自股票期权首个授权日起 5 年。

（二）股票期权激励计划的授权日

股票期权激励计划授权日在本激励计划报中国证监会备案且中国证监会无异议，公司股东大会审议通过后由董事会确定。首个授权日不得晚于公司股东大会审议通过股票期权激励计划后的 30 日。

授权日不为下列期间：

1. 定期报告公布前 30 日。

2. 重大交易或重大事项决定过程中至该事项公告后 2 个交易日。

3. 其他可能影响股价的重大事件发生之日起至公告后 2 个交易日。

（三）股票期权激励计划的可行权日

激励对象自授权日起满 1 年后可以开始行权，激励对象应按本激励计划规定的安排分期行权。

激励对象必须在期权有效期内行权完毕，股票期权有效期过后，已授出但尚未行权的股票期权不得行权。

可行权日为公司定期报告公布后第 2 个交易日，至下一次定期报告公布前 10 个交易日内，但不得在下列期间内行权：

1. 重大交易或重大事项决定过程中至该事项公告后 2 个交易日。

2. 其他可能影响股价的重大事件发生之日起至公告后 2 个交易日。

（四）标的股票的禁售期

本激励计划激励对象出售其持有的标的股票的规定为：

1. 激励对象转让其持有的标的股票，应当符合《公司法》《证券法》《深圳证券交易所股票上市规则》等法律法规的规定。

2. 激励对象转让其持有的标的股票，应当符合转让时《公司章程》的规定。

3. 公司董事、监事及其他高级管理人员、持有公司股份 5% 以上的股东，将其持有的公司股票在买入后 6 个月内卖出，或者在卖出后 6 个月内又买入，由此所得收益归该公司所有，公司董事会将收回其所得收益。

七、股票期权的行权价格和行权价格的确定方法

（一）首次授予的股票期权的行权价格

首次授予的 1851 万份股票期权的行权价格为 66.60 元。

（二）首次授予的股票期权的行权价格的确定方法

首次授予的 1851 万份股票期权的行权价格不低于下列价格中较高者：

1. 激励计划草案摘要公布前一个交易日的公司标的股票收盘价 66.60 元；

2. 激励计划草案摘要公布前 30 个交易日内的公司标的股票平均收盘价 51.73 元。

（三）向"董事长提名的骨干人员和特殊贡献人员"授予的股票期权的行权价格

向"董事长提名的骨干人员和特殊贡献人员"授予的 349 万份股票期权的行权价格在该部分股票期权授予时由董事会决定。

（四）向"董事长提名的骨干人员和特殊贡献人员"授予的股票期权的行权价格的确定方法

向"董事长提名的骨干人员和特殊贡献人员"授予的 349 万份股票期权的行权价格不低于下列价格中较高者：

1. 授予该部分期权的董事会会议召开前一个交易日的公司标的股票收盘价。

2. 授予该部分期权的董事会会议召开前 30 个交易日内的公司标的股票平均收盘价。

八、股票期权的获授条件和行权条件

（一）获授股票期权的条件

1. 公司未发生下列任一情形：

（1）最近一个会计年度的财务会计报告被注册会计师出具否定意见或者无法表示意见的审计报告。

（2）最近 1 年内因重大违法违规行为被中国证监会予以行政处罚。

（3）中国证监会认定的不能实行股权激励计划的其他情形。

2. 激励对象未发生下列任一情形：

（1）最近 3 年内被交易所公开谴责或宣布为不适当人选的。

（2）最近3年内因重大违法违规行为被中国证监会予以行政处罚的。

（3）具有《公司法》规定的不得担任公司董事、监事、高级管理人员情形的。

（二）行权条件

激励对象行使已获授的股票期权必须同时满足以下条件：

1. 根据《苏宁电器股份有限公司股票期权激励计划实施考核办法》，激励对象上一年度绩效考核良好。

2. 公司未发生下列任一情形：

（1）最近1个会计年度的财务会计报告被注册会计师出具否定意见或者无法表示意见的审计报告。

（2）最近一年内因重大违法违规行为被中国证监会予以行政处罚。

（3）中国证监会认定的不能实行股权激励计划的其他情形。

3. 激励对象未发生下列任一情形：

（1）最近3年内被证券交易所公开谴责或宣布为不适当人选的。

（2）最近3年内因重大违法违规行为被中国证监会予以行政处罚的。

（3）具有《公司法》规定的不得担任公司董事、监事、高级管理人员情形的。

4. 行权安排

第一个行权期：激励对象自首个授权日起12个月后的首个交易日起至授权日起30个月内的最后一个交易日当日止，可行权额度上限为获授股票期权总额的20%；经董事长提名的骨干人员和特殊贡献人员获授的股票期权自该部分期权获授之日起满12个月后方可行权。

第二个行权期：激励对象自首个授权日起30个月后的首个交易日起至授权日起45个月内的最后一个交易日当日止，可行权额度上限为获授股票期权总额的40%。

第三个行权期：激励对象自首个授权日起45个月后的首个交易日起至授权日起60个月内的最后一个交易日当日止，可行权额度上限为获授股票期权总额的40%。

向"董事长提名的骨干人员和特殊贡献人员"授予的349万份股票期权也需按照上述行权安排行权。

5. 第一个行权期的行权条件

第一个行权期内可以行权的，不超过获授股票期权总额的 20% 的股票期权的行权还需满足如下条件：

苏宁电器 2006 年度的净利润较 2005 年度的增长率达到或超过 80%，且 2006 年度的每股收益不低于 0.9 元（若发生资本公积金转增股本、派送股票红利、股票拆细或缩股等事项，则每股收益指标作相应调整）。

如达到以上条件，则该部分股票期权可以在第一个行权期内行权；如达不到以上条件则该部分股票期权由公司注销；如达到以上条件但在该行权期内未全部行权的，则未行权的该部分期权由公司注销。

经董事长提名的骨干人员和特殊贡献人员获授的股票期权自该部分期权获授之日起满 12 个月后方可行权。

6. 第二个行权期的行权条件

第二个行权期内可以行权的，不超过获授股票期权总额的 40% 的股票期权的行权还需满足如下条件：

苏宁电器 2007 年度的净利润较 2006 年度的增长率达到或超过 50%，且 2007 年度的每股收益不低于 1.35 元（若发生资本公积金转增股本、派送股票红利、股票拆细或缩股等事项，则每股收益指标作相应调整）。

如达到以上条件，则该部分股票期权可以在第二个行权期内行权；如达不到以上条件则该部分股票期权由公司注销；如达到以上条件但在该行权期内未全部行权的，则未行权的该部分期权由公司注销。

7. 第三个行权期的行权条件

第三个行权期内可以行权的，不超过获授股票期权总额的 40% 的股票期权的行权还需满足如下条件：

苏宁电器 2008 年度的净利润较 2007 年度的增长率达到或超过 30%，且 2008 年度的每股收益不低于 1.75 元（若发生资本公积金转增股本、派送股票红利、股票拆细或缩股等事项，则每股收益指标作相应调整）。

如达到以上条件，则该部分股票期权可以在第三个行权期内行权；如达不到以上条件则该部分股票期权由公司注销；如达到以上条件但在该行权期内未全部行权的，则未行权的该部分期权由公司注销。

说明:

上述第 5、6、7 项行权条件中,净利润和每股收益均以扣除非经常性损益前后孰低者作为计算依据。

九、激励计划的调整方法和程序

......

■ 律师精彩解读

通过这个案例,我们做出以下总结:股票期权指的是企业授予员工在未来一定期限内,以预先确定的价格和条件购买本企业一定数量股票的权利,得到奖励的员工在满足一定的条件并且可以达到企业规定的期限之后,就能够行使权利得到相对的股票。股票期权也可以叫作认股权。股票期权类似一种金融衍生的产品,但企业实行的股票期权和其他的金融衍生产品有着不同。股票期权一般不可以自由的流通,并且得满足相应的行权条件之后才能够行权。在股票期权行使以前,持有人没有任何的收益,在股票期权行权之后,持有人的收益就是行权价与当日市场价之间的差价。企业的管理人员能够自行的决定股票期权。当行权价在一个阶段的时候,行权人的收益与股票价格是成正比的。

在我国的上市公司中,苏宁电器作为中小板的上市公司,近些年来,始终在飞速地发展。随着苏宁电器规模的不断扩大,对人才的需求量也越来越多,公司对员工的激励措施也应该随之提高。所以,对管理团队给予的股票期权,管理人员依据自己的努力和能力以及团队之间的合作来推动企业的持续发展,逐步的提高公司的经营业绩,以至于更好地获得股票增值后的收益,保障公司所有者的利益。

实施股票期权制度是为了将公司高级管理人员的个人利益同公司股东的长期利益联系起来,避免以基本工资和年度奖金为主的传统薪酬制度下管理人员的行为短期化倾向,使管理人员从公司股东的长远利益出发实现公司价值的最大化,使得公司的经营效率和利润获得大幅度提高。但是,为了起到作用,奖励的规模必须足够大,也就是说,奖励对管理人员来讲必须是可观的。如果奖励规模不够大甚至相应于管理人员的工资和其他收入来说很小,那么也就起不到激励机制应有的作用了。

第五节　员工持股计划

一、员工持股计划的概念

员工持股计划是指通过让员工持有本公司股票和期权而使其获得激励的一种长期绩效奖励计划。在实践中，员工持股计划往往是由企业内部员工出资认购本公司的部分股权，并委托员工持股会管理运作，员工持股会代表持股员工进入董事会参与表决和分红。

现代市场经济和科技进步使资本投入对产出的贡献越来越大，少数拥有资本的人却能获得大量财富，这势必造成资本的急剧集中和贫富差别的迅速扩大，进而导致严重的分配不公，成为影响社会稳定和生产力发展的隐患。美国律师路易斯·凯尔索为此提出提议，建立一种使产权分散化，让员工都能获取生产性资源，实现劳动收入和资本收入促进经济增长和社会稳定的制度，员工持股计划就是实现这一目标的一种方案。

近40年来，美国实施员工持股计划获得了巨大成功。到1998年，全美实施员工持股的企业有14 000多家，包括90%以上的上市公司和排名世界500强的大企业，有3000多万员工持股，资产总值超过4000亿美元。据美国的一项专题调查证明，实行员工持股的企业与未实行员工持股的同类企业相比，劳动生产率高出30%左右，利润大约高出50%，员工收入高出25%~60%。目前，员工持股已经成为一种国际趋势。20世纪90年代末，英国约有1750家公司、200万员工参加了政府批准的员工持股计划。法国工业部门企业员工持股率超过50%；金融业中有的企业已达90%以上。德国把实施员工持股作为吸引员工参与管理，保留人才，促进企业发展的一项基本制度。日本绝大多数的上市公司实行了员工持股，在新加坡、泰国、西班牙等国家，员工持股也十分流行。

二、员工持股计划的特点

（一）优势

丰富了员工的收入来源，有利于调动员工的积极性，提高生产效率；企业内部员工出资认购本公司的部分股权，如果再添加杠杆，可以有助于公司的资本积累，相当于一种筹资手段。

（二）劣势

员工认购股份需要支付现金或者承担贷款，加之在一定期限内不能转让、交易，激励效果有限；因市场波动引发股价下跌时，员工要承担收益损失的风险。

由于员工持股计划给予员工的既有股票权益，又有利润，因此是一种长期股权激励的方式。员工持股计划既适用于上市公司，同时也适用于非上市公司。所不同的是，在非上市公司实施员工持股计划时，必须由股东拿出相应的股份作为实施员工持股计划所需的奖励。

三、员工持股计划的管理体制及实施流程

（一）由独立于企业外的托管机构进行管理

如建立员工股份所有权托管机构，专门负责持有和管理企业员工的股份。该机构是一个独立于公司外的法人实体。在通常情况下，托管机构为每个员工建立账户，并将从公司取得的股份记在员工的账户上。当员工离开公司时，由托管机构负责把股票兑换成现金。

因持股托管机构是个独立经营并承担相应的法律责任的企业，由它管理员工持有的股票，与向员工发行股票的公司没有利益关系，管理和运作比较规范。

（二）由银行等金融机构进行管理

当员工以个人形式认购时，可由公司在3年内从他每月工资中逐步扣除，作为分期交付的股票认购金额（不得超过本人1年所交社会保险费的50%）。当员工以集体形式认购时，由银行等金融机构对员工所持有的企业股票账户和股票进行统一管理。员工每人设有一个账户。

因银行是一个独立经营并承担法律责任的企业，并有一整套严格、完善的管理制度，有利于规范管理，防范风险，促进公司发展。

（三）由企业全体股东推选设立的内部机构进行管理

如设有员工持股会代表参加的管理委员会和战略委员会等机构进行员工持股管理和监督。企业的发展规划、项目投资乃至股票管理和分配等重大问题，都由股东会决议，董事会提案和实施，具体由监事会监督，管理理事会分管监督，战略委员会负责维护员工股票管理和分配的权益问题。

这种管理体制虽然员工参与度较高，股票管理和分配的透明度也较高，但缺乏统一的法律依据和制度保障，运作和管理不够规范。

（四）由企业内部非持股人员组成的机构进行管理

由不参加该持股计划的非执行董事组成的员工持股管理委员会进行员工持股管理。员工持股管理委员会制有一系列管理制度和操作程序，并接受全体持股员工的监督。根据公司年度经营状况，员工所持股份的分配和分红、转让和兑现，均由员工持股管理委员会操作。员工持股管理委员会成员的收入与管理成效及公司的经营业绩紧密联系。

由于员工持股管理委员会成员不参加持股，股票或股权的收益与自己没有直接的经济利益关系，在一定程度上体现了公正性，但这种自我管理体制，也需要在运作和管理上加以规范和完善。

（五）员工持股计划的实施流程分为7个步骤（如图3-6所示）

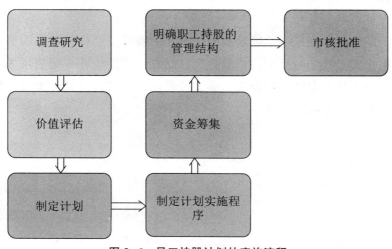

图3-6　员工持股计划的实施流程

四、员工持股计划和股票期权的异同

员工持股计划是目前通行于国外企业的内部产权制度，它是指企业内部员工出资认购本公司部分股权，委托专门机构（一般为员工持股会）集中管理运作，并参与持股分红的一种新型企业内部股权形式。

股票期权是指企业的所有者在企业经营者的经营业绩达到一定的要求时，对其在一定时期内可购得或奖励适当数量企业股份的一种长期奖励方式。

不难看出，员工持股计划是普惠制的，它所面向的是企业全体员工；而股票期权所激励的只是企业的少数高层经营者。

五、员工持股计划的适用范围

员工持股制度让员工持股运营，其利益与企业前途紧密相连，达到一种新型利益制衡，即按劳分配与按资分配相结合的机制。员工持股后便承担了一定的投资风险，唤起了员工的风险意识，真正"有福共享，有难共担"，有助于增强企业对员工的凝聚力。

员工持股优点是激励对象可以获得真实股权，公司不需要支付大笔现金，有时还能获得现金流入；但缺点也显而易见：公司股本结构需要变动，原股东持股比例可能会稀释。

非上市公司，尤其刚发展起步的企业，其股权流动性较差，股票来源与定价不易，实施股票期权不是非常适合；同时这样的企业现金流压力一般较大，时刻需要具有充足的现金流，员工持股这一所需现金流较少且可以分阶段兑现的方式便显示出优势。

杭州泰格医药科技股份有限公司 2018 年员工
持股计划（草案）节选[1]

特别提示

1. 《杭州泰格医药科技股份有限公司 2018 年员工持股计划（草案）》[以下简称《员工持股计划（草案）》] 系依据《中华人民共和国公司法》、《中华人民共和国证券法》、《关于上市公司实施员工持股计划试点的指导意见》、《创业板信息披露业务备忘录第 20 号：员工持股计划》（已失效）及其他有关法律、法规、规范性文件，以及《杭州泰格医药科技股份有限公司章程》制定。

2. 本次员工持股计划遵循依法合规、自愿参与、风险自担的原则，不存在摊牌、强行分配等强制员工参加本次员工持股计划的情形。

3. 本次员工持股计划参加对象为公司及公司全资子公司核心技术（业务）人员、在公司工作满 3 年的部分人员，参加对象总人数不超过 500 人，根据实际缴款情况确定。公司董事、监事和高级管理人员不参与本次员工持股计划。

4. 本次员工持股计划拟筹集资金总额不低于 20 000 万元，不超过 50 000 万元，具体金额根据实缴金额确定，资金来源为员工合法薪酬、自筹资金等。

5. 本次《员工持股计划（草案）》获得股东大会批准后，如委托资产管理机构进行管理，则由董事会选择合适的资产管理机构管理，并由其成立相应的资产管理计划进行管理。如未与任何一家管理机构达成合作，本次员工持股计划将由公司自行管理。

6. 本次员工持股计划涉及的标的股票来源为上市公司回购本公司股票。

---

〔1〕 参见《杭州泰格医药科技股份有限公司 2018 年员工持股计划（草案）》，载东方财富网 http://guba.eastmoney.com/news，300347，791962909.html，最后访问日期：2019 年 11 月 21 日。

股东大会审议通过本次员工持股计划后 12 个月内，完成标的股票的购买。

7. 员工持股计划购买回购股票的价格尚需等待完成标的股票回购后，公司将及时予以披露公告。

8. 公司全部有效的员工持股计划持有的股票总数累计不超过公司股本总额的 10%，单一持有人持有的员工持股计划份额所对应的公司股票数量不超过公司股本总额的 1%。员工持股计划持有的股票总数不包括员工在公司首次公开发行股票上市前获得的股份、通过二级市场自行购买的股份、通过股权激励获得的股份及通过资产重组所获得的股份。最终公司股票的回购情况目前存在不确定性，最终持有的股票数量以实际执行情况为准。

……

一、员工持股计划的目的和基本原则

……

二、员工持股计划参加对象及确定标准

（一）员工持股计划的参加对象

本次员工持股计划的参加对象系依据《公司法》《证券法》《劳动合同法》《指导意见》等有关法律、行政法规、规章及《公司章程》的相关规定而确定，公司正式员工按照依法合规、自愿参与、风险自担的原则参加本次员工持股计划。参加本次员工持股计划的范围为公司及公司全资子公司核心技术（业务）人员、在公司工作满 3 年的部分人员，参加对象在公司或全资子公司工作，领取薪酬，并签订劳动合同或聘用合同。参加对象总人数不超过 500 人，根据实际缴款情况确定，公司董事、监事和高级管理人员不参与本次员工持股计划本次员工持股计划。

（二）员工持股计划的参加对象的确定标准

……

（三）员工持股计划的持有人情况

公司董事、监事和高级管理人员不参与本次员工持股计划。本次员工持股计划公司员工拟筹集资金总额为不低于 20 000 万元，不超过 50 000 万元，本次员工持股计划最终参与人员以及持有人具体持有份额以员工最后实际缴纳的出资额对应的份数为准。

（四）员工持股计划持有人的核实

符合条件的员工按照依法合规、自愿参与、风险自担的原则参加本次员工持股计划，具体参与名单经董事会确定、监事会核实。公司聘请的律师对参与对象是否合法合规发表明确意见。

三、员工持股计划的资金和股票来源

（一）员工持股计划的资金来源

公司员工参与本次员工持股计划的资金来源为其合法薪酬、自筹资金以及法律、法规允许的其他方式。公司未向持有人提供垫资、担保、借贷等财务资助。

本次员工持股计划筹集资金总额为不低于 20 000 万元，不超过 50 000 万元，以"份"作为认购单位，每份份额为 1.00 元，本次员工持股计划的员工自筹份数上限为 50 000 万份（含）。员工持股计划持有人具体持有份额数以员工最后实际缴纳的出资额所对应的份数为准。

持有人应当按相关约定缴纳认购资金，持有人认购资金未按期足额缴纳的，则自动丧失相应的认购权利，其拟认购份额可以由其他符合条件的参与对象申报认购，申报份额如多于弃购份额的，由管理委员会确定认购人选和份额。

（二）员工持股计划的股票来源

本次员工持股计划涉及的标的股票来源为上市公司回购本公司股票。股东大会审议通过本次员工持股计划后 12 个月内，完成标的股票的购买。

最终标的股票的购买情况目前还存在不确定性，最终持有的股票数量以实际执行情况为准，公司将及时予以披露公告。员工持股计划持有的股票总数不包括员工在公司首次公开发行股票上市前获得的股份、通过二级市场自行购买及通过股权激励获得的股份。

四、员工持股计划的存续期与锁定期等

（一）员工持股计划的存续期

1. 本次员工持股计划的存续期为 48 个月，自股东大会审议通过本次员工持股计划之日起算，本次员工持股计划的存续期届满后自行终止。

2. 本次员工持股计划的锁定期满后，在员工持股计划均为货币性资产时，本次员工持股计划可提前终止。

3. 如因公司股票停牌或者窗口期较短等情况，导致本次员工持股计划所持有的公司股票无法在存续期届满前全部变现时，经持有人会议和董事会同意后，本次员工持股计划的存续期限可以延长。

4. 本次员工持股计划的存续期届满前2个月，经出席持有人会议的持有人所持份额过半数同意并提交公司董事会审议后，本次员工持股计划的存续期可以延长。

（二）员工持股计划购买标的股票的锁定期

本次员工持股计划涉及的标的股票来源为上市公司回购本公司股票。标的股票的锁定期不低于12个月，并需遵守《公司法》等法律法规对锁定期要求的相关规定。

自公司公告最后一笔标的股票过户至本次员工持股计划名下之日起算。因公司分配股票股利、资本公积转增股本等情形所衍生取得的股份，亦应遵守上述股份锁定安排。

（三）员工持股计划的禁止行为

……

五、员工持股计划的管理模式

本次员工持股计划的内部管理权力机构为持有人会议；员工持股计划设管理委员会，负责和监督员工持股计划的日常管理；公司董事会负责拟定和修改本计划，并在股东大会授权范围内办理本次员工持股计划的其他相关事宜。

（一）持有人

参加对象实际缴纳出资认购本次员工持股计划份额的，成为本次员工持股计划持有人。每份员工持股计划份额具有同等的合法权益。

1. 持有人的权利如下：

（1）按持有本计划的份额享有员工持股计划资产的权益。

（2）依照本计划规定参加持有人会议，就审议事项行使表决权。

（3）享有相关法律、法规或本计划规定的持有人其他权利。

2. 持有人的义务如下：

（1）遵守有关法律、法规和本次员工持股计划草案的规定。

（2）按持有本计划的份额承担本计划投资的风险。

（3）遵守生效的持有人会议决议。

（4）承担相关法律、法规或本计划规定的持有人其他义务。

……

■ 律师精彩解读

通过解读案例，大家对员工持股计划就有了一个大概印象。员工持股计划是指通过公司设计一个持股平台，员工按照公司激励方案认购持股平台的份额，从而间接持有公司股份。这个持股平台一般是券商、基金公司、资管公司的资管计划。公司后续会委托这个资管公司管理资产计划。

我们可以总结一般的员工持股计划有几个特点：

（1）员工并不直接持有公司的股权，而是通过一个资管计划间接持有股权。也就意味着员工没有表决权、没有注册股所有权、没有直接的分红权。如果公司决定分红怎么办？一般情况下是通过持股计划的二次利润分配形式参与分红。

（2）员工因为没有注册股的股权，所以无法以股东身份参与公司治理，需要通过持股平台推举代表参加股东会议。

延伸阅读

员工持股计划激励什么？[1]

设计和实施员工持股计划的目的是给员工的累计贡献以回报，更重要的在于激励员工为企业做出更大的贡献。但是，这种激励绝不是以持股换积极性，花钱是买不到积极性的，何况持股一旦成立是收不回来的，那么我们如何对待持股而

---

〔1〕　参见红智库咨询，载 http://m. 51hhzx. com/nd. jsp？mid＝5＆id＝460，最后访问日期：2019 年 12 月 11 日。

又不思进取的员工？

员工持股计划必须有严格和规范的绩效考核制度。只有通过绩效考核制度加以甄别，企业才能搞清谁为企业做出过多大的贡献，谁还能继续为企业做出持续的贡献，并在这一前提下，给予持股激励。否则，只能按照诸如工龄、年龄、职务、学历、职称等因素为员工配股，员工持股成了一锅新的大锅饭，成了没有任何激励价值的福利。

员工持股计划必须有配套的约束机制。员工持股计划中的激励，是约束中的激励，是基于责任的激励，必须在确定持股对象、持股额、持股权力、持股责任等方面设置控制点，通过"金色的梦"和"金饭碗"来吸引和激励优秀的人才，通过"金手铐"来留住人才。归纳起来讲，员工持股计划所生成的机制是让员工关注公司的持续发展，关注自身业绩和能力的不断提高，使员工以业绩换持股，以自己的诚实劳动致富。有制约地使员工持股成为一种投资行为，而不是投机行为。

员工持股计划必须有足够的倾斜力度。员工持股计划并不意味着全体员工平均持有股份，强调员工持股的比例和比重并不意味着平均持股。相反，员工持股必须拉开差距，否则又会走到内部职工股的老路。员工持股的激励力度之所以大于其他报酬形式，一是其回报的长期性，二是其回报的不确定性，三是其有足够大的倾斜力度。问题的关键是应该组合地使用多种员工持股形式，拉开持股差距，即坚定不移地向那些为公司创造价值的部门和员工倾斜，向公司的核心层、中坚层和骨干层倾斜。此外员工持股一定要有预留机制，以保持对新员工和老员工不断创新与创业的牵引和激励。

第六节　限制性股票

一、限制性股票的概念

限制性股票（restricted stock）指上市公司按照预先确定的条件授予激励对象一定数量的本公司股票，激励对象只有在工作年限或业绩目标符合股权激励计划规定条件的，才可出售限制性股票并从中获益。限制性股票方案的设计从国外的实践来看，限制主要体现在两个方面：一是获得条件；二是出售条件。但一般来看，重点指向性很明确，是在第二个方面，并且方案都是依照各个公司实际情况来设计的，具有一定的灵活性。

公司将一定的股份无偿或者以优惠的价格授予激励对象，但同时对这种股票的权利进行一些限制。激励对象不得随意处置股票，限制性股票在解除限售前不得转让、用于担保或偿还债务。只有在规定的服务期限后或完成特定业绩目标时，才可出售限制性股票并从中获益。否则，公司有权将免费赠予的限制性股票收回或以激励对象购买时的价格回购。

天渡法商团队依据多年的经验总结："限制性股票"的原理用在非上市中小民营企业中会产生更大的激励效果，因为非上市中小企业不用局限于《上市公司股权激励管理办法》中关于股权授予价格的限制，企业可以根据自身的特点和需要灵活安排，激励力度和范围更自由。当然，在为企业定制股权激励方案时，为了保证方案的合规性，通常会参照《上市公司股权激励管理办法》第 23 条规定：上市公司在授予激励对象限制性股票时，应当确定授予价格或授予价格的确定方法。授予价格不得低于股票票面金额，且原则上不得低于下列价格较高者：

（1）股权激励计划草案公布前 1 个交易日的公司股票交易均价的 50%。

（2）股权激励计划草案公布前 20 个交易日、60 个交易日或者 120 个交易日的公司股票交易均价之一的 50%。

二、限制性股票的特点

第一，限制性股票是面向上市公司的，但其模式在新三板挂牌公司、非上市/挂牌公司中亦可应用。

第二，解除限售的条件在授予前就已经确定。

第三，限制性股票授予激励对象的价格低于市场价格。激励对象要取得限制性股票，需要先缴纳购股资金。

第四，限制性股票的重点在"限制性"三个字，公司授予激励对象的股票是有限制的，只有业绩考核达标，才可以解除这种限制。

第五，激励对象获益机制是在二级市场转让时获得转让价格与授予价格之间的差价。

限制性股票有几个时间点：授予日、限售期、解除限售日、解除限售期。限制性股票属于实股范畴，是由激励对象出资购买的，拥有所有权、分红权、增值权等一系列等公司法规定的股东权利。在解除限售前，激励对象不能行使上述权利，自然也不能交易，上述权利由公司代为行使。未来解除限售后，激励对象才可以完整的行使上述权利。如图 3-7 所示，假设某公司实施限制性股票计划，2016 年 1 月 1 日为限制性股票的授予日，2017 年 1 月 1 日为第一个解除限售日，2018 年 1 月 1 日为第二个解除限售日，2019 年 1 月 1 日为第三个解除限售日。解除禁止期满后，进入可以解锁期，又称为解除限售期，设置 3 年时间分批解除限售，每年依次释放 30%、30%、40%。

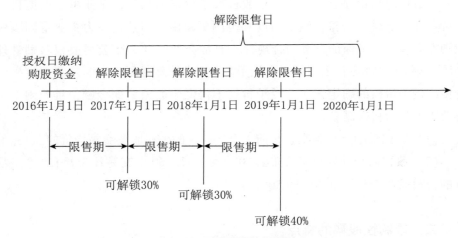

图 3-7　限制性股票收益模式

激励对象获授的限制性股票一般设计成分期解除限售，每期解除限售设置一定的期限，即解除限售期，一般为 12 个月；每期解除限售期的起始时间为解除限售日。在每个解除限售期，只有在达成业绩考核条件后才能解除限售；达不成条件则不得解除限售。

在每个解除限售期，如不能解除限售，股票来源于原股东转让的，由原股东收回；股票来源于增发的，由公司回购注销。还可以设置在所有解除限售期内累计的业绩考核目标，只要在最后一个解除限售期内完成累计的业绩考核目标，也可以解除限售（相当于额外设置延期解除限售的业绩条件）。如

图 3-8 所示：

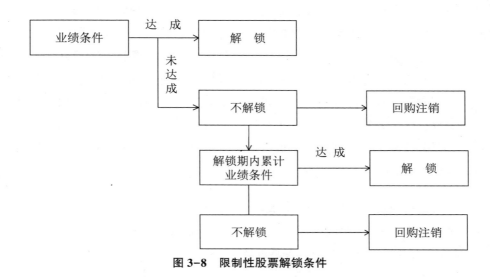

图 3-8　限制性股票解锁条件

三、限制性股票个人所得税政策法律依据

（一）限制性股票什么时候缴纳个人所得税？

根据《财政部、国家税务总局关于完善股权激励和技术入股有关所得税政策的通知》（财税〔2016〕101 号文件）：对上市公司股票期权、限制性股票和股权奖励适当延长纳税期限。上市公司授予个人的限制性股票，经向主管税务机关备案，个人可自限制性股票解禁之日起，在不超过 12 个月的期限内缴纳个人所得税。

对股权激励选择适用递延纳税政策的，企业应在规定期限内到主管税务机关办理备案手续。未办理备案手续的，不得享受本通知规定的递延纳税优惠政策。

企业实施股权激励，以实施股权激励的企业为个人所得税扣缴义务人。递延纳税期间，扣缴义务人应在每个纳税年度终了后向主管税务机关报告递延纳税有关情况。

（二）限制性股票缴纳多少个人所得税？

1. 根据《国家税务总局关于股权激励有关个人所得税问题的通知》（国

税函〔2009〕461号）：关于限制性股票应纳税所得额的确定，按照个人所得税法及其实施条例等有关规定，原则上应在限制性股票所有权归属于被激励对象时确认其限制性股票所得的应纳税所得额。即上市公司实施限制性股票计划时，应以被激励对象限制性股票在中国证券登记结算公司（境外为证券登记托管机构）进行股票登记日期的股票市价（指当日收盘价，下同）和本批次解禁股票当日市价（指当日收盘价，下同）的平均价格乘以本批次解禁股票份数，减去被激励对象本批次解禁股份数所对应的为获取限制性股票实际支付资金数额，其差额为应纳税所得额。被激励对象限制性股票应纳税所得额计算公式为：

应纳税所得额＝（股票登记日股票市价＋本批次解禁股票当日市价）÷2×本批次解禁股票份数－被激励对象实际支付的资金总额×（本批次解禁股票份数÷被激励对象获取的限制性股票总份数）

2. 根据《国家税务总局关于股权激励和技术入股所得税征管问题的公告》（国家税务总局公告2016年第62号文件）：

（1）员工以在一个公历月份中取得的股票（权）形式工资薪金所得为一次。员工取得符合条件、实行递延纳税政策的股权激励，与不符合递延纳税条件的股权激励分别计算。

（2）上市公司股票的公平市场价格，按照取得股票当日的收盘价确定。取得股票当日为非交易日的，按照上一个交易日收盘价确定。

（3）上市公司实施股权激励，个人选择在不超过12个月期限内缴税的，上市公司应自股票期权行权、限制性股票解禁、股权奖励获得之次月15日内，向主管税务机关报送《上市公司股权激励个人所得税延期纳税备案表》。上市公司初次办理股权激励备案时，还应一并向主管税务机关报送股权激励计划、董事会或股东大会决议。

（4）递延纳税股票（权）转让、办理纳税申报时，扣缴义务人、个人应向主管税务机关一并报送能够证明股票（权）转让价格、递延纳税股票（权）原值、合理税费的有关资料，具体包括转让协议、评估报告和相关票据等。资料不全或无法充分证明有关情况，造成计税依据偏低，又无正当理由的，主管税务机关可依据税收征管法有关规定进行核定。

四、限制性股票与股票期权的异同[1]

（一）激励对象获取的受赠物

限制性股票激励是指激励对象获得无须投资或只需付出很少投资额的全值股票奖励，当股票持有者为企业连续服务到限制性股票所注明的时间段或者是完成预定目标之后，该激励对象即可获得股票，立即拥有企业财产的部分财产权，可以享受企业的分红。

股票期权激励是指公司授予激励对象在未来一定期限内，以预先确定的价格（执行价格）和条件，购买本公司一定数量的股票的权利，激励对象可以通过行权获得潜在收益（执行价格和市场价之差）；反之，如果在行权期股票市场价格低于行权价，则激励对象有权放弃该权利，不予行权。激励对象一般没有分红权，其收益来自股票未来股价的上涨，收益实现与否取决于未来股价的波动。

（二）奖励股票的数量

经验数据显示，企业采取限制性股票或股票期权激励方式时，在付出相同成本的情况下，后者所需要的股票数量是前者的 3 倍~5 倍。

假设某企业授予日每股价格 50 元，5 年后上涨至 70 元。为确保该激励对象在为该企业连续服务 5 年后能获得 10 000 元的权益，有以下两种激励方案：

方案一：授予员工限制性股票，员工为该企业连续服务 5 年后，可以获赠 143 份股票（10 000÷70≈143）。

方案二：授予员工股票期权，5 年后每位员工获得 500 份股票［10 000÷（70-50）=500］。

可见，限制性股票激励对股东财富的稀释效应要小于股票期权。

（三）权利义务的对称性

股票期权是典型的权利义务不对称激励方式，这是由期权这种金融工具的本质属性决定的。期权持有人只有行权获益的权利，而无必须行权的义务。

---

〔1〕 参见李曜：《股票期权和限制性股票的九大差异》，载龙源期刊网 https://wenku.baidu.com/view/1f661cc2ce84b9d528ea81c758f5f61fb6362859.html。

限制性股票的权利义务则是对称的。激励对象在满足授予条件的情形下获得股票之后，股票价格上涨，限制性股票的价值增加；反之股票价格下跌，限制性股票的价值下跌。股票价格的涨跌会增加或减少激励对象的利益。

（四）激励对象的投资程度

限制性股票激励一般不需要激励对象用现金投资或者需要其直接投资的金额很小，公司会设立激励基金用于购买股票。只要激励对象满足接受限制性股票的条件，即可获得全值股票。

股票期权本身并不是股票，它只是授予激励对象购买企业股票的一种权利，在满足购买本企业股票的条件后，激励对象还需要直接投资购买股票。

（五）等待期和禁售期等规定

限制性股票在授予时规定有严格的解锁条件（如净利润、净资产收益率等财务指标或为该企业连续服务达一定年限等），激励对象获得股票后存在一定时期的禁售期，然后进入解锁期（3年或者以上），符合严格的解锁条件后每年才可将限定数量的股票上市流通。

股票期权在授予后存在等待期（通常为1年以上），然后进入可行权期，一般设计为分次行权（可为匀速或加速行权）。目前我国上市公司均增加设置了可行权条件（如设置一些财务业绩指标）。一旦激励对象行权认购股票后，其股票的出售则不再受到限制，只需符合《公司法》《证券法》对高管出售股票等的有关规定即可。

（六）税收规定不同

对于限制性股票激励方式，激励对象从企业取得的股票，属于该个人因受雇而取得的工资、薪金所得，应在雇员实际认购股票等有价证券时，按照《中华人民共和国个人所得税法》（以下简称《个人所得税法》）《中华人民共和国税收征收管理法》等规定计算缴纳个人所得税。股票出售时，对股票转让所得暂不征收个人所得税。

股票期权与限制性股票两者对于激励对象而言哪个收益会更大，取决于授予时以及行权时上市公司股票价格的表现以及持股数量的区别。

限制性股票奖励属于实值股票认购，风险较大，如果股价在限售期内下跌较大，则可能给限制性股票持有者造成较大的风险。

而股票期权可能在股票价格下跌的情况下跌至零而毫无行权价值。当然实践中，当股票价格的低于认购价格时，限制性购票的持有者也可以选择不解锁而被公司以授予价格予以回购。

表 3-12 限制性股票和股票期权收益比较

激励类型	数 量	行权价	公司经营好		公司经营差	
			行权有效期套现价	行权收益（不考虑交易成本及税收）	行权有效期市场价	行权收益（不考虑交易成本及税收）
股票期权	2万股	3元	6元	6万元	2元	放弃行权
限制性股票	1万股（限制性股票成本较高，因此一般股数较少）	被激励者无须出价或者以极低价格获得	6元	6万元（0元行权）	2元	2万元（0元行权）

表 3-13 限制性股票和股票期权的特性比较

	股票期权	限制性股票
性 质	需要时间兑现的实股	有限制条件的实股
财 会	影响利润	影响现金流
税 收	授予时，不征税；实际行权购买时对于差价按工资、新金所得计征个税；出售股票时，暂不征收	实际认购股票时，按工资、新金所得计征个税；出售股票时，暂不征收
风 险	无风险	有损失可能性（若股价低于认购价格时，实操中可选择不解锁而由企业以授予价格回购）
价 值	内在价值+时间价值	内在价值

五、限制性股票的适用范围

股票期权和限制性股票是我国证监会 2016 年颁布实施的《上市公司股权激励管理办法》中推荐的两种主要股权激励模式，与股票期权激励模式不同，限制性股票更适合成熟期的企业。对这类企业来说，它们股价的上涨空间有限，但限制性股票规避了股票大幅波动而使经理人"白干"的风险，因此是目前上市公司使用最多的一种股权激励模式。此外，限制性激励也可以与其他激励模式配合使用，或强调业绩，或强调留住人才，以适合企业的不同发展阶段。同时，激励制度的选择应该兼顾激励对象的风险偏好程度，风险爱好者更青睐股票期权，而风险厌恶者更偏好限制性股票。

用友软件股份有限公司限制性股票激励计划
（草案修订稿）节选[1]

一、限制性股票激励计划的股票来源

限制性股票激励计划的股票来源为公司向激励对象定向发行的用友软件 A 股股票。

二、限制性股票激励计划标的股票的数量

本激励计划拟向激励对象授予 1438.8694 万股公司限制性股票，占本激励计划公告时公司股本总额 95 924.6238 万股的 1.5%。其中首次授予 1296.8250 万股，占本激励计划公告时公司股本总额的 1.352%；预留 142.0444 万股，占本激励计划拟授出限制性股票总数的 9.87%，占本激励计划公告时公司股本总额的 0.148%。

---

〔1〕 参见《用友软件股份有限公司股票期权与限制性股票激励计划（草案修订稿）》，载看准网 https://www.kanzhun.com/news/157191.html，最后访问日期：2019 年 12 月 11 日。

三、限制性股票激励计划的有效期、授予日、锁定期、解锁期、禁售期

1. 限制性股票激励计划的有效期

限制性股票激励计划的有效期为自限制性股票首次授予日起不超过 5 年。

2. 授予日

同本激励计划股票期权授予日。

3. 锁定期

限制性股票授予后即行锁定。激励对象获授的全部限制性股票分比例（见下条）适用不同的锁定期，均自授予日起计。

激励对象获授的限制性股票在锁定期不享有进行转让或用于担保或偿还债务等处置权。激励对象所获授的限制性股票，经登记结算公司登记过户后便享有其股票应有的权利，包括但不限于该股票的分红权、配股权等。锁定期内激励对象因获授的限制性股票而取得的红股、资本公积转增股份、配股股份、增发中向原股东配售的股份同时锁定，不得在二级市场出售或以其他方式转让，该部分股票的锁定期的与获授的限制性股票锁定期相同。

4. 解锁日

在解锁日，满足解锁条件的激励对象可以申请解锁，并由公司集中统一办理限制性股票的解锁。

董事会确定的解锁日应为公司定期报告公布后第 2 个交易日，至下一次定期报告公布前 10 个交易日内，但下列期间不得解锁：

（1）重大交易或重大事项决定过程中至该事项公告后 2 个交易日。

（2）其他可能影响股价的重大事件发生之日起至公告后 2 个交易日。

首次授出的限制性股票激励对象应在首次授予日起满 12 个月后的未来 36 个月内分三期解锁。本激励计划首次授予限制性股票解锁期及各期解锁时间安排如表 3-14 所示：

表 3-14　首次授予限制性股票解锁期及时间安排

解锁期	解锁时间	可解锁数量占限制性股票数量比例/%
第一个解锁期	自首次授予日起满 12 个月后的首个交易日至首次授予日起 24 个月内的最后一个交易日止。	60

解锁期	解锁时间	可解锁数量占限制性股票数量比例/%
第二个解锁期	自首次授予日起满 24 个月后的首个交易日至首次授予日起 36 个月内的最后一个交易日止。	20
第三个解锁期	自首次授予日起满 36 个月后的首个交易日至首次授予日起 48 个月内的最后一个交易日止。	20

5. 禁售期

本次限制性股票激励计划的禁售规定按照《公司法》《证券法》《管理办法》等相关法律、法规、规章及规范性文件和《公司章程》执行，具体规定如下：

（1）激励对象为公司高级管理人员的，其在任职期间每年转让的股份不得超过其所持有本公司股份总数的 25%；在离职后半年内，不得转让其所持有的本公司股份。

（2）激励对象为公司高级管理人员的，将其持有的本公司股票在买入后 6 个月内卖出，或者在卖出后 6 个月内又买入，由此所得收益归本公司所有，本公司董事会将收回其所得收益。

（3）在本激励计划有效期内，如果《公司法》《证券法》《管理办法》等相关法律、法规、规章及规范性文件和《公司章程》中对公司高级管理人员持有股份转让的有关规定发生了变化，则这部分激励对象转让其所持有的公司股票应当在转让时符合修改后的《公司法》《证券法》《管理办法》等相关法律、法规、规章及规范性文件和《公司章程》的规定。

四、限制性股票的授予价格和授予价格的确定方法

1. 首次授予限制性股票的授予价格

首次授予限制性股票的授予价格为 6.76 元，即满足授予条件后，激励对象可以该价格购买公司向激励对象授予的公司限制性股票。

2. 首次授予价格的确定方法

首次授予价格依据本激励计划草案摘要公告前 20 个交易日公司股票交易均价 11.25 元的 60%确定。

五、限制性股票的获授与解锁条件

在解锁日，激励对象按本激励计划的规定对获授的限制性股票进行解锁时，必须同时满足以下条件：

1. 限制性股票的获授条件

（1）公司未发生以下任一情形：同本激励计划股票期权的情形。

（2）激励对象未发生以下任一情形：同本激励计划股票期权的情形。

2. 限制性股票的解锁条件

同本激励计划股票期权的行权条件，其中各年度绩效考核目标如表 3-15 所示：

表 3-15　各年度绩效考核目标

解锁期	绩效考核目标
第一个解锁期	2013 年归属于上市公司股东的扣除非经常性损益后的加权平均净资产收益率不低于 10%，公司 2013 年归属于上市公司股东的扣除非经常性损益的净利润相比于 2012 年增长不低于 20%。
第二个解锁期	2014 年归属于上市公司股东的扣除非经常性损益后的加权平均净资产收益率不低于 10%，公司 2014 年归属于上市公司股东的扣除非经常性损益的净利润相比于 2012 年增长不低于 44%。
第三个解锁期	2015 年归属于上市公司股东的扣除非经常性损益后的加权平均净资产收益率不低于 10%，公司 2015 年归属于上市公司股东的扣除非经常性损益的净利润相比于 2012 年增长不低于 73%。

限制性股票锁定期内，各年度归属于上市公司股东的净利润及归属于上市公司股东的扣除非经常性损益的净利润均不得低于授予日前最近三个会计年度的平均水平且不得为负。

如果公司当年发生公开发行股票或非公开发行股票行为，则新增加的净资产及对应净利润额不计入当年及下一年考核年度净资产和净利润净增加额的计算。

由本次股权激励产生的激励成本将在管理费用中列支。

本激励计划限制性股票的个人绩效考核要求同本激励计划股票期权的个人绩效考核要求。

六、限制性股票会计处理

……

七、预留限制性股票的处理

本激励计划预留限制性股票 142.0444 万股，占本激励计划拟授出限制性股票总数的 9.87%，占本激励计划公告时公司股本总额的 0.148%。

预留的限制性股票将在本激励计划首次授予日起一年内授予。预留限制性股票授予的激励对象由董事会提出，经监事会核实后，律师发表专业意见并出具法律意见书，公司在指定网站按要求及时准确披露当次激励对象相关信息。

获授预留限制性股票的激励对象需满足的条件同首次授予的限制性股票。

1. 预留限制性股票的授予

预留限制性股票的授予比照本激励计划首次授予限制性股票的相关程序进行。

预留限制性股票的授予日由授予前召开的董事会确定。

2. 预留限制性股票价格的确定方法

预留部分在每次授予前，须召开董事会，并披露授予情况的摘要。授予价格依据董事会决议公告日前 20 个交易日公司股票交易均价的 60% 确定。

3. 预留限制性股票的解锁安排

预留限制性股票激励对象应在自授予日起满 12 个月后的未来 36 个月内分三期解锁，解锁时间如表 3-16 所示：

表 3-16 预留限制性股票解锁时间

解锁期	解锁时间	可解锁数量占获授限制性股票数量比例/%
第一个解锁期	自预留限制性股票的授予日起 12 个月后的首个交易日起至相应的授予日起 24 个月内的最后一个交易日当日止。	60
第二个解锁期	自预留限制性股票的授予日起 24 个月后的首个交易日起至相应的授予日起 36 个月内的最后一个交易日当日止。	20

续表

解锁期	解锁时间	可解锁数量占获授限制性股票数量比例/%
第三个解锁期	自预留限制性股票的授予日起 36 个月后的首个交易日起至相应的授予日起 48 个月内的最后一个交易日当日止。	20

本激励计划预留的限制性股票，在解锁期的 3 个会计年度中，对公司分年度进行绩效考核，以达到绩效考核目标作为激励对象的解锁条件，各年度绩效核目标如表 3-17 所示：

表 3-17　各年度绩效考核目标

解锁安排	绩效考核目标
第一个解锁期	2014 年归属于上市公司股东的扣除非经常性损益后的加权平均净资产收益率不低于 10%，公司 2014 年属于上市公司股东的扣除非经常性损益的净利润相比于 2012 年增长不低于 44%。
第二个解锁期	2015 年归属于上市公司股东的扣除非经常性损益后的加权平均净资产收益率不低于 10%，公司 2015 年属于上市公司股东的扣除非经常性损益的净利润相比于 2012 年增长不低于 73%。
第三个解锁期	2016 年归属于上市公司股东的扣除非经常性损益后的加权平均净资产收益率不低于 10%，公司 2016 年属于上市公司股东的扣除非经常性损益的净利润相比于 2012 年增长不低于 106%。

如果公司考核年度发生公开发行股票或非公开发行股票行为，则新增加的净资产及对应净利润额不计入当年及下一年考核年度净资产和净利润净增加额的计算。

本激励计划中对预留限制性股票授予的激励对象的个人考核与首次授予限制性股票的激励对象个人考核要求相同。

4. 公司预留限制性股票的实施、授予及激励对象解锁程序

预留限制性股票的实施、授予及激励对象解锁程序同首次授予的限制性股票的程序。

5. 预留限制性股票的会计处理

预留限制性股票的会计处理同首次授予限制性股票的会计处理。

■ 律师精彩解读

通过上述案例，我们了解到在实施限制性股票时，往往有十分明确的条件，除了有时间限制外，还有明确的业绩目标，所以只有达到了相应的业绩后，激励对象方可行权。在限制性股票的限售期内，如果激励对象离职了，那么限制性股票将会自动作废，在未授予之前不能出售或者转让。如果限制性股票期满后，未达到激励时约定的目标有以下解决方案：如果限制条件是在一定的时间内提升业绩，那么到期后，公司可以通过业绩考核；一旦业绩未如期达到目标，公司就会以当初的价格回购这些限制性股票，进行注销或另行安排。

股权激励8D模型 第四章

CHAPTER 4

　　通过介绍股权激励的缘起和理论依据，了解到股权激励是一个非常好的管理工具，企业实施股权激励势在必行。那么如何实施股权激励呢？股权激励方案的设计牵扯因素非常多，比如说公司治理、股权布局、激励对象、激励数额、股权价格，等等。天渡法商团队从多年的咨询项目中总结了股权激励 8D 模型，确定好这 8 个要素，大家可以比较容易地掌握股权激励的方案制定。股权激励 8D 模型包含：定对象、定模式、定数量、定来源、定价格、定时间、定机制、定工具。

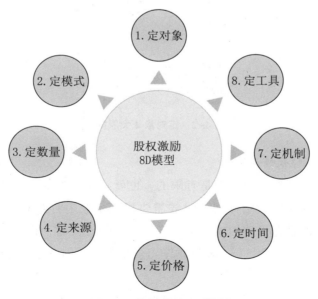

图 4-1　股权激励 8D 模型

· 137 ·

第一节 定对象

股权激励作为非常重要的利益分配机制，确定激励人员是其中很重要的一个环节，既要考虑到什么标准能够被入选激励对象，也要考虑如何让没有入选的人能有"够得着"的希望，这样才能使激励计划起到真正的效果。

一、确定股权激励对象的原则

企业在计划股权统筹与布局，确定要激励的人员时，要基于以下 4 个方面进行考虑，如图 4-2 所示：

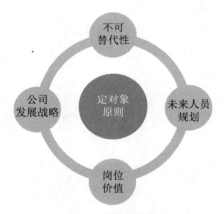

图 4-2 定对象 4 大原则

（一）不可替代性原则

股权激励计划授予的股份是有限的，也就意味着参与激励的人数是有限的。那么在实施股权激励计划的时候需要找到企业中有绝对竞争力的人员，他们的工作价值具有稀缺性或者不可取代性。与此同时，也会让其他没有参与激励计划的员工有危机感，不断地学习进步为公司创造更大的价值。

（二）未来人员规划原则

公司的激励计划往往不是一次性的，而是分阶段实施，那么确定要激励人员时，要基于未来 3—5 年的组织架构来考虑。也就是说，当前确定的激励制度，不仅要激励上面提到的这些人，还要考虑到公司 5 年后的组织规划，为今后进入的人才"预留位置"。

假设 5 年后的组织架构是这样的：多出品牌事业部等，还多出来各种委员会（比如管理委员会、薪酬委员会和审计委员会），那么根据组织架构的现在和未来，要能确定激励哪些人。具体而言，按照现在的组织架构，需要激励 30 人，而 5 年以后要激励 60 人，就要把这些岗位空缺出来，比如拿出 20% 的股份激励，这 20% 是基于 5 年以后的组织架构的；根据现在的组织架构，实际上是拿出 10% 的股份来激励，把 10% 留给未来新设定的新岗位。

相对来说，中小民营企业在确定预留权益的时候更加灵活，在考虑推行股权激励计划时可以考虑到更长久的人员需求，也能更方便的追加激励对象以及激励股份。上市公司在推行股权激励计划时有更加特殊的要求，例如："上市公司在推出股权激励计划时，可以设置预留权益，预留权益不得超过本次股权激励计划拟授予权益数量的 20%"；"上市公司应当在股权激励计划经股东大会审议通过后 12 个月内明确预留权益的受益对象；超过 12 个月未明确激励对象的，预留权益失效"。

（三）岗位价值原则

股权激励的本质是对人力资本的额外补偿。那么在制定股权激励计划时就需要充分考虑到激励对象对本公司岗位价值的贡献，员工在自己的岗位上取得了优秀的工作成果，获得除了基本薪金以外更多的激励补偿。不仅仅是"钱袋子"鼓了，公允的认同员工岗位贡献更加是心理上的满足。

（四）公司发展战略原则

确定激励的人员，还要基于企业的发展战略来考虑。将依存度高的"上下游"企业用股权紧密绑在一起，能够迅速增强公司在整个产业链上的竞争力。

二、激励对象范围及评估

股权激励的对象应是在公司具有战略价值的核心人才，核心人才是指拥有关键技术或控制关键资源或支撑企业核心能力或掌握核心业务的人员。公司在激励对象选择层面需要把握宁缺毋滥的原则，对少数重点关键人才进行激励。

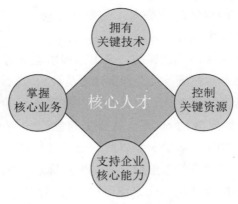

图4-3　股权激励对象

公司核心人才一般包括高管层核心人才、技术类核心人才、营销类核心人才等，如图4-4所示，应根据公司行业属性和公司具体岗位重要性做具体化区分。

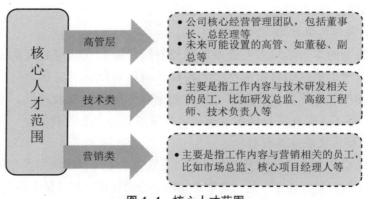

图4-4　核心人才范围

核心人才评估：利用企业人才模型，从人员的岗位价值、人员的素质能力水平和人员对公司的历史贡献三个角度进行评价。其中岗位价值是评估最重要的因素，建议占比50%，素质能力水平代表未来给公司做贡献的可能性，建议占比30%，历史贡献也需要考虑不要让老员工心寒且给新员工做出榜样，注重历史的贡献，建议占比20%。

具体到评估工具可用打分制进行数量化衡量，如表4-1所示。

表 4-1　核心人才评估

维　度	序　号	因素名称	因素权重/%	因素含义
岗位价值 40	1	战略影响	10	岗位所能影响到的战略层面和程度
	2	管理责任	10	岗位在管理和监督方面承担的责任大小
	3	工作复杂性	10	岗位工作中所面临问题的复杂性
	4	工作创造性	10	岗位在解决问题时所需要的创造能力
素质能力 30	5	专业知识能力	15	员工所具有的专业知识能力的广度和深度
	6	领导管理能力	10	员工所具有的领导管理能力水平
	7	沟通影响能力	5	员工所具有的沟通及影响他人能力水平
历史贡献 20	8	销售业绩贡献	8	员工以往对销售业绩的贡献大小
	9	技术进步贡献	8	员工以往对技术进步的贡献大小
	10	管理改进贡献	4	员工以往对管理改进的贡献大小
忠诚度 10	11	勤勉忠诚	10	是否勤勉、是否维护公司利益

拟定分数标准，人才价值分数得分高于该分数标准的人员可以进入股权激励计划，成为激励对象。

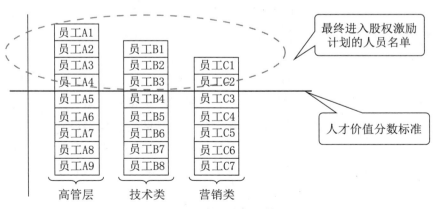

图 4-5　核心人才评估

除此之外企业还可以对"上下游"进行股权激励。对企业的上下游也要进行股权激励。如果可以将这些人紧密捆绑在一起,就能形成一条产业链。你的同行只是这个产业链上的一个点,而你在经营整条产业链,掌握话语权。

此外,不仅要激励上下游,还要激励行政部门的相关人员,激励圈子以外的所有利益相关者。通过企业的努力,形成一个点、线、面的结合体,增强本企业的核心竞争力。

三、法律对激励对象的规定

根据《管理办法》的规定:独立董事和监事不应当属于股权激励对象。这里需要强调监事不能成为激励对象,因为按照公司法规定,监事是与董事会平行的机构,主要职能就是检查公司财务、监督董事及管理团队执行公司职务行为。如果对公司监事授予股权,监事的利益就会和股东利益绑定、弱化监视职能,不利于其公正性和独立性。

那么股东是否能成为激励对象?《管理办法》第 8 条第 2 款中明确规定"单独或合计持有上市公司 5% 以上股份的股东或其实际控制人及其配偶、父母、子女,不得成为激励对象",但是这只是针对上市公司。有一点需要注意,有限公司的股东是否可以参与股权激励方案?这需要细化分析,有一些股东只是财务投资人,不在公司岗位,这一部分股东显然不需要;但创始股东有一部分不仅有股份,而且担任公司关键核心岗位,是否需要对之进行股权激励,这个没有统一标准,结合每个公司实际情况来定。

对于非上市公司而言,无论国家法律法规还是企业管理制度都很难明确激励对象的资格,中小民营企业在制定股权激励计划时可以参考《管理办法》第 8 条规定:激励对象可以包括上市公司的董事、高级管理人员、核心技术人员或者核心业务人员,以及公司认为应当激励的对公司经营业绩和未来发展有直接影响的其他员工,但不应当包括独立董事和监事。外籍员工任职上市公司董事、高级管理人员、核心技术人员或者核心业务人员的,可以成为激励对象。

单独或合计持有上市公司 5% 以上股份的股东或实际控制人及其配偶、父母、子女,不得成为激励对象。下列人员也不得成为激励对象:①最近 12 个月内被证券交易所认定为不适当人选；②最近 12 个月内被中国证监会及其派出机构认定为不适当人选；③最近 12 个月内因重大违法违规行为被中国证监会及其派出机构行政处罚或者采取市场禁入措施；④具有《公司法》规定的不得担任公司董事、高级管理人员情形的；⑤法律法规规定不得参与上市公司股权激励的；⑥中国证监会认定的其他情形。

另外，根据《公司法》第 146 条，有下列情形之一的，不得担任公司的董事、监事、高级管理人员：①无民事行为能力或者限制民事行为能力；②因贪污、贿赂、侵占财产、挪用财产或者破坏社会主义市场经济秩序，被判处刑罚，执行期满未逾 5 年，或者因犯罪被剥夺政治权利，执行期满未逾 5 年；③担任破产清算的公司、企业的董事或者厂长、经理，对该公司、企业的破产负有个人责任的，自该公司、企业破产清算完结之日起未逾 3 年；④担任因违法被吊销营业执照、责令关闭的公司、企业的法定代表人，并负有个人责任的，自该公司、企业被吊销营业执照之日起未逾 3 年；⑤个人所负数额较大的债务到期未清偿。

特别注意：公司违反以上规定选举、委派董事、监事或者聘任高级管理人员的，该选举、委派或者聘任无效。董事、监事、高级管理人员在任职期间出现上述所列情形的，公司应当解除其职务。

中兴通讯股份有限公司 2017 年股票
期权激励计划（草案）节选[1]

特别提示

1. 中兴通讯股份有限公司 2017 年股票期权激励计划（草案）系依据《中华人民共和国公司法》《中华人民共和国证券法》《上市公司股权激励管

---

〔1〕 参见《中兴通讯：2017 年股票期权激励计划（草案）》，载东方财富网 http://data.eastmoney.com/notices/detail/000063/AN201704240527956794, JUU0JUI4JUFEJUU1JTg1JUI0JUU5JTgwJTlBJUU4JUFFFJUFG.html，最后访问日期：2019 年 10 月 23 日。

理办法》《香港联合交易所有限公司证券上市规则》及其他有关法律、法规以及《中兴通讯股份有限公司章程》，并参照《国有控股上市公司（境内）实施股权激励试行办法》《关于规范国有控股上市公司实施股权激励制度有关问题的通知》制定。

2. 本计划采用股票期权作为长期激励工具。本计划下授予的每份股票期权拥有在行权有效期内，在满足行权条件情况下，以行权价格购买一股中兴通讯A股股票的权利。本计划的股票来源为公司向激励对象定向发行的股票。

3. 公司拟向激励对象授予总量不超过15 000万份的股票期权，对应的股票预计约占股东大会批准本计划时公司已发行股本总额的3.6%。

公司2013年10月31日授予的股票期权全部予以行使时发行的股票数量占《中兴通讯股份有限公司股票期权激励计划（草案修订稿）》公告日公司股本总额的3%。目前公司所有在有效期内的股权激励计划所涉及的标的股票总数累计不超过公司已发行股本总额的10%。

公司将在股东大会审议通过本次股票期权激励计划之日起60日内，按相关规定召开董事会对激励对象授予股票期权并完成公告、登记。

股票期权有效期内若发生资本公积金转增股本、派发股票红利、股份拆细、缩股、配股等事宜，股票期权数量及所涉及的标的股票数量将根据本计划相关规定进行调整。

4. 本计划的激励对象为公司董事、高级管理人员、业务骨干，不包括独立非执行董事、监事，也不包括单独或合计持股5%以上的主要股东或实际控制人及其配偶、父母、子女。本计划的激励对象总人数为2013人，约占公司目前在册员工总数的3.5%。

非经股东大会特别决议批准，任何一名激励对象通过本计划及公司其他有效的股权激励计划（如有）累计获得的股份总量，不得超过公司A股股本总额的1%。

5. 授予的股票期权的有效期为5年。授予的股票期权于授权日开始，经过2年的等待期，在之后的三个行权期，第一、第二和第三个行权期分别有1/3的期权在满足业绩条件前提下获得可行权的权利。未满足业绩条件而未能获得行权权利的期权或者行权期结束后当期未行权的股票期权将立刻作废，由公司无偿收回并统一注销。

表 4-2 各行权期的时间安排和比例

阶段名称	时间安排	行权比例
授权日	本计划获得股东大会通过之后的 60 日内。	—
等待期	自授权日起至授权日起 24 个月内的最后一个交易日止。	—
第一个行权期	自授权日起 24 个月后的首个交易日起至授权日起 36 个月的最后一个交易日止。	1/3
第二个行权期	自授权日起 36 个月后的首个交易日起至授权日起 48 个月的最后一个交易日止。	1/3
第三个行权期	自授权日起 48 个月后的首个交易日起至授权日起 60 个月的最后一个交易日止。	1/3

6. 本计划授予的股票期权的行权价格为下列价格之较高者：

（1）本激励计划草案及摘要公布前 1 个交易日的公司 A 股股票交易均价。

（2）本激励计划草案及摘要公布前 120 个交易日的公司 A 股股票交易均价。根据上述原则，本计划授予的股票期权行权价格为每股人民币 17.06 元。

在股票期权有效期内发生派息、资本公积金转增股本、派发股票红利、股份拆细或缩股、配股等事宜时，行权价格将根据本计划相关规定进行调整。

7. 股票期权行权的业绩指标包括：

（1）加权平均净资产收益率（ROE）。

（2）归属于上市公司普通股股东的净利润增长率（净利润增长率）。

本计划在计算上述指标时所用的净利润以归属于上市公司普通股股东的净利润为计算依据，净资产为归属于上市公司普通股股东的净资产。

8. 股票期权各行权期可行权的具体条件（如表 4-3 所示）：

表 4-3 各行权期的行权条件

行权期	行权比例	行权条件
第一个行权期	1/3	2017 年 ROE 不低于 10%，以 38.25 亿元为基数，2017 年净利润增长率不低于 10%。
第二个行权期	1/3	2018 年 ROE 不低于 10%，以 38.25 亿元为基数，2018 年净利润增长率不低于 20%。

续表

行权期	行权比例	行权条件
第三个行权期	1/3	2019 年 ROE 不低于 10%，以 38.25 亿元为基数，2019 年净利润增长率不低于 30%。

9. 当发生股权融资时行权条件的调整

（1）如果在期权有效期内公司进行了股权融资，融资目的为通过发行股票作为支付手段购买资产或者使用募集资金用于购买资产，则计算行权条件时应剔除融资产生的影响。具体方法如下：在股权融资完成年之后年度开始的行权期，计算行权条件时，用于计算净利润增长率和 ROE 的"净利润"，应为扣除此部分新增资产所对应的净利润数额；计算 ROE 的"净资产"，应为扣除此部分新增资产所对应的净资产。

（2）如果在期权有效期内公司进行了股权融资，融资目的不是作为支付手段购买资产且不使用募集资金用于购买资产，则在股权融资完成年之后年度开始的行权期，相关业绩指标不做调整。

（3）如果在期权有效期内公司进行了股权融资，发行的部分股票作为支付手段购买资产，或者使用部分募集资金用于购买资产，则发行股票作为支付手段购买资产或者使用募集资金用于购买资产的部分，按照上述第 1 款的规定剔除该部分产生的影响；剩余部分按照上述第 2 款的规定不做调整。

10. 中兴通讯承诺不为激励对象依本计划行使股票期权提供贷款以及其他任何形式的财务资助，包括为其贷款提供担保。

11. 本计划由董事会薪酬与考核委员会拟定草案并提交董事会批准后，须满足如下条件方可实施：本公司股东大会批准。公司在股东大会审议通过本计划之日起 60 日内，按照相关规定召开董事会对激励对象进行授权，并完成登记、公告等相关程序。

12. 由股东大会授权董事会负责本计划的后续管理，董事会对本计划有最终的解释权。

13. 本计划的实施不会导致公司股权分布不具备上市条件。

……

第三章　股票期权激励对象的确定依据和范围

第五条：激励对象的确定依据

1. 激励对象确定的法律依据

本计划的激励对象根据《公司法》《证券法》《管理办法》《香港上市规则》及其他有关法律、行政法规和《公司章程》的相关规定，结合公司实际情况而确定。

2. 激励对象确定的职务依据

本计划的激励对象为目前公司董事、高级管理人员以及对公司整体业绩和持续发展有直接影响或者做出突出贡献的业务骨干。

第六条：本次股票期权激励计划的激励对象为：

1. 董事及高级管理人员。

2. 在核心岗位就职的业务骨干。

上述激励对象不包括独立非执行董事，也不包括单独或合计持股 5% 以上的主要股东或实际控制人及其配偶、父母、子女。本激励计划的激励对象人数共计 2013 人，约占公司目前在册员工总数的 3.5%。非经股东大会特别决议批准，任何一名激励对象通过本计划及本公司其他有效的股权激励计划（如有）累计获得的股份总量，不得超过公司 A 股股本总额的 1%，且在任何 12 个月期间内授予个人的上限（包括已行使、已注销及尚未行使的期权）不得超过公司 A 股股本总额的 1%。

第七条：第六条所列人员有下列情形之一的，不能成为本计划的激励对象：

1. 最近 12 个月内被深圳证券交易所认定为不适当人选的。

2. 最近 12 个月内被中国证监会及其派出机构认定为不适当人选的。

3. 最近 12 个月内因重大违法违规行为被中国证监会及其派出机构行政处罚或者采取市场禁入措施。

4. 具有《公司法》规定的不得担任董事、高级管理人员情形的。

5. 法律法规规定不得参与上市公司股权激励的。

6. 中国证监会认定的其他情形。

7. 公司董事会认定其他严重违反公司有关规定的。

激励对象承诺：如在激励计划实施过程中，激励对象出现以上规定不能成为激励对象的情形，其将放弃参与本计划的权利，并不获得任何补偿。

第八条：激励对象的公示及核实

公司在召开股东大会前，通过公司网站或者其他途径，在公司内部公示激励对象的姓名和职务，公示期不少于 10 天。

公司监事会将对股权激励名单进行审核，充分听取公示意见。公司将在股东大会审议股权激励计划前 5 日披露公司监事会对激励名单审核及公示情况的说明。

■ 律师精彩解读

成熟期的企业进入了规模化的生产和销售阶段。此时，企业管理人员的工作重心转为寻找新的发展方向。技术人员的主要工作重心转为研究开发新的技术和产品。高管层的决策决定着公司未来的走向，核心技术人员的创新能力决定着公司新的利润增长点。两者对公司未来的发展都有着重大的意义。企业在这一阶段实施股权激励，应当重点关注高级管理人员和核心研发人员的利益诉求。

第二节　定模式

世界上没有完全相同的两片树叶，同时也没有完全相同的两个企业，企业在发展过程中带着自身的 DNA，故而在确定企业的股权激励模式时也切忌生搬硬套。同样的一种模式有可能出现甲之砒霜乙之蜜糖的状况，企业要根据自身成长阶段、激励对象以及外部环境等选择适合本企业的激励方式。前面的章节已经介绍过 6 种不同的股权激励模式，不同的模式各自有不同的特点，如表 4-4 所示：

表 4-4　股权激励模式的比较

模　式	优　势	劣　势	适用范围
虚拟股票	不影响公司的总资本和股权架构；避免因变数导致对公司股价的非正常波动；操作简单，股东会通过即可。	兑现激励时现金支出较大；行权和抛售时价格难以确定。	现金流较为充裕的上市公司、新三板公司或非上市公司。
股票增值权	激励对象没有股票的所有权，也不拥有表决权、配股权；行权期一般超过任期，这样可约束激励对象的短期行为；激励对象无须现金支出；操作简单，股东会批准即可。	资本市场的弱有效性使股价与激励对象业绩关联不大，对绩效对象无太大激励性；公司的现金压力较大。	业绩稳定且资金流充沛的上市公司。
分红权激励	分红权激励来源于股东让渡的部分分红权，往往与公司业绩、个人业绩挂钩，易于操作，无须工商登记和修改公司章程，激励对象无须支付大量现金购买股权，故公司无须付出过多激励成本。	分红激励内容单一，起到激励的效果有限。	国有科技型企业。
股票期权	期权是一种权利而非义务，激励对象在股票价格低于行权价的时候可以放弃权利，因此对激励对象没有风险；有长期激励效果。	行权有时间数量限制；激励对象行权需支出现金；存在激励对象为自身利益而采用不法手段抬高股价的风险。	创业初期的非上市公司；市场有效性比较好的上市公司。
员工持股计划	员工利益与企业前途紧密相连；扩大公司资金来源。	高层管理者的决策权威受到影响。	创业板上市公司及其子公司。
限制性股票	激励对象无须现金支出；有长期激励效果。	公司现金流压力较大；激励对象实际拥有股票，享有所有权，公司对激励对象的约束困难。	业绩爆发性不强的上市公司；产业调整过程中的上市公司；初创期的企业。

对于企业来说，没有最好的股权激励模式，只有最适合的股权激励模式。企业发展过程中每个阶段的激励目的、发展状况、战略规划、经营模式等都不一样，不同发展阶段也需要选择不同的适合自己企业的激励模式。

一、企业初创阶段

初创阶段企业资金紧，对核心技术人员、业务人员依赖性严重，没有充足现金流。这阶段企业可考虑采取股票期权、限制性股票等不会造成较大现金压力的股权激励模式。

二、企业成长阶段

成长阶段企业通常销售增长迅速，公司营收迅速增加，企业需要保持长期的持续的发展。这阶段企业可考虑力度较大的股权激励模式，例如：期权计划、限制性股票、业绩股票、账面增值权、员工持股计划等。

三、企业成熟阶段

企业进入成熟期后，市场趋于稳定，竞争日益激烈，此阶段的企业实施股权激励的目的首先是留住稳定现有企业管理层人员和骨干员工。由于成熟阶段的企业有较强的现金支付能力，在股权激励工具上可以更多地选择现金类，例如股票增值权、分红权激励，同时再配合股票期权、限制性股票、延期支付等权益类股权激励模式。

另外，针对中小民营企业来说，其自身特性决定了其激励方式需要是低成本、高风险、高回报的。低成本激励的意思是企业员工只需要出资很少就能购买公司的股权；高风险、高回报指的是将企业激励与企业的快速成长绑定在一起，企业发展好了激励对象就能获得丰厚回报；如若企业发展遇到困难，就无法兑现激励对象的股权溢价。这种激励与约束相结合的模式往往效果十分明显。总的来说，中小民营企业适合出资少、激励力度大的模式。

360 奇酷手机员工股权激励计划[1]

360 奇酷手机成立于 2015 年 5 月 6 日，由 360 集团和酷派集团共同投资，出于对手机行业竞争态势和公司现状的考虑，360 奇酷手机也在 2015 年 12 月宣布启动员工股权激励计划。

360 集团董事长周鸿祎通过内部邮件启动奇酷员工股权激励计划。首次授予股权占授予员工总股权 60%，员工不需要出资购买。其余 40% 为业绩优秀员工再次授予预留。

以下为周鸿祎内部邮件全文：

各位奇酷的同事们，2015 年是手机行业竞争愈加激烈的一年，也是我们创业途中最为艰辛的第一个年头。

公司在成立之初，我就已经确定了员工股权激励计划，要邀请员工成为智能手机的新兴创业者，成为 360 奇酷的合伙人，与 360 奇酷共同成长、共赴未来、共享收益。今天，我们正式启动员工股权激励计划。

本次首次授予力度较大，为授予员工总股权的 60%。我们也预留了 40% 作为后续员工授予和人才引进的股权资源池。

360 奇酷从第一代系列产品开始就秉持产品至上的理念，无论是为客户带来全面的安全体验，还是采用彩色+黑白双摄的创新，或是"太空水冷"的黑科技，我们始终在为智能手机用户体验更上层楼而努力。

对于 360 奇酷来说，虽然进入市场比较晚，经过了一年的拼搏，在大家共同努力下，360 奇酷成为今年双十一新晋手机领先品牌，这是用户和市场对我们的认可。另外，我们也于 11 月 18 日正式乔迁深圳南山智园，开启了奇酷快速发展的新篇章。

对于每一位员工来说，在身临竞争激烈的血海中拼杀，大家的创新力、

---

〔1〕 参见《360 奇酷出炉员工股权激励计划：分五年兑现》，载搜狐网 https://www.sohu.com/a/47867256_115186，最后访问日期：2019 年 11 月 15 日。

执行力与主动性将是我们取得成功的关键因素。如果以打工者的心态应战，我们根本不可能绝处逢生。只有首先成为真正的创业者，才有可能成为行业的创造者。

当我们艳羡硅谷的繁荣时，不要忘记硅谷不眠的灯火和车库里的艰辛创业历程。

创业是一个艰苦卓绝的过程，360奇酷才刚刚迈出第一步，未来还有漫长的艰辛坎坷，唯有不忘初心、无畏艰难，为用户创造价值，才不会辜负市场的认可。

接下来，奇酷人力资源部又对首批股权激励授予的实施细则做了如下规定：

1. 首次授予比例：授予员工总股权的60%作为本次首次授予的比例。预留40%作为对业绩优秀员工再次授予的资源池。

2. 首次授予范围：首次授予股权的人员范围包括，专业经理级或高级工程师级（含）以上的员工。未获得首次授予的员工，有机会在后续授予中获得股权激励。

3. 授予形式：公司授予员工（非高管）的股权形式是限制性股票，员工不需要出资购买。

4. 授予后归属进程：授予后，分5年归属，每年归属20%。员工每年实际归属的比例，与个人绩效等方面挂钩，具体细则以董事会批准通过的《员工股权激励计划》为准。

5. 保密要求：授予数量遵守保密原则，员工间不得相互打听、交流，也不得对外部透露。

■ 律师精彩解读

360奇酷手机采用限制性股票模式，将实际归属比例和员工绩效挂钩，体现了对公司业绩的重视。

首次授予股权占授予员工总股权的60%，无须个人购买，预留40%作为优秀员工再次授予的资源池。对激励对象来说，无须个人出资就能获授本次激励标的，而且还有机会获得剩余40%的激励标的，激励效应更加明显；对未获得首次授予的员工来说，能激发他们更加努力，以待下次成为获授对象。

　　本次授予股权的人员范围为专业经理级或高级工程师级（含）以上的员工。对于处于初创期、以网络信息技术为主的 360 奇酷手机来说，这种激励方式是比较合适的，有利于稳住核心创业团队，为打开市场做好准备。

第三节　定数量

　　确定了股权激励的人员和模式后，就需要考虑需要多少激励数量才能达到公司股权激励的目标，每个人需要激励多少数量才能起到对个人激励效果的同时还不至于给企业或者原股东造成负担，所以要科学地设计股权激励的整体股权比例或者股票数额以及个人的激励数额和标准。

　　《国有控股上市公司（境内）实施股权激励试行办法》第 14 条规定了，用于全部有效股权激励计划所涉及的激励股票总数不能超过公司股本总额的10%。第 15 条规定，上市公司任何一名激励对象通过全部有效的股权激励计划获授的本公司股权，累计不得超过公司股本总额的 1%，经股东大会特别决议批准的除外。第 16 条规定，在股权激励计划有效期内，高级管理人员个人股权激励预期收益水平，应控制在其薪酬总水平（含预期的期权或股权收益）的 30%以内。高级管理人员薪酬总水平应参照国有资产监督管理机构或部门的原则规定，依据上市公司绩效考核与薪酬管理办法确定。对于非上市公司，没有明确的规定，可以参照上市公司标准执行。

　　确定股权激励计划的数量包含两部分内容，其一，确定股权激励计划的股权总量；其二，确定单个激励对象所获得的股权个量。总量是指激励对象团队总体分配股份的多少，个量是指每个激励个体获得的激励股份的多少，股权激励数量是激励方案的关键环节和首要因素。给的数量过少，达不到股权激励的效果；给的数量过多，将会影响后续融资安排，对公司控制权也会造成严重影响。如何合理合规的安排股权激励数量，关系到股权激励方案的成败。

一、确定股权激励计划的股权总量

　　关于中小民营企业股权激励的总数额，法律法规没有强制性的规定，公司可以根据需要量体裁衣，只需要股东（大）会作出决议即可，但可以以现有的上市公司及国有企业的法律标准作为参考依据，如表 4-5 所示：

表 4-5　不同企业类型股权激励总量对比

企业类型	股权激励总量限制	法律依据
国有科技型企业（大型企业）	不超过企业总股本的 5%	《国有科技型企业股权和分红激励暂行办法》（2016年 3 月 1 日起施行）
国有科技型企业（中型企业）	不超过企业总股本的 10%	
国有科技型企业（小微企业）	不超过企业总股本的 30%	
国有控股混合所有制企业	不高于公司总股本的 30%	《关于国有控股混合所有制企业开展员工持股试点的意见》（2016 年 8 月 2 日起施行）
上市公司	不得超过公司总股本的 10%	《上市公司股权激励管理办法》（2016 年 8 月 13 日起施行）
民营非上市公司	无限制	无规定

影响股权激励总量的 7 大因素如图 4-6 所示：

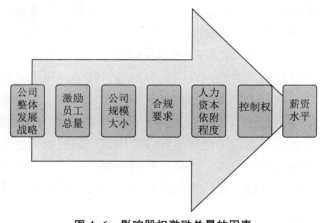

图 4-6　影响股权激励总量的因素

（一）公司整体发展战略

公司在设立后，创始团队一定要考虑公司发展战略。因为公司后续发展会面临融资、引进战略投资人、并购重组、组建集团化公司等，这些问题无一不牵扯到股权问题，关系到公司控制权和股权布局问题。需要事先考虑到股权激励总量和引进风险投资后可能要稀释的股权份额，在确定创始人股东持股警戒线后再平衡股权激励和风险投资持有的份额。

（二）激励员工总量

公司拟激励的人数比较多的情况下，股权激励的总量也应该增加。反之，如果拟激励人数较少，总量也可以更小。分股权类似于分蛋糕，每个人有不同的心理预期，如果蛋糕太小提不起激励对象的兴趣，蛋糕过大成本就会提高，所以选择适当的激励总量很重要。

（三）公司规模大小

公司规模较大，那么每一轮股权激励的总量就会较小，因为体量大，虽然比例小但是金额不见得少。相反，公司规模较小，则需要更大的股权激励总量才能引起激励对象的兴趣，到达预期效果。

（四）合规要求

根据《管理办法》第 14 条规定，上市公司股权激励总量不得超过上市公司股本总额的 10%，这一点在全国股转公司、新三板企业要求是一致的。但是考虑到大多数企业都还没有对接资本市场，所以天渡法商团队建议股权激励总量最好在 10%~15% 之间比较合适。但这个只是总量，股权激励是一个动态的过程，不可能一轮就全部占用到位，因为随着企业的发展，会有员工不停地加入，逐步转变为骨干引入核心团队，所以需要每一轮都保留一部分份额。

（五）人力资本依附程度

对于人力资本依附性较强、资金门槛较低的企业来说，股权激励的总量应该要大一些。针对人力资本依附性较弱，资金门槛较高的企业来说，股权激励的总量可以偏少。

（六）控制权

如果公司的股权比较分散，而公司未来又有这个资本的规划，那么在确定激励数量的时候就一定要小心了，因为激励额度如果太大，你的股份就会被过度地稀释，当风投进入或者说上市之后，公司可能面临着一票否决权的丧失，这对企业的发展是很极为不利的。公司股份的几条生死线是每个企业家要时刻牢记的：67%，51%，34%，10%。参照《公司法》如下规定，大家就会明白为何将51%和67%作为定量的两条红线：

第43条　股东会的议事方式和表决程序

股东会的议事方式和表决程序，除本法有规定的外，由公司章程规定。

股东会会议作出修改公司章程、增加或者减少注册资本的决议，以及公司合并、分立、解散或者变更公司形式的决议，必须经代表2/3以上表决权的股东通过。

第103条　股东表决权

股东出席股东大会会议，所持每一股份有一表决权。但是，公司持有的本公司股份没有表决权。

股东大会做出决议，必须经出席会议的股东所持表决权过半数通过。但是，股东大会做出修改公司章程、增加或者减少注册资本的决议，以及公司合并、分立、解散或者变更公司形式的决议，必须经出席会议的股东所持表决权的2/3以上通过。

第121条　特别事项的通过

上市公司在1年内购买、出售重大资产或者担保金额超过公司资产总额30%的，应当由股东大会作出决议，并经出席会议的股东所持表决权的2/3以上通过。

第181条　修改公司章程

公司有本法第180条第1项情形的，可以通过修改公司章程而存续。

依照前款规定修改公司章程，有限责任公司须经持有2/3以上表决权的股东通过，股份有限公司须经出席股东大会会议的股东所持表决权的2/3以上通过。

第182条　请求法院解散公司

公司经营管理发生严重困难，继续存续会使股东利益受到重大损失，通过其他途径不能解决的，持有公司全部股东表决权10%以上的股东，可以请求人民法院解散公司。

前面的章节讲到过公司股权控制线问题，67%是绝对控制权，51%是相对控制权，还有一点是10%，这个线意味着什么？根据《公司法》第182条规定，10%的股权意味着临时股东会的提议权，就是达到10%表决权的股东

（合计），有权提议召开临时股东会，这个提议权在公司僵局或者股东纠纷过程中将会有很大影响；第二个是公司解算请求权，一旦遇到公司僵局或者股东纠纷，持有 10% 表决权的股东有权向法院提起解散公司的诉讼。这两个问题对公司实际控制人都是不利的，所以，从公司实际控制人角度，股权激励总量以 10% 为界较为合适。

表 4-6　股权 8 条生命线

股权 8 条 生命线	第一条线 67%	做出重大决策
	第二条线 51%	实际控制人
	第三条线 34%	一票否决权
	第四条线 30%	邀约收购权
	第五条线 10%	临时会议权
	第六条线 5%	重大股权变动
	第七条线 3%	临时提案权
	第八条线 1%	代表诉讼权

（七）薪资水平

在确定股权激励总量时，需要考虑到本公司薪酬标准在行业内的水平，如果公司薪酬较高福利待遇较好，那么激励总量可以偏低。如若公司的薪酬低于行业平均水平，那么在确定总量时就要考虑到数额增大。总的来说，要让激励对象感受到自己的综合收入呈现上涨趋势。

案　例

雷士照明控制权之争[1]

雷士照明（以下简称"雷士"）股权纷争的背景历程：雷士在创始人吴

---

〔1〕　根据多篇互联网媒体报道整理而成

长江和第一大股东王冬雷进行股权之争前，公司的股权不断发生变化，曾经先后进行 6 次融资。并且在融资的过程中，吴长江的股权不断被稀释，引入的投资者也不断增加，也就导致了后来控制权的争夺。

首先事件的起源于 1998 年，吴长江和他的两位同学杜刚、胡永宏一起出资创办了雷士。其中吴长江出资 45 万元，其他两人分别出资 27.5 万，共 100 万元注册资金。在这一阶段，吴长江属于大股东，占股 45%，但是对于其他两个创始人股权合计来说，他又是小股东。2002 年，由于某些原因雷士进行了股权调整（一种说法是因为吴长江好赌，从公司拿了许多钱而不得不转让股份，另一种说法是雷士其他两个股东认为利益分配不均，而吴长江为保全大局为无偿相赠），三个股东分别占股 33.3%。但是到了 2005 年，又因为吴长江想要进行渠道变革而引发了股权纷争。在这场纷争中，吴长江取得胜利，其他两位股东退出，但最终也付出了 1.6 亿现金流的代价，让雷士不堪重负。因此吴长江开始寻找资金。

第一次融资，亚盛投资总裁毛区健丽出资 594 万美元，取得雷士 30% 的股份。随后，又因为还债将 10% 股份转给陈金霞、吴克忠、姜丽萍三人，这时吴长江股份已经稀释成 70%。

后来因为资金还是不够雷士的发展所需，吴长江又进行了第二次融资，找到了软银赛富。软银赛富出资 2200 万美元取得雷士 35.71% 的股份。同时经过一些其他的股权调整，吴长江股权最终占比 41.79%。

2008 年 8 月，雷士为了增强其节能灯的制造能力，用现金加股票的方式收购了世通投资有限公司。但由于收购现金巨大，雷士不得不进行了第三次融资。这一次，雷士引入了高盛，让其占股 11.2%，同时软银赛富进行跟股，出资 1000 万，最终取得了 36.5% 的股权，成为雷士第一大股东。而此时吴长江仅剩 34.4% 股权。随后雷士又进行了第四次定向增发融资，以及 2010 年 5 月 30 日上市后的第五次融资（IPO），吴长江股份已经跌至 22.33%，早已失去了雷士的控制权。

2011 年 7 月 21 日，雷士又引入施耐德作为策略性股东，并且软银赛富、高盛以及吴长江均向施耐德进行股权转让，让其占股 9.13%，成为第三大股东。此时吴长江仅剩下 19.32% 的股份，董事会席位也只剩下两席，明显处于劣势。

2012 年 5 月 25 日，雷士发布公告，吴长江先生因 "个人原因" 辞任董事长、执行董事兼首席执行官、董事会所有委员会职务，并辞任公司全部附属公司的一切职务。非执行董事、赛富亚洲基金创始合伙人阎焱被选为董事长，来自施耐德的张开鹏任首席执行官。大部分媒体和相关人士认为，这次驱逐应是来自公司资本方——软银赛富，吴长江被资本方"逼宫"让位，是资本方通过驱逐创始人来控制企业。

2012 年 12 月，吴长江引入德豪润达，德豪润达斥资 16.5 亿港元收购吴长江手中雷士的股权，吴长江将自己手中 11.81% 的雷士股份出售给德豪润达，此时德豪润达持股已达到 20%，成为雷士的第一大股东。2013 年 6 月，吴长江被任命为执行董事，时隔两年重返董事会，吴长江虽然再次被任命为首席执行官，重新执掌雷士，但已今非昔比，其拥有雷士的股权已被稀释到 2.54%，事实上，吴长江已经从一个创始人逐渐变成了雷士的"打工者"，两者的矛盾也由此引发。

2014 年 8 月 8 日，雷士发布公告称，因吴长江的不当行为影响公司经营，已通过决议罢免吴长江先生的首席执行官职务，不当原因主要指出吴长江利用公司内控漏洞，故意绕开董事会，精心策划损害公司及股东利益的行为。至此，经过了数次股权变动，吴长江终究还是遗憾收场。

2014 年 10 月 4 日，吴长江被刑拘；次年 1 月 5 日，吴长江被广东省惠州市公安局移送至惠州市人民检察院提请批准逮捕。

2016 年 12 月 21 日，雷士创始人吴长江因挪用资金罪、职务侵占罪一审被判处有期徒刑 14 年。

■ 律师精彩解读

如何保障"老大"的控制权？

1. 表决权代理协议

表决权代理是股东不亲自行使表决权，而委托其代理人代为行使的行为。股东委托代理人代行表决权时，必须在公司印制的委托书中载明其授权范围，代理人应根据授权范围进行表决。一般的操作方法是：部分股东尤其是小股东将自己所持股票的表决权委托给创始人股东行使，增加创始人股东所持表决权的股份，其目的是加大"老大"的控制权。例如，京东商城虽然经历多轮融资，其创始人刘强东股份不断被摊薄，但其仍然控制公司 50% 以上的投票权。投资人 DST 与老虎基金均将其表决权委托刘强东行使。

2. 一致行动人协议

在股份被摊薄的前提下，通过签署一致行动人协议，通过这些制度安排将其他股东的投票权转移集中到创始人手中，扩大股份表决权。

3. 董事会控制

企业在引入外部资本投资时，创始人应该有意识地设置退出障碍，保障自己对企业的控制权，避免对公司股权的过度稀释，通过制度安排委派董事会大部分成员来实现对公司的有效控制，这对股权分散的上市公司尤其适用，保证了创始人对董事会的控制力。

例如，百度创始人李彦宏通过公司章程规定首席执行官持有的股票投票权为 1 股 10 票。搜狐创始人张朝阳在公司章程中设置创始人条款——无论创始人股份如何稀释，保证其拥有董事会控制席位。这种制度性保障比情感纽带这类退出壁垒要更为理性，也更为稳定。

4. 投资协议里约定的投票权和投资人委派董事参与管理的有关约定

关于董事会成员的构成、议事规则，尤其是董事会如何免职董事这方面的规定，以及优先股股东委派的董事投票权等，这些条款在合同里非常重要，创业者应当给予特别关注。在每一轮投资进入时，创业者应当与投资人约定好董事会席位的分配，比如大的投资方派几个董事会成员，小的投资方只能派观察员，没有投票权等。

二、确定股权激励计划的股权个量

（一）确定个量的 5 大标准

1. 企业对激励对象的依赖程度

那些拥有企业核心技术、核心资源的人，也就决定了企业的核心竞争力，其未来可能创造的价值也就更大，所以在进行股权激励的时候当然需要特殊考虑，从激励数额上要有所侧重。

2. 激励对象的岗位的重要性

有些人员在企业的某一具体岗位上具有难以替代的作用或者具有很强的

影响力，重要的岗位发挥的作用就会越大，对创造未来价值发挥的作用也就越大，需要给予其较有竞争力的股权激励数量。

3. 激励对象在本企业的工作年限

一个员工在企业的工作年限越久，说明对企业的忠诚度越高，虽然在未来企业的发展中起到的作用未必最大，但是其忠诚度会影响其他人。这不仅是回报忠诚的老员工，也体现了企业的价值观，对其他员工具有很强的示范效应，会给企业带来稳定及其他额外收益，针对忠诚度较高的员工企业在股权激励数量分配中就应该给予更多的股票数量。

4. 激励对象历史贡献

做股权激励也要看他的历史贡献如何，很多时候一个人的过去决定了他的未来，并且未来价值是不可预知的，是不确定的，但是历史贡献是既定的，所以在针对激励对象确定具体的数量的时候也要参考其历史贡献。

5. 合规要求

根据《管理办法》第 14 条第 2 款规定，非经股东大会特别批准，任何一名激励对象通过全部有效的股权激励方案获授的本公司股票，累计不得超过公司股本总额的 1%。非上市公司没有这样的要求，但是一般情况下，单个员工的股权不能超过 5%，否则后续就没有股权激励的空间了。

（二）确定个量的分配公式

在股权激励项目中，为保证激励对象个量分配的合理性，天渡法商团队针对各岗位层级的特点分别设计了以下分配公式：

1. 高管个量分配方式

个人激励额度＝本岗位层级激励总量×个人分配系数÷总分配系数

个人分配系数＝司龄系数×40%＋工资系数×60%

总分配系数＝∑个人分配系数

工资系数反映激励对象的相对工资水平，具体操作时先将某一水平的工资系数标准化为 1，其余激励对象的工资系数做同比例调整

司龄系数规定如表 4-7 所示：

表 4-7　司龄系数规定

入职年数	1≤Y≤3	3<Y≤5	5<Y<10	10≤Y
司龄系数	1	1.1	1.25	1.5

2. 中层干部个量分配方式

个人激励额度＝本岗位层级激励总量×个人分配系数÷总分配系数

前台个人分配系数＝司龄系数×40%＋工资系数×60%

后台个人分配系数＝（司龄系数×40%＋工资系数×60%）×岗位层级调整系数

总分配系数＝∑个人分配系数

3. 基层员工个量分配方式

基层员工根据司龄实行定量分配，具体规定如表 4-8 所示：

表 4-8　司龄分配规定　　　　　　　单位：万份

司　　龄	1≤Y<5	5≤Y<10	10≤Y
分配额度	0.5	0.6	0.7

宁夏壹加壹农牧股份有限公司的股权激励计划（草案）节选[1]

特别提示

1. 本激励计划根据《公司法》《证券法》《非上市公众公司监督管理办

---

〔1〕　参见《壹加壹：股权激励计划（草案）》，载东方财富网 http://guba.eastmoney.com/news，831609，159880220.html，最后访问日期：2019 年 12 月 13 日。

法》及其他有关法律、法规和规范性文件以及《公司章程》的相关规定制定。

2. 本激励计划为股票期权激励计划，拟向激励对象授予 480.00 万份股票期权，涉及的标的股票种类为公司普通股，约占本激励计划签署时公司股本总额 6882.00 万股的 6.97%。其中第一期授予 160.00 万股，占目前公司股本总额 6882.00 万股的 2.32%，预留 60.00 万股；第二期授予 160.00 万股，占目前公司股本总额 6882.00 万股的 2.32%，预留 60.00 万股；第三期授予 160.00 万股，占目前公司股本总额 6882.00 万股的 2.33%，预留 60.00 万股。在满足行权条件的情况下，每份股票期权拥有在有效期内以行权价格购买 1 股公司股票的权利。

本计划中预留权益的授予由董事会提出，公司在指定网站对包括激励份额、激励对象职务、期权行权价格等详细内容做出充分的信息披露且完成届时其他法定程序后进行授予。

3. 本激励计划授予股票期权的行权价格为 6.5 元。

4. 本激励计划有效期为股票期权授予之日起至所有股票期权行权或注销完毕之日止。

5. 公司承诺不为激励对象依本激励计划获取有关股票期权提供贷款以及其他任何形式的财务资助，包括为其贷款提供担保。

6. 由于激励对象以认购新股的方式行权，需要按股转公司关于挂牌公司定向发行的要求，完成董事会决议、股东大会决议、股转公司备案、登记结算公司登记等程序，激励对象在达到行权条件时能否行权仍存在一定的不确定性。

7. 公司董事会可根据公司实际需要（如转板上市等）或有关法律、法规、规范性文件的要求，视激励对象的实际绩效情况提出加速行权方案，经股东大会审议通过后，激励对象不得对该等方案提出异议。

……

第二章　实施激励计划的目的

本激励计划的目的为：

一、进一步完善公司治理结构，建立健全公司长期、有效的激励约束机制，完善公司薪酬考核体系，促进公司持续、稳健、快速地发展。

二、回馈公司员工，对员工为公司所作出的贡献予以肯定，吸引与保留优秀经营骨干，员工报酬与个人能力和绩效挂钩，激发员工的工作热情和积极性。

三、倡导以价值创造为导向的绩效文化，建立股东与公司管理团队之间的利益共享和约束机制，提升公司管理团队的凝聚力，增强公司竞争力，确保公司未来发展战略和经营目标的实现。

第三章　激励计划制定的基本原则

制定本股权激励计划所遵循的基本原则：

一、公平、公正、公开。

二、激励与制约相结合。

三、公司利益、股东利益和核心员工利益有机结合，促进公司持续健康发展。

四、维护股东利益，为股东谋求更高效更持续的回报。

第四章　激励计划的管理机构

本股权激励计划的管理机构：

一、股东大会作为公司的最高权力机构，负责审议批准本计划的实施、变更和终止。

二、公司董事会是本激励计划的执行管理机构，负责拟订和修订本激励计划，报股东大会审批，并在股东大会授权范围内办理股权激励计划的其他相关事宜。

三、公司监事会是本计划的监督机构，负责审核激励对象的名单，并对本计划的实施是否符合相关法律、行政法规、部门规章进行监督。

第五章　激励计划的激励对象

一、激励对象的确定依据

（一）激励对象确定的法律依据

本计划激励对象根据《公司法》《证券法》及其他有关法律、法规和规范性文件以及《公司章程》的相关规定，结合公司实际情况而确定。

（二）激励对象确定的职务依据

本计划激励对象为目前公司董事、监事、高级管理人员、核心员工。

（三）　确定激励对象的考核依据

激励对象中，董事、非职工代表监事须经公司股东大会选举产生、高级管理人员须公司董事会聘任，核心员工由公司董事会提名，经公司监事会核实确定，并经股东大会审议批准。所有激励对象必须在本计划的考核期内在本公司及公司控股子公司全职工作，已与公司签署劳动合同或用工协议并在公司或公司控股子公司领取薪酬。

本计划的激励对象承诺只接受本公司激励，接受本公司授予的股权激励时未成为其他公司的股权激励对象，并且在本计划实施完毕前不再接受其他公司的股权激励。

（四）　不得成为激励对象的情形

1. 被证券交易所或股转公司公开谴责或直接宣布为不适当人选不满 3年的。

2. 因重大违法违规行为被证监会或股转公司行政处罚未满 3 年的。

3. 其他具有《公司法》规定的不得担任公司董事、监事、高级管理人员的情形。

4. 因违法违规行为被行政处罚或刑事处罚的。

5. 公司章程规定或双方约定不得享受股权激励的其他情形。

如在本计划实施过程中，激励对象出现以上任何规定不得参与激励计划的情形，公司将按本计划规定的形式回购已经授予该激励对象的股票或撤销未行权的股票期权资格并终止其参与本计划未完结的部分。

二、激励对象的范围

激励对象范围为公司董事、监事、高级管理人员以及核心员工。

本计划的激励对象共计 23 人，占截至 2015 年 3 月 31 日公司在册员工总人数 108 人的 21.30%。公司监事会应当对激励对象名单予以核实，并将核实情况在股东大会上予以说明。

三、激励对象的人员名单

……

本次激励对象同时为公司董事、股东或其实际控制人时，应履行回避表决的义务。

第六章　激励计划的具体内容

一、股票期权激励计划的股票来源

股票期权激励计划的股票来源为公司向激励对象定向发行公司股票。

二、股票期权激励计划的股票期权数量

公司拟向激励对象授予 480.00 万份股票期权，涉及的标的股票种类为公司普通股，约占本激励计划签署时公司股本总额 6882.00 万股的 6.97%。其中第一期授予 160.00 万股，占目前公司股本总额 6882.00 万股的 2.32%，预留 60.00 万股；第二期授予 160.00 万股，占目前公司股本总额 6882.00 万股的 2.32%，预留 60.00 万股；第三期授予 160.00 万股，占目前公司股本总额 6882.00 万股的 2.33%，预留 60.00 万股。在满足行权条件的情况下，每份股票期权拥有在有效期内以行权价格购买 1 股公司股票的权利。激励对象获授的股票期权不得转让、用于担保或偿还债务。

三、股票期权激励计划的授予与分配

本股票期权激励计划共分三期完成，第一期授予股票期权 160 万股，第二期为 160 万股，第三期为 160 万股，具体分配情况如表 4-9 所示：

表 4-9　股票期权分配情况

姓　名	股票期权					
	第一期	占本期比例/%	第二期	占本期比例/%	第三期	占本期比例/%
王××	50 万股	31.25	50 万股	31.25	50 万股	31.25
王××	25 万股	15.62	25 万股	15.62	25 万股	15.62
李　×	12 万股	7.50	12 万股	7.50	12 万股	7.50
王　×	11 万股	6.88	11 万股	6.88	11 万股	6.88
高××	11 万股	6.88	11 万股	6.88	11 万股	6.88
王××	11 万股	6.88	11 万股	6.88	11 万股	6.88
卜××	2 万股	1.25	2 万股	1.25	2 万股	1.25

姓　名	股票期权					
	第一期	占本期比例/%	第二期	占本期比例/%	第三期	占本期比例/%
曾　×	2万股	1.25	2万股	1.25	2万股	1.25
马　×	3万股	1.88	3万股	1.88	3万股	1.88
王××	3万股	1.88	3万股	1.88	3万股	1.88
岳××	2万股	1.25	2万股	1.25	2万股	1.25
赵××	2万股	1.25	2万股	1.25	2万股	1.25
李　×	3万股	1.88	3万股	1.88	3万股	1.88
杨　×	3万股	1.88	3万股	1.88	3万股	1.88
妥××	3万股	1.88	3万股	1.88	3万股	1.88
殷　×	3万股	1.88	3万股	1.88	3万股	1.88
蔡××	2万股	1.25	2万股	1.25	2万股	1.25
王××	2万股	1.25	2万股	1.25	2万股	1.25
杨××	2万股	1.25	2万股	1.25	2万股	1.25
马××	2万股	1.25	2万股	1.25	2万股	1.25
田××	2万股	1.25	2万股	1.25	2万股	1.25
郑××	2万股	1.25	2万股	1.25	2万股	1.25
韩　×	2万股	1.25	2万股	1.25	2万股	1.25
小　计	160万股	100	160万股	100	160万股	100

预留 180 万股用于激励本激励计划业绩考核期内新增人才或有突出贡献人员，由董事会负责具体的分配和考核工作。

四、股票期权激励计划的有效期、授权日、等待期、可行权日、禁售期

1. 有效期

股票期权激励计划的有效期为股票期权授予之日起至第三期股票期权行权后或注销。如在此期限内，经董事会、股东大会审议决定加速行权，则本股票期权激励计划的有效期为股票期权授予之日起至所有股票期权行权后。

2. 授权日

股票期权激励计划授予的股票期权的授权日为本计划经股东大会审议通过之日。公司董事会应在授权日后30日内对激励对象进行授权、登记等相关程序。

3. 等待期

股票期权授权日后至股票期权可行权日之间的时间，本计划第一期的等待期为12个月；第二期的等待期为24个月；第三期的等待期为36个月。

4. 可行权日

本计划授予期权的行权期及各期行权时间安排如表4-10所示：

表4-10 行权时间安排

行权期	行权时间	可行权数量占获授期权数量比例/%
第一个行权期	2016年3月1日至3月31日	33.33
第二个行权期	2017年3月1日至3月31日	33.33
第三个行权期	2018年3月1日至3月31日	33.34

激励对象必须在期权行权有效期内行权完毕。若未达到行权条件，则当期股票期权不得行权；若符合行权条件，但未在上述行权期内行权的该部分股票期权由公司注销；第一期预留的股票期权如果未能行权，则转为第二期的预留股票期权，第二期预留的股票期权如果未能行权，则转为第三期的预留股票期权，第三期预留的股票期权未能行权的，则予以注销。公司董事会可根据公司实际需要（如转板上市等）或有关法律、法规、规范性文件的要求，视激励对象的实际绩效情况提出加速行权方案，经股东大会审议通过后，激励对象不得对该等方案提出异议。

5. 禁售期

公司董事、监事、高级管理人员所持新增股份将按照《公司法》《非上市公众公司监督管理办法》及届时的《公司章程》等相关规定进行转让。

认购人本次认购的股份自股票正式过户至认购人账户日起算，认购人在公司实际劳动服务期满3年以上的（含3年），股票锁定期为1年；认购人在甲方实际劳动服务期未满3年的，股票锁定期为2年。

对激励对象出售该部分标的股票的规定为：

（1）激励对象转让其持有的该部分标的股票，应当符合《公司法》《证券法》《非上市公众公司监督管理办法》等法律、法规和规范性文件的规定。

（2）激励对象转让其持有的该部分标的股票，应当符合届时《公司章程》的规定。

五、股票期权的行权价格

本计划授予的股票期权的行权价格为 6.5 元/股。

六、股票期权的授予与行权条件

1. 股票期权的授予条件

激励对象只有在同时满足下列条件时，才能获授股票期权：

（1）公司未发生以下任一情形：① 最近一个会计年度财务会计报告被注册会计师出具否定意见或者无法表示意见的审计报告。② 最近一年内因重大违法违规行为被行政处罚。

（2）激励对象未发生以下任一情形：① 严重违反公司管理制度，或给公司造成巨大经济损失，或给公司造成严重消极影响，受到公司行政处分的。② 存在第五章第 1 条第 4 项不得成为激励对象的情形。

2. 股票期权的行权条件

（1）公司业绩考核要求

本计划在公司业绩考核的两个会计年度中，激励对象任职所在公司业绩指标具体如表 4-11 所示：

表 4-11　激励对象业绩指标

序　号	行权期	行权条件
1	第一个行权期	2015 年公司实现净利润 4500 万元及以上。
2	第二个行权期	2016 年公司净利润较 2015 年增长 30%及以上，即公司实现净利润 5850 万元及以上；或 2015、2016 两年累计实现利润 10 350 万元及以上。
3	第三个行权期	2017 年公司净利润较 2016 年增长 30%及以上，即公司实现净利润 7605 万元及以上；或 2015 年、2016 年、2017 年三年累计实现利润 17 955 万元及以上。

净利润指标以公司当年度经审计并公告的合并财务报告为准。由股权激励产生的期权成本将在该等待期内的经常性损益中列支。

若公司当年发生并购重组行为，则新增加的被合并对象损益不列入计算每股收益的合并范围。如公司业绩考核指标达不到上述目标之一的，该期激励计划的股票期权取消。

（2）个人考核要求

激励对象在等待期内须持续在岗，没有出现以下情形：①严重违反公司管理制度，或给公司造成巨大经济损失，或给公司造成严重消极影响，受到公司行政处分的；②自行辞职的；③被公司解除劳动合同的；④存在第五章第1条第4项情形的。

激励对象离职或出现以上情形之一的，取消其该期及以后各期股票期权的行权资格。

七、股票期权激励计划的调整方法和程序

……

第七章　公司实施激励计划、授予权益、激励对象行权的程序

一、实施激励计划的程序

1. 董事会负责制订本激励计划。

2. 监事会核查激励对象名单。

3. 股东大会审议本激励计划。监事会应当就激励对象名单核实情况在股东大会上进行说明。

4. 股东大会批准本激励计划后即可以实施。

5. 董事会根据股东大会的授权办理具体的股票期权授予、行权等事宜。

二、股票期权的授予程序

1. 董事会制订股票期权授予方案。

2. 监事会核查激励对象的名单是否与股东大会批准的激励计划中规定的对象相符。

3. 本计划经股东大会审议通过，授予条件满足后，对激励对象进行权益的授予，并完成登记等相关程序。

4. 激励对象应与公司签署《股权激励协议书》和《股份认购合同》。

三、股票期权行权程序

1. 激励对象在可行权日内，提交《股票期权行权申请书》向公司确认行权的数量和价格，并交付相应的购股款项。

2. 公司在对每个期权持有人的行权申请做出核实和认定后，按申请行权数量向激励对象（即持股公司）定向发行股票。

第八章　公司与激励对象各自的权利与义务

一、公司的权利与义务

1. 公司有权要求激励对象按其所聘岗位的要求为公司工作，若激励对象不能胜任所聘工作岗位或者考核不合格，经公司董事会批准，公司注销激励对象尚未行权的股票期权。

2. 公司具有对本计划的解释和执行权，并按本计划规定对激励对象进行绩效考核，若激励对象未达到本计划所确定的行权条件，公司将按本计划规定的原则注销激励对象尚未行权的股票期权。

3. 若激励对象因触犯法律、违反职业道德、泄漏公司机密、失职或渎职等行为严重损害公司利益或声誉，经公司董事会批准，公司注销激励对象尚未行权的股票期权，并且要求激励对象返还其已行权的股票。

4. 公司不得为激励对象依本计划获取有关股票（期权）提供贷款以及其他任何形式的财务资助，包括为其贷款提供担保，但股东以其自有资源提供的资助除外。

5. 公司根据国家税收法规的规定，代扣代缴激励对象应缴纳的个人所得税及其他税费。

6. 公司应及时按照股转公司有关规定履行本计划的申报、信息披露等义务。

7. 法律、法规规定的其他相关权利与义务。

二、激励对象的权利与义务

1. 激励对象应当按公司所聘岗位的要求，勤勉尽责、恪守职业道德，为公司的发展做出应有贡献。

2. 激励对象按照本激励计划的规定获取有关权益的资金来源为激励对象自筹资金。

3. 激励对象有权且应当按照本激励计划的规定认购获授股票期权到期行权。

4. 激励对象获授的股票期权不得转让、用于担保或偿还债务。股票期权在行权前不享受投票权和表决权，同时也不参与股票红利、股息的分配；激励对象行权获得的股票不得违反相关规定用于担保或偿还债务。

5. 激励对象因本激励计划获得的收益，应按国家税收法规缴纳个人所得税及其他相关税费。

6. 激励对象在行权后离职的，应当在 2 年内不得从事与公司同业竞争相同或类似的相关工作；如果激励对象在行权后离职并在 2 年内从事与公司同业竞争相同或类似工作的，激励对象应将其因行权所得全部收益返还给公司，并承担与其行权所得收益同等金额的违约金，给公司造成损失的，还应同时向公司承担赔偿责任。

7. 法律、法规规定的其他相关权利义务。

三、其他说明

公司确定本股权激励计划的激励对象，并不构成对员工聘用期限的承诺。公司仍按与激励对象签订的《劳动合同书》确定对员工的聘用关系。

激励对象在本激励计划有效期内离职的，公司以原授予价或行权价加上商业银行同期贷款利息回购其持有的公司股票。

由于激励对象以认购新股的方式行权，需要按股转公司关于挂牌公司定向增资的要求，完成董事会决议、股东大会决议、股转公司备案、登记结算公司登记等程序，激励对象在达到行权条件时能否行权仍存在一定的不确定性。

第九章　股权激励计划的变更、终止

一、公司终止激励计划的情形

（一）公司控制权发生变更。

（二）公司出现合并、分立等情形。

（三）最近一个会计年度财务会计报告被注册会计师出具否定意见或者无法表示意见的审计报告。

（四）最近一年内因重大违法违规行为被主管部门予以行政处罚；当公司出现终止本计划的上述情形时，激励对象已获准行权但尚未行权的股票期权终止行权，其未获准行权的期权予以注销。

二、激励对象个人情况变化的处理方式

（一）激励对象在公司内发生正常职务变更，其获授的股票期权完全按照本计划相关规定进行。

（二）激励对象如因出现以下情形之一而失去参与本计划的资格，董事会可以决定对激励对象根据本计划在情况发生之日，对激励对象已获准行权但尚未行权的股票期权终止行权，其未获准行权的期权予以注销：

1. 具有《公司法》规定的不得担任公司董事、监事、高级管理人员情形的。

2. 因不能胜任岗位工作、触犯法律、违反执业道德、泄露公司机密、失职或渎职等行为损害公司利益或声誉而导致的职务变更，或因上述原因导致公司解除与激励对象劳动关系的。

3. 公司董事会认定的其他严重违反公司有关规定或严重损害公司利益的情形。

（三）激励对象因辞职、公司裁员而离职，董事会可以决定对激励对象根据本计划在情况发生之日，对激励对象已获准行权但尚未行权的股票期权终止行权，其未获准行权的期权予以注销。

（四）激励对象因丧失劳动能力而离职，应分以下两种情况处理：

1. 当激励对象因工伤丧失劳动能力而离职时，在情况发生之日，对激励对象已获准行权但尚未行权的股票期权继续保留行权权利，并在 6 个月内完成行权，其未获准行权的期权予以注销。

2. 当激励对象非因工伤丧失劳动能力而离职时，在情况发生之日，对激励对象已获准行权但尚未行权的股票期权终止行权，其未获准行权的期权予以注销。

（五）激励对象身故的，应分以下两种情况处理：

1. 激励对象若因执行职务身故的，在情况发生之日，对激励对象已获准行权但尚未行权的股票期权继续保留行权权利，并由其指定的财产继承人或法定继承人在 6 个月内完成行权，其未获准行权的期权予以注销。

2. 激励对象若因其他原因身故的，在情况发生之日，对激励对象已获准行权但尚未行权的股票期权终止行权，其未获准行权的期权予以注销。

（六）其他未说明的情况由董事会认定，并确定其处理方式。

 案 例

百合网股份有限公司股权激励方案及实施细则节选[1]

特别提示：

本股权激励计划采取股票期权模式。股票来源为公司向激励对象定向发行新股。

本激励计划拟向激励对象授予 4310 万份股票期权，涉及的标的股票种类为公司普通股，约占本激励计划签署时公司股本总额 43 100 万股的 10.00%，其中首次授予权益 3000 万股，占目前公司股本总额 43 100 万股的 6.96%，预留 1310 万份，占目前公司股本总额 43 100 万股的 3.04%。在满足行权条件的情况下，每份股票期权拥有在有效期内以预先确定的行权价格购买 1 股公司股票的权利。

本计划中预留股票期权的授予由董事会提出，公司在指定网站对包括激励份额、激励对象职务、期权行权价格等详细内容做出充分的信息披露且完成届时其他法定程序后进行授予。

持股或者认购数量及价格：

参与对象持股数量根据当期拟发行的股票数量统筹确定规则。本次拟定

---

〔1〕 参见《百合网：员工股权激励方案及实施细则》，载东方财富网 http://xinsanban. eastmoney. com/Article/NoticeContent？id＝AN201511200011479741ml，最后访问日期：2019 年 9 月 18 日。

向发行总量不超过 3000 万份股票，在职员工董事可认购最大额度如表 4-12 所示：

表 4-12 在职员工董事可认购最大额度

职级/类别	最大持股或认购员工持股计划份额所对应的股票数/万股	备 注
董事/副总经理	100	单个参与对象按照其入职时长可增加认购额度，入职每满一年可多认购 10%。
总监/经理	50	
员 工	50	

■ 律师精彩解读

根据宁夏壹加壹和百合网的股权激励案例，总结出在设定激励对象股票数量时，应当注意如下几点：

（1）为了控制好企业控制权的不流失，在控制每次激励时股份个量的同时，还要注意激励过程中单个激励对象的个股总量。个股总量炒股一定数量后，应防止其他企业而已变相收购企业股份，造成控制权的流失。

（2）控制好一次性授予单个激励对象的股票数量。企业授予公司股票或股份的目的是为了达到激励的效果，在授予单一对象个量时不应过多，可以分期授予、分期解锁。

（3）根据不同激励对象，采取不同个量的激励。股权激励不是分红，应当拒绝平均主义，根据不同的激励对象，激励的股票个量需要有所差异。

（4）非上市公司，如果出现授予股份个量较多的情况，则可以采取技术入股的方式，重新注册合伙企业或者公司，做好工商变更，并按照要求缴纳股份转让税。

延伸阅读

创始人如何维持对公司的控制权[1]

创始人决定公司命运

首先我们来比较一下两组公司，大家可以看一下这两组公司的差别：第一组是阿里，京东和百度；第二组是俏江南，1号店和雷士照明。

当然这两组公司可以拿来做比较的地方有很多，今天我们说的只是他们的创始人到今天为止在公司的一个情况和现状。第一组公司的创始人，阿里的马云，京东的刘强东，百度的李彦宏，他们从进公司到今天，一直都在公司而且是公司核心的灵魂人物，牢牢把握着控制权，带领着公司往前发展。

而第二组公司，俏江南的创始人张兰，1号店的创始人于刚，雷士照明的创始人吴长江，这些公司的创始人已经不在公司的董事会里，也不在公司的管理岗位上，有的甚至在公司的股权也没有了。

这些其实都是一些不错的公司，但是创始人在公司的境况却非常不一样。造成不一样的原因有很多，从法律上来讲最主要的一个原因是他们对公司控制权的把握是不一样的。

第一组公司的创始人从公司初期、到发展、到最后上市都牢牢把握住了公司的控制权，而第二组的创始人则因为一些共性的原因导致他们失去了对公司的控制权和控制地位。

如何维持公司的控制权

要实现创始人的控制地位的话，首先我们要了解一下一个公司的治理机制或者它的组织是一个什么样子。只有明白了这个，我们才能从公司的治理结构和决策机制上面做一些相关的安排和设计，来巩固或者维持对公司的控制权。

首先，从公司的治理结构上来讲，是一个三层的治理结构：最上面的也是公

---

[1] 参见《创始人如何维持对公司的控制权》，载 https://36kr.com/p/5038666，最后访问日期：2019年10月18日。

司最高的一个权力机构——公司的股东会，第二个是董事会，第三个是管理层。股东会是由公司所有的股东组成的，那么在股东会上，所有人都是按照他在公司所持有的表决权的数量或者比例来决策公司的一些重大的事项，所以这里大家要注意的是它不是按照人头，而是按照你所持有的股份所对应的表决权的数量或者比例来决定的。一股往往是一个表决权，按照一股一票的原则。在一些特殊的情况下，尤其是在境外的结构下，一般分为普通股和优先股，普通股里面也有分ClassA 和 ClassB，有些类型是可以设置成一股多票的，这是大家要注意的。但是在境内的公司法下，分成两种情况：有限责任公司和股份有限公司。在有限责任公司的情况下，公司法原则是按照出资比例来行使表决权，也就是一股一票的原则，但是股东之间可以在章程里面去做额外的约定；但是在股份有限公司的情况下依照同股同权的原则，基本上在境内，股份有限公司一股就是对应一票。所以，这就是股东会层面的治理机制、决策机制的情况。

其次，董事会层面，董事会是由股东会投票选举产生或者股东委派产生。一般大家会先定好董事会的席位数，正常情况下是按照股东会的股权比例来决定董事会的席位分配，但是这也不是一个不能改变的股东之间的一个约定，不一定要按照股东会股东的股权分布比例来分配董事会的席位。境内公司法下董事会是由股东会委派产生的，谁有权委派多数的董事，就意味着谁控制了公司的董事会。在公司的董事会下，对一个事情进行决策的时候往往是按照一人一票的原则来进行的，换句话来说就是一个董事就有一个表决权。但是在境外的话，可以约定某一个董事或某几个董事拥有多个表决权，这只有在境外架构下才行得通。

最后，公司的管理层，大家都知道公司的管理层就是 CEO（首席执行官），CFO（首席财务官），CTO（首席技术官），公司的管理层又是由公司的董事会来任命产生的，在一定程度上控制了公司的董事会的话，那对公司管理层就具有了发言权和甚至决定权。在公司的整个治理结构里面，最核心的是上面两层，是公司的股东会和董事会。

所以说，我们在结构上考虑怎样设置或者采取什么样的措施来巩固创始人对公司的控制权的时候，就需要从股东会和董事会的层面去考虑，设置一些措施和机制。

维持控制权的建议

接下来我们来看一下在股东会的层面上如何维持控制权。在股东会里是按照股权所对应的表决权的数量或者比例来决策事情。一般来讲公司的事情是由持有代表公司半数以上表决权的股份的股东同意才能通过，一些更重大的决定可能需要更高的比例，它可能不是 1/2，可能是 2/3，甚至是 3/4。但是从另外的角度来讲，如果只要有 1/2 的表决权就能通过的话，若创始人持有 50% 以上的股份，那么他单方面对公司的事情决策就有很大的主动性。即使在需要 2/3 或者 3/4 以上才能通过的情况下，如果创始人持有 50% 以上的股权，他就有一个天然的否决权。换句话来说，他持有 50% 以上的股权，没有他的同意，这个事情也通过不了，因为没有他的同意，赞成票应该是达不到 2/3 或者 3/4 以上。所以说在股东会层面，维持对公司的控制权最好最理想的一个办法就是维持 50% 以上的股权。当然维持 50% 以上的股权，在创业的早期也不是一个特别难的事情。在刚开始融资的时候，公司不会发展的特别快，所以在早期不是一个问题。但是一旦公司发生多轮融资以后，一般 3 轮或者 3 轮以上融资以后，往往公司创始人的股权就会发生改变，从公司发展的长远角度来讲，他的股权不可能一直不变，但是最好采取一些措施保持创始人的股权不要轻易低于 50% 或者延缓创始人的股权低于 50% 进程。

对此，有两个建议：

第一，我们要尽可能的提前规划。如果创始人从创业之初就能够对公司接下来的发展所需要的融资有一个整体上的规划的话，也能整体上对公司的股权分配有一个比较清晰的规划。如果在急于用钱的情况下仓促地去融资可能会导致融资条件不佳，比如过低的估值、释放更多的股权，从而失去更多的公司股份，例如 1 号店因为资金的原因引入平安投资，一下子给了平安 80% 的股份，导致在非常早期的时候创始人就失去了对公司的控制权，所以如果提前对融资有一个规划的话就可以尽量避免。

第二，避免对赌。这里的对赌是指两个方面，一是业绩对赌，所谓业绩对赌指投资方投资我们公司的时候先按一定的估值投资进来占一定的股权比例，譬如占 20% 的股权，同时投资方会与我们做一个对赌的安排，比如要求某一个财年我们的收入、利润或者用户数量应该达到一个指标，如果没有达到的话创始人就要按照对赌的规定出让股权给投资人，这样就会大大减少创始人的股权及对公司的控制权，同时增加投资人对公司的股权。所以如果输掉对赌的话，就会过早地让创始人失去对公司 50% 以上的股权，从而丧失对公司的控制权。

这里我们有一个建议，如果说真的避免不了对赌的话，也要对股权的调整设置一个上限，换句话说，对赌输了，股权怎么调也不能让我的股权低于一定程度，譬如 50%。如果有了这个约定，即使我们输掉了对赌，在股权调整上面，也不至于丧失过多股权和对公司的控制权。

但是公司发展需要不断的融资，创始人的股份很难一直控制在 50% 以上。大多数公司在后续的融资上，创始人的股权低于 50%，其实也是一个正常的情况。

另外大家可能都听过阿里巴巴的合伙人制度：阿里巴巴董事会的席位不是按照股东的持股比例来分配的，规定阿里巴巴董事会里面的多数席位是由阿里巴巴的合伙人会议来委派的，组成阿里巴巴合伙人会议的是阿里巴巴创始团队成员和高管。通过这种机制，阿里巴巴可以控制它的董事会，即使马云及其团队在公司的股份低于 10% 都可以很好地控制公司的董事会。

第四节　定来源

针对前面章节所讲到的实股模式需要定来源，即针对股票期权、员工持股计划以及限制性股票这 3 种模式。虚股模式并不涉及股份来源的问题。定来源主要是两个方面，一个是定股份来源；一个是定资金来源。

一、股份来源

（一）增资扩股

增资扩股是指企业向社会募集股份、发行股票、新股东投资入股或原股东增加投资扩大股权，从而增加企业的资本金。对于有限责任公司来说，增资扩股一般指企业增加注册资本，增加的部分由新股东认购或新股东与老股东共同认购，企业的经济实力增强，并可以用增加的注册资本，投资于必要的项目。

增资可以是货币出资，也可以是非货币出资比如知识产权出资，或者以实物出资。以增资形式获得的股权，如果是股票期权或者其他有对价的股权激励模式，也就是说激励对象需要出资购买，那么这个资金是给谁了？答案是给公司了，相应的公司的注册资本金会增加。激励对象把资金给了公司这一点很重要，这一点也是增资扩股与股权转让最显著的区别。

对于有限责任公司而言，在实施股权激励计划过程中其增资扩股的程序如图 4-7 所示：

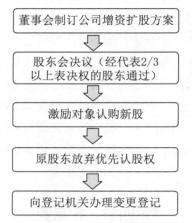

图 4-7　有限责任公司增资扩股程序

　　股份有限公司与有限责任公司在进行增资的操作时主要区别是：股东会议须由经出席会议的股东所持表决权的 2/3 以上通过，而非公司全部表决权的 2/3。

武汉风帆电化科技股份有限公司员工持股激励
方案（修订）节选[1]

五、持股方案的股份来源和激励方式

（一）股票来源

1. 激励对象通过公司定向发行股票直接获得公司股份。

2. 激励对象通过购买公司定向发行的公司股票，进而通过该股份享有公司相应的权益。

―――――――――――――

　　〔1〕　参见《武汉风帆电化科技股份有限公司员工持股激励方案（修订）》，载东方财富网 http：// guba. eastmoney. com/news，430221，745896154. html，最后访问日期：2019 年 11 月 19 日。

（二）激励对象范围及授予价格

1. 授予价格

（1）本次激励对象认购公司股份的价格为 1.5 元/股。

（2）认购股份的资金由激励对象自筹，公司及股东不提供资金支持和担保。

（3）激励对象必须本人实名购买，不允许私下代持、转让认购股份的权利。

如有违反，由公司董事会指定的人员按认购价格原价购回，由此引起的法律纠纷和费用由违反者个人承担。

2. 授予数量及范围

（1）本次激励股份的授予数量为不超过 600 万股。

（2）激励对象可认购的股份数量由公司董事会根据激励对象的认购意愿、入职年限、职级、考评、对公司的贡献等因素综合确定。认购数量确定后各激励对象应与公司签署的《认购合同》，支付激励股份的认购价款。拒绝签署相关协议、承诺和未在约定时间支付认购价款的均视为放弃本次激励股份。

本次激励计划的激励对象拟定人员名单如表 4-13 所示：

表 4-13 激励对象拟定人员名单

序 号	认购人	认购数量 /万股	认购金额 /万元	认购 方式	部门职务
1	王××	472	708	现 金	董事、总经理、 销售总监
2	王 ×	15	22.5	现 金	副总经理
3	杨 ×	10	15	现 金	财务总监
4	张××	10	15	现 金	销售经理
5	冯 ×	5	7.5	现 金	销售经理
6	张××	10	15	现 金	技术部长
7	李 ×	9	13.5	现 金	技术服务部长

续表

序 号	认购人	认购数量/万股	认购金额/万元	认购方式	部门职务
8	姚 ×	5	7.5	现 金	行政主管、证券代表
9	胡××	5	7.5	现 金	监事、会计
10	程××	5	7.5	现 金	会计主管
11	黄 ×	5	7.5	现 金	生产主管
12	毕××	5	7.5	现 金	质控部长
13	王 ×	10	15	现 金	技术部长
14	喻 ×	9	13.5	现 金	总经理助理
15	叶 ×	10	15	现 金	菲尼克行政主管
16	吴 ×	5	7.5	现 金	菲尼克会计主管
17	陆××	5	7.5	现 金	菲尼克销售经理
18	吴 ×	5	7.5	现 金	菲尼克销售经济

注： 最终名单以签署《认购合同》并在认购期内交付价款为准。

■ 律师精彩解读

案例显示，武汉风帆进行股权激励操作的股票来源是定向发行，也就是像特定的对象增发新的股份。在公司股权比较分散，大股东缺失时，如果公司没有设置好股权激励池，那么让哪个股东拿出股份来实施股权激励，往往很难形成一致的意见，这种情况下一般采用增资的方式，比较容易得到股东会的认可。特别是上市公司，由于股权结构特别分散，一般都采用增资的方式，即使多数上市企业具有大股东，为了防止给市场和众多的小股东造成大股东套现的印象，多数也是采用增资的方式。当然，上市公司有时也会根据企业的资金情况和股价的高低，选择回购公司股份再转让的方式来进行股权的激励。

（二）股权转让

股权转让是指公司股东将股权转让给受让方的民事法律行为。这种方式往往出现在一股独大的企业中，大股东的利益往往和公司的整体利益是挂钩的，为了留住和激励人才为公司创造更大价值股权激励也是大股东所乐见的。在操作过程中，如果激励对象需要对价行权，那么这个资金是给创始股东了。也就是说股权转让款支付给股东了，而并未用于公司的扩大经营，这一点是股权转让和增资最主要的区别（见表 4-14）。如果员工的资金没有用于公司扩大经营，而是用于创始股东套现，天渡法商团队认为这不是一个很好的方案。

表 4-14　增资扩股和股权转让的区别

	增资扩股	股权转让
资金受让方	资金的接受方是标的企业，而非企业股东，资金的性质属于标的公司的资本金，原股东的权利义务不一定改变。	资金的接受方是原股东，资金的性质属于原股东转让股权取得的对价，原股东的权利和义务由股权受让方承继。
注册资本金	增资扩股是企业采取向社会募集股份、发行股票、新股东投资入股或原股东增加投资的方式增加企业的注册资本。	股权转让是企业股东依法将自己的股东权益让渡给他人，使他人成为公司股东的民事法律行为，只涉及股权转让方与股权受让方，不会增加企业的注册资本。
股权比例	对现有股东股份产生同比例稀释作用，所有股东所持股份的绝对数量没有变化。	企业总股本不变，转让股东方绝对股数和持股比例下降，其他股东绝对股数和持股比例不变。
决策方式	增资需要开股东大会，需要 2/3 以上的股东同意。	半数的股东同意即可，只需书面通知，不用开股东会。

上海百胜软件股份有限公司实施 2015 年股权激励
计划的公告节选[1]

2015 年 8 月 20 日，上海百胜软件股份有限公司（以下简称"百胜软件"或"公司"）召开第一届董事会第四次会议，同意实施 2015 年股权激励计划：公司实际控制人黄飞先生以其持有公司股东上海胜鼎投资管理有限公司（以下简称"上海胜鼎"）的股权对本公司的公司主要高管、中层以上管理人员及核心技术人员实施股权激励。

……

三、激励对象的确定

本次股权激励对象为公司主要高管、中层以上管理人员及核心技术人员。最终确定人员为 43 人，具体名单如表 4-15：

表 4-15　股权激励对象名单

序　号	姓　名	任职情况	授予百胜股权数/万股	对应胜鼎出资额/万元
1	张××	高级副总裁	40	50.00
2	张××	副总裁	8	10.00
3	罗××	总　监	4	5.00
4	王××	总　监	2	2.50
5	赵××	总　监	4	5.00
6	吴　×	总　监	2	2.50
7	霍××	总　监	2	2.50

---

〔1〕　参见《百胜软件：实施 2015 年股权激励计划的公告》，载东方财富网 http://guba.eastmoney.com/news，832722，197578065. html78065. html，最后访问日期：2019 年 10 月 30 日。

续表

序　号	姓　名	任职情况	授予百胜股权数/万股	对应胜鼎出资额/万元
8	黄××	总　监	2	2.50
9	汪××	总　监	2	2.50
10	袁　×	总　监	2	2.50
11	罗××	总经理	4	5.00
12	章××	总经理	2	2.50
13	陈　×	副总监	2	2.50
14	姚××	副总监	2	2.50
15	秦　×	副总监	2	2.50
16	黄××	副总监	2	2.50
17	王××	副总监	2	2.50
18	黄××	副总经理	2	2.50
19	林××	副总经理	2	2.50
20	周　×	副总经理	2	2.50
21	徐　×	副总经理	2	2.50
22	肖××	副总经理	2	2.50
23	郑××	副总经理	2	2.50
24	汪××	副总经理	2	2.50
25	洪××	副总经理	2	2.50
26	张××	副总经理	2	2.50
27	黄××	经　理	2	2.50
28	张××	经　理	2	2.50
29	杨××	经　理	2	2.50
30	刘××	经　理	2	2.50
31	杭　×	经　理	2	2.50
32	张　×	经　理	2	2.50
33	王××	经　理	2	2.50

序　号	姓　名	任职情况	授予百胜股权数/万股	对应胜鼎出资额/万元
34	李　×	经　理	2	2.50
35	朱　×	经　理	2	2.50
36	郭××	经　理	2	2.50
37	生　×	经　理	2	2.50
38	郭××	总　监	4	5.00
39	李××	总　监	4	5.00
40	郭××	总　监	4	5.00
41	陆××	总　监	4	5.00
42	方　×	总　监	4	5.00
43	张　×	总　监	4	5.00
合　计			148	185.00

四、公司激励对象的权利与义务

1. 公司的权利与义务

（1）公司有权要求激励对象为公司工作并承诺一定的服务年限，并签订书面承诺。

（2）若激励对象涉及任何刑事犯罪或因触犯法律、违反职业道德、泄露百胜软件机密、失职或渎职等行为严重损害百胜软件利益或声誉，将承担违约责任。

（3）若激励对象严重违反其与百胜软件签署的劳动合同或聘用协议项下的义务，并给百胜软件带来严重损失的，将承担违约责任。

（4）公司根据国家税收法规的规定，代扣代缴激励对象应缴纳的个人所得税及其他税费。

（5）法律、法规规定的其他相关权利与义务。

2. 激励对象的权利与义务

（1）激励对象应当按公司所聘岗位的要求，勤勉尽责、恪守职业道德，为公司的发展做出应有贡献。

（2）激励对象按照本激励计划的规定获取有关权益的资金来源为激励对象自筹资金。

（3）激励对象因本激励计划获得的收益，应按国家税收法规缴纳个人所得税。

（4）激励对象签署避免同业竞争承诺函，若违反承诺，将对因此给百胜软件造成的损失承担赔偿责任。

（5）法律、法规规定的其他相关权利义务。

五、激励股权的特殊约定

1. 为确保上海胜鼎决策的有效性，在股权转让完成后，激励对象将委托黄飞行使其在上海胜鼎与决策有关的股东权利，包括但不限于：

（1）投票表决权，黄飞根据激励对象出资份额对上海胜鼎股东会每一审议和表决事项代为投票的权利。

（2）选举权，黄飞代为激励对象行使选举董事、监事成员的权利。

（3）黄飞代为激励对象行使股东质询和建议的权利。

（4）黄飞代为激励对象行使股东提案的权利。

（5）黄飞代为激励对象行使提议召集临时股东会等权利。

2. 激励对象同意委托黄飞代表上海胜鼎出席百胜软件股东大会，对百胜软件股东大会需表决的议案行使投票权。

3. 激励对象享有除股东决策权之外的其他股东权利，包括但不限于激励股权分红权、收益权、知情权等。

六、股权激励计划的实施情况

黄飞与 43 名激励对象签署了《股权转让协议》和《股权激励协议》，上海胜鼎股东会作出决议，同意本次用于股权激励的转让事宜，股权转让完成后，上海胜鼎的股权结构变更如表 4-16 所示：

表 4-16　股权结构变更

序　号	姓　名	出资金额/万元	股权占比/%
1	黄　×	198.75	39.75
2	张×××	33.00	6.60

续表

序　号	姓　名	出资金额/万元	股权占比/%
3	周××	22.50	4.50
4	郭××	17.50	3.50
5	李××	17.00	3.40
6	罗××	10.00	2.00
7	郭××	15.00	3.00
8	陆××	15.00	3.00
9	方　×	15.00	3.00
10	张　×	11.25	2.25
11	张××	50.00	10.00
12	罗××	5.00	1.00
13	王××	2.50	0.50
14	赵××	5.00	1.00
15	吴　×	2.50	0.50
16	霍××	2.50	0.50
17	黄××	2.50	0.50
18	汪××	2.50	0.50
19	袁　×	2.50	0.50
20	罗××	5.00	1.00
21	章××	2.50	0.50
22	陈　×	2.50	0.50
23	姚××	2.50	0.50
24	秦　×	2.50	0.50
25	黄××	2.50	0.50
26	王××	2.50	0.50
27	黄××	2.50	0.50
28	林××	2.50	0.50

序　号	姓　名	出资金额/万元	股权占比/%
29	周　×	2.50	0.50
30	徐　×	2.50	0.50
31	肖××	2.50	0.50
32	郑××	2.50	0.50
33	汪××	2.50	0.50
34	洪××	2.50	0.50
35	张××	2.50	0.50
36	黄××	2.50	0.50
37	张××	2.50	0.50
38	杨××	2.50	0.50
39	刘××	2.50	0.50
40	杭　×	2.50	0.50
41	张××	2.50	0.50
42	王××	2.50	0.50
43	李　×	2.50	0.50
44	朱　×	2.50	0.50
45	郭××	2.50	0.50
46	生　×	2.50	0.50
合　计		500.00	100

■ 律师精彩解读

通过以上案例我们了解到，2015 年百胜软件公司主要高管、中层以上管理人员及核心技术人员合计 43 人通过上海胜鼎投资管理有限公司间接持有百胜软件公司的股份，该股份来源系公司实际控制人黄飞通过股权转让实现。

股权结构对公司实施股权激励的影响较大，如果企业存在大股东，大股东股权转让一般作为股份的主要来源；如果存在占股比较大的外部投资人，外部投资人股权转让往往也是股份的主要来源。

初创型企业由于规模小，对资金的需求比较高，从企业的利益出发，一般多采用增资的方式，增加公司的现金流，较少采用股权转让的方式；成长型阶段的企业，一般具备了持续的现金创造能力，可以采用部分股份转让，部分采用增资的方式；在成熟型企业中，由于公司的现金流比较稳定，可以更多采用转让的方式。

（三）期权池

期权池（Option Pool）是在融资前为未来引进高级人才而预留的一部分股份，一般以大股东代持或者设立专门持股平台企业（有限公司或有限合伙）的形式预留。如果不预留，会导致将来融资以后进来的高级人才要求股份，则会稀释原来创业团队的股份，这会带来一些隐患。

如果是大股东代持的方式操作，大股东与激励对象签署股转协议，以约定价格转让股份。如果是持股平台企业的方式操作，员工与持股平台签署股转协议。

设置期权池实际上也是股权转让的一种形式，只是出让方的股权并不是他（它）自己的，而是代持的。以目前市场情况来说，创业企业设置期权池的情况较多。

从风险投资（Venture Capital，VC）的角度来看，设立期权池可以大大降低其股份被稀释的风险。如若 VC 进入 A 轮融资的时候，创业公司不设置期权池，或者期权池设置过小，B 轮融资新的投资者要求设立期权池，此时 A 轮融资的 VC 已经成为公司的股东，其股份会按比例被稀释。如若 A 轮融资时，期权池预留足够大，未分配的期权将作为 B 轮的期权池，那么 A 轮融资后 VC 持有的股份被稀释的风险更加小。期权池的股份比例一般预留 10% ~ 20%，具体根据各公司不同情况而定。

二、资金来源

股权激励模式多种多样，有一些激励模式是不需要激励对象出资的，例如虚拟股票、股票增值权，分红权激励。但也有一部分是需要激励对象出资的，例如股票期权、限制性股票，等等。以后者来讲，企业在制定股权激励方案过程中必须考虑行权资金。如果企业设计的激励方案需要员工出资，但员工又很难实现自有资金出资，那么天渡法商团队认为该方案也不是一个可行性很强的方案。

行权资金来源有如下几个：

（一）激励对象自筹资金

根据《管理办法》，上市公司不得为激励对象提供贷款以及其他形式的财务资助。因此，上市公司和新三板公司是不允许公司提供资金资助的，针对中小民营企业这一点就更加灵活。从股权激励方案设计的角度来说，企业需要提前做一定的铺垫工作让员工认识到风险与收益的对等、激励与约束的对等。但是企业在制定股权激励方案的时候也需要充分考虑到员工的个人支付能力，如果激励计划远远超出了员工的支付能力，就会使激励效果打折扣。另外，可以采取分期付款的方式降低员工的经济压力。

（二）奖金筹资

非上市公司一般采用此种方法，员工以奖金、年终奖等未来的薪酬扣除一部分作为行权所需要资金。但在实际操作过程中，有不少企业把奖励基金作为经营成本列支，这就涉及税收问题。

（三）分红权回填

简单来讲，就是利用期权的分红支付股权对价款。针对已经回填部分，股权有完全的所有权；未回填的部分，因为未支付股权对价款，所以只有分红权，没有完全的所有权。

（四）公司、股东借款或担保

如果公司的现金流比较充裕，可以提供公司借款用于员工行权所需之资金；或者员工向大股东借款，以期权做质押的形式实现借款。

华为每次实施股权激励计划都会考虑到员工的购买能力，如若员工的奖金不足以支付股权对价款，公司亦会提供担保，帮助员工获得银行贷款购买股权。

第五节　定价格

价格和数量是决定股权激励力度的两个关键要素，8D 模型中的定价格定的是行权的价格，也就是激励对象根据激励方案行权时购买股权的价格。股权激励中，确定股票或者股份的价格和公司的性质是息息相关的。对于激励对象来说，行权价格越低对其越有利，但与此同时却会损害股东利益，如何确定合适的行权价格有很多影响因素。

前面的章节学习了6种股权激励的模式，如果员工行权的价格和行权时公司的实际价格价差过低，员工将会缺乏动力去行权，股权激励计划也会受阻；如若价差为负数甚至会导致人员的集体流失。故而确定合适的股份价格非常关键，确定公司股份价值涉及的主要问题是公司估值问题。本章节各介绍了上市公司以及非上市公司的定价方法，虽然本书主要服务于中小民营企业，但是也有必要对上市公司的法律法规做一定了解。

一、上市公司股权定价方法

（一）法律依据

上市公司股权激励计划主要包含股票期权、限制性股票和股票增值权激励。对于前两种股权激励计划的定价，《管理办法》明确规定：

第23条　上市公司在授予激励对象限制性股票时，应当确定授予价格或授予价格的确定方法。授予价格不得低于股票票面金额，且原则上不得低于下列价格较高者：

（一）股权激励计划草案公布前1个交易日的公司股票交易均价的50%；

（二）股权激励计划草案公布前20个交易日、60个交易日或者120个交易日的公司股票交易均价之一的50%。

上市公司采用其他方法确定限制性股票授予价格的，应当在股权激励计划中对定价依据及定价方式作出说明。

第29条　上市公司在授予激励对象股票期权时，应当确定行权价格或者行权价格的确定方法。行权价格不得低于股票票面金额，且原则上不得低于下列价格较高者：

（一）股权激励计划草案公布前1个交易日的公司股票交易均价；

（二）股权激励计划草案公布前20个交易日、60个交易日或者120个交易日的公司股票交易均价之一。

　　上市公司采用其他方法确定行权价格的，应当在股权激励计划中对定价依据及定价方式作出说明。

（二）股票增值权激励
股票增值权定价方法和股票期权定价方法一致。

二、非上市公司股权定价方法

　　中国证券业协会关于发布《证券公司金融工具估值指引》等三项指引的通知：

　　"2017 年，财政部修订了《企业会计准则第 22 号——金融工具确认和计量》、《企业会计准则第 23 号——金融资产转移》、《企业会计准则第 24 号——套期会计》等新金融工具准则。为配合新准则的实施，指导证券公司科学、合理地对金融工具进行估值和减值，协会制定了《证券公司金融工具估值指引》、《非上市公司股权估值指引》及《证券公司金融工具减值指引》，已经协会第六届理事会第八次会议表决通过，现予以发布。"

　　非上市公司股权定价 6 大方法：净资产定价法、综合定价法、资产定价法、市盈率定价法、市场评估定价法、净现金流则算法。

（一）净资产定价法操作步骤

表 4-17　净资产定价法

第一步	算出公司净资产。
第二步	设定公司总股本。
第三步	公司股份价值＝净资产/总股本。

（二）综合定价法操作步骤

表 4-18　综合定价法

第一步	综合考虑销售收入、净利润与净资产定价，对它们赋予不同的权重，从而计算出公司的总价值。
第二步	设定公司的总股本。

续表

第三步	公司股份价值＝总资产/总股本。

（三）资产定价法操作步骤

表4-19　资产定价法

第一步	对公司有形、无形资产分别赋予不同的权重，计算公司总价值。
第二步	设定公司的总股本。
第三步	公司股份价值＝总资产/总股本。

（四）市盈率定价法操作步骤

表4-20　市盈率定价法

第一步	股票价格＝每股收益×市盈率。
第二步	每股收益＝净利润/年末普通股股份总数。
第三步	市盈率＝普通股每股的市场价格/普通股每年每股的盈利（即股票每股税后收益）。
备　注	其中，净利润可以根据公司上一年度的损益表及本年度发生损益的情况进行预测；公司的总股本可以看作是公开发行股票前的总股数。

（五）市场评估定价法操作步骤

表4-21　市场评估定价法

第一步	确定几家规模、发展阶段和本公司相近的公司作为参考公司。
第二步	根据参考公司的净利润、净资产或现金流量等股价指标算出参考公司相关指标的价值比例。
第三步	算出所有参考公司的平均比率，根据本公司的相同股价指标推断出公司的价值。
第四步	设置总股本。
第五步	公司股份价格＝总价值/总股本。

（六）净现金流则算法操作步骤

表 4-22　净现金流则算法

第一步	把公司整个寿命周期内的现金流量以货币的时间价值作为贴现率，据此计算公司净现值，并按照一定的折扣率计算，以此确定公司的股份价格。
备　注	这种方法确定过程较为复杂，对现金流的预估、折现率的选取等需要专业的财务知识以及对行业前景的准确预判，所以推荐具有上市计划的公司采用此方法。

在实施股权激励时应把握好如下定价原则：

同一批激励股票必须同股同价。这是一条公平原则，不能因为激励对象的职务或者工种不同，而出现同股不同价的状况。针对不同的激励对象可以在授予数量上有所差异，得以区分。

公司在不亏损的情况下，后续再实施股权激励计划时，其股份价格应当比前一次实施股权激励计划时的价格更高。

上海合全药业股份有限公司股票期权激励计划（修订稿）节选[1]

第二章　实施本计划的目的与原则

一、实施本计划的目的

为了进一步建立、健全公司长效激励机制，吸引和留住优秀人才，充分调动公司管理层及员工的积极性，有效地将股东利益、公司利益和管理层、员工个人利益结合在一起，使各方共同关注公司的长远发展，在充分保障股

---

〔1〕　参见《合全药业：上海合全药业股份有限公司股票期权激励计划（修订稿）》，载东方财富网 http://xinsanban.eastmoney.com/Article/NoticeContent? id=AN201706270672410594，最后访问日期：2019 年 10 月 25 日。

东利益的前提下，按照收益与贡献对应的原则，根据《公司法》等有关法律、法规和规范性文件以及《公司章程》的规定，制定本计划。

二、实施本计划的原则

1. 依法合规：严格按照法律、行政法规、规章及监管部门规范性文件的规定履行程序。

2. 自愿参与：本着自愿参与、量力而行的原则，不以摊牌、强行分配等方式强制员工参与。

3. 风险自担：参与人员盈亏自负，风险自担。

4. 激励与约束相结合：激励长期业绩达成，挂钩业绩指标，强化共同愿景，绑定核心员工与股东的长期利益。

第三章　本计划的管理机构

一、股东大会作为公司的最高权力机构，负责审议批准本计划的实施、变更和终止。

二、董事会是本计划的执行管理机构，负责拟定和修订本计划，报公司股东大会审批和主管部门审核（如需），并在股东大会授权范围内办理本计划的相关事宜。董事会有权根据实际需要为本计划执行成立专门的工作组或其他机构，负责本计划的具体实施。

第四章　激励对象的确定依据和范围

一、激励对象的确定依据及原则

（一）激励对象确定的法律依据

本计划激励对象依据《公司法》等有关法律、法规和其他规范性文件，以及《公司章程》的相关规定，结合公司实际情况而确定。

（二）激励对象确定的主要原则

1. 激励对象的确定原则激励对象可为下列人员：

（1）公司董事（不包括独立董事）、监事、高级管理人员。

（2）公司中层管理人员。

（3）公司核心技术（业务）人员。

本计划激励对象均为中国籍自然人，除公司董事、监事外，其他所有激励对象必须在本计划规定的考核期内在公司或其控股子公司中任职并与公司或其控股子公司签署劳动合同。激励对象经考核合格后方可具有被授予股票期权的资格。

2. 有下列情形之一的，不能成为本计划的激励对象：

（1）最近3年内被全国中小企业股份转让系统公开谴责或宣布为不适当人选的。

（2）最近3年内因重大违法违规行为被中国证监会或全国中小企业股份转让系统予以行政处罚的。

（3）具有《公司法》第146条规定的不得担任董事、监事、高级管理人员情形的。

如在公司本计划实施过程中，激励对象出现以上任何规定不得参与激励计划情形的，公司将终止其参与本计划的权利，收回并注销其已被授予但尚未行权的全部股票期权。

二、激励对象的范围

根据上述确定依据及原则，在本计划项下拟授予股票期权的激励对象共计165名，具体激励对象名单、职务等情况详见本计划附件。

第五章 本计划的具体内容

一、授予股票期权的数量

本计划拟授予激励对象540万份股票期权，每份股票期权拥有在可行权日以行权价格和行权条件通过直接认购或间接认购（包括但不限于通过其认购的证券公司资产管理计划、私募股权基金等合规金融产品认购）方式购买一股公司股票的权利。

二、股票期权激励计划的股票来源

本计划的股票来源为公司向激励对象认购的证券公司资产管理计划、私募股权基金等合规金融产品定向发行公司股票或直接向激励对象定向发行公司股票。本计划所涉股票的最终来源由公司董事会或董事会授权公司管理层根据市场及政策情况最终确定。

三、标的股票数量

本计划授予激励对象的股票期权数量为 540 万份，对应的标的股票数量为 540 万股，占本计划生效日公司股份总数 12 000 万股的 4.5%。

四、股票期权激励计划的具体分配

本计划拟向各激励对象授予的股票期权具体数量及占本计划生效日公司股本总额的比例等情况，详见本计划附件。

五、股票期权激励计划的有效期、授予日、等待期、可行权日、禁售期

（一）股票期权激励计划的有效期

本计划的有效期为自授予日起 10 年。

（二）授予日

授予日在本计划经公司股东大会审议批准后由公司董事会确定，且不得晚于本计划经公司股东大会审议批准后的 30 日。授予日必须为交易日，但不得在下列期间内授予：

1. 公司定期报告公告之前 30 日内。

2. 公司业绩预告、业绩快报公告前 10 日内。

3. 重大交易或重大事项决定过程中至该事项公告后 2 个交易日内。

4. 其他可能影响股价的重大事件发生之日起至公告后 2 个交易日内。上述"重大交易""重大事项"及"可能影响股价的重大事件"为公司依据《全国中小企业股份转让系统业务规则（试行）》的规定应当披露的交易或其他重大事项。

（三）等待期

等待期是指股票期权授予日至股票期权可行权日之间的时间，为 24 个月，自授予日起算。

（四）可行权日

在本计划通过后，授予的股票期权自上述等待期满后可以分期开始行权。可行权日必须为交易日，但不得在下列期间内行权：

1. 公司定期报告公告之前 30 日内。

2. 公司业绩预告、业绩快报公告前 10 日内。

3. 重大交易或重大事项决定过程中至该事项公告后 2 个交易日内。

4. 其他可能影响股价的重大事件发生之日起至公告后 2 个交易日内。上述"重大交易""重大事项"及"可能影响股价的重大事件"为公司依据《全国中小企业股份转让系统业务规则（试行）》的规定应当披露的交易或其他重大事项。

（五）行权安排

在满足本计划规定的相关行权条件的前提下，激励对象可在各自等待期起始之日起 72 个月内分 4 期行使，具体行权安排如表 4-23：

表 4-23 具体行权安排

行权期	行权时间	可行权数量占激励对象获授期权数量比例/%
第一个行权期	自等待期届满之日后的首个交易日起至等待期届满之日起 12 个月内的最后一个交易日当日止。	20
第二个行权期	自等待期届满之日起 12 个月后的首个交易日起至等待期届满之日后起 24 个月内的最后一个交易日当日止。	20
第三个行权期	自等待期届满之日起 24 个月后的首个交易日起至等待期届满之日起 36 个月内的最后一个交易日当日止。	20
第四个行权期	自等待期届满之日起 36 个月后的首个交易日起至等待期届满之日起 48 个月内的最后一个交易日当日止。	40

激励对象必须在期权行权有效期内行权完毕。若在上述行权期内未行权或部分行权的，视为相关激励对象放弃未行权部分股票期权，该等期权由公司注销或届时经股东大会、董事会决议对该等可行权份额进行其他安排。

（六）禁售期

禁售期是指激励对象行权后所获得的股票进行售出限制的时间段。本计划的禁售规定按照《公司法》《证券法》等相关法律、法规和规范性文件，以及《公司章程》执行，具体规定如下：

1. 激励对象为公司董事、监事和高级管理人员的，其在任职期间每年转让的股份不得超过其所持有本公司股份总数的 25%；在离职后半年内，不得转让其所持有的本公司股份。

2. 激励对象为公司董事、监事和高级管理人员的，将其持有的本公司股票在买入后 6 个月内卖出，或者在卖出后 6 个月内又买入，由此所得收益归本公司所有，本公司董事会将收回其所得收益。

3. 在本计划的有效期内，如果《公司法》《证券法》等相关法律、法规和规范性文件以及《公司章程》中对公司董事、监事和高级管理人员持有股份转让的有关规定发生了变化，则这部分激励对象转让其所持有的公司股票应当在转让时符合修改后的《公司法》《证券法》等相关法律、法规和规范性文件以及《公司章程》的规定。

六、股票期权的获授条件

本计划经公司股东大会审议批准后，本计划项下列明的激励对象自动获授期权。

七、股票期权的行权条件

1. 本计划在 2015—2019 年五个会计年度中，分年度进行绩效考核并行权，每个会计年度考核一次，以达到绩效考核目标作为激励对象的行权条件。各年度绩效考核目标如表 4-24 所示：

表 4-24　各年度绩效考核目标

行权期	绩效考核目标
第一个行权期	2015 年度营业收入不低于人民币 12.5 亿元且 2016 年度营业收入不低于人民币 14.375 亿元。
第二个行权期	2017 年度营业收入不低于人民币 16.5625 亿元。
第三个行权期	2018 年度营业收入不低于人民币 18.75 亿元。
第四个行权期	2019 年度营业收入不低于人民币 20.625 亿元。

上述"营业收入"是指公司合并报表中的营业收入。

2. 本计划有效期内，根据公司内部相关考核制度及标准，激励对象每次行权前一个年度的年终考核结果在合格以上（即行权前一年度年终考核在 B 以上，包括 B），激励对象当期全部可行权份额方可行权；若行权前一年度年终考核不合格（即行权前一年度年终考核低于 B），则激励对象所获股票期权当期全部可行权份额由公司注销。

八、股票期权的行权价格或确定依据

1. 本次授予的股票期权的行权价格

本计划项下授予激励对象股票期权的行权价格均为人民币 26.04 元/股。

2. 本次授予的股票期权的行权价格确定依据

上述行权价格系公司综合考虑公司经营情况、资产情况、员工对公司的贡献情况以及本计划对员工的激励效果等因素综合确定。

律师精彩解读

上市公司在以股票作为激励时，应根据《管理办法》中的相关规定定价。定价方式：

（1）股票存量激励。根据《股权激励有关事项备忘录 1 号》（已失效）规定，如果标的股票的来源是存量，即从二级市场购入股票，则按照《公司法》关于回购股票的相关规定执行。如果是作为奖金性质的股票，激励对象不用出资购买。

（2）股票增量激励。如果激励股票来源为增量，即公司通过定向增发的方式取得股票，实质属于股票的定向发行，应参照现行《上市公司证券发行管理办法》（已被修改）中有关定向增发的定价原则和锁定期要求确定价格和锁定期，同时应考虑股权激励的激励效应予以定价。

定向增发的股票价格定价方法：

根据《上市公司证券发行管理办法》，上市公司应按照不低于该发行底价的价格发行股票。按照规定，"定价基准日"是指计算发行底价的基准日。定价基准日，可以为关于本次非公开发行股票的董事会决议公告日、股东大会决议公告日，也可以为发行期的首日。

具体的计算公式为：

定价基准日前 20 个交易日的股票交易均价=定价基准日前 20 个交易日的股票交易总额÷定价基准日前 20 个交易日的股票交易总量。

对于非上市公司而言，做到客观地评估往往很难。尤其是那些科技类公司，其商业价值尚未体现或仅仅体现出了某一部分时，评估往往很难做到客观。所以，非上市公司在设定价格时，成本价只是一个参考，公司估值的评定同样也只是一个参考，关键在于员工应与老板对公司的未来价值达到一种共识，即认可公司的核心价值观。而作为公司一方，最好从激励为目的出发，并结合市场信值，在价格的设定上，尽量以低于成本价的方式出现，从而显示出诚意，这样更有利于凸显出激励的优势。

延伸阅读

互联网时代的估值新命题[1]

到了互联网时代，估值似乎更难了。

有了 BAT 等公司"边际成本为 0、流量效应巨大、躺着赚钱"的优秀先例，投资机构热捧互联网商业模式。著名投资人吴伯凡曾经指出"未来不管进入什么行业，一定要找到收益和成本的分叉的这两个曲线。你能够让你的收益曲线保持非常陡峭的增长，你的成本曲线保持平缓甚至下降的，你这个巨大的空间这就是你的未来"。而互联网商业模式往往呈现达到一定规模后边际成本为 0 的特征。这也是互联网商业模式往往能够得到更高估值的重要原因。

除此之外，互联网商业模式所具备的业务新、可比标的少、迭代快、被颠覆性强、有营收无利润以及猪请牛吃饭羊埋单等特征使得可比公司法、现金流折现法等估值方法不合时宜，用户量、流量、单用户收入成为重要的指标。

互联网商业模式对流量的巨大需求决定了独角兽型公司才会胜出，一将功成万骨枯，跨不过某个规模效应的坎，估值为 0。随着估值盛宴的水涨船高，流量巨大但净利润始终为 0 甚至亏损的企业或陈尸死亡榜，或抱团取暖求并购，估值泡沫的破灭引领了市场理性的回归。

著名新媒体罗辑思维也曾在晨间分享中指出："所有做平台的商业模式都在假设当平台做大之后，平台上的商家和个人都无法离开我了。这样我就不用干活了，别人干活我来数钱，有人开玩笑把这种商业模式称为拦路抢劫。这个模式现

---

〔1〕 参见唐伟、车红：《种下股权的苹果树》，机械工业出版社 2016 年版，第 201 页。

在肯定成立，很多大公司也确实是这么做的。但互联网在加速演化，未来没有什么平台是离不开的。凯文·凯利就说过，未来的一切都是流，流淌的流，信息甚至车子、房子也都是流。像自来水一样很方便得到它，而水是无孔不入的，拦截水流会变得越来越困难。平台的价值也就越来越小"。因此，流量型企业的估值在理性回归的市场中如何演变，值得拭目以待。

第六节　定时间

定时间指的是确定激励计划中的时间安排，包括股权授予日、有效期、等待期、可行权日及禁售期等。通常股权授予日与获授股权首次可行权日之间的间隔不得少于 1 年，并且需要分期行权。如果选择股票期权作为激励工具，建议行权期原则上不得少于 2 年，行权有效期不得低于 3 年，有效期内匀速行权。如果属于限制性股票，则需要约定相应的限制条件：持股人员必须在公司服务满一定年限，满足条件后可以一定价格转让所持股份，退出持股计划；该期限可以根据持股人员岗位的重要性以及与公司发展的密切程度区别规定，短期可为 3 年、5 年，长期可为 10 年或以上。

定时间分为两个层面：一个是战略上的，企业在什么阶段实施股权激励；一个是战术性的，股权激励方案中的几个时间节点的设计问题。

一、公司实施股权激励的时机

天渡法商团队在做咨询工作的时候遇到最多的问题就是企业处于初创期是否适宜实施股权激励政策，这个不能一概而论。很多企业初创期处于不稳定的状态，企业的估值不确定、商业模式不确定、企业技术研发不确定、人员流动性较大，在这样的情况下企业盲目实施股权激励计划，希望用股权激励去解决企业的管理问题是行不通的。因为此时，员工无法认识到被激励的股权是否有价值，那么起到的激励效果也是有限的。但是有一些高新技术企业，例如人工智能、互联网类等企业，很多员工有过海外留学经历，一入职就希望公司有股权激励方案，这时企业就需要及时配套股权激励方案。所以，实施股权激励的时间节点没有一个绝对的标准。但是，也存在相对的标准，在企业发展过程中有如下几个节点可以考虑实施股权激励：

（一）企业并购重组阶段

企业如果发生并购重组，无论是自己的公司并购了其他公司还是被并购，对于企业来说都是重大利好消息。说明公司的发展取得了一定的成果，处于良性发展阶段。此时时刻，员工认可公司的价值，更容易达到预期的激励效果。

（二）股权融资阶段

如果公司已经引进战略投资人，公司走上资本化道路，即表示外部投资人对公司价值的认可。那么，内部员工可以很直观地了解到公司的价值等同于本轮融资的估值，此时实施股权激励效果也会更佳。

（三）公司经营业绩有重大提升或技术实现重大突破阶段

当公司经营业绩出现重大提升，或技术实现重大突破，这个时候公司更加需要留住人才、吸引人才、激励人才。同理，员工感受到公司蓬勃发展、长期发展战略明确，在整体判断公司价值的情况下，更愿意将公司的长远发展和个人的利益长期绑定在一起。

以上并不代表企业一定要发展到很大规模时才需要股权激励，就像做事情不能都等到万事俱备的阶段才能做，这样也会失去很多时机，机遇往往伴随着风险。只有尽早找准时机用股权的力量激励团队才更有可能把公司做强做大。如果等到公司规模壮大再去做股权激励，可能股权激励的设想永远也没办法实现。

二、股权激励方案的时间节点

（一）有效期

股权激励的有效期是指从授予日起到股权激励失效之日止的整个时间段。在制定股权激励计划时应当明确股权激励的有效期。法律规定上市公司股权激励的有效期为1—10年，非上市公司没有法律规定，但可以参照适用。股权激励的有效期应当与公司战略目标完成所需要的时限基本一致，以保障公司运用股权激励工具顺利完成战略目标。另外股权激励的有效期应当不超过激励对象与公司签署的劳动合同中约定的有效期，否则应提前签署补充合同以延续劳动关系。

（二）授权日

授权日也称为授予日，即公司向激励对象授予股权激励的日期。在确定股权激励等待期时，应以股权激励的授权日为起算点，而不是以股权激励生效日为起算点。股权激励计划的生效日为公司股东大会审议通过之日，股东大会审议通过后再召开董事会由公司董事会确定一个具体的日期便是股权激励授权日。

（三）等待期

激励对象在授权日获得可以在未来行权的授权后，一定不是马上行权的，需要等待期，只有在符合一定条件的情况下才可以行权。一般情况下，股权期权要求一定的业绩指标的，只有激励对象满足公司和个人的业绩指标的前提下，公司才同意行权。这个周期就是等待期。等待期一般和业绩指标、时间周期有关。

等待期的设计方式一般有以下三种方式：

1. 一次性等待期

股权激励计划约定激励对象在等待期届满后一次性获得激励标的全部权益，该等待期就为一次性等待期。例如：某公司股权激励计划规定，激励对象有权在股票期权授予日起 3 年后，可以一次性行权获得全部股票，这 3 年等待期就是一次性等待期。

2. 分批等待期

股权激励机构约定激励对象分批行权，分次获得激励标的相应部分的处分权益，那么这就是分批等待期。

例如：某公司股权激励计划规定，激励对象在满足行权条件时分四批行权，每次的行权比例为激励标的总额的 25%，等待期分别为第 1 年，第 2 年，第 3 年，第 4 年。分批等待期能长期绑定激励对象且能避免激励对象短期获利行为，目前实践中较常采用。

3. 业绩等待期

业绩等待期是指激励对象在股权激励计划有效期内完成既定的业绩目标，就可以获得激励标的全部权益。业绩等待期的长短是不确定的，以既定业绩目标是否完成来确定等待期是否届满。

（四）行权期

行权期又称为空窗期，是指股权激励计划的等待期满次日起至有效期满当日止可以行权的期间。进入行权期后，激励对象有权利开始行权。

1. 可行权日

如果激励对象满足的业绩条件或者时间周期的要求，公司将同意激励对象的行权，一直到有效期结束之前的日期，均是可行权日。可行权日与等待期紧密相连，可行权日就是等待期结束之日。在实践中，一般有 4 种形式确定可行权日：

（1）按照时间顺序行权。如果选择一次性行权，行权日应该设定在授权日之后的 1 年以上，不能低于 1 年。这是根据《管理办法》规定要求的。当然，这是针对上市公司的，但是，中小企业非上市公司对此也应当借鉴，不能低于 1 年，可以 2 年、3 年，但跨度过长也不好。如果选择分阶段行权的，行权期与等待期一定要吻合。

（2）按照业绩要求行权。上面提到，等待期以业绩是否达标来设定业绩等待期。那么业绩达标了，紧接着就进入行权期，所以，可行权日在这种情况下就是以业绩为指标的。

（3）按照工龄确定可行权日。股权激励方案可以以激励对象的工龄为行权指标。员工在公司的时间达到要求，即可行权，员工以劳动合同和岗位责任、绩效考核办法的要求履行劳动合同规定的服务期即可行权。

（4）以一定的里程碑事件发生时点为可行权日。例如公司 A 轮融资完成日、公司新三板挂牌日，等等。

2. 行权日

指职工和其他方行使权利、获取现金或权益工具的日期。持有股票期权的职工行使了以特定价格购买一定数量本公司股票的权利，该日期即为行权日。行权是按期权的约定价格实际购买股票，一般是在可行权日之后到期权到期日之前的可选择时段内行权。

（五）禁售期

对激励对象行权后所获股票进行售出限制的时间段。这个禁售期的规定主要是防止激励对象利用内幕信息或者为了短期利益套现，从而损害公司利益。股权激励方案必须设计禁售期，股权激励禁售期是指激励对象行权之后，强制规定其必须持股一段时间才能转让或出售，这段禁止出售期限即为禁售期。设置禁售期主要是为了防止激励对象利用公司内部信息优势以损害公司及其他股东的利益为代价抛售激励股票谋取私利。

根据《公司法》和《证券法》要求，禁售期的要求如下：

（1）被激励对象为公司董事、监事和高级管理人员的，自股票交割日起，其在任职期间每年转让的股份不得超过其所持有本公司股份总数的 25%；在离职后半年内，不得转让其所持有的本公司股份。

（2）被激励对象为公司核心员工的，自股票交割日起，其在任职期间每年转让的股份不得超过其所持有本公司股份总数的 50%；在离职后半年内，不得转让其所持有的本公司股份。

（六）出售日

出售日是指股票的持有人将行使期权所取得的期权股票出售的日期。按照我国法规规定，用于期权激励的股份支付协议，应在行权日与出售日之间设立禁售期，其中国有控股上市公司的禁售期不得低于 2 年。

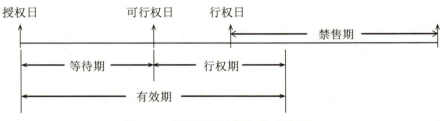

图 4-8　股权激励计划中的时间节点

顺丰控股股份有限公司2018年限制性股票
激励计划（草案）节选[1]

第五章 激励计划具体内容

四、激励计划的有效期、授予日、限售期、解除限售安排、禁售期

（一）有效期

本计划有效期为限制性股票授予完成登记之日起至所有限制性股票解除限售或回购注销完毕之日止，最长不超过48个月。

（二）授予日

授予日在本计划经公司股东大会审议通过后由公司董事会确定。公司在股东大会审议通过后60日内，公司按相关规定召开董事会对激励对象进行授予，并完成公告、登记。公司未能在60日内完成上述工作的，披露未完成的原因并终止实施本计划，未授予的限制性股票失效。授予日必须为交易日，且不得为下列区间日：

1. 公司定期报告公告前30日内，因特殊原因推迟定期报告公告日期的，自原预约公告日前30日起算，至公告前1日。

2. 公司业绩预告、业绩快报公告前10日内。

3. 自可能对公司股票及其衍生品种交易价格产生较大影响的重大事件发生之日或者进入决策程序之日，至依法披露后2个交易日内。

4. 中国证监会及深圳证券交易所规定的其他期间。

上述公司不得授出限制性股票的期间不计入60日期限之内。

预留权益的授予日，遵循上述原则，并在本股权激励计划经股东大会审议通过后12个月内，由董事会确认。

---

〔1〕 参见《顺丰控股股份有限公司2018年限制性股票激励计划（草案）》，载东方财富股吧 http：//guba. eastmoney. com/news，002352，757530649. html，最后访问日期：2019年10月28日。

（三）限售期

限售期为自激励对象获授限制性股票完成登记之日起 12 个月。激励对象根据本计划获授的限制性股票在解除限售前不得转让、用于担保或偿还债务。

（四）解除限售安排

在解除限售期内，公司为满足解除限售条件的激励对象办理解除限售事宜，未满足解除限售条件的激励对象持有的限制性股票由公司回购注销。

本计划首次授予的限制性股票的解除限售期及各期解除限售时间安排如表 4-25 所示：

表 4-25　首次授予的限制性股票的解除限售期及时间安排

首次授予部分 解除限售期	解除限售时间	解除限售 比例/%
第一个解除限售期	自授予完成登记之日起 12 个月后的首个交易日起至授予完成登记之日起 24 个月内的最后一个交易日当日止。	50
第二个解除限售期	自授予完成登记之日起 24 个月后的首个交易日起至授予完成登记之日起 36 个月内的最后一个交易日当日止。	50

预留授予解除限售期及各期解除限售时间安排如表 4-26 所示：

表 4-26　预留授予解除限售期及时间安排

预留解除限售期	预留解除限售时间	预留解除 限售比例/%
预留第一个解除限售期	自授预予完成登记之日起 12 个月后的首个交易日起至预留授予完成登记之日起 24 个月内的最后一个交易日当日止。	50
预留第二个解除限售期	自预留授予完成登记之日起 24 个月后的首个交易日起至预留授予完成登记之日起 36 个月内的最后一个交易日当日止。	50

激励对象获授的限制性股票由于资本公积金转增股本、股票红利、股票拆细而取得的股份同时限售，不得在二级市场出售或以其他方式转让，该等股份的解除限售期与限制性股票解除限售期相同。

在上述约定期间内未申请解除限售的限制性股票或因未达到解除限售条件而不能申请解除限售的该期限制性股票，公司将按本计划规定的原则回购并注销激励对象相应尚未解除限售的限制性股票。

（五）禁售期

本计划的禁售期规定按照《公司法》《证券法》等相关法律、法规、规范性文件和《公司章程》执行，具体规定如下：

1. 激励对象为公司董事和高级管理人员的，其在任职期间每年转让的股份不得超过其所持有本公司股份总数的 25%；在离职后半年内，不得转让其所持有的本公司股份。

2. 激励对象为公司董事和高级管理人员的，将其持有的本公司股票在买入后 6 个月内卖出，或者在卖出后 6 个月内又买入，由此所得收益归本公司所有，本公司董事会将收回其所得收益。

3. 激励对象减持公司股票还需遵守《上市公司股东、董监高减持股份的若干规定》《深圳证券交易所上市公司股东及董事、监事、高级管理人员减持股份实施细则》等相关规定。

4. 在本计划有效期内，如果《公司法》《证券法》等相关法律、法规、规范性文件和《公司章程》中对公司董事和高级管理人员持有股份转让的有关规定发生了变化，则这部分激励对象转让其所持有的公司股票应当在转让时符合修改后的《公司法》《证券法》等相关法律、法规、规范性文件和《公司章程》的规定。

顺丰控股股份有限公司 2017 年股票增值权激励
计划（草案）摘要节选[1]

四、激励计划的有效期、授予日、等待期、行权安排、可行权日

（一）有效期

本计划有效期为股票增值权授予完成登记之日起至所有股票增值权行权

---

〔1〕 参见《顺丰控股股份有限公司 2017 年股票增值权激励计划（草案）摘要》，载东方财富股吧 http://guba.eastmoney.com/news，002352，722367408.html，最后访问日期：2019 年 10 月 28 日。

或注销完毕之日止，最长不超过 48 个月。

（二）授予日

授予日在本计划经公司股东大会审议通过后由公司董事会确定。公司在股东大会审议通过后 60 日内，公司按相关规定召开董事会对激励对象进行授予，并完成公告、登记。公司未能在 60 日内完成上述工作的，披露未完成的原因并终止实施本计划。

授予日必须为交易日，且不得为下列区间日：

1. 公司定期报告公告前 30 日内，因特殊原因推迟定期报告公告日期的，自原预约公告日前 30 日起算，至公告前 1 日。

2. 公司业绩预告、业绩快报公告前 10 日内。

3. 自可能对公司股票及其衍生品种交易价格产生较大影响的重大事件发生之日或者进入决策程序之日，至依法披露后 2 个交易日内。

4. 中国证监会及深圳证券交易所规定的其他期间。上述公司不得授出股票增值权的期间不计入 60 日期限之内。

（三）等待期

指股票增值权授予完成登记之日至股票增值权可行权日之间的期限，本计划等待期 1 年。

（四）行权安排

本计划授予的股票增值权自本期激励计划授予完成登记之日起满 12 个月后，激励对象应在未来 24 个月内分两期行权。本次授予增值权行权期及各期行权时间安排如表 4-27 所示：

表4-27　增值权行权期及时间安排

行权期	行权时间	行权比例/%
第一个行权期	自授予完成登记之日起 12 个月后的首个交易日起至授予完成登记之日起 24 个月内的最后一个交易日当日止。	50
第二个行权期	自授予完成登记之日起 24 个月后的首个交易日起至授予完成登记之日起 36 个月内的最后一个交易日当日止。	50

本计划有效期结束后，已获授但尚未行权的股票增值权不得行权，未行权的该部分增值权由公司作废注销。

（五）可行权日

在本计划通过后，授予的股票增值权自授予完成登记之日起满 12 个月后可以开始行权。可行权日必须为交易日，但不得在下列期间内行权：

1. 公司定期报告公告前 30 日，因特殊原因推迟定期报告公告日期的，自原预约公告日前 30 日起算。

2. 公司业绩预告、业绩快报公告前 10 日至公告后 2 个交易日。

3. 重大交易或重大事项决定过程中至该事项公告后 2 个交易日。

4. 其他可能影响股价的重大事件发生之日起至公告后 2 个交易日。

上述"重大交易""重大事项"及"可能影响股价的重大事件"为公司依据《深圳证券交易所股票上市规则》的规定应当披露的交易或其他重大事项。

激励对象必须在股票增值权有效期内行权完毕，计划有效期结束后，已获授但尚未行权的股票增值权不得行权。

■ 律师精彩解读

公司在实施激励计划时，尤其是上市公司，除了确定好起始日与结束日之外，还应注意授予日必须为交易日，并且不得是：

（1）公司定期报告公告前 30 日内至公告后 2 个交易日内，因特殊原因推迟公告日期的，自原公告日前 30 日起至最终公告日。

（2）公司业绩快报、业绩预告公告前 10 日内至公告后 2 个交易日内。

（3）自可能对公司股票交易价格产生重大影响的重大事项发生之日或在决策过程中至依法披露后 2 个交易日内。

（4）中国证监会及证券交易所规定的其他期间。

上市公司授予的限制性股票，当有效期到达后不一定要卖出股票。对于上市公司而言，限制性股票只是在一定期限内不允许卖出，一旦过了有效期，激励对象即拥有这些股票的所有权，股票解禁后，激励对象可以根据当时的市场行情，自愿选择卖出的时机。

在制订股权激励计划时，重要的时间点很重要，一定要确定好，针对上市公司，如果时间点模糊，则无法通过中国证监会的审核。对于非上市公司，如果时间点模糊，则同样会为日后激励对象行权带来隐患，不利于公司长远发展。

针对非上市公司的激励对象，在激励期满后可以将奖励的部分等价兑换为公司的股份。但是激励对象的这种意愿必须与公司协商，得到股东会的认可后方可实施。在这种情况下，通常说明激励对象十分认同公司的核心价值观，并看好公司未来的发展，因此作为公司的股东应肯定这种行为，因为员工这样做，无疑是将自身的利益牢牢地与公司利益捆在了一起。

第七节　定机制

一、治理机制

治理机制在股权激励的层面来讲，主要是指股权激励方案制定、管理、调整、实施、退出的全流程的管理机制。从程序上说，主要包括如下几个方面：

（一）股权激励方案制定机制主要是指公司治理机制

公司的核心机构是三会一层，三会指股东会、董事会，监事会，一层指管理层。股东会是公司最高权力机构，董事会是执行机构，监事会是监督机构。那么在股权激励方案制定过程中，三会一层分工如下：股东会审议表决股权激励方案；董事会起草拟定修改股权激励方案并报股东会审批；监事会负责对股权激励方案制定实施过程进行监督；管理层则负责各个部门的股权激励方案落地操作。例如，人力资源部负责绩效考核，财务部负责编制财务报表。

（二）股权激励方案落地操作机制

天渡法商团队在做企业咨询的过程中，会建议公司设立一个非常设的股权激励工作小组，该小组负责为董事会提供初步方案。其中包含激励人选、行权条件、绩效考核标准等一系列指标。小组主要组成人员包括董事、监事、总经理、人力资源总监、财务总监、部门经理等。

（三）股权激励方案的拟定同样需要聘请第三方顾问机构

第三方顾问机构有丰富相关经验能够有效指导企业完成股权激励方案的制定，同时根据企业自身状况给出最佳的落地实操建议。以第三方机构的角度来说，对症下药首先需要对企业进行外部诊断和尽职调查，以此了解公司治理结构是否合理，是否有股权代持现象，企业是否预留了期权池，公司核心人力及资本包括那些人，股权激励对象覆盖到哪个层面，公司如何估值，等等。目前市面上主要的顾问机构有两类：一类是管理咨询机构，咨询经验比较丰富，侧重于把股权激励看成是提升管理能力的一种管理手段；另一类是职业律师团队，根据以往的经验来看律师团队往往更注重股权激励计划中的落地环节。

股权激励涉及诸多法律问题，例如公司股权布局、增资、公司治理等，所以从本质上说股权激励也属于法律业务范畴，需要精通法律（例如公司法、证券法等）的律师进行方案制定和操作。事实上，股权激励制度最初就是由美国律师路易斯·凯尔索创设的，20世纪60年代该律师针对贫富差距和企业动力真空问题，创设了员工持股计划即ESOP。这一制度很快在美国众多企业中得到推广，并在世界范围内得到推广。

我国内地的第一个股权激励方案，是万科的股权激励方案，实际上这份方案也是由香港律师事务所制定实施的。我国的律师业务发展非常迅速，非诉讼业务已经成为很多律师的主流业务。天渡法商团队整合律师团队及咨询师团队，常年为客户提供合规的专业的股权激励相关服务。

二、考核机制

考核机制指的是行权所需要的业绩考核机制，业绩考核是行权的标志。如果业绩不达标，股权激励方案将不允许行权。因此可以说，绩效考核指标是影响股权激励的核心要素。

A股上市公司推行股权激励，都是有明确的业绩考核条件的，尤其是公司的业绩考核条件。根据《管理办法》第10条、第11条明确规定业绩条件既要考虑公司的业绩目标也要考虑激励对象个人的业绩目标。

第 10 条　上市公司应当设立激励对象获授权益、行使权益的条件。拟分次授出权益的，应当就每次激励对象获授权益分别设立条件；分期行权的，应当就每次激励对象行使权益分别设立条件。

激励对象为董事、高级管理人员的，上市公司应当设立绩效考核指标作为激励对象行使权益的条件。

第 11 条　绩效考核指标应当包括公司业绩指标和激励对象个人绩效指标。相关指标应当客观公开、清晰透明，符合公司的实际情况，有利于促进公司竞争力的提升。

上市公司可以公司历史业绩或同行业可比公司相关指标作为公司业绩指标对照依据，公司选取的业绩指标可以包括净资产收益率、每股收益、每股分红等能够反映股东回报和公司价值创造的综合性指标，以及净利润增长率、主营业务收入增长率等能够反映公司盈利能力和市场价值的成长性指标。以同行业可比公司相关指标作为对照依据的，选取的对照公司不少于 3 家。

激励对象个人绩效指标由上市公司自行确定。

上市公司应当在公告股权激励计划草案的同时披露所设定指标的科学性和合理性。

对于非上市公司而言，业绩考核条件可以用在各个环节，业绩条件的设置可以作为激励对象标准的确定条件、激励对象行权或解除限售条件、激励对象持股期间再激励的条件、激励对象减持或回购的条件。

一般来说，业绩指标主要分为两类：一类是公司整体业绩指标；另一类是激励对象个人业绩指标。

（一）公司整体业绩指标

公司整体业绩指标主要包含财务指标和非财务指标。

财务类指标包括两类：一类是绝对值指标，例如年度净利润、年度销售额、年度总资产；一类是相对值指标，包括净利润增长率、净资产增长率、净资产收益率，等等。

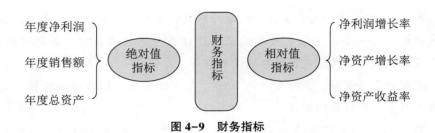

图4-9　财务指标

净利润增长率：净利润增长率是指企业当期净利润比上期净利润的增长幅度，指标值越大代表企业盈利能力越强。

净利润＝利润总额－所得税

净利润增长率＝（当期净利润－上期净利润）／上期净利润×100%

净利润增长额＝净利润－上年净利润

净利润增长率＝（净利润增长额÷上年净利润）×100%

净资产增长率：净资产增长率是指企业本期净资产增加额与上期净资产总额的比率。净资产增长率反映了企业资本规模的扩张速度，是衡量企业总量规模变动和成长状况的重要指标。

净资产增长率＝［（期末净资产－期初净资产）／期初净资产］×100%

在新的企业会计准则下，建议将净资产增长率公式改为：

净资产增长率＝（期末扣除其他资本公积的净资产÷期初扣除其他资本公积的净资产－1）×100%.

非财务类指标主要有市场占有率、客户满意度、关键员工流失率、产品或服务质量等。任何公司在实施股权激励方案对激励对象进行考核时，首先会考虑到财务指标，因为数字往往是最公允的表现，能够最直观的反应激励对象的工作成果。但是仅仅只用财务指标作为考核标准却又忽视了激励对象其他方面的默默努力，所以一般在制定考核机制时也要充分融入非财务指标的考核，这样才会使激励机制更加优化。

图 4-10　非财务指标

（二）激励对象个人业绩指标

激励对象个人业绩指标是指公司对激励对象的行为和夜里进行整体评估，已确定其是否满足行权要求。常见的绩效考核方法主要有 360 度综合考核法、关键绩效指标（KPI）、平衡计分卡（BSC）、目标管理法等方式。

1. 360 度综合考核法

360 度综合考核法也称为全方位考核法或多源考核法。它是一种从不同层面的人员中收集评价信息，从多个视角对员工进行综合考核的方法，也就是由被考核者本人以及与他有密切关系的人，包括：被考核者的上级、同事、下级和内、外部客户等，分别对被考核者进行全方位的匿名评价，然后由专业人士根据各方面的评价结果，对比被考核者的自我评价向被考核者提供反馈，从而使被考核人知晓各方面的意见，清楚自己的所长所短，以达到帮助被考核者改变行为、提高能力水平和绩效的目的。

2. 关键绩效指标

关键绩效指标（KPI：Key Performance Indicator）是通过对组织内部流程的输入端、输出端的关键参数进行设置、取样、计算、分析，衡量流程绩效的一种目标式量化管理指标，是把企业的战略目标分解为可操作的工作目标的工具，是企业绩效管理的基础。KPI 可以是部门主管明确部门的主要责任，并以此为基础，明确部门人员的业绩衡量指标。建立明确的切实可行的 KPI 体系，是做好绩效管理的关键。关键绩效指标是用于衡量工作人员工作绩效表现的量化指标，是绩效计划的重要组成部分。

3. 平衡计分卡[1]

平衡计分卡（BSC：Balanced Score Card）是从财务、客户、内部运营、学习与成长四个角度，将组织的战略落实为可操作的衡量指标和目标值的一种新型绩效管理体系。设计平衡计分卡的目的就是要建立"实现战略制导"的绩效管理系统，从而保证企业战略得到有效的执行。因此，人们通常称平衡计分卡是加强企业战略执行力的最有效的战略管理工具。

实际上，平衡计分卡方法打破了传统的只注重财务指标的业绩管理方法。平衡计分卡认为，传统的财务会计模式只能衡量过去发生的事情（落后的结果因素），但无法评估组织前瞻性的投资（领先的驱动因素）。在工业时代，注重财务指标的管理方法还是有效的。但在信息社会里，传统的业绩管理方法并不全面，组织必须通过在客户、供应商、员工、组织流程、技术和革新等方面的投资，获得持续发展的动力。正是基于这样的认识，平衡计分卡方法认为，组织应从四个角度审视自身业绩：学习与成长、内部运营、客户、财务。

其中，平衡计分卡所包含的五项平衡：

（1）财务指标和非财务指标的平衡。目前企业考核的一般是财务指标，而对非财务指标（客户、内部运营、学习与成长）的考核很少，即使有对非财务指标的考核，也只是定性的说明，缺乏量化的考核，缺乏系统性和全面性。

（2）企业的长期目标和短期目标的平衡。平衡计分卡是一套战略执行的管理系统，如果以系统的观点来看平衡计分卡的实施过程，则战略是输入，财务是输出。

（3）结果性指标与动因性指标之间的平衡。平衡计分卡以有效完成战略为动因，以可衡量的指标为目标管理的结果，寻求结果性指标与动因性指标之间的平衡。

（4）企业组织内部群体与外部群体的平衡。平衡计分卡中，股东与客户为外部群体，员工和内部业务流程是内部群体，平衡计分卡可以发挥在有效

[1] 参见《什么是平衡计分卡？》，载百度文库 https://wenku.baidu.com/view/4d1bc984b04e852458fb770bf78a6529657d354b.html，最后访问日期：2019年11月12日。

执行战略的过程中平衡这些群体间利益的重要性。

（5）领先指标与滞后指标之间的平衡。财务、客户、内部运营、学习与成长这四个方面包含了领先指标和滞后指标。财务指标就是一个滞后指标，它只能反映公司上一年度发生的情况，不能告诉企业如何改善业绩和可持续发展。而对于后三项领先指标的关注，使企业达到了领先指标和滞后指标之间的平衡。

以上这些考核标准，企业一般会由人力资源部门制定专门的制度，但是天渡法商团队想强调的是绩效考核指标的制定和执行必须合法合规。根据最新劳动合同法规定，绩效考核制度必不可少的合规程序包括：制度需由公司人事送达员工本人并由员工签字认可后方能执行。企业走合规程序的意义在于减少劳动纠纷，例如制度中出现针对部分员工调岗调薪的条款，如若不按照合规程序完成告知送达，那么员工有权拒绝认同业绩考核标准，从而引起很多不必要的麻烦。所以，必须在制定实施员工绩效考核过程中注意流程合规管控，人事部门在操作过程需要更加精细化、证据化。

（三）确定业绩考核标准

在制定公司整体业绩标准的条件时，会遇到一个问题：净利润增长率标准如何制定？15%？20%？如若指标定高了，团队很难完成指标，只会让团队产生挫败感，严重的话甚至会丧失工作积极性；如若指标定低了，团队认为很容易达到行权条件，产生懈怠情绪，无法百分百发挥团队的主观能动性和勤勉精神，反而会对公司产生负面影响。所以在制定业绩考核标准的时候，需要参考如下两个要素：

1. 企业要素

本企业是初创阶段的企业还是发展成熟阶段的企业、企业规模的大小以及企业团队规模大小等这些都是需要考虑的因素。如果是初创企业，团队刚刚组建，绩效考核指标显然不能设计的太高。反之，针对发展成熟阶段的企业来说绩效考核指标也不宜定得太低，否则也到不到激励的效果。

2. 同行业要素

企业要充分了解自己处于同行业什么水平，找到类似对标企业，从而参考同行业企业的基本数据，例如参照上市公司财务报表、新三板公司数据设计本企业的业绩考核指标。

深圳市富安娜家居用品股份有限公司第四期限制性股票激励
计划实施考核办法[1]

深圳市富安娜家居用品股份有限公司（以下简称为"富安娜"或"公司"）为了进一步完善公司治理结构，健全公司激励机制，确保公司发展目标的实现，保护投资者利益，制定了《深圳市富安娜家居用品股份有限公司第四期限制性股票激励计划》，拟授予激励对象420万份限制性股票，其中首次授予343万股，预留限制性股票77万股。为配合该计划的实施，现根据《公司法》《公司章程》及其他有关法律、法规规定，结合公司实际情况，特制订本办法。

一、考核目的、原则

本办法通过对公司董事、高级管理人员、中层管理人员和核心技术（业务）人员态度、能力、业绩等工作绩效的正确评价，进而积极地利用股权激励机制，提高管理绩效，实现公司和全体股东利益最大化。

考核评价必须坚持公正、公平、公开的原则，严格按照本办法和考核对象的工作绩效进行评价，实现限制性股票激励与本人工作业绩、能力、态度紧密结合。

二、考核组织职责权限

1. 由董事会下设的薪酬与考核委员会（以下简称"薪酬与考核委员会"）和公司绩效考核委员会负责组织和审核考核工作。

2. 由公司人力资源部负责具体实施考核工作，负责相关考核数据的收集、数据的审核及考核结果的核算，要求各数据提供部门对数据的真实性和准确性负责。

3. 公司股东大会和董事会负责本办法的审批。

---

〔1〕 参见《富安娜：第四期限制性股票激励计划实施考核办法》，载中财网 http://www.cfi.net.cn/p20181101001130.html，最后访问日期：2019年9月30日。

三、考核对象

1. 公司董事、高级管理人员。

2. 中层管理人员及核心技术（业务）骨干。

以上董事、高级管理人员必须经公司股东大会选举或董事会聘任，中层管理人员及核心业务（技术）骨干已与公司签署劳动合同。

四、考核项目（指标）、考核方法及考核期间

1. 考核项目（指标）

运用平衡计分卡（BSC）的概念，针对股权激励对象董事、中高级管理人员，从财务、客户、内部流程与学习成长四个维度考虑应关注的关键增值领域，将关键增值领域转化为可衡量的关键绩效指标，其中：

（1）财务维度考核项目主要包括以下指标：销售收入/回款额及其增长率；净利润额等。

（2）客户维度考核项目主要包括以下指标：客户满意度。

（3）内部流程维度考核项目主要包括以下指标：营运管理、"四化"（即标准化、程序化、数据化和 IT 化）建设。

（4）学习与成长维度考核项目主要包括以下指标：人才培养。

对于股权激励对象中的其他核心技术（业务）骨干，绩效指标来自两个方面：部门绩效指标的分解和本人所从事岗位工作职责的相关性指标。各岗位考核指标的目标值和权重由其上级领导会同绩效考核委员会和薪酬与考核委员会共同确定。

激励对象在考核期内发生岗位变动的，考核指标跟随岗位变动（如因个人原因被撤职、降职、处分者等），年终统计时，由任职时间较长的单位考核，如调入/调出岗位考核方案相同且数据可以累加的，按累加完成值计算考核得分，不能累加的，按任职时间较长岗位的考核方案进行考核。

各激励对象考核指标参照各岗位《年度岗位目标考核责任书》，主要包括工作业绩、工作能力、工作态度几个方面：

（1）工作业绩（占 70% 权重），指在岗位说明书中列出的，对本岗位工作有重要意义的关键业绩指标群，如销售额、净利润额、毛利率、费用率、库存周转天数、品质抽检合格率、采购及时率、投诉处理及时率等。

（2）工作能力（占20%权重），指按不同类别的岗位所具备本岗位要求的知识与业务技能标准，包括计划与决策能力、协调与组织能力、领导能力、创新能力、学习和引进新知识新技术的程度和能力等。

（3）工作态度（占10%权重），工作主动性、责任感、团队精神和纪律性。忠诚于公司，认同公司企业文化理念与发展目标。

2. 考核方法

限制性股票激励对象根据设定的考核指标实际达成情况进行考核，由被考核对象的直接上级、下级以及同级相关人员收集考核数据进行考核评分（在公司受薪的董事、监事及高管由董事会考核）；每个激励对象每年均设定对应的详细考核指标。

3. 绩效考核期间和考核次数

首次授予的激励对象的考核期间是2018年至2020年三个会计年度；预留部分授予的激励对象的考核期间是2019年至2021年三个会计年度；考核次数均为每年一次。

五、考核程序

1. 公司绩效考核体系包括年度、季度考核，与限制性股票激励计划挂钩的绩效考核结果指的是年度业绩考核结果，即对员工年度工作完成情况进行的评定。

2. 每一考核年度由公司制定被激励对象年度考核指标，通过与被考核对象的互动，确定被考核人员当年的关键业绩指标群，并与被考核个人签订《年度岗位目标考核责任书》。其中董事、高级管理人员的业绩目标责任书需报公司董事会薪酬与考核委员会备案。

3. 年度考核由公司人力资源部负责具体考核操作，根据年度考核指标的实际完成情况，汇总考核数据，公司人力资源部根据考核数据对被考核人进行绩效评价，并最终形成被评价人的年度绩效考核结果。其中，董事、高级管理人员的年度考核结果需报公司薪酬与考核委员会形成年度考核结果。

4. 年度考核结束后由人力资源部负责统一制作考核汇总表，报绩效考核委员会和薪酬与考核委员会最终审核通过。

5. 考核申诉

如被考核对象对考核结果或考核等级有异议，可在考核结果反馈表发放之日起 5 个工作日内向人力资源部提出申诉，人力资源部可根据实际情况对其考核结果进行复核，如确存在不合理，可向绩效考核委员会和薪酬与考核委员会提出异议，由绩效考核委员会和薪酬与考核委员会确定最终考核结果或等级。

六、考核结果等级及解除限售条件

1. 考核结果等级标准

被激励对象员工的绩效考核结果分为优、良、合格、不合格四档，具体如表 4-28 所示：

表 4-28　被激励对象员工的绩效考核结果

相应等级	绩效考核成绩得分
优	95 分及以上
良	85 分~95 分（不含 95 分）
合　格	75 分~85 分（不含 85 分）
不合格	75 分以下（不含 75 分）

2. 解除限售条件

激励对象上一年度考核考核结果为合格及以上，未出现重大过失或处分，则具备限制性股票本年度的解除限售资格，否则激励考核管理办法对象相对应数量的限制性股票由公司回购注销。

七、考核结果反馈及应用

1. 考核结果反馈

每次考核结束后，由人力资源部统一制作反馈表一式二份，一份备案，另一份反馈至被考核对象本人。

2. 考核指标和结果的修正

考核期内如遇到重大不可抗力因素或特殊原因影响被考核人工作业绩的，公司绩效考核委员会和薪酬与考核委员会可以对偏差较大的激励对象考核指标和考核结果进行修正。

3. 考核结果作为限制性股票的解除限售依据。

八、绩效考核记录

1. 考核结束后，人力资源部应保留绩效考核所有考核记录。考核结果作为保密资料归案保存。

2. 为保证绩效记录的有效性，绩效记录上不允许涂改，若要重新修改或重新记录，须由当事人签字。

3. 绩效考核记录保存期5年，对于超过保存期限的文件与记录，经"薪酬与考核委员会"批准后由人力资源部人员统一销毁。

4. 绩效管理相关人员责任

考核人没有对被考核人进行客观评价的，予以警告，情节严重的，取消其考核人资格。

九、附则

本办法由董事会负责制订、解释及修订。

本办法自公司股东大会审议通过之日起开始实施。

■ 律师精彩解读

通常公司业绩考核是以整体业绩目标为基础的，要想做到目标科学化、合理化，就必须保持客观态度，尊重事实。比如公司所属整个行业的平均毛利率、增长幅度等都可以作为参考的标准。并且，传统企业不能像互联网企业那样设定目标，否则很难达到激励的效果和目标。富安娜实施的限制性股权激励计划在上市公司中很常见，考核方法以绩效考核为主，但偏重于公司总体业绩的提升。

三、动态调整机制

股权激励方案制定过程中，一定要充分考虑公司和激励对象会有一个发展变化的过程。所以在设计股权激励方案的时候，一定要考虑到公司和员工出现各种变化的情况，好的方案需要留有余地，有点类似于艺术作品的留白概念。一般情况下，股权激励方案需要设计配套的动态调整机制。

（一）正常股份变动的调整机制

公司分红、转增股本、配股、换股、定增或者债转股引起的总股本的增加以及估值、行权价格的变化，属于正常的股份变动，这些都是公司的常见性问题，不涉及公司控制权变化、分立、合并等重大事件。在设计股权激励方案过程中，需要充分考虑这些问题。

1. 送股或者转增股本

如果公司进行资本公积金转增股本、派送股利或者股份拆细，应当按照同等比例调整未行权或者为授予部分的股权数量及行权价格。调整公式如下：

调整后的股权数量=调整前的股权数量×（1+每股送股或者转增股的比例）

调整后的行权价格=调整前的行权价格×（1+每股送股或者转增股的比例）

2. 配股

所谓配股是指向原始股东按其持股比例，以低于市价的某一特定价格配售一定数量新发行股票的融资行为，配股权一般是原股东专有。当公司为增加股本进行融资而发行新的股票时，原普通股股东享有如下权利：按其持股数量，以低于市价的某一特定价格优先认购一定数量新发行股票。配股权实际上是一种短期的看涨期权。

如果公司进行配股，应当按照同等比例调整未授权或者未行权的股权数量和行权价格。调整后的股权数量和行权价格等于持有人在行权时再支付配股款所得的股权数量和行权价格。

调整后的股权数量=调整前的股权数量×（1+每股送股或者转增股的比例）

调整后的行权价格=（调整前的行权价格+配股价格×每股送股的比例）÷（1+每股配股比例）

3. 换股

因公司合并而将本公司股权交换为另一个公司股权时，公司应当对未行权部分股权数量和行权价格进行调整，公式如下：

调整后的股权数量=调整前的股权数量×M

调整后的行权价格＝调整前的行权价格÷M

其中 M 为换股比例，即公司每一股换取对方公司股份的比例。

4. 派发现金股息

现金股息是以现金形式支付的股息，是股息支付的最常见形式。企业在一个经营周期结束后，从盈余中提取一些现金直接支付给股权登记日登记在册的全体股东。通常的形式有：常规股息、额外股息和特殊股息。企业向股东支付现金，来自企业的当期盈利或累计利润。

调整后的行权价格＝调整前的行权价格－每股税后现金股息

（二）公司发生重大事件情况下的股权调整机制

一般而言，若公司发生控制权变更、合并、分立，所有已授出的股权激励标的不作变更，股权激励计划不作改变，激励对象不能加速行权。但若公司因控制权变更、合并、分立导致股权激励计划涉及的股权激励标的发生变化，则应对激励标的进行调整，以保证激励对象的预期收益不变。

（三）股权激励计划的变更和终止

激励对象发生不符合《公司法》及《证券法》要求的股东资格的，企业应该要求激励对象立即原价退股：原来是增资的，做减资处理；原来是大股东转让的，立即由大股东按照原价强制回购。

公司与激励对象劳动关系解除的，这里要分过错解除还是协议解除。如果是过错解除，员工存在过错，例如绩效考核不合格、触犯法律的、违反公司管理制度及员工手册的，公司有权注销未行权部分，已经行权部分股权应当由原转让方按照原价强制回购。如果员工非因过错解除的，例如员工辞职公司同意的、员工因不能胜任工作离职的，以及其他非因员工过错解除劳动关系的，公司有权注销未行权部分，已经行权部分应当由原转让方按照原价加计银行同期存款利率利息予以回购。

1. 激励对象发生变化时股权激励计划的变更

（1）正常职务变更。激励对象职务发生正常变更。

（2）职务降职。激励对象因不能胜任工作岗位、考核不合格、触犯法律、泄露公司机密、失职或渎职等行为严重损害公司利益或声誉而导致的职务降职，经公司董事会薪酬与考核委员会批准并报公司董事会备案，可以取消激励对象尚未行权的股权激励标的。

（3）不符合资格。若激励对象成为独立董事、监事或其他不能持有公司股票或其他股权激励标的的人员，一般应取消其所有尚未行权的股权激励标的。

（4）解聘离职。激励对象因触犯法律、泄露公司机密、失职或渎职等行为严重损害公司利益或声誉而被公司解聘的，一般自离职之日起所有未行权的股权激励标的即被取消。

（5）其他离职。激励对象自解除与公司的雇佣关系正常离职之日起所有未行权的股票期权即被取消。

激励对象因达到国家和公司规定的退休年龄退休而离职的，其所获授的股权激励标的不作变更，仍可按规定行权。

（6）死亡。激励对象死亡的，自死亡之日起所有未行权的股权激励标的即被取消。但激励对象因执行职务死亡的，公司有权视情况根据激励对象被取消的股权激励标的价值对激励对象进行合理补偿，由其继承人继承。

（7）丧失劳动能力。激励对象因执行职务负伤而导致丧失劳动能力的，其所获授的股权激励标的不作变更，仍可按规定行权。

2. 股权激励计划的终止

（1）因公司不够实施股权激励计划资格而终止。公司发生下列情形之一，应当终止实施股权激励计划，激励对象根据激励计划已获授权但尚未行使的股权激励标的应当终止行使，由公司收回后予以注销：①最近一个会计年度财务会计报告被注册会计师出具否定意见或者无法表示意见的审计报告。②最近一年内因重大违法违规行为被中国证监会予以行政处罚。③中国证监会认定的不能实行股权激励计划的其他情形。

（2）因激励对象不够获得股权激励标的的资格而终止。在激励计划实施过程中，激励对象出现下列情形之一的，其已获授但尚未行使的股权激励标的应当终止行使，公司收回并注销其已被授予但尚未行权的全部股权激励标的：①最近 3 年内被证券交易所公开谴责或宣布为不适当人选的。②最近 3 年内因重大违法、违规行为被中国证监会予以行政处罚的。③具有公司法规定的不得担任公司董事、监事、高级管理人员情形的。

（3）因为其他原因而终止股权激励计划。董事会认为有必要时，可提请股东大会决议终止实施激励计划。股东大会决议通过之日起，激励对象已获准行权但尚未行权的股权激励标的终止行权并波注销，未获准行权的股权激励标的予以作废。在实践中，公司董事会会因为股权激励计划无法实施的前景而主动撤销股权激励计划，予以终止，以便在合适的时机进行新一轮的股权激励计划。

四、退出机制

对于一家上市公司来说，公司的股票可以在二级市场自由流通，激励对象持有公司的股份，能够在二级市场上自由套现退出。所以，对于他们来说，实施股权激励一般效果都会比较明显。

本书着重探讨非上市公司，尤其是中小民营企业的股权激励，如何设计一个更好的退出机制，确保股权激励能够在公司发挥积极的作用，推动公司业绩成长、价值升值。

从激励对象的角度考虑，天渡法商团队将股权激励的退出机制分为主动退出机制和被动退出机制。

（一）主动退出机制

主动退出机制是指通过某种方式获得公司股份的经理人或其他员工参与行权，成为公司真正股东之后，自己主动卖出股份，获得收益的一种制度安排。

不少企业老板总想着不设计退出的条款，是为了避免万一激励对象想卖股份，自己还得花不少钱去买，这是一种目光短浅的思想。首先，在公司章程或合同当中约定主动退出机制，激励对象才会更有保障，才会产生认同感，进而激发工作动力；其次，有相关退出条款，让激励对象在股权激励过程中获得实实在在的收益，在后期给新人做股权激励，更能达到激励效果，因为前面已有标杆；最后，设计退出机制也是对公司未来发展信心的一种传递，因为公司有巨大的发展空间，激励对象也不会轻易退出，即使退出，也可以转做激励别的员工。

在设计退出机制时，作为公司的大股东、创始人，一定要有优先回购权，否则，激励对象将股份卖给别人导致大权旁落。

由于非上市公司股份没有二级市场的定价，所以，在设计回购条款的时候，一定要约定股份回购的价格计算方式，股权价格的计算方式可以与行权价格的计算方法保持一致。比如，行权时，股份价格以当时公司净资产作价计算。那么，在退出时，仍然以退出时的净资产作价，算出每股的股价，进而计算回购股份的总价。

当有新的投资者进来，股权激励对象如何退出？这是不少企业老板最关心的问题。一般来说，投资者进入，公司股份都会溢价升值，这也意味着激励对象持有的股份也大大升值。此时，如果激励对象想要售出股份，其他股东可以享受优先回购权，回购价格以当时融资价格为准。如果其他股东都不愿意回购，激励对象可以选择将股份卖给第三方。

如果激励对象找不到第三方接盘，公司一般不会做强制性的接盘约定，除非员工离职，按照当初约定，公司回购激励对象股份。当然，如果激励对象选择售出部分股份，控制性股东最好选择回购，一方面可以增强控制权，另一方面，对激励对象是一个很好的激励，在后期也可以选择继续实施股权激励方案。

公司出现并购、重组、分立、合并、解散等情况时，按照《公司法》的相关规定，对股东会该项决议投反对票的股东可以请求公司按照合理的价格收购其股权。

主动退出机制也要设计相应的约束条款，避免股权激励对象损害公司。比如要和激励对象签订竞业禁止协议，一旦股东离职退出，半年内不得到竞争对手公司任职，不得泄露公司机密，不得参与有损害公司利益和形象的事情，否则，将遭受相应的惩罚，情节严重的甚至没收全部股份，遭遇司法诉讼等。

表 4-29　自动退股情况

损害公司利益	各种形式的损公肥私者，损害公司利益者。
对公司不忠	对公司不忠者没有资格成为公司的主人。
期　　满	欺上瞒下，人品低劣者。

续表

损害公司利益	各种形式的损公肥私者，损害公司利益者。
未到约定年限退休	属于违约，应当退出。
辞　职	辞职后股权应按约定退出。
违法违纪	出现违法乱纪行为。

（二）被动退出机制

被动退出机制是指激励对象获得股份，成为真正的股东之后，让不让他带走股份，这个时候要考虑公司是否已经上市。如果已经上市，激励对象可以在二级市场上自由套现；如果没有上市，股份必须留下。首先，股东带走股份，不利于公司决策的制定和实施；其次，激励对象利用股东身份参与查账、了解信息，从而为自己开辟事业提供帮助，这对企业是一个危害；最后，公司在进行股权质押融资时，往往会遭遇困难，因为需要全体股东签字，如果离职股东不签字就会很麻烦。

当然，如果是公司主动辞退不合格的股权激励对象，股份也一定要回购，回购价格的计算方式以当初行权价格的计算方式为准。

还有一种现象就是介于主动退出和被动退出之间，比如激励对象死亡、退休等问题。如果是死亡的，股份由相关继承人继承，继承人不在公司任职的，公司最好回购他的相应股份，所以在设计合同时就要写明。

如果是退休，可以为股权激励对象设计金色降落伞。比如可以约定股权激励对象退休后，可以仍然持有公司股份2年，2年后，如果公司上市，激励对象可以自由套现退出，也可以选择继续持有；如果没有上市，公司以当时价格回购激励对象股份，回购价格可以定的稍微高些。可以选择分批次回购，比如分3年回购，每年回购激励对象总股份的1/3。

表 4-30　股权激励退出机制

股权激励退出情形	回购方案
激励对象不能胜任工作； 激励对象因违反公司规章制度被辞退； 激励对象非因公死亡或丧失劳动能力； 激励对象劳动合同期满且未继续续约的； 激励对象主动提出辞职并经公司认可。	按较低的市场回报率标准回购。
公司处于战略和业务调整的需要，要求激励对象离职； 激励对象主动要求结束股权激励计划； 激励对象因工丧失劳动能力或死亡； 激励对象退休。	按市场价或较高的投资回报率标准回购。
激励对象严重失职、渎职、擅自离职； 激励对象因公出现侵占公司财务、损害公司利益、泄露公司商业机密等行为； 激励对象触犯刑律被追究法律责任。	原价或低价回购，另外激励对象要给公司造成的损害进行赔偿。

北京掌趣科技股份有限公司股权激励计划（草案）节选[1]

公司、激励对象发生异动时如何实施本计划

因任何原因导致公司控制权变更时，本计划不变化，所有授予的股票期权不作变更，激励对象不能加速行权。

公司合并、分立，各股东应在相关协议中承诺继续实施本计划。但若因合并、分立导致公司解散的，未行权的股票期权取消，本计划终止。

公司发生如下情形之一时，应当终止实施本计划，激励对象尚未行权的股票期权由公司注销：

---

〔1〕　参见《掌趣科技：股权激励计划（草案）摘要》，载百度文库 https://wenku.baidu.com/view/632fec6583d049649a66581b.html，最后访问日期：2019 年 9 月 25 日。

（1）最近一个会计年度财务会计报告被注册会计师出具否定意见或者无法表示意见的审计报告。

（2）最近一年内因重大违法违规行为被中国证监会予以行政处罚。

（3）中国证监会认定的其他情形。

激励对象出现下述特别事项的安排：

（1）因正常的岗位调动导致职务发生变更的，已获授的股票期权不作变更，继续有效。

（2）因职务变更成为不能持有公司股票或股票期权的人员，其尚未行权的股票期权终止行使，并由公司注销。

（3）因触犯法律、违反职业道德、泄露公司机密、失职或渎职等行为损害公司利益或声誉而导致的职务变更或被解聘的，激励对象应将已获授并行权的所得收益返还公司，已获授但尚未行权的股票期权终止行使，并由公司注销。

（4）因其他原因，在本计划有效期内与公司不再存在劳动关系（含事实劳动关系）的，自劳动关系终止之日起，已获授但尚未行权的股票期权终止行使，并由公司注销。但公司同意其继续享受的除外。

（5）因执行职务负伤而导致丧失劳动能力的，其所获授的股票期权不作变更，仍可按规定行权。

（6）非因执行职务而丧失劳动能力的，其尚未进入行权期的股票期权不得行使，并由公司注销，其已进入行权期且符合行权条件的期权继续有效。

（7）激励对象因达到国家和公司规定的退休年龄退休而离职的，其所获授的股票期权不作变更，仍可按规定行权。

（8）激励对象死亡的，自死亡之日起所有未行权的股票期权不得行使，并由公司注销。但若激励对象因执行职务而死亡的，公司可根据激励对象被取消的股票期权价值对激励对象进行合理补偿，并根据法律由其继承人继承。

（9）最近3年内被证券交易所公开谴责或宣布为不适当人选的，或最近3年内因重大违法违规行为被中国证监会予以行政处罚的，或具有《公司法》规定的不得担任公司董事、高级管理人员情形的，其已获授但尚未行权的期权不得行使，并由公司注销：

公司董事会认为有必要时，可提请股东大会以特别决议终止实施本计划。

自股东大会特别决议通过之日起，激励对象已获准行权但尚未行权的股票期权终止行权并被注销，未获准行权的股票期权作废，同时拟获授的股票期权取消。

在中国证监会对本计划进行备案的过程中，若公司拟修改激励方式或权益价格，应由公司董事会审议通过并公告撤销本计划的决议，同时向中国证监会提交终止本计划备案的申请。本计划若未获股东大会审议通过，或董事会审议通过并公告撤销本计划的决议，则自相关决议公告之日起 6 个月内，公司将不会再次审议和披露股权激励计划。

浙大网新科技股份有限公司 A 股限制性股票
激励计划（草案）节选[1]

十、本《激励计划》的变更、终止

（一）公司控制权变更、公司合并或分立

当公司控制权变更、公司合并或分立时，本《激励计划》继续实施。

（二）激励对象发生职务变更、离职或死亡

1. 职务变更

（1）激励对象职务发生正常职务变更，但仍为公司的中高级管理人员或核心营销、技术和管理骨干，或者被公司委派到公司的子公司任职，则已获授的限制性股票不作变更。

（2）激励对象因不能胜任原有岗位而发生降低职务级别的情况，但降职后仍属于本《激励计划》激励对象范围的，经公司董事会批准，公司对其尚未解锁的限制性股票，在办理相关手续后按照新岗位职务进行回购调整。

（3）激励对象因考核不合格、触犯法律、违反职业道德、泄露公司机密、

---

〔1〕　参见《浙大网新科技股份有限公司 A 股限制性股票激励计划（草案）》，载新浪财经网 http：//finance. sina. com. cn/stock/t/20101223/01049147984. shtml，最后访问日期：2019 年 9 月 27 日。

失职或渎职等行为严重损害公司利益或声誉而导致的职务变更，经公司董事会批准，取消其激励资格，公司将回购注销激励对象尚未解锁的限制性股票。

（4）若激励对象成为独立董事、监事或法律、法规规定的其他不能持有公司股票或限制性股票的人员，经公司董事会批准，公司对其尚未解锁的限制性股票，在办理相关手续后进行回购调整。

2. 解聘或辞职

（1）激励对象因触犯法律、违反职业道德、泄露公司机密、失职或渎职等行为严重损害公司利益或声誉而被公司解聘的，经公司董事会批准，取消其激励资格，自离职之日起所有未解锁的限制性股票即被公司回购注销。

（2）激励对象因辞职而离职的，经公司董事会批准，取消其激励资格，自离职之日起所有未解锁的限制性股票即被公司回购注销。

3. 丧失工作能力

激励对象因执行职务负伤而导致丧失工作能力无法为公司继续工作的，其所获授的限制性股票不作变更，仍可按本《激励计划》规定予以锁定、解锁和限售。

4. 退休

激励对象因达到国家和公司规定的退休年龄而离职，其所获授的限制性股票不做变更，仍可按本《激励计划》予以锁定、解锁和限售。

5. 死亡

激励对象死亡的，自死亡之日起所有未解锁的限制性股票即被公司回购注销。但激励对象因执行职务死亡的，经董事会决定，公司可视情况根据激励对象被取消的限制性股票价值对激励对象进行合理补偿，并根据法律由其继承人继承。

对于由于上述各项原因被回购调整的限制性股票，均由公司以授予价格回购后注销。

（三）本《激励计划》的终止

公司发生如下情形之一时，应当终止实施本《激励计划》，激励对象根据本《激励计划》已获授但尚未解锁的限制性股票终止解锁并由公司回购注销：

（1）最近一个会计年度财务会计报告被注册会计师出具否定意见或者无法表示意见的审计报告。

（2）最近一年内因重大违法违规行为被中国证监会予以行政处罚。

（3）中国证监会认定的其他情形。

在限制性股票激励计划实施过程中，激励对象出现下列情形之一的，其已获授但尚未解锁的限制性股票终止解锁并由公司回购注销：

（1）最近一年内被证券交易所公开谴责或宣布为不适当人选的。

（2）最近一年内因重大违法违规行为被中国证监会予以行政处罚的。

（3）具有《公司法》规定的不得担任公司董事、高级管理人员情形的。

十一、回购注销或调整的原则

（一）调整方法

如出现上述需要回购注销或调整的情况，则公司应回购注销相应股票及其孳息，回购价格为授予价格。若限制性股票在授予后，公司发生送红股、送现金红利、公积金转增股本、股票拆细或缩股等事项，应对尚未解锁的限制性股票的回购价格进行相应调整，其调整方式如下：

1. 资本公积金转增股份、派送股票红利、股票拆细

$P = P_0 \div (1+n)$

其中：P_0 为调整前的授予价格；n 为每股的资本公积金转增股本、派送股票红利、股票拆细的比率；P 为调整后的授予价格。

2. 缩股

$P = P_0 \div n_1$

其中：P_0 为调整前的授予价格；n_1 为缩股比例；P 为调整后的授予价格。

3. 派息

$P = P_0 - V$

其中：P_0 为调整前的授予价格；V 为每股的派息额；P 为调整后的授予价格。

4. 配股

$P = P_0 \times (P_1 + P_2 \times n_2) / [P_1 \times (1+n_2)]$

其中：P_0 为调整前的授予价格；P_1 为股权登记日收盘价；P_2 为配股价格，n_2 为配股比例（即配股股数与配股前公司总股本的比）；P 为调整后的授予价格。

（二）调整程序

1. 浙大网新股东大会授权董事会依上述已列明的原因调整限制性股票的回购数量和价格。董事会根据上述规定调整回购数量和价格后，应及时公告。

2. 因其他原因需要调整限制性股票回购数量和价格的，应经董事会做出决议，报证监会备案，并经股东大会审议批准。

■ **律师精彩解读**

制定退出机制，是一种"先君子后小人"的行为，能够确保公司不会因为员工的离开而使股权流失。尤其注意当上市公司的高管人员离开时，虽然表面看股权流失的可能性不大，但是有些公司会进行恶意收购，所以退出规则一定要完善。对于上市公司来说，退出机制也是有效防止控制权流失的一种有效办法。退出机制是一种保障制度，应在公正合法的前提下制定，并且不能一味地只从企业自身利益出发，因为它维护的还有激励对象的利益。

第八节　定工具

选择直接持股还是间接持股需要企业根据实际情况以及实施股权激励计划的目的去判断。持股方式没有对错之分，只有哪种模式更适合。直接持股指的是股权激励对象直接持有公司股权，享受和承担股东的权利和义务；间接持股分为两类：一类是公司大股东设立一个有限合伙企业的持股平台，激励对象行权之后成为有限合伙企业持股平台的合伙人，从而间接持有公司的股份；另一类是公司大股东设立一个有限责任公司的持股平台公司，激励对象行权后成为这个有限责任公司的股东，该公司没有其他经营业务，仅仅是一个持股公司，激励对象从而间接持有目标公司的股份。

一、直接持股

直接持股是指公司将股权授予激励对象，激励对象直接持有公司股权，成为公司注册股东，享有股东的权利并且承担股东的义务。

图 4-11　直接持股

（一）直接持股的优势

1. 税负成本小

限售股转让税率为 20%，如按核定征收，税率为股权转让所得的 20%×（1-15%），即 17%。如长期持股，限售期内分红所得税率为 10%、解禁后分红所得税率为 5%，是三种方式中最低的。

股息红利分配环节：如果员工分红的情况下，直接持股就是直接分红，间接持股需要先分配到持股平台上去，然后在做分配，从税费角度和效率角度比较有优势。直接持股情况下，根据《个人所得税法》规定，股息、红利所得税率为 20%。当然，上市公司股息红利另有规定，根据财政部、国家税务总局、证监会《关于实施上市公司股息红利差别化个人所得税政策有关问题的通知》（财税〔2012〕85 号）规定，限售股的个人所得税税率为 20%，如果按照核定征收，应纳税额为股转所得的 20%×（1-15%），即实质税率为 17%。

股转环节：股转环节相对间接持股来说，员工退出或者大股东回购过程中只需要签署股转协议，相对操作比较简单。对于股转过程中的所得税，按照 20% 所得税计税。上市公司限售股的所得税规定不一样。根据财政部、国家税务总局、证监会《关于个人转让上市公司限售股所得征收个人所得税有关问题的通知》（财税〔2009〕167 号），员工直接持股时，限售股转让所得税税率为 20%，如按照核定征收，税率为股权转让所得的 17%。

2. 激励效果明显

相对间接持股，员工直接持股代表着拥有更多自主权，享有参与决策权、优先认购新股等股东权利。

（二）直接持股的劣势

1. 对员工长期持股约束不足

目前国内普遍存在公司上市后，直接持股的员工股东一待限售股解禁即抛售的情况，一些高管甚至为了规避一年内转让股份不得超过年初所持股份25%的约束，在公司上市后不久即辞职，辞职半年后出售全部股份套现。这违背了公司通过员工持股将公司与员工的长远利益捆绑在一起、留住人才的初衷。

2. 直接持股股东人数限制

有限责任公司的股东人数最多为50人，股份有限公司的发起人不得超过200人，否则会影响上市。如果激励对象全部是直接持股，很容易导致公司股东人数超过法律限制，更甚者面临非法集资的风险。

3. 公司治理问题

员工作为激励对象，虽然行权的比例相对较小，但是仍是注册股东身份。股东会决议需要签署本人的名字，如果该员工不辞而别，公司找他签字找不到，会对股东会决议造成极大的影响，至少在效率上会产生恶劣影响。如果公司代签，他反过头来不认可，就可能引发法律风险。所以，一般会在直接持股的股权激励计划方面配套一致行动人协议，以防止表决权分散、实际控制人控制程度降低以及公司决策效率低下等问题。

网宿科技股份有限公司一致行动人协议[1]

发行人披露，陈宝珍、刘成彦为发行人共同实际控制人。请保荐机构、律师核查陈宝珍、刘成彦共同拥有公司控制权的情况在首发后的可预期内如何稳定，提供充分事实与证据表明，相关事实与证据，并予以披露。

2005年10月27日，通过股权受让的方式，陈宝珍和刘成彦分别成为发

---

[1] 参见新三板法商研究院：《一致行动人真实案例解析》，载搜狐网 https://www.sohu.com/a/199540907_618578，最后访问日期：2019年8月25日。

行人第一大股东和第二大股东，并持续至今；陈宝珍在 2000 年 1 月至 2007 年 5 月期间担任发行人监事，刘成彦自 2005 年 10 月至 2007 年 5 月担任发行人执行董事，2007 年 5 月后至今担任发行人董事长。自 2005 年 10 月 27 日起，陈宝珍和刘成彦在公司历次股东（大）会表决中均保持一致，共同控制公司，具体如下：

陈宝珍、刘成彦于 2009 年 4 月签署了《一致行动人协议》，该协议自双方签署后生效，至发行人首次公开发行股票并上市交易 36 个月届满后失效，该协议中对双方保持一致行动事宜做出如下约定：①在处理有关公司经营发展且需要经公司股东大会审议批准的重大事项时应采取一致行动；②采取一致行动的方式为：就有关公司经营发展的重大事项向股东大会行使提案权和在相关股东大会上行使表决权时保持充分一致；③如任一方拟就有关公司经营发展的重大事项向股东大会提出议案时，须事先与另一方充分进行沟通协商，在取得一致意见后，以双方名义共同向股东大会提出提案；④在公司召开股东大会审议有关公司经营发展的重大事项前须充分沟通协商，就双方行使何种表决权达成一致意见，并按照该一致意见在股东大会上对该等事项行使表决权。如果协议双方进行充分沟通协商后，对有关公司经营发展的重大事项行使何种表决权达不成一致意见，双方在股东大会上对该等重大事项共同投弃权票。上述一致行动的约定充分保证了陈宝珍和刘成彦两人对公司行使控制权的稳定性和有效性。

陈宝珍、刘成彦于 2009 年 7 月 22 日签订了《关于上海网宿科技股份有限公司股份锁定的承诺函》，承诺：自公司股票上市之日起 36 个月内，不转让或者委托他人管理本次发行前已持有的发行人股份，也不由发行人回购该部分股份，保证了公司上市之日起 36 个月内股份的稳定性。除此之外，刘成彦还承诺：除前述锁定期外，在其任职期间每年转让直接或间接持有的发行人股份不超过其所持有发行人股份总数的 25%；离职后半年内，不转让其直接或间接持有的发行人股份。综上，本所律师认为，陈宝珍和刘成彦共同控制公司，根据《一致行动人协议》的约定，在发行人首次公开发行后 36 个月内，陈宝珍和刘成彦稳定享有对发行人的共同控制权。

■ 律师精彩解读

一致行动协议基本上就是为认定共同实际控制人而配套存在的，以前在处理中只要在申报前签署一致行动协议就可以了。从现在的审核政策来看，对于该问题的关注越来越严格。不仅要核查签署协议前股东的一致行动情况，还要关注上市之后控制权在预期的期限内是否能够保持稳定。

在某些情况下还需要披露一致行动协议的主要内容，以及列举保证控制权稳定的有关措施。

延伸阅读

一致行动人是指通过协议、合作、关联方关系等合法途径扩大其对一个上市公司股份的控制比例，或者巩固其对上市公司的控制地位，在行使上市公司表决权时采取相同意思表示的两个以上的自然人、法人或者其他组织。

"一致行动人"的认定一般包括四个基本点：①采取"一致行动"的法律依据是协议、合作、关联方关系等合法方式；②采取"一致行动"的手段是行使目标公司的表决权；③采取"一致行动"的方式是采取相同意思表示；④采取"一致行动"的目的是为了扩大其对目标公司股份的控制比例，或者巩固其对目标公司的控制地位。

在实践中，依据《公司法》《上市公司收购管理办法》等，公司股东还可通过签订一致行动协议，结成一致行动人，共同成为公司的控制人，或者通过签署委托协议，委托某一股东行使其他股东的权利。一致行动协议也是用来确认公司的控制权及核查控制权稳定性的因素。根据《公司法》第 216 条第 3 款规定："实际控制人，是指虽不是公司的股东，但通过投资关系、协议或者其他安排，能够实际支配公司行为的人。"根据证监会《上市公司收购管理办法》（2014 年修订）第 83 条的规定："本办法所称一致行动，是指投资者通过协议、其他安排，与其他投资者共同扩大其所能够支配的一个上市公司股份表决权数量的行为或者事实。"

二、有限责任公司持股

由大股东或者实际控制人与激励对象共同设立一个有限责任公司，也就是持股公司。持股公司通过增资形式或者股权转让形式受让股权，然后激励对象通过行权的方式取得持股公司的股权，从而间接持有公司股份。设立有限责任公司持股与直接持股相比较，最明显的一个特点是激励对象持股形式变成间接持股。

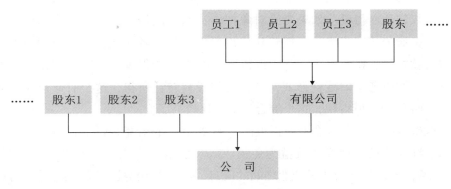

图 4-12 有限责任公司持股

（一）有限责任公司持股的优势

1. 相对于直接持股，更容易将员工与企业的利益捆绑在一起。在上市之前还可规避因员工流动对公司层面的股权结构进行调整，如若向证监会申报材料之后过会之前发生员工辞职等情况，可通过调整员工持股公司股东出资额的方式解决。

2. 相对于合伙企业，公司的相关法律法规更健全，未来政策风险较小。《公司法》对有限责任公司有很多强制性的规定，虽然制约了股东的自由但是也相对保障了公司有效运行。合伙企业虽然可以通过合伙协议达到制约平衡效果，伴随着相对自由的就是相对的风险。对于公司来说，制定合伙协议时很难考究到每一个细节，而对于员工来说，因为认知的有限也可能产生无法保障自身权益的状况。

3. 有限责任公司的所有股东均适用有限责任制度，因此平台公司的法人或大股东所承担的风险也是有限的。而相对于合伙企业，如若激励公司想要控制持股平台，必须担任普通合伙人，因此需要承担连带责任，操作过程中通常会设立一人公司来规避风险。

（二）有限责任公司持股的劣势

1. 税负成本较高：不考虑税收筹划，股权转让税负 43.39%，分红税负 20%，比员工直接持股和合伙企业间接持股税负都高。但是，如果有合理的税收筹划，实际税负可能会低于员工通过合伙企业持股方式，理论上股权转让实际税负区间为 5.65%~43.39%，分红实际税负区间为 0~20%。

股权转让所得税：如果激励对象拟转让间接股份，具体的操作思路是这样的：持股公司应当将员工拟转让比例股份出售或者转让，持股公司收取股权对价款之后，按照生产经营所得税率缴纳 25% 所得税，之后按照持股公司分红、回购或者定向减资形式，员工实现股权转让所得，这个时候员工仍要缴纳 20% 的个人所得税，这个综合税率就比较高了。

股权分红：根据《企业所得税法》第 26 条，符合条件的居民企业之间的股息、红利等权益性投资收益为免税收入。根据《企业所得税法实施条例》第 83 条，符合条件的居民企业之间的股息、红利等权益性投资收益是指居民企业直接投资到其他居民企业取得的投资收益。因此，公司如果向员工分配红利，首先需要将这部分红利转移到持股公司，这个过程不需要缴纳所得税，而持股公司将这部分红利支付给激励员工，员工需要缴纳 20% 的个人所得税。

2. 员工只能与平台同步实现收益，不能直接转让公司的限售股等实现收益，也无法直接参与激励公司的决策，主观能动性不能得到最大的发挥。

北京 TX 公司设立北京 JX 有限公司作为股权激励持股平台

北京 TX 公司注册资本金 1 亿元，2011 年实施股权激励，两个大股东新成立了北京 JX 有限公司作为本次股权激励的持股平台，占北京 TX 公司 25% 的股权，2015 年股权激励行权期结束，公司 30 位激励对象最终获得北京 TX 公司 10% 的股权，该公司通过持股平台实现激励对象间接持有北京 TX 公司股权的目的，如图 4-13 所示：

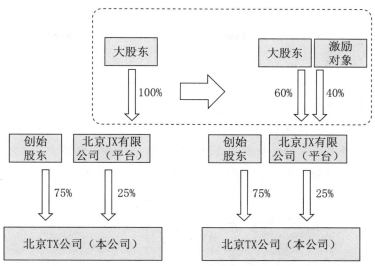

图 4-13 持股示意图

安徽新宁装备股份有限公司设立有限责任公司作为
员工持股平台[1]

2015 年 3 月 16 日，安徽新宁装备股份有限公司（以下简称"新宁股份"）控股股东和实际控制人周道宏以其持有该公司另一股东宁国市新宁投资管理有限公司（以下简称"新宁投资"）的出资额对该公司的高级、中级管理人员和业务骨干实施股权激励。激励对象以新宁投资为持股平台，实现间接持股。

新宁股份通过新宁投资授予（实际投资人周道宏间接授予）方式将公司183.50 万股权转让给激励对象。股权转让分两次完成，第一次在激励计划通过后立即实施，第二次在激励对象服务期满 3 年后至公司 IPO 前完成。因此，激励对象要想获得全部收益至少需要在该公司持续工作至 2017 年 12 月 31 日。

---

〔1〕 参见李克书、张星：《股权激励实务操作与案例分析》，法律出版社 2019 年版，第 144 页。

激励对象自 2017 年 12 月 31 日后，可享有获授股权的全部利益（包括获授股权本身及其派生的各种利益、分红及其他收益等），但是，如果公司在中国境内 A 股（含主板、中小板或创业板）申请公开发行股票并上市，则激励对象需要自获授限制性股权之日起在公司工作至 2017 年 12 月 31 日或者工作至公司股票上市之日（二者以较长着为准）。

当然公司在限制激励对象获得收益的同时，也给了激励对象一定的保障。新宁股份授予了激励对象特别回售权，即在连续服务的服务期满 3 年后至 IPO 申报前，如果原激励对象受让的股份愿意回售的，周道宏必须按照历史成本价（即激励对象购买新宁投资股权的原始价格）不计息回购，原激励对象不享有回售时点时公司所属的其他一切权利。

三、有限合伙企业持股

大股东或者实际控制人通过设立一个有限合伙企业，大股东是普通合伙人，承担无限责任，并且成为管理合伙人，管理合伙企业事务。当然，这个合伙企业也许只是一个持股平台不需要有任何经营。激励对象通过入伙的形式成为有限合伙人，承担有限责任。大家一定要注意的是有限责任公司和有限合伙企业之间的不同，这个很关键，本书第二章里面也有详细的分析。天渡法商团队在企业服务过程中，经常遇见客户把合伙企业说成合伙公司，需要提醒大家的是合伙企业不是公司。

首先，两者适用法律不同。有限责任公司适用《公司法》，有限合伙企业适用《合伙企业法》，这是最大的不同。《公司法》针对有限责任公司规定，股东是以出资为限对外承担有限责任的；而《合伙企业法》针对有限合伙企业，明确规定合伙人分成普通合伙人和有限合伙人。普通合伙人对外承担无限责任，有限合伙人承担有限责任。所以激励对象肯定都是有限合伙人，企业不可能让员工承担无限责任。

其次，涉及税负的问题。主要是所得税，有限责任公司是要承担企业所得税的，如果公司股东是自然人，涉及公司红利还需要承担个人所得税。而有限合伙企业就不同了，它是"先分后税"，怎么理解呢？有限合伙企业不是纳税主体，不需要承担企业所得税税负，只需在合伙人层面承担股转所得税，如果有限合伙人是自然人，只需承担个人所得税。在北京，是按照财产转让所得计算个人所得税的，税率是 20%，而不是 5%~35% 阶梯累进税率。

有限合伙企业的这种优势，被私募股权投资机构充分发挥，大量的私募机构采取合伙制的形式发行基金产品。天渡法商团队也曾服务过几十家私募机构，对以上操作比较熟悉。

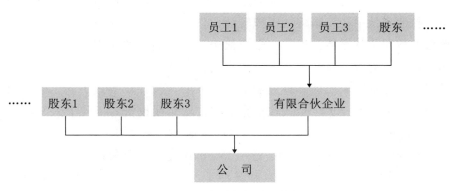

图 4-14　有限合伙企业持股

（一）有限合伙持股平台的优势

1. 易于控制和管理

相较于代持而言，设立持股平台可以保证权属更加清晰简单，避免了产生股权归属争议的可能。相较于员工直接持股而言，设立持股平台可以避免目标公司股东增减导致的工商登记的频繁变动以及股东众多导致的议决程序的低效，维持目标公司股东的相对稳定和股东会决策的相对高效。

相较于公司制持股平台而言：

首先，有限合伙企业和一般合伙企业一样，以"先分后缴"的方式，由合伙人直接纳税，避免了企业所得税和个人所得税的双重纳税。有限公司，公司制企业需先就公司所得缴纳企业所得税（25% 税率），股东需就其个人所得缴纳个人所得税（20% 税率），税负比例合计为所得 40%。

其次，内部治理机制灵活。合伙人之间的权利义务关系、收益分配方式等都是根据合伙协议约定的，安排非常灵活，自主性很强。可以避免公司制股东会、董事会等烦琐的程序。

最后，利润分配。根据《公司法》规定，公司分配当年税后利润时，应当提取利润的 10% 列入公司法定公积金。公司法定公积金累计额为公司注册资本的 50% 以上的，可以不再提取。合伙企业无该强制性要求。因此，同等条件下，合伙企业可分配利润大于有限责任公司。

2. 税负成本相对较低

股权转让所得税：如果激励对象拟转让间接股份，具体的操作思路是这样的：持股合伙平台应当将员工拟转让比例股份出售或者转让，持股平台企业收取股权对价款之后，根据有限合伙企业先分后税的原则，持股平台不需要缴纳企业所得税，而针对有限合伙人也就是激励对象来说，需要交纳个人所得税。但是从国家层面和地方层面，个人所得税计算方式不同。根据国家税务总局和财政部《关于个人独资企业和合伙企业投资者征收个人所得税的规定》（财税〔2000〕91 号，部分失效），应当按照"生产经营所得"应税项目计算征收个人所得税，适用 5%~35% 的额超额累进税率。但是在地方层面有不同，举一个例子，在北京和天津地区，按照"股息红利所得"或者"财产转让所得"计税，税率是 20%。当然，有一些地方涉及合伙企业有一些优惠政策，将地方税收一部分退回给合伙人，有一些优惠政策。大家可以查一查。

股权分红：这一点与公司制的持股平台是一致的，需要再重复一遍。根据《企业所得税法》第 26 条，符合条件的居民企业之间的股息、红利等权益性投资收益为免税收入。根据《企业所得税法实施条例》第 83 条，符合条件的居民企业之间的股息、红利等权益性投资收益是指居民企业直接投资到其他居民企业取得的投资收益。因此，公司如果向员工分配红利，首先需要将这部分红利转移到持股公司，这个过程不需要缴纳所得税，而持股公司将这部分红利支付给激励员工，员工需要缴纳 20% 的个人所得税。

（二）有限合伙持股平台的劣势

1. 无法充分发挥员工主观能动性

对于激励员工本人来说，仅能成为有限合伙人，无执行合伙事务的权利，更无法参与激励公司本身的管理，员工很难有主人翁的感觉。

2. 法律制度不完善

相对于有限责任公司而言，我国合伙企业制度并不是很完善，很多方面亟待改进，往往更多是靠人而不是靠制度，面临的风险会更大。

表 4–31 上市公司股权激励持股平台纳税义务对比表

	个人直接持股	有限合伙企业	有限责任公司
限售股转让个人所得税	20%或按核定征收，税率为股权转让金额的 17%	5%~35%（按个体工商户累进税率）或 20%（部分地区）	20%
限售股红利个人所得税	持有期 1 年以上不征收；1 个月以上至 1 年（含 1 年）的 10%；1 个月以内（含 1 个月）的 20%	20%	20%
持股平台缴纳企业所得税	无	无	25%
持股平台缴纳营业税	无	5.65%（5%的营业税及营业税附加按 13%计）	5.65%（5%的营业税及营业税附加按 13%计）
综合税负水平（不计红利所得税部分）	20%或按核定征收，税率为股权转让金额的 17%	10.37%~38.67%（按个体工商户累进税率）或 24.52%（部分地区）	43.39%

表 4–32 非上市公司股权激励持股平台纳税义务对比表

	个人直接持股	有限合伙企业	有限责任公司
限售股转让个人所得税	20%	5%~35%（按个体工商户累进税率）或 20%（部分地区）	20%
股权红利个人所得税	20%	20%	20%
持股平台缴纳营业税	无	无	25%

	个人直接持股	有限合伙企业	有限责任公司
持股平台缴纳营业税	无	无	无
综合税负水平（不计红利所得税部分）	20%	5%~35%（按个体工商户累进税率）或 20%（部分地区）	40%
特　点	税负最低	税负中等	税负最高

设立有限公司或者有限合伙企业等持股平台均是间接持股，其原理就是让员工成为有限责任公司的股东或是有限合伙企业的有限合伙人，再通过向持股平台定增或者转让等方式实现员工间接持股。有限责任公司和有限合伙企业作为持股平台有诸多不同，如表4-33所示：

表4-33　有限责任公司和有限合伙企业对比表

项　目	有限责任公司	有限合伙企业
适用法律	《公司法》	《合伙企业法》
设立条件及要求	设立程序较多，新《公司法》务注册资本要求，特殊行业需要最低注册资本要求	设立条件及程序要求较低
成立基础	公司章程	合伙协议
组织关系	股东会，可设置董事会及监事会	可以根据经营需要设立相应职能机构
当事人关系	人合兼资合	人合性
主体地位	法人，以企业财产独立承担民事责任	其他组织，不能以企业财产独立承担民事责任
责任承担形式	股东以出资额为限承担有限责任	普通合伙人承担无限连带责任，有限合伙人以出资额为限承担有限责任

续表

项　目	有限责任公司	有限合伙企业
所得税	企业所得税、个人所得税	先分后缴，合伙企业不缴所得税，合伙人缴税

北京分豆教育科技股份有限公司股权激励方案（修订版）　节选[1]

本方案前置声明如下：

1. 本股权激励方案的实施条件是 2015 年销售额达到 1 亿元，利润总额达到 4300 万元。分豆教育在 2015 年度报告公告后确定是否达到股权激励条件，上述两个前置条件需均满足。如未达到上述要求，本股权激励方案自动终止。

2. 北京地归秦投资管理中心（有限合伙）自获得股份之日起自愿限售 4 年，激励份额为 1000 万股，最终评分在 120 分~140 分（含 140 分）的合格员工属于此激励范畴；北京贤归秦投资管理中心（有限合伙）自获得股份之日起自愿限售 2 年，激励份额 1500 万股，最终评分 140 分以上的合格员工属于此激励范畴。限售期满后，北京地归秦投资管理中心（有限合伙）和北京贤归秦投资管理中心（有限合伙）将根据各自的合伙协议和章程逐步减持所持本公司股份。

这个案例可以看到，员工持股是有两个持股平台，一个是地归秦投资管理中心，一个是贤归秦投资管理中心，这两个中心都属于有限合伙企业。

---

[1]　参见《分豆教育：股权激励方案（修订版）》，载百度文库 https://wenku.baidu.com/view/d8571f8cb4daa58da1114a12.html，最后访问日期：2019 年 11 月 13 日。

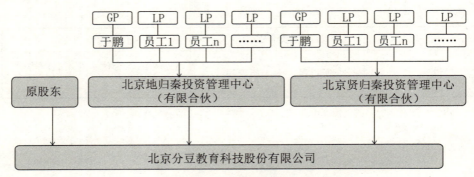

图 4-15　分豆教育股权架构

前面四章分别讲述了股权的来龙去脉，本章主要讲述股权激励方案落地实施的步骤和操作要点。

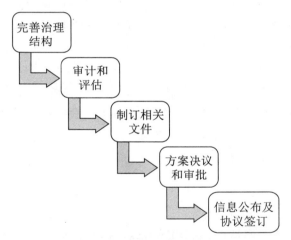

图 5-1 股权激励方案的实施步骤

第一节 完善治理结构

企业实行股权激励，也意味着企业逐步由内部管理向公众治理转型、过渡，因而，在公司治理结构的设计方面，企业就需要不断完善。

在现代法人治理结构中，董事会是法人治理的核心，对于股东而言，董事会是受托者，接受股东的委托，实现股东对资产增值、保值的要求；对于经理层而言，董事会是委托者，授权经理人开展高速经营活动并对实施情况进行监督和控制，以实现经营目标。

基于董事会在法人治理结构中的核心地位，可以说董事会治理水平是整个公司法人治理结构水平的缩影，如果公司的董事会治理出现了问题，轻则影响公司经营效益，重则使公司陷入万劫不复之地。

一、股东会

有限责任公司的最高权力机构是股东会，股东会负责审议批准计划的设计、实施、变更和终止，股权激励方案是由股东会表决通过的。企业实施股权激励的过程中无论涉及股权转让或者增资扩股都会牵扯到股东的利益。从法律程序上来说，也需要先召开股东会表决通过股权激励方案。借鉴《管理办法》的规定，天渡法商团队总结出针对中小企业，股东会在股权激励计划中主要决策内容如下：①股权激励方案制定目的、制定依据；②股权激励方案中股份数量、来源、价格；③激励对象有效期、行权期、禁售期、行权条件；④股权激励方案的变更和调整、终止；⑤对董事会关于股权激励制定、执行、修订以及实施的授权；⑥其他需要股东会表决通过的事项。针对股权激励计划来说，股东会是审议决策机构，而不是一个实施机构，股东会决定着激励方案是否能够通过。

二、董事会

董事会是由董事组成的，对内掌管公司事务，对外代表公司的经营决策机构。董事会由股东（大）会选举，对股东（大）会负责。董事会是股权激励方案执行和实施的主要机构，其主要职责是负责拟定和修订股权激励方案，并报股东（大）会审批，如此才是合法合规的流程。针对股权激励计划，董事会的主要权限和职责如下：①负责起草、修改股权激励方案，提交股东（大）会审批；②负责筹备，组建股权激励工作小组；③审批股权激励配套政策，例如人力资源方面的绩效考核制度、薪酬制度，财务方面的财务报告，等等；④其他需要董事会决定的事项。董事会作为执行机构，需要贯彻落实股东（大）会的要求，需要协调和平衡股东与管理层之间的关系。作为董事会及下属管理层，需要综合考虑公司目前发展阶段、同类公司的横向对比、上市或者挂牌企业的具体数据等，再制定因地制宜的股权激励方案。

三、监事会

监事会是由股东（大）会选举的监事会以及由公司职工民主选举的监事组成的，也称公司监察委员会，是股份公司法定的必备监督机关，是在股东（大）会领导下，与董事会并列设置，对董事会和总经理行政管理系统行使监督权力的内部组织。

针对股权激励计划，监事会主要的职责如下：①审查董事会初步股权激励方案，包括激励对象主体资格、股权来源、行权条件是否符合公司法要求，等等；②审查股权激励制度实施过程中的合规事宜，例如行权是否符合激励条件，因岗位异动导致的股权激励调整是否合规，等等；③其他需要监事会决定的事项。

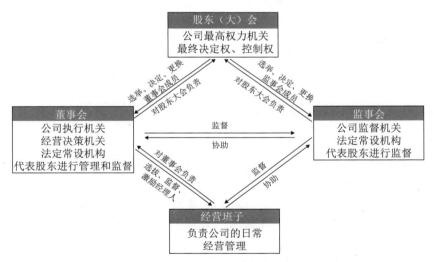

图 5-2　股东（大）会、董事会、监事会和经营班子的关系

四、薪酬委员会

薪酬委员会一般为公司董事会的常设专门委员会，由董事会任命的董事组成，通过薪酬委员会会议行使职权。薪酬委员会履行的主要职能有：①评

估经理绩效；②制定和监督经理薪酬计划；③制订员工退休金、利润分享等收益计划。

五、实施股权激励制度的专门机构：股权激励工作小组

总结多年的企业服务经验，天渡法商团队建议公司设立一个非常设的股权激励工作小组，该小组主要负责为董事会提供初步方案、激励人选、行权条件等一系列的指标内容。小组主要组成人员包括总经理、人力资源总监、财务总监、部门经理、职工代表等。该小组的主要职责如下：①根据董事会的要求，配合外部机构起草股权激励初步方案；②配合外部机构尽职调查、收集整理尽调材料，尽快形成尽调报告；③负责对接各个部门，例如涉及公司业绩，需要对接财务部门；涉及员工个人绩效，需要对接人资部门；涉及技术贡献和技术成果，需要对接技术部门，等等；④配合外部机构实施股权激励方案；⑤其他需要小组工作的事项。

公司治理：国美电器控制权之争[1]

背景介绍

国美电器成立于 1987 年 1 月 1 日，是中国最大的以家电及消费电子产品零售为主的全国性连锁企业。在北京、太原、天津、上海、广州、深圳、青岛、长沙、香港等地设立了 42 个分公司，及 1200 多家直营店面，年销售能力 1000 亿元以上。

2003 年国美电器在香港开业，并于 2004 年在香港成功上市。

2009 年国美电器全面推进以网络优化和提升单店盈利能力的战略，以不

---

[1] 参见《国美电器控制权之争原因分析》，载百度文库 https://www.renrendoc.com/p-18221272.html，最后访问日期：2019 年 10 月 16 日。

断调整变化的服务模式满足客户的需求。入选中国世界纪录协会中国最大的家电零售连锁企业。于 2010 年完成了新的未来五年战略规划并开始了全方位的实施与推进。国美电器将持续的以满足消费者需求为导向，进一步以网络优化和提升单店盈利能力为核心的战略，抓住市场需求增长的商机，进一步扩展网络覆盖保持有效规模增长，兼顾发展和利润，领导中国家电零售市场。

2011 年，开始扩张提速，计划新开 400 家左右门店。

2011 年 9 月，《福布斯》公布 2011 年亚洲上市企业 50 强榜单，国美电器位列第 14 位，成为亚洲唯一入选的家电零售品牌。

控制权之争

2008 年 11 月，黄光裕因非法经营和内幕交易被捕入狱，国美电器陈晓接任国美董事局代理主席。2009 年 1 月，黄光裕正式辞职，陈晓出任国美电器董事局主席，同时兼任总裁，从而取得对国美电器的实际控制权。国美也正式告别黄光裕的家族权威治理，转而进入以陈晓为核心的职业经理人治理时代。

2009 年 6 月，国美电器引入贝恩投资，同时宣布融资不少于 32.36 亿港元。同年 7 月，陈晓进行大规模的股权激励，该股权激励方案总计涉及 3.83 亿股股份，总金额近 7.3 亿港元。陈晓与另外 10 位公司董事及附属公司董事共获授购股权为 1.255 亿股，其中陈晓获 2200 万股权。此项股权激励政策引起创始人黄光裕的不满，认为其为陈晓窃取国美电器控制权的举措，并且陈晓就任董事会主席不久就将黄光裕时代"数量至上、快速扩张"战略调整为"质量优先，提高单店盈利能力"，并关停部分盈利状态不好的门店。此举被狱中的黄光裕视为一种公然背叛。因而在 2010 年 5 月 11 日的在国美股东周年大会上，大股东黄光裕连投 5 项否决票，导致委任贝恩投资董事总经理竺稼等为非执行董事的议案未能通过。黄光裕与董事会的矛盾公开化，双方彻底决裂。

至此，国美电器控制权之争拉开帷幕。黄陈之争越演越烈，2010 年 8 月 6 日，国美电器将大股东黄光裕告上香港高等法院，要求大股东就 2008 年回购股份时违反公司董事信托责任与信任行为作出赔偿。

2010 年 9 月 28 日晚，国美电器在香港公布了当天特别股东大会的投票结果：民意呼声颇高的公司创始人黄光裕关于重组董事局的动议均被否决，而国美董事会主席陈晓将继续留任，同时，董事会原有的 20%股份增发授权被撤销。国美电器之争暂时告一段落。

2011 年 3 月 9 日，国美任命原大中电器创办人张大中为国美董事会主席及非执行董事，而现任董事会主席陈晓以私人理由辞去了董事会主席及执行董事职务。国美电器控制权之争就此落幕。

■ 律师精彩解读

1. 建立有效的监督与约束机制

大股东"一股独大"且缺乏有效的监督与约束机制与力量是导致国美控制权之争爆发的重要原因之一。作为一个在百慕大注册，香港上市的家族企业，国美电器的董事会和股东大会本应都享有高度的自由度。如果股东大会仍然享有最高决定权，如果董事会和股东大会能够相互制约相互约束，那么或许国美电器事件就不会发生。

然而，事实是创始人黄光裕在掌控公司控制权期间，利用自己的权力通过各种途径增大自己的权力，谋取暴利。黄光裕在位期间，不断通过各种非法途径套现，持股比例从 75%下降至 34%，套现上百亿。为了更加方便自己对国美的掌控，他修改了公司章程，赋予了董事会最高的权力，最终他被自己制定的游戏规则淘汰掉。正是由于缺乏有效的监督与约束机制，黄光裕才可以为所欲为，利用自己的权力漠视法律法规，损害了公司的利益和股东的利益，也将自己搭了进去。所以，建立有效的监督与约束机制是一个企业发展的关键，也是国美电器带给人们的教训。

2. 建立完善的委托代理制度

国美电器事件已经给人们带来了大股东与职业经理人的信任危机，为了消除人们的危机感，更有效的防止类似于国美电器控制权争夺事件的发生，我们里应该建立完善的委托代理制度。

（1）制定相应的法律法规。我们应该明确规定委托人和代理人的权利和义务，秉承公平公正公开的原则对委托代理责任进行开放化、透明化。明确职业经理人作为公司管理层的职责，也确定委托人对公司享有的所有权。对所有权和控制权划分一个明确的界限，各自遵守相应的规章制度。

（2）增加职业经理人违规的成本。我们可以对职业经理人设置信用等级，当职业经理人发生窃取公司权力这类事件后由市场对其进行处罚，也可以由法律对其进行约束，确保公司所有者的利益，也提高人们对职业经理人的信任度。

（3）维护职业经理人的相关权力。作为职业经理人，当然有很多的约束，但是其应该享有对公司的相对经营权，使其能够在自己的岗位上为公司创造财富。公司股东理应赋予职业经理人一定的权力，明确委托和代理责任，并各自遵守。委托人应该客观地对待职业经理人，给予职业经理人应该享有的权力。

3. 企业治理需要适当的高管激励

一个企业的发展离不开公司管理层的辛勤劳动。作为职业经理人，作为公司高管，作为一个管理者，他们希望为这个公司创造财富的同时也取得相应的回报。马斯洛需求层次将人的需求依次由低到高分为生理上的需求，安全上的需求，情感和归属的需求，尊重的需求，自我实现的需求。当低层次的需求得到满足时，人们会追求更高层次的需求。如果这个需求得到满足，那么这个需求就不能再作为激励因素存在。

在国美电器控制权之争案例中我们看到，陈晓推出的"股权激励"政策让高管一致倒戈支持陈晓，支持现任董事会的所有决议。在黄光裕家族式权威的管理方式下，高管已经对其表示不满。管理层认为自己实质是一个执行层，长期的自我实现的需求得不到满足导致管理层的不满越来越多，管理层与大股东的矛盾越来越激烈。终于，在黄光裕身陷囹圄之际，人们选择了善待他们的陈晓。

国美电器控制权之争让我们意识到企业的发展离不开管理层的努力，我们应该善待管理层。善待管理层也就是为自己创造财富，不要为了一时的利益而断了自己的后路。当然这个高管激励的度就需要根据公司状况自行制定并根据实际情况不断调整。

第二节　审计和评估

随着市场经济的发展完善，对会计信息相关性要求的逐步增强，审计和评估的实质联系日趋紧密。审计和评估都是市场经济赖以正常运行的服务行业，面对同一市场提供不同服务，各有侧重、互为补充。

审计主要是对公司的财务报表以及方法发表意见，公司自从成立以来的财务状况和经营活动，是否合法守法经营，对被审计单位的财政、财务收支及其他经济活动的真实性、合法性和效益性进行审查和评价的独立性经济监督活动。

评估是对目前资产的市场价值的估算，是现值数据，根据各方面的综合因素还有行业特点来得出的最终的数据。

本节主要针对公司的评估，也就是公司估值作详细阐述。

一、什么是估值

公司估值是指着眼于公司本身，对公司的内在价值进行评估。公司内在价值取决于公司的资产及其获利能力。公司估值是投融资、交易的前提。一家投资机构将一笔资金注入企业，应该占有的权益首先取决于企业的价值。公司估值有利于对公司或其业务的内在价值进行正确评价，从而确立对各种交易进行订价的基础。

公司估值同时是证券研究最重要、最关键的环节，估值是一种对公司的综合判定，无论宏观分析、资本市场分析、行业分析还是财务分析等，估值都是其最终落脚点，投资者最终都要依据估值做出投资建议与决策。

二、估值的核心要点

（一）估值不能偏离金融法则

资产价值的大小取决于人们愿意为其支付的价格。如果公司是卖家，这法则在任何情况下都成立，并且不以个人的意志为转移。事实上，很多因素会影响到估值的结果，比如资产流动性、稀缺性、买方的急迫需求等。例如，一把雨伞的制造成本相比瓶水会更高，但是对于在沙漠中想要解渴的人来说，可以接受比雨伞高出许多倍的价格，这与两种商品自身的制造价值无关。

（二）股权估值应当与公司发展阶段相匹配

当公司处于不同的发展阶段时，股权估值的侧重点是不同的。初创期的公司，往往销售收入很少甚至没有销售收入，现金流量和净利润均为负值，并且对于公司何时能够扭亏为盈或者达到期望的现金流量也是不确定的，这个阶段公司股权的估值，应当以商业模式和管理团队的水平、能力为侧重点。当公司迈过初创期的生死挣扎、进入发展期后，收入开始加速增长，但是由于仍然要进行大量的资本支出，公司现金流量仍为负值，这个阶段公司股权的估值，应当侧重于行业价值驱动因素和销售收入水平。当公司经过一定时间的积累，进入成熟期后，公司的收入和现金流量都稳步增长，这个阶段的股权估值则会侧重于公司的盈利能力、现金流量的状况。

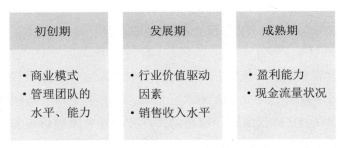

图 5-3　公司发展不同阶段估值考察要点

总结来说，初创期的企业估值主要取决于管理团队的信誉和市场机遇，因而创始人在与投资者谈判时的谈判技巧在很大程度上会影响公司的估值。发展期和成熟期的公司估值，往往有比较成熟的估值模型和计算方法，谈判的空间和余地没有初创期的公司那么大。

三、非上市公司最常见的估值方法

（一）收益法

用资产预期产生收益的现值评估资产的价值，根据评估人员做出的假设，收益法有几种不同的变体。

（二）市场法

以价格乘数为基础评估资产的价值，价格乘数来自与目标资产相似的资产的销售情况。

（三）资产基础法

以企业相关资产的价值减去所有相关负债的价值为基础评估目标资产的价值。

在公司发展的初期阶段，最好用资产基础法进行估值，因为持续经营的价值前提可能不确定或者未来的现金流极难预测；当公司进入高速增长的发展阶段时，公司可以采用收益法进行估值；如果公司已经进成熟期，公司最好采用基于市场的方法进行估值。不同估值方法各有不同的特点，正是因为这样，大多数专业评估师都会将不同的估值方法结合在一起使用，这样得出的结果才是相对合理的。

第三节　制定相关文件

根据《管理办法》的规定，上市公司向中国证监会报送股权激励方案时必须委托律师事务所出具专业的法律意见书。针对非上市公司同样有借鉴意义，中小企业在制定股权激励计划相关文件时同样需要聘请第三方专业机构提出合法合规意见。

一、股权激励需要外部顾问机构

外部顾问机构很关键，需要指导公司制定股权激励方案进而落地操作。首先需要进行外部诊断和尽职调查，了解公司治理结构是否合理，了解是否有股权代持现象，是否设有期权池，公司核心人力资本包括那些人，股权激励对象覆盖面是什么，公司如何估值，股权来源，等等。

过去的十多年，中国中小民营企业做股权激励方案是从无到有，从少到多，但大部分是请咨询公司的讲师做的，他们每天讲课练就了很好的口才，但是他们往往更擅长企业的战略管理，可以为企业家带来一些启发。但是现实的情况是大部分讲师没有受过专业的法律训练，在设计激励方案时对很多细节的处理存在隐患。相对来说，专业的律师虽然口才没有讲师好，但是却更懂得合法合规的程序，能够为企业带来更好的落地服务。随着市场的发展和成熟，会有越来越多中小企业选择专业的律师为企业设计激励方案以及法律文件。

专业律师经过诊断确定公司是否有股权激励计划的法律障碍，通过书面材料、调查问卷、访谈等方式对公司进行尽职调查，全方位了解公司各种信息。专业律师根据实际需要，对尽职调查的内容做一定调整，主要内容如下：①公司现阶段是否有股权激励制度及绩效考核标准，在实际操作过程中存在什么问题；②公司拟实行股权激励计划的目的、对象、范围、来源、时间、操作模式等要素；③公司与员工之间签订的劳务合同、保密协议等；④应关注的其他重要问题。

天渡法商团队认为律师工作就像企业家的守夜人，保证企业安全合规运行，是让企业家能够安心睡上一觉的守夜人；而管理咨询能够开拓企业家的思维和视野，两者互相兼容。律师需要管理咨询团队提供符合企业现状和发展趋势的个性化解决方案，管理咨询需要律师团队进行合规的落地操作。天渡法商团队集合了一批志同道合的管理咨询师、律师、注册会计师，共同打造天渡法商这个品牌，为企业家提供合法合规的，能够经得起法律检验的，综合考虑对接资本市场、税务筹划、公司治理等方面的个性化解决方案。

二、股权激励方案的配套法律文件

股权激励方案的制定主要体现在配套的法律文件上，而激励方案的实施更是依靠配套法律文件来执行。律师在起草配套法律文件方面是有天然优势的，能够保证这些文件合法合规、禁得起推敲。天渡法商团队总结完整的股权激励方案需要的配套法律文件（文书模板内容见第六章）主要包括：①公司股权激励方案；②员工绩效考核办法；③股权激励协议书；④激励对象承诺书；⑤股权激励公司尽职调查报告；⑥股权激励方案法律意见书；⑦激励对象行权申请书；⑧激励对象解锁申请书；⑨激励对象持股证明书；⑩股权激励股东大会决议；⑪股权激励董事会决议；⑫公司治理建议书；⑬激励对象竞业禁止协议；⑭保密协议；⑮股权质押协议；⑯股权转让协议；⑰增资扩股协议；⑱一致行动人协议；⑲合伙制持股平台有限合伙企业合伙协议；
⑳合伙制持股平台有限合伙企业入伙协议

浙江中国小商品城集团股份有限公司虚拟股权激励管理办法[1]

第一章　总　则

1. 浙江中国小商品城集团股份有限公司（以下简称"小商品城"或"公司"），为了规范公司虚拟股权激励的管理，根据《公司法》等国家法律、法规和《公司章程》的规定，制定《浙江中国小商品城集团股份有限公司虚拟股权激励管理办法》（以下简称《管理办法》或本管理办法），本管理办法是公司薪酬与考核制度的组成部分。

2. 本管理办法是小商品城实施中长期激励的管理依据，是小商品城薪酬与考核委员会及其工作小组行使职权的依据，也是监事局实施监督的依据。

3. 若公司内部其他薪酬与考核管理文件与本管理办法有抵触，以本管理办法为准。

4. 本管理办法遵循公平、公开、公正的原则和激励、约束相结合的原则。

5. 经董事局通过后，本管理办法长期有效，除非董事局决议终止实施本管理办法。

第二章　虚拟股权激励的实施方案

1. 公司通过经营目标责任制基本确定高管人员等的基本年薪、效益年薪，而虚拟股权激励是一种在之基础上的中长期激励（奖励年薪）。

2. 虚拟股权激励制度实施的周期与董事局换届同期。

3. 激励对象：公司高级管理人员等业务骨干。每年根据本管理办法和公

---

〔1〕　参见《小商品城——虚拟股票激励管理办法》，载百度文库 https://wenku.baidu.com/view/a97bb822af45b307e8719712.html，最后访问日期：2019 年 9 月 18 日。

司岗位设置的具体情况，由薪酬与考核委员会确定激励对象的具体岗位，详见《浙江中国小商品城集团股份有限公司虚拟股权激励实施细则》（以下简称《实施细则》）。

4. 设立专门的机构——薪酬与考核委员会，负责对公司虚拟股权激励的管理与实施。

5. 确定一个合理的公司业绩目标和一个科学的评估体系，如果公司高级管理人员等业务骨干经过努力后实现了预定的业绩目标，则有权获得虚拟股权激励，使其人力资本市场价值得以实现。

6. 本办法采用的是与公司经营目标责任制中的年度利润总额指标为主要的考核指标，每超过100万元利润总额给予相关人员相应的虚拟股权奖励。

7. 基本做法是在每届董事局的换届期初，按照公司高级管理人员等的相应职位的限额，参照上一年度的净资产值买入虚拟股权，每一年度结束后，按年报公告的业绩对照经营目标责任制计算应兑现的虚拟股权数进行登记，奖励的虚拟股权当年变现金额不得超过效益年薪的50%。其余在经营责任期满后，根据当时的每股净资产值予以变现。

8. 虚拟股权一旦买入，意味着在经营期的风险保证金已缴入，中途不得无故退出。

9. 特殊情况下虚拟股权激励的管理，见《实施细则》。

第三章　虚拟股权激励的管理机构及其运作规则

第一节　虚拟股权激励的组织与管理机构

1. 公司股东大会是公司中长期激励制度的最高权力机构，负责以下事项：

（1）授权董事局制定专门的制度对中长期激励事项进行管理。

（2）授权董事局任命和撤换薪酬与考核委员会委员。

（3）当董事局对薪酬与考核委员会的复议结果有异议提请裁决时，做出终裁决议。

（4）中国证监会规定的其他应由股东大会负责的激励事项。

2. 公司董事局是公司中长期激励制度的决策和管理机构，负责以下事项：

（1）制定、变更、终止《管理办法》。

（2）批准薪酬与考核委员会编制的《经营目标责任制》（《经营目标责任

制》中规定具体的公司业绩目标和具体的激励基金提取比例)。

（3）设立薪酬与考核委员会，任命和撤换薪酬与考核委员会委员。

（4）批准薪酬与考核委员会编制的《实施细则》及其变更。

（5）组织薪酬与考核委员会开展工作，依《管理办法》第三章第五节确定的规则审核薪酬与考核委员会的决议。

（6）代表公司，履行相应的民事义务。

（7）履行中长期激励事项的信息披露义务。

（8）中国证监会规定的其他应由董事局负责的激励事项。

3. 薪酬与考核委员会是公司中长期激励工作的非常设管理机构，负责以下事项：

（1）修订《经营目标责任制》，并报董事局批准。

（2）根据《管理办法》拟定、变更《实施细则》，并报董事局批准。

（3）向董事局和监事局报告执行虚拟股权激励制度的工作情况。

（4）其他与中长期激励有关的工作。

（5）监事局负责对中长期激励计划的实施进行监督，并向股东大会报告监督情况。

第二节　薪酬与考核委员会的人员组成

1. 薪酬与考核委员会依本管理办法设立和行事。

2. 人员组成参见《董事局薪酬与考核委员会实施细则》。

第三节　薪酬与考核委员会职责权限

职责权限参见《董事局薪酬与考核委员会实施细则》。

1. 薪酬与考核委员会主任的职责包括：

（1）召集和主持薪酬与考核委员会会议、形成决议。

（2）督促、检查委员会有关规定、决定和方案的执行。

（3）依有关法律、法规、《经营目标责任制》《实施细则》和本《管理办法》主持委员会工作，并负责向董事局报告工作情况。

（4）提供公司虚拟股权激励信息披露所需资料。

（5）签署薪酬与考核委员会文件。

2. 薪酬与考核委员会委员的职责包括：

（1）薪酬与考核委员会委员应当遵守国家法律、行政法规、本公司章程及其他规定，按本《管理办法》《经营目标责任制》及《实施细则》，忠实履行职责，维护公司和股东利益，不得利用职权为自己谋取私利.

（2）薪酬与考核委员会委员在执行公司职务时，违反法律、行政法规或者本公司章程及其他规定，给公司造成损害的，应当承担赔偿责任。

（3）薪酬与考核委员会下属的薪酬与考核委员会工作小组依照《管理办法》《经营目标责任制》和《实施细则》进行日常工作，具有以下职责：①具体实施《经营目标责任制》《实施细则》；②管理与中长期激励有关的日常活动；③管理与中长期激励相关的资料；④向薪酬与考核委员会报告工作；⑤薪酬与考核委员会交办的其他工作。

第四节　薪酬与考核委员会议事规则

议事规则参见《董事局薪酬与考核委员会实施细则》。

第五节　董事局对薪酬与考核委员会的决议的审核规则

1. 董事局对薪酬与考核委员会的决议按《公司章程》规定的表决规则审核。

2. 董事局通过表决不同意薪酬与考核委员会决议时，应交由薪酬与考核委员会复议一次。

3. 董事局与薪酬与考核委员会的复议仍然存在分歧时，可采取以下措施：

（1）核准薪酬与考核委员会的复议结果。

（2）上报股东大会做出最终裁决。

第四章　《经营目标责任制》的管理

第一节　《经营目标责任制》的拟订、生效、修改、终止和取消

1. 薪酬与考核委员会根据《管理办法》拟订、变更《经营目标责任制》。

2. 《经营目标责任制》必须经董事局批准后方可实施。《经营目标责任制》的条款及条件如有任何重大更改、完善、终止和取消，都须获得董事局通过。

3. 有下列情况的，董事局可以决议方式终止、取消虚拟股权激励计划：

（1）因经营亏损导致停牌、破产或解散。

（2）出现法律、法规规定的必须终止、取消虚拟股权激励计划的情况。

（3）除上述两款外，董事局也可以决议终止、取消虚拟股权激励计划。

第二节 《经营目标责任制》的内容

1. 经营期限。

2. 核定的各项经济指标。

3. 考核与奖惩。

4. 年薪兑现。

5. 其他条款。

第五章 《实施细则》的管理

第一节 《实施细则》的制订、更改、终止、取消和实施

1. 薪酬与考核委员会根据《管理办法》拟订、变更《实施细则》。

2. 《实施细则》必须经董事局批准后方可实施。经董事局批准的《实施细则》在以后年度可以遵照执行，除非《实施细则》的条款发生变动。

3. 《实施细则》的条款及条件如有任何重大更改、完善和终止，都须获得董事局的通过。

4. 《实施细则》由薪酬与考核委员会工作小组负责具体实施。

第二节 《实施细则》的内容

1. 总则。

2. 参与虚拟股权激励人选的确定方法。

3. 业绩目标的确定方法。

4. 虚拟股权激励的管理及计算方法。

5. 特殊情况下虚拟股权激励的管理。

6. 附则。

第六章 信息披露

1. 公司董事局依法履行中长期激励事项的信息披露和报告义务。

2. 有下列情形之一，应向中国证监会、上海证券交易所报告，并根据规定对外予以披露：

（1）公司应当及时披露关于中长期激励的议案经股东大会批准的公告。

（2）虚拟股权激励计划发生变化时，公司应当及时披露。

（3）当公司发生收购、兼并时，涉及中长期激励计划发生变化，公司应

当及时披露。

（4）中国证监会和上海证券交易所的其他公告规定。

第七章 附 则

1. 本管理办法由董事局负责解释。

2. 本管理办法经公司董事局会议审议通过，自通过之日起生效。

第四节 方案决议和审批

一、股东会

对于一个企业而言，股东会属于最高级别的会议。股东会有如下三种形式：

（一）法定大会

凡是公开招股的股份公司，从它开始营业之日算起，一般规定在最短不少于 1 个月，最长不超过 3 个月的时期内举行一次公司全体股东大会。会议主要任务是审查公司董事在开会之前 14 天向公司各股东提出的法定报告。目的在于让所有股东了解和掌握公司的全部概况以及进行重要业务是否具有牢固的基础。

（二）年度大会

股东大会定期会议又称为股东大会年会，一般每年召开一次，通常是在每一会计年度终结的 6 个月内召开。由于年度股东大会定期的召开大都为法律所强制，所以世界各国一般不对该会议的召集条件做出具体规定。

年度大会内容包括：选举董事，变更公司章程，宣布股息，讨论增加或者减少公司资本，审查董事会提出的营业报告，等等。

（三）临时大会

股东大会临时会议通常是由于发生了涉及公司及股东利益的重大事项，无法等到股东大会年会召开而临时召集的股东会议。

关于临时股东大会的召集条件，世界主要国家大致有三种立法体例：列举式、抽象式和结合式。我国采取的是列举式，《公司法》第 100 条规定，有以下情形之一的，应当在 2 个月内召开股东大会：①董事人数不足本法规定的人数或者公司章程所定人数的 2/3 时；②公司未弥补的亏损达实收股本总额 1/3 时；③单独或者合计持有公司 10% 以上股份的股东请求时；④董事会认为必要时；⑤监事会提议召开时；⑥公司章程规定的其他情形。

企业在拟定股权激励草案后，无论是召开年度大会还是临时股东会，都应该根据具体的时间，安排召开股东大会，对激励草案予以审核。若出现修订状况，则应该在完成修订后再次召开临时股东会予以审核。

二、董事会

根据《公司法》第 46 条，董事会对股东会负责，行使下列职权：①负责召集股东会议，并向股东会报告工作；②执行股东会的决议；③决定公司的经营计划和投资方案；④制订公司的年度财务预算方案、决算方案；⑤制订公司的利润分配方案和弥补亏损方案；⑥制订公司增加或者减少注册资本以及发行公司债券的方案；⑦制订公司合并、分立、解散或者变更公司形式的方案；⑧决定公司内部管理机构的设置；⑨决定聘任或者解聘公司经理及其报酬事项，并根据经理的提名决定聘任或者解聘公司副经理、财务负责人及其报酬事项；⑩制定公司的基本管理制度；⑪公司章程规定的其他职权。

企业在实施股权激励计划时，通常在股东会审议通过后，授权董事会进行具体的实施和修订。很多初创企业，存在股东即是企业经营者的现象，这时股东会也可以与董事会合并召开，只要各股东都不反对激励计划的条款，就可以按照要求来实施和执行。

第五节　信息公布及协议签订

上市公司根据《管理办法》的规定有特定的信息披露步骤和要求，而针对非上市公司也需要针对激励计划内容进行公布和告知。

一、信息发布的前提

信息发布是指当股权激励计划获准后，针对内部员工召开激励方案的说明会。说明会的功能类似于新闻发布会，让员工也有一种仪式感，从而达到事半功倍的激励效果。信息发布时，最好邀请法律顾问或第三方专业机构参加，确定激励的合法性及可行性。

二、信息发布的内容

信息发布要包含股权激励计划的详尽内容，以及激励对象的权利、责任以及义务，让他们能够体会到激励计划能够给公司以及个人带来的好处。由于公司发展阶段的不同，非上市公司在实施股权激励计划时，并不是每个员工都能理解股权激励的意义以及能带来的潜在收益。因此，公司要专门召开一个信息发布会，针对激励计划的内容做详细阐述，让激励对象能够从内心深处认同和接纳这件事情，了解到未来的发展潜能。一个真正能起作用的方案必须是双方心理都是认同和接受的，只有这样才能最大效力的实现股权激励的初心：互利共赢。

信息发布会要明晰以下内容：①考核要求：即考核条件，不仅要阐明如何考核，也要说明为何如此设定考核条件。②行权条件：行权条件和激励目标是一致的，激励对象认识到获得行权的条件，从而鞭策其努力工作，达到和公司逾期同步的目标。③明晰有效期、授予日、解锁日等信息。

三、签订协议

股权激励是企业与激励对象达成的一种在一定条件下企业让利于激励对象的过渡协议安排，因此企业一定要与激励对象形成书面约定后，激励方案才会产生真实的约束力。

第一，协议内容必须与激励方案的内容保持高度一致。激励方案中的重要条款，在协议中应当充分体现，例如激励模式，是增值权还是期权或其他方式，激励对象在满足条件后可以享受的权益等，都需要在协议中予以明确。

第二，明确退出机制，退出机制的内容包括员工离职、公司因特殊情况修订或者中止激励方案，，都需要体现在协议中，以免引起日后的法律纠纷。

第三，如若对激励方案进行修订，需要和激励对象再次确认，再签订协议。例如董事会对激励方案提出了异议，修改了部分内容，需要再次获得激励对象的认可后再签订协议。

第四，企业在与员工签订协议时，应当邀请法律顾问到场，在律师或者法律顾问的监督下进行，确保激励协议的法律效力。

第六节　股权激励计划的风险与防范

股权激励计划是针对公司的根本分配制度进行调整，稍有不慎就会对公司的发展造成不可磨灭的影响，给股东的财产带来不良隐患。

进行股权分配要充分考虑到公司的情况、可能涉及的税务风险、代持风险以及各种法律风险可能带来的负面影响，提前做好备案，将风险控制在安全的范围内，避免阻碍企业的成长。

一、股权激励计划中的税务处理

股权激励形式多种多样，但是主要功能却是一致的，也即建立健全公司长效激励机制，吸引和留住优秀人才，有效地将股东、公司利益和核心员工个人利益结合在一起，实现企业的可持续发展。在股权激励中，低价让渡部分股权或收益权不是目的，目的是达到激励的效果。实施股权激励后，除了企业经营、市场等因素引发股价的变化外，最受关注的就是股权激励中个人所得税的处理，高额的个税势必抵消激励的效果。因此，实施股权激励的公司应该充分关注其中涉税事项的处理。

（一）非上市公司税收政策

在《关于完善股权激励和技术入股有关所得税政策的通知》（财税〔2016〕101号）颁布实施之前，对于非上市公司开展股权激励，仅能依据《个人所得税法》及实施条例等原则性规定进行处理，或参照上市公司股权激励税收政策执行。

2016年9月1日颁布实施的《关于完善股权激励和技术入股有关所得税政策的通知》（财税〔2016〕101号）一大亮点就是对非上市公司股权激励所得税政策予以明确，并实施较上市公司更加优惠的政策，根据规定：非上市公司开展股权激励，符合规定条件的，员工在取得股权激励时可暂不纳税，递延至转让该股权时纳税；股权转让时，按照股权转让收入减除股权取得成本以及合理税费后的差额，适用"财产转让所得"项目，按照20%的税率计算缴纳个人所得税。也即，非上市公司开展股权激励不仅在"取得股权"时可以递延，而且在"股权转让"阶段还可以按照20%的较低税率纳税，较上市公司具有更大的优势，节税效果显著。

1. 非上市公司股权激励支出能否在公司成本中列支

我国目前未对非上市公司股权激励过程中的税收问题做出明确规定，但在相关条例中可以找到一定依据。《中华人民共和国企业所得税法实施条例》第34条规定："企业发生的合理的工资薪金支出，准予扣除。前款所称工资薪金，是指企业每一纳税年度支付给在本企业任职或者受雇的员工的所有现金形式或者非现金形式的劳动报酬，包括基本工资、奖金、津贴、补贴、年终加薪、加班工资，以及与员工任职或者受雇有关的其他支出。"同时国家税务总局在《关于我国居民企业实行股权激励计划有关企业所得税处理问题的公告》第3条规定："在我国境外上市的居民企业和非上市公司，凡比照《管理办法》的规定建立职工股权激励计划，且在企业会计处理上，也按我国会计准则的有关规定处理的，其股权激励计划有关企业所得税处理问题，可以按照上述规定执行。"

根据上述条例的规定，非上市公司的股权激励支出，可以在公司成本中列支，但要区别对待；针对股权激励计划实行后立即可以行权的，确定作为当年公司工资薪金支出，依照税法规定进行税前扣除；针对股权激励计划实行后，需待一定服务年限或者达到规定业绩条件（以下简称"等待期"）方可行权的，公司等待期内会计上计算确认的相关成本费用，不得在对应年度计算缴纳企业所得税时扣除。在股权激励计划可行权后，公司方可根据该股票实际行权时的公允价格与当年激励对象实际行权支付价格的差额及数量，计算确定作为当年公司工资薪金支出，依照税法规定进行税前扣除。

2. 激励对象获得的股权激励份额的税收问题

国家税务总局《关于个人认购股票等有价证券而从雇主取得折扣或补贴收入有关征收个人所得税问题的通知》（国税发〔1998〕9号，已失效）规定，在中国负有纳税义务的个人（包括在中国境内有住所和无住所的个人）认购股票等有价证券，因其受雇期间的表现或业绩，从其雇主以不同形式取得的折扣或补贴（指雇员实际支付的股票等有价证券的认购价格低于当期发行价格或市场价格的数额），属于该个人因受雇而取得的工资、薪金所得，应在雇员实际认购股票等有价证券时，按照《个人所得税法》及其实施条例和其他有关规定计算缴纳个人所得税。上述个人在认购股票等有价证券后再行转让所取得的所得，属于《个人所得税法》及其实施条例规定的股票等有价证券转让所得，应按现行《个人所得税法》和政策规定征免个人所得税。即个人将行权后的境内上市公司股票再行转让而取得的所得暂不征收个人所得税，个人转让境外上市公司的股票而取得的所得，应按《个人所得税法》的规定计算应纳税所得额和应纳税额依法缴纳税款。参与税后利润分配取得所得的税款计算。员工因拥有股权参与税后利润分配而取得的股息、红利所得除依照有关规定可以免税或减税的外应全额按规定税率计算纳税。根据我国《个人所得税法》规定，工资、薪金所得，适用超额累进税率，税率为 3%～45%；利息、股息、红利所得、财产转让所得和其他所得适用比例税率，税率为 20%。

（二）税务管理与策略

1. 激励模式

无论是上市公司还是非上市公司，要想享受相关个税递延以及税收优惠，均要符合法定的股权激励模式。比如，上市公司"在不超过 12 个月的期限内缴纳个人所得税"限定为股票期权、限制性股票和股权奖励。非上市公司股权激励限于授予本公司员工的股票（权）期权、限制性股票和股权奖励，才能享受优惠政策。

2. 报送及备案义务

按照规定，实施股票期权、股票增值权计划的境内上市公司，也应按照《财政部/国家税务总局关于个人股票期权所得征收个人所得税问题的通知》（财税［2005］35 号）第 5 条第 3 项的规定报送有关资料，也即实施股票期权计划的境内企业，应在股票期权计划实施之前，将企业的股票期权计划或实施方案、股票期权协议书、授权通知书等资料报送主管税务机关；应在员工行权之前，将股票期权行权通知书和行权调整通知书等资料报送主管税务机关。扣缴义务人和自行申报纳税的个人在申报纳税或代扣代缴税款时，应在税法规定的纳税申报期限内，将个人接受或转让的股票期权以及认购的股票情况（包括种类、数量、施权价格、行权价格、市场价格、转让价格等）报送主管税务机关。

根据《财政部、国家税务总局关于完善股权激励和技术入股有关所得税政策的通知》（财税〔2016〕101号）的规定，上市公司"在不超过12个月的期限内缴纳个人所得税"需要向主管税务机关备案，方可享受。

对于非上市公司而言，根据上述101号文，享受递延纳税政策的非上市公司股权激励须同时满足7个方面的条件并经向主管税务机关备案。比如，股权激励计划应获得董事会、股东（大）会审议通过，有翔实的方案。激励标的应为境内居民企业的本公司股权（股权奖励的标的可以是技术成果投资入股到其他境内居民企业所取得的股权）。激励对象应为公司董事会或股东（大）会决定的技术骨干和高级管理人员，激励对象人数累计不得超过本公司最近6个月在职职工平均人数的30%。股票（权）期权自授予日起应持有满3年，且自行权日起持有满1年；限制性股票自授予日起应持有满3年，且解禁后持有满1年；股权奖励自获得奖励之日起应持有满3年。上述时间条件须在股权激励计划中列明。股票（权）期权自授予日至行权日的时间不得超过10年。

3. 非法定形式股权激励税收政策适用

按照《个人所得税法》以及实施条例等基本原则，以及现有立法，上述文件之外的非法定股权激励形式，应按照"工资薪金"适用3%~45%的税率，于行权时履行个人所得税纳税申报义务。但是，非法定形式的股权激励将难以享受税收递延等优惠政策。

二、股权激励计划的代持风险

（一）实际投资人的风险

1. 实际投资人与名义股东之间的合同效力问题

一般情况下，如果实际投资人与名义股东就股权及收益归属产生纠纷、发生争议时，他们之间的代持协议的效力问题就备受关注，对此，我国《公司法》并没有对"股权代持"进行明确规定，导致对于协议效力问题的认定并没有统一的司法尺度。

因此，《最高人民法院关于适用〈中华人民共和国公司法〉若干问题的规定（三）》［以下简称《公司法解释（三）》］中对股权代持的问题处理做出了司法解释，首次明确表明了我国法律对有限责任公司的实际投资人的股东资格的确认，对于实际投资人与名义股东之间的代持协议的效力问题，《公司法解释（三）》规定只要相关协议不存在《合同法》第52条规定的情形，则应认定代持协议合法有效。

《合同法》第52条规定："有下列情形之一的，合同无效：①一方以欺诈、胁迫的手段订立合同，损害国家利益；②恶意串通、损害国家、集体或者第三人利益；③以合法形式掩盖非法目的；④损害社会公共利益；⑤违反法律、行政法规的强制性规定。"

实践中，如果设定股权代持的目的在于以合法形式掩盖非法目的或规避法律行政法规的强制性规定，比如外资为规避市场准入而实施的股权代持、以股权代持形式实施的变相贿赂等，该等股权代持协议最终可能被认定无效。

2. 名义股东滥用股东权利损害实际投资人利益的风险

由于实际出资人对于代持股份无法行使实际的控制权，则存在名义股东利用对股份的控制权损害实际投资人利益的问题。名义股东滥用经营管理权、表决权、分红权、增资优先权、剩余财产分配权等权利，甚至擅自出让或质押股权，都会损害实际出资人的利益。

3. 名义股东自身出现问题，对实际出资人的利益造成损害的风险

如名义股东出现不能偿还的债务时，法院和其他有权机关依法查封其代持股权，并将代持股权用于偿还名义股东的债务的风险。如名义股东离婚或死亡时，则其名下的股权作为遗产有可能涉及继承或离婚分割的法律纠纷，实际出资人则有可能会卷入相关纠纷案件。

4. 实际投资人股东资格无法恢复的风险

根据《公司法解释（三）》第24条第3款的规定，"实际出资人未经公司其他股东半数以上同意，请求公司变更股东、签发出资证明书、记载于股东名册、记载于公司章程并办理公司登记机关登记的，人民法院不予支持"。《公司法》第71条规定，股东向股东以外的人转让股权，应当经其他股东过半数同意。经股东同意转让的股权，在同等条件下，其他股东有优先购买权。

两个以上股东主张行使优先购买权的，协商确定各自的购买比例；协商

不成的，按照转让时各自的出资比例行使优先购买权。因此，实际投资人想要撤销代持关系，恢复股东资格可能会面临两重障碍，一是其他股东未有过半数同意；二是其他股东要求行使优先购买权。

（二）名义股东面临的风险

名义股东是股权的代持人，是显名股东，名义上持有公司股权，行使股东权利。名义股东在股权代持关系中可能会面临的法律风险如下：

1. 名义股东被要求履行公司出资义务的风险

由于代持协议的效力不能对抗善意第三人，因此，名义股东承担公司的出资义务。如果出现实际投资人违约不出资，那么名义股东面临着必须出资的风险。在实践中，也存在出资不实被公司或善意第三人要求补足出资的情形，这种情形下名义股东不得以代持协议对抗公司或善意第三人。虽然，名义出资人可以在出资后向隐名股东追偿，但也不得不面临诉讼风险。

2. 税收风险

股权代持中，当条件成熟、实际股东准备解除代持协议时，实际投资人和名义股东都将面临税收风险。通常而言，税务机关往往对于实际投资人的"一面之词"并不认可，并要求实际股东按照公允价值计算缴纳企业所得税或者个人所得税。

《关于企业转让上市公司限售股有关所得税问题的公告》（国家税务总局公告2011年第39号）对于企业为个人代持的限售股征税问题进行了明确。具体而言，因股权分置改革造成原由个人出资而由企业代持的限售股，企业转让上述限售股取得的收入，应作为企业应税收入计算纳税。

依照该规定完成纳税义务后的限售股转让收入余额转付给实际所有人时不再纳税，然而《关于企业转让上市公司限售股有关所得税问题的公告》仅适用于企业转让上市公司限售股的情形，对于实际生活当中普遍存在的其他代持现象仍存在着双重征税的风险。

（三）公司面临的风险

公司股权存在代持关系不但会使实际投资人、名义股东面临各种不确定的法律风险，同样会使相关公司面临不确定的法律风险。

1. 公司在资本市场融资面临法律障碍

在中国证券资本市场，股权代持是企业绝对的红线，证监会在上市审核实践中全面严格禁止"股权代持"，"代持"几乎成了令监管机构、中介机构、上市公司都谈虎色变的雷区。

《首次公开发行股票并上市管理办法》第 13 条规定："发行人的股权清晰，控股股东和受控股股东、实际控制人支配的股东持有的发行人股份不存在重大权属纠纷。""股权清晰"成为证监会禁止上市公司出现代持现象的理论依据。目前，上市公司的控股股东需要披露到自然人，且不允许代持。

2. 面临公司注销风险

这种风险主要存在于外商作为实际出资人的股权代持情形中。根据我国相关法律法规，外商投资企业必须经相关部门批准设立。为规避这种行政审批，存在一些外商投资者委托中国境内自然人或法人代为持股的情形。

这种情况下，如果发生纠纷，根据相关审判实务，相关代持协议效力能够得到认可，但实际出资人不能直接恢复股东身份，需要先清算注销公司，再经相关部门审批设立外商投资企业。

（四）股权代持法律风险的防范

鉴于股权代持可能存在上述法律风险，天渡法商团队建议拟采用股权代持结构的商业主体在签订股权代持协议时应当有针对性地采取措施，防范可能产生的风险。

1. 股权代持协议效力风险的防范措施

可能影响股权代持协议法律效力的主要是《合同法》第 52 条第 3 项中提到的"以合法形式掩盖非法目的"。

股权代持协议的主要目的是通过该协议实现隐名股东的投资目的。法律或行政法规可能禁止或限制隐名股东实施投资行为或投资于特定行业。如果隐名股东属于被禁止或限制实施投资行为的人，或者其拟投资的企业所在的行业属于法律或行政法规禁止或限制投资的特定行业，则股权代持协议可能被认定为具有非法目的。此时，尽管股权代持协议本身并不为法律或行政法规所禁止，但却可能因为其目的的非法性而被认定为属于"以合法形式掩盖非法目的"的行为，从而被认定为无效法律行为。

在股权代持协议架构之下，前述法律风险无法得到有效规避。因此，投资者需要采用其他可能的形式规避前述风险。天渡法商团队认为，可以考虑采用下述交易结构规避前述风险：投资者 A 将其投资资金借贷给 B，由 B 投资于 A 拟投资的公司 C，形成 B 对 C 的股权。之后，A 和 B 签署债务清偿协议，约定以 B 对 C 的股权未来所产生的全部收益在扣除 B 的成本以及 A 承诺支付给 B 的相应报酬后，全部支付给 A，以清偿 B 对 A 的债务。为保障 B 的债务的履行，B 可以委托 A 行使股权并将其对 C 持有的部分质押给 A 并履行必要的股权质押登记手续。

2. 显名股东恶意侵害隐名股东权益风险的防范

此类风险来源于显名股东，因此其防范应着眼于显名股东。具体防范措施包括：

（1）明确股东权利的行使方式。显名股东是名义股东，股东权利只能以他的名义来行使。因此，隐名股东要控制公司，必须约定好股东权利行使方式，比如行使表决权、分红权、增资优先权等必须通过隐名股东同意，显名股东必须按照隐名股东的意愿行使股东权利等。必要时，甚至可以要求显名股东将某些股东权利的行使不可撤销地委托给隐名股东、其职员或其信任的第三人，并提前出具行使股东权利的必要手续。这样的约定可以有效保障隐名股东对公司的控制权。

（2）排除显名股东的财产权。这样做的目的是防止显名股东行使其名下股权的财产权，侵害隐名股东的财产权益。当显名股东出现意外死亡、离婚等情况时，其代持的股权不是他的个人财产，因而也就不能作为遗产或共同财产进行分割。这样就确保了实际出资人的财产所有权。

（3）签订股权代持协议时约定高额违约责任并予以公证。由于显名股东在法律上被认为是标的公司的股东，如果其蓄意实施侵犯隐名股东利益的行为，隐名股东往往难以完全及时有效地制止该行为。因此，最好在签署股权代持协议时就对显名股东损害隐名股东利益的情况明确约定违约责任。约定严格的违约责任，会对显名股东起到威慑作用，增加其违反股权代持协议、侵害隐名股东利益的成本，使其违约行为得不偿失，从而减少其实施侵害隐名股东利益的行为的可能性。

3. 隐名股东难以确立股东身份、无法向公司主张权益的风险的防范

依据《公司法解释（三）》第 25 条的规定，隐名股东尽管享有投资权益，但是投资权益并不等同于股东权益，投资权益只能向名义股东（代持人）主张，而不能直接向公司主张，存在一定的局限性。

为防范此类风险的产生，隐名股东应当将股权代持协议向公司和其他股东予以披露，并争取要求其他股东（须过半数）提前出具同意显名股东向隐名股东"转让"股权的声明，并放弃优先购买权。

4. 显名股东债权人针对代持股权强制执行的风险

在法律上，显名股东是被代持的股权的权利人，代持股份被视为显名股东的财产。如果法院判决显名股东对第三人承担履行债务的义务，而显名股东又无其他财产可供执行，该第三人极可能提出针对代持股份的执行请求。

对此，天渡法商团队建议可以考虑采取下列措施防范代持股份被强制执行的风险：通过信托的方式实现股份代持；在股份代持协议中明确排除显名股东针对股份享有的财产权利；要求受托人将其名义上持有的代持股份以委托人为质权人设定质权，质押给委托人。

股东用其代持股权进行股权激励的风险

基本案情：[1]

AT 公司是 2005 年 12 月 8 日设立的有限责任公司，注册资本 300 万元，法定代表人为徐亨刚（化名）。AT 公司工商档案资料显示，徐亨刚持股比例 50%（出资 150 万元），GC 公司、GR 公司持股比例分别为 25%（出资 75 万元）。徐亨刚持有 AT 公司 50% 的股权，其中 10% 是徐亨刚代 AT 公司全体股东持有，用于奖励员工。

2005 年 12 月 13 日，户金敏（化名）与徐亨刚签订《协议》约定，徐亨刚将其持有的 AT 公司中占总投资款 1.5% 的股权作为期权股赠与户金敏，另有 1.5% 作为期权赠与户金敏。此时，户金敏总共持有 AT 公司 3% 的股权。

2006 年 1 月 11 日，户金敏与 AT 公司签订《员工期股期权协议》一份，约

---

〔1〕 参见《股东用其代持股权进行股权激励的风险》，载 360 个人图书馆 http://www.360doc.com/content/17/0316/10/28009503_637302656.shtml，最后访问日期：2019 年 11 月 25 日。

定户金敏按照自愿参与的原则按月从工资中扣除 800 元用于购买股权，AT 公司按照户金敏实际申购的股权数赠与等额的股权，AT 公司再另外赠送户金敏 1.5% 的期股及占总股本 1.5% 的期权。此时，户金敏总共持有占 AT 公司 4.5% 的股权。

2007 年 2 月 14 日，户金敏与 AT 公司签订《员工期股协议》一份，约定户金敏同意以 1 元/股购买 AT 公司 1.5% 的股权，含先前户金敏已出资购买部分以及与户金敏约定的等值赠送部分；AT 公司于 2007 年 1 月 1 日同意追加赠与户金敏占总股本 3.5% 的期股。此时，户金敏总共持有占 AT 公司 8% 的股权。

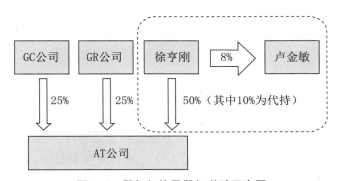

图 5-4　股权机构及股权激励示意图

2011 年 3 月 1 日，户金敏与徐亨刚签订《公司股权转让协议》一份，约定徐亨刚将其持有的 AT 公司 8% 的股权赠与给户金敏。这里 AT 公司 8% 的股权是指由徐亨刚代 AT 公司全体股东持有的用于奖励员工的股权。徐亨刚说他之所以与户金敏签订《公司股权转让协议》，是为了配合户金敏办理股权变更登记，将徐亨刚代持的 AT 公司的 8% 股权变更至户金敏名下，但并不是说将徐亨刚自己持有的 AT 公司 8% 股权赠与户金敏。户金敏、徐亨刚均确认，户金敏享受了 2009 年度及 2010 年度公司股权分红，由公司交付徐亨刚，再由徐亨刚交付户金敏，户金敏于 2012 年 6、7 月份离开 AT 公司。

2011 年 4 月 12 日，徐亨刚以召集人的身份，向户金敏及 GR 公司、GC 公司发出股东会通知，载明于 2011 年 4 月 26 日下午 1 点 30 分召开临时股东会，议题包括"关于户金敏股权工商登记事项"等。2011 年 4 月 26 日，AT 公司如期召开股东会，全体股东（包括徐亨刚、GR 公司、GC 公司）都参加了股东会，同日形成《股东会纪要》一份，载明："与会股东对'关于户金敏同志股权工商登记事项'的议题进行了辩论，认为该议题不宜在股东会上讨论，应由徐亨刚自行善后解决"，AT 公司形成股东会决议，没有同意为户金敏办理股权工商登记。

户金敏称，AT 公司拒绝办理变更登记手续，徐亨刚不向其他股东询问是否优先购买，其他股东没有签字，无法到工商局办理过户手续。此外，以上四份协议均被 SH 市第一中级人民法院判决解除，且判决认定 AT 公司存在违约行为。徐亨刚作为 AT 公司法定代表人存在过错。

于是，户金敏向法院起诉请求判令 AT 公司赔偿其股权折价款 324 087 元，徐亨刚承担连带清偿责任。他的请求能取得法院支持吗？

法律分析：

因为 AT 公司未按照涉案四份协议的约定为户金敏办理股权变更登记手续，导致户金敏无法取得 AT 公司的股权，存在违约行为，户金敏可向 AT 公司主张违约损害赔偿，所以 AT 公司应当赔偿因其违约给户金敏造成的损失。

关于损失的问题，2011 年 3 月 1 日的《公司股权转让协议》是为了配合户金敏办理股权变更登记手续而签订的，户金敏依据前三份协议主张合同权利的适格相对方应为 AT 公司。因四份协议已经因 AT 公司的根本违约行为被生效判决判令解除，户金敏再无法获得被告 AT 公司 8% 的股权，所以 AT 公司应赔偿户金敏 8% 股权的折价款 324 087 元。

关于被告徐亨刚连带责任的问题，因户金敏未提供证据证明徐亨刚应当对 AT 公司的债务承担连带责任的法律及事实依据，因此对户金敏要求徐亨刚承担连带清偿责任的请求不予支持。但考虑到，本案四份协议中的三份均是徐亨刚以自己名义或代表 AT 公司与户金敏签订，现在这四份协议都被生效判决判令解除，所以户金敏可以依据缔约过失或侵权责任的相关规定向徐亨刚另行主张权利。

最终结论：

法院依照《中华人民共和国合同法》第 97 条、《中华人民共和国民事诉讼法》（2012 修正）第 64 条第 1 款、第 144 条的规定，判决：AT 公司于本判决生效之日起 10 日内赔偿户金敏股权折价款 324 087 元；驳回户金敏要求徐亨刚承担连带清偿责任的诉讼请求。

AT 公司不服一审法院判决，上诉于 SH 市第一中级人民法院。经审理，SH 市第一中级人民法院于 2014 年 9 月日判决：驳回上诉，维持原判。

律师精彩解读

1. 未经股东会通过的股权激励无法落地

实施股权激励是公司的一项重大决策，要经过股东会审议通过，所以，大股东在实施股权激励时要提前与其他股东沟通好争取他们的支持，以便股东会顺利通过股权激励方案。本案例中的大股东因为没有同其他股东协调好，导致股权激励相关的议案未能审议通过，使大股东处于比较尴尬的境地。如果大股东依照公司法的相关规定和精神先草拟好《股权激励方案》，然后召开股东会审议通过，最后根据《股权激励方案》的规定与股权对象签订《股权激励协议》，那么就不会出现大股东骑虎难下的尴尬局面。

2. 代持的股权要与自己的股权在协议里分清

另外有些公司会事先预留一部分股权专门用于股权激励，在正式实施股权激励之前为了操作方便通常会由大股东代为持有并登记在大股东名下。由于工商登记上很难区分哪一部分是大股东自己的股权，哪一部分是大股东替大家代持的股权，所以大股东与激励对象签订《公司股权转让协议》时一定要明确转让的股权是大股东代持的股权，正式签订《公司股权转让协议》之前要取得代持股权实际股东的书面授权，大股东要在协议里写明激励对象拟受让股权的真实来源。如果没有事先取得代持股权实际股东的书面授权，也可以在协议里约定：待代持股权实际股东全部签字同意后本协议正式生效。

如果不这样操作，大股东就成为法律上转让股权的责任方，若其他股东不配合或者反悔，激励对象以《公司股权转让协议》为证据告上法庭，大股东可能要将自己个人的股权向激励对象进行补偿了。即便查清了事实真相，签订协议的大股东也会同本案的徐亨刚一样，要承担缔约过失责任或侵权责任。

三、股权设计中的婚姻风险防范

我国婚姻法实行的是夫妻财产共同所有制，在没有进行特别约定的情况下，股东持有的公司股份属于夫妻共同财产。一旦股东发生婚变，就会导致财产争夺大战，首当其冲的就是股东持有的公司股份。如果股东对于离婚处理的不恰当，不仅股东会受到影响，更有可能会波及公司甚至是普通的投资者。现实中有不少企业家辛苦打造起来的民族品牌企业，最后都是倒在了创始人的婚变中。

（一）股东离婚对公司经营的影响

第一，股东离婚后，如果股东持有的公司股权被分走一半，即意味着其可能从大股东变成小股东，甚至演变成股东之间对公司的控制权之争。控制权的丧失势必导致公司经营理念发生变化，对公司的可持续发展产生不利影响。

第二，股东离婚还会造成公司财产被查封。法院极可能会根据离婚诉讼中的财产保全申请，冻结公司的银行存款，查封公司的财务账册，限制债务人向公司清偿债务，这对公司的正常运营是致命的，随时会使公司濒临破产的边缘。

第三，股东离婚甚至还会影响公司上市。土豆网当年在美国上市时，就是因为创始人王微与前妻杨蕾的离婚大战而错失最佳上市时机。因为在土豆网向美国证券交易委员会提交上市申请的第二天，杨蕾就向法院起诉离婚，并且要求对相关的土豆网境内公司股权进行财产保全，导致土豆网因股权结构不清晰，被驳回上市申请。等半年后土豆网终于在美国上市成功，但由于已经错过了最佳时机，在上市第二天公司股票便下跌了1/3，最后被竞争对手优酷网收购。

（二）如何避免因为股东婚变影响公司发展

第一，股东可以与对方签署婚内或婚前协议书，约定股权归股东个人所有；或者约定：如果离婚，公司股权归股东个人所有，对方可以获得与股权价值对应的其他资产（如现金）。这样可以预防因股东离婚导致公司控制权发生变化。

第二，如果公司是有限责任公司，根据《公司法》的相关规定，如果某一股东离婚，而对方不是公司股东，双方协商一致将股权部分或者全部转让给配偶，并且其他股东过半数同意了，这个股东的配偶就可以成为公司股东；反过来如果过半数以上不同意的，不同意的股东应当购买这部分股权。

　　第三，《公司法》对有限责任公司股权转让的规定中，还有一条开放式条款（第71条）：公司章程对股权转让另有规定的，从其规定。根据这个条款，有限责任公司可以利用《公司章程》避免因股东婚变影响公司经营。比如在公司章程中约定：股东的配偶不能取得股东资格，该部分股权必须转让给其他股东或者其他股东同意的第三人，配偶取得转让价款；股东的配偶可以取得股东资格，但是只享有分红权，不享有表决权。

"土豆条款" 的由来[1]

　　土豆网于2005年4月15日正式上线，是中国最早和最具影响力的视频分享网站及中国网络视频行业的领军品牌，也是全球最早上线的视频分享网站之一。

　　"土豆"于2011年8月17日正式登陆美国纳斯达克，成为继酷6、优酷之后中国第三家在美国上市的视频网站。但实际上，"土豆"的上市之路是悲情且曲折的，缘由就是其创始人兼CEO王微的婚变。

　　王微与其前妻、上海电视台的女主播杨蕾于2007年8月19日登记结婚。二人的结合曾备受外界关注且看好。但二人的婚姻关系持续时间并不长，婚后10个月他们便开始分居。2008年8月，王微第一次提出离婚，法院没有支持其离婚请求；2009年9月，王微再次向法院起诉离婚，直至2010年3月，法院才判决双方离婚。但此时，双方已经到了视彼此为仇敌的地步。

　　土豆网自2005年上线至2010年王微离婚时，5年间已经获得了5次注资，募资额为1.35亿美元（超过9亿元人民币）。双方离婚后半年多，2010年11月初，"土豆"先于优酷向美国证监会提交了IPO申请。就在外界正猜测谁将能首先登陆纳斯达克时，意外发生了。王微的前妻杨蕾在土豆网提交上市申请的第二天，向上海市徐汇区人民法院起诉，要求分割婚姻关系存续

---

　　〔1〕　参见崔师振、宋明辉：《股权的秘密：揭示助推企业发展的力量》，中国法制出版社2017年版，第77页。

期间的财产。双方婚姻存续期间，土豆网成立了上海全土豆网络科技有限公司。该公司是土豆网的主要利润中心，并持有视频网站必不可少的增值电信业务经营许可证和信息网络传播视听节目许可证。王微在该公司中占股95%。这部分股份中，有76%涉及夫妻共有财产问题。杨蕾提起诉讼主张分割其中的一半股份。上海徐汇区人民法院随后冻结了王微名下三家公司的股权，其中，包括上海全土豆网络科技有限公司的股份。至此，"土豆"的上市计划瞬间泡汤，"土豆"的第一次上市"试水"就此卡壳。

王微与杨蕾于2011年6月达成庭外和解，王微总共支付前妻杨蕾700万美元的经济补偿，先行支付300万美元，待"土豆"上市后另行支付余额。

终于，这场离婚拉锯战的结束使"土豆"上市的障碍被清除了。尽管市场环境恶劣，但"土豆"还是迎难而上，于2011年4月再次提交上市申请。同年8月17日，"土豆"终于在美国纳斯达克上市了。

"屋漏偏逢连阴雨"，离婚大战终于结束了，但离婚带来的阴影却总是萦绕着"土豆"。不但路演（国际上广泛采用的证券发行推广方式，指证券发行商发行证券前针对机构投资者的推介活动）第一天就遭遇美国股市暴跌，"土豆"踏上美利坚合众国的第一天，美国政府债券就被标准普尔降低了信用等级。同时，"土豆"撞到的还有一个举世关注的事件，就是中国概念股在美国遭遇了信任危机。

总之，作为网络视频网站先行者的"土豆"，确实"起了个大早却赶了个晚集"，因CEO王微的离婚而丧失了上市的最佳时机，并且，也由此催生了著名的"土豆条款"。

王微离婚后，一些投资者把项目创始人的福气关系也当作考察因素之一，以规避因公司治理结构不健全带来的风险。这一举动被业界戏称为"土豆条款"。

第七节　股权激励风险评述与典型案例分析

股权激励机制是指企业的所有者给予经营者一定数量的股权，使其能够以股东身份参与公司的经营决策，分享利润和资本溢价，从而勤勉尽责地为公司的长期发展服务的一种激励方法。在股权激励制度的实施过程中，自然会存在一些法律纠纷，例如分红权纠纷、回购纠纷、股东资格认定纠纷等。本章通过解读股权激励制度实施过程中典型法律纠纷案例，将股权激励的一些法律风险进一步揭示出来。

一、股权激励引起的纠纷属于劳动争议纠纷还是合同纠纷？

无论从企业管理方面还是法律方面来说，股权激励都是新生事物。随着企业股权激励制度的实施，必然存在股权激励纠纷的法律风险。股权激励首先是基于员工与用人单位存在劳动关系而产生的，所以在股权激励诸多法律关系中，必然存在劳动法律关系。而员工在行权后成为用人单位的股东，股权激励实施过程中的部分纠纷将不属于劳动争议纠纷，例如分红权就不再具备劳动报酬性质，不属于薪酬的组成部分，此时双方的法律争议应当属于合同法或者公司法调整范围，而双方又存在合同关系、股东身份确认关系等问题。先看一个案例，在这个案例中，法院认为如果股权激励为虚拟股权形式，用人单位与激励对象之间仅存在劳动关系，员工不具有股东身份，则分红款应该属于工资的一部分。

股权激励纠纷被认定为劳动争议纠纷[1]

原告于2007年10月30日进入被告公司工作，担任信用分析师。2007年12月30日，双方订立期限为2007年12月30日至2008年12月29日的劳动合同。2008年12月29日，双方续订劳动合同，期限至2010年12月29日止。2010年12月31日，原告向甲被告提出辞职。2011年1月13日，原告签署了离职交接单，最后工作至当日。

2011年12月6日，原告向上海市徐汇区劳动争议人民调解委员会申请调

---

〔1〕 参见《企业股权激励风控之建立股权激励离职评估要素的重要性》，载 http://lawyers.66law.cn/s2909a6f41676e_i376880.aspx，最后访问日期：2020年5月24日。

解，调解不成后于同日向上海市徐汇区劳动人事争议仲裁委员会申请仲裁。该仲裁委员会认为，原告要求被告支付的 2010 年度提成以及分红不属于劳动报酬性质，原告不服该裁决，遂向一审法院提起诉讼。

一审法院查明，甲公司于 2007 年实行的《CTC 公司股权激励基本规章（决案）》规定：草案所拟定之股权按照不同部门或公司设定，并按照相关公司赢利状况执行，合伙人总人数控制在员工总数的 1/3 以内；执业合伙人的评定每年进行一次，经过股东认可的员工并按照工作年限、职位、岗位级别、业绩、综合素质等标准进行评定；股份持有人只在任职期间有效；执业合伙人每年考评一次，以决定合伙人的升降和退出，当年评定达到合伙人条件的从下年开始享有合伙人权利，但该权利必须在第二年的考核中符合要求，否则不享有合伙人权利；执业合伙人主动离开公司应提前至少 1 个月通知；与公司终止用工合同关系，公司有权收回股份等。

2009 年 3 月 13 日，被告向原告出具"华予信公司业务合伙人股权凭证"，内容为"兹有甲公司（以下简称'本公司'）员工×××，因其优异的表现和出众的工作能力，根据的考核并经本公司全体股东讨论一致通过，决定赠予其本公司股权 3%（调查业务），以资奖励。"该股权凭证注明"本股权凭证只作公司内部分红权证明，不可引作其他用途"。

2010 年 2 月 23 日，被告通过银行转账形式向原告支付 2009 年度分红 24 447 元。

2010 年 9 月 16 日，被告两位股东徐×和赵××签订股权转让协议，徐×将其持有的 10% 股份一次性转让给赵××。该协议列明股权价值计算明细，其中"截止到 2010 年 7 月 31 日尚未进入统计的奖励和分红 114 502.63。……④运作管理，甲，部门完成单元的×14 完成单元 1171.3×14% = 16 398；⑤运作 7 月奖励 22 235；⑥未分红部分，利润的 11%（3%+3%+5%）540 405.77×11% = 59 444.63"。

一审法院判决被告于判决生效之日起 7 日内支付原告 2010 年度分红 27 792.30 元。被告不服提起上诉。

二审法院认为，上诉人于 2009 年 3 月 13 日根据《CTC 公司股权激励基本规章（决案）》向被上诉人出具"华予信公司业务合伙人股权凭证"，"决定赠予其本公司股权 3%（调查业务），以资奖励"，该股权凭证注明"本股权凭证只作公司内部分红权证明，不可引作其他用途"。从前述内容看，公司向员工出具的"华予信公司业务合伙人股权凭证"实为一种虚拟的股权激励，该股权激励赋予员工的分红权属于员工薪酬的组成部分，当属劳动争议范畴。用人单位关于员工本案所主张的标的不属于劳动报酬的辩称，本院不予采信。

律师精彩点评

本案的争议焦点是：员工与用人单位是否属于股东关系以及员工的股权分红款是否属于劳动报酬的组成部分。法院将涉案业务合伙人股权凭证定义为虚拟股权，什么是虚拟股权？即员工通过股权激励获得的只有分红权，员工并未因股权激励取得股东身份，没有表决权且没有参与公司股东会的权利。根据股权激励基本规章规定，执业合伙人的评定与其岗位、职位以及劳动付出和业绩深度绑定，如果公司终止劳动合同，公司有权收回股份，即股权激励与员工劳动付出正相关，员工离职则股权激励终止。因此，法院不认为员工与用人单位之间存在股东关系，双方仅存在劳动关系，法院认为涉案股权激励分红是员工薪酬的组成部分。

股权激励纠纷被认定为合同纠纷[1]

再看一个案例，法院在这个案例中认为股权激励纠纷属于合同纠纷。因为涉案用人单位属于上市公司，在业界知名度相当高，但是大家比较关注的是股权激励的巨额违约金的问题，其实法院关于涉案股权激励纠纷属于劳动纠纷还是股东纠纷的表述还是比较清晰明确的。

2003年11月，彭某入职A公司。2007年6月20日，A公司召开第一次临时股东大会，审议通过了《深圳市A家居用品股份有限公司限制性股票激励计划（草案）》，同意A公司以定向发行新股的方式，向高级管理人员及主要

---

〔1〕　根据真实案例改编。

业务骨干发行 700 万股限制性股票，发行价格为 1.45 元/股（以下币种均为人民币）。同年，彭某向 A 公司支付了 40 165 元，认购 A 公司的股票 2.77 万股。

2007 年 6 月 29 日，彭某出具《承诺函》，内容为：本人彭某，为深圳市 A 家居用品股份有限公司（以下简称"公司"）的股东。截至本承诺函签署日，本人持有公司股份 2.77 万股。鉴于本人在公司任职，且是以优惠的条件获得上述股份，本人在此自愿向公司承诺：

（1）自本承诺函签署日至公司申请首次公开发行 A 股并上市之日起 3 年内，本人不以书面的形式向公司提出辞职，不连续旷工超过 7 日，不发生侵占公司资产并导致公司利益受损的行为，不发生收受商业贿赂并导致公司利益受损的行为。

（2）若发生上述违反承诺的情形，本人自愿承担对公司的违约责任并向公司支付违约金。

违约金=（本人持有的公司股票在证券市场可以公开抛售之日的收盘价-本人发生上述违反承诺的情形之日的上一年度的公司经审计的每股净资产）×（本承诺函签署日本人持有的股份+本人持有的公司股票在证券市场可以公开出售之日前赠送的红股）。

（3）若发生上述违反承诺的情形，本人应在持有公司的股票在证券市场可以公开出售之日后 3 个交易日内向公司支付违约金。

2009 年 8 月，彭某以个人原因为由向 A 公司提出辞职。随后，A 公司诉至法院，请求判令彭某向 A 公司支付违约金。

一审法院认为，本案的争议焦点为：彭某出具的《承诺函》内容是否合法，彭某是否构成违约。法院认为，彭某在 A 公司工作期间，向 A 公司认购了股票，其与 A 公司形成两种法律关系，一种是彭某基于其劳动者的身份与 A 公司构成劳动合同关系，另一种是彭某基于其认购了 A 公司的股票成为 A 公司的股东，与 A 公司形成了股东与公司之间的关系。因此，《深圳市 A 家居用品股份有限公司限制性股票激励计划（草案）》规定的面向激励对象发行的限制性股票是由激励对象（高级管理人员及主要业务骨干）自愿认购的、转让受到公司内部一定限制的普通股。此种激励计划有利于增强 A 公司经营团队的稳定性及工作积极性，增进 A 公司与股东的利益，不违反法律强制性规定，是合法有效的。

根据《承诺函》，激励对象如在 A 公司 A 股上市之日起 3 年内以书面的形式向 A 公司提出辞职或连续旷工超过 7 日的，应向 A 公司支付违约金，为激励对象违反承诺日上一年度经审计的每股净资产价。《承诺书》继续对提前辞职的激励对象所能获得的股份投资收益予以限制，并不违反公平原则，是合法有效的。

一审法院认为，激励对象因身为 A 公司高级管理人员或主要业务骨干而被 A 公司认可具有认购限制性股票的资格。激励对象与 A 公司之间劳动合同关系的成立和存续，影响到激励对象与 A 公司之间股权关系的成立和存续。但劳动合同关系与股权关系属于两个独立的、不同性质的法律关系，有着不同的权利义务内容，不能混为一谈。彭某在 A 公司上市后 3 年内离职，《承诺书》约定的对彭某股份投资收益进行限制的条件已经成就，A 公司的该项诉讼请求，该院亦予以支持。

上诉人彭某不服原审判决，向二审中院上诉。二审法院维持原判。

■ 律师精彩点评

本案从法律角度分析，股权激励主要涉及两个法律关系：一个是劳动关系，一个是股东关系。本案法院认为，劳动合同关系与股权关系属于两个独立的、不同性质的法律关系，有着不同的权利义务内容。彭某基于其认购了 A 公司的股票成为 A 公司的股东，与 A 公司形成了股东与公司之间的关系。涉案激励计划有利于增强 A 公司经营团队的稳定性及工作积极性，增进 A 公司与股东的利益，不违反法律强制性规定。因此，彭某与公司之间的纠纷属于股东纠纷，而不是劳动纠纷。

我们认为，在制定股权激励方案过程中，一定要细化员工获利的法律依据和合同依据。如果员工获利是基于股东身份，那么可以要求员工在股权激励协议中承担合同违约责任，因为双方属于合同关系，而不是劳动关系，本案就是一个用人单位追究员工违约责任的典型案例。

如果员工获利是基于劳动关系，员工获利属于工资组成部分。根据国家统计局《关于工资总额组成的规定》第 4 条规定，"工资总额由下列六个部分组成：①计时工资；②计件工资；③奖金；④津贴和补贴；⑤加班加点工资；⑥特殊情况下支付的工资"。《广东省工资支付条例》第 62 条第 1 款规定"工资，是指用人单位基于劳动关系，按照劳动者提供劳动的数量和质量，以货币形式支付给劳动者本人的全部劳动报酬。一般包括：各种形式的工资（计时工资、计件工资、岗位工资、职务工资、技能工资等）、奖金、津贴、补贴、延长工作时间及特殊情况下支付的属于劳动报酬性的工资收入……"那么用人单位要求员工承担违约责任将加重员工的责任，双方之间的权利义务并不对等，违约条款将面临效力考验。

通过上述两个截然不同的法院判决，我们认识到股权激励因为实施的方式方法的不同，会导致法院在员工与用人单位的法律关系认定上存在不同的认识。第一个案例，法院认定属于虚拟股权，员工的分红款被认定为是薪酬的组成部分，因此适用劳动法调整，属于劳动争议；第二个案例，员工有实股，员工因股权实施产生的争议属于股东纠纷，适用公司法以及合同法调整。所以，基于股权激励产生的法律纠纷，属于劳动争议还是股东纠纷，还需要具体案情具体分析、灵活掌握，不能一概而论。

二、对激励对象离职、辞退等劳动关系解除过程中存在的典型案例分析

在劳动合同履行过程中，员工因过错被辞退情况并不少见，但是，有相当一部分案件被司法机关认定为非法解除。因此，用人单位在制定股权激励计划过程中，一定要充分考虑员工离职等异动情况，防止司法机关认定为非法解除，导致激励对象继续持有公司股权的被动局面。从司法实践上看，司法机关针对因劳动关系非法解除而导致的激励对象能够继续持有用人单位股权，看法并不统一。

用人单位要求员工退出持股平台[1]

本案一审原告广州A企业股权投资合伙企业（有限合伙）系用人单位B

[1] 根据真实案例改编。

公司实施股权激励持股平台企业，一审被告杨某系股权激励对象。原告鉴于被告已经离职，故诉求被告退伙。

本案一审被告杨某在 2009 年 3 月 9 日至 2016 年 3 月 9 日期间为 B 公司的员工，担任销售经理。

2015 年 4 月 12 日，杨某作为有限合伙人之一与宋某、刘某作为普通合伙人及案外 30 名有限合伙人经协商共同签署《广州 A 企业股权投资合伙企业（有限合伙）合伙协议》，其中杨某为有限合伙人。该协议第 23 条约定合伙人有《合伙企业法》第 49 条规定的情形之一的，经普通合伙人一致同意，可以决议将其除名。

2015 年 5 月 8 日，A 企业成立，执行事务合伙人为刘某、宋某，合伙人共 33 人，其中包括杨某。

2016 年 3 月 9 日，B 公司向杨某发送了解除劳动合同通知书，载明因杨某工作业绩长期达不到公司要求，B 公司决定于 2016 年 3 月 10 日起正式与杨某解除劳动合同关系。为此，杨某与 B 公司产生劳动争议，向成都市劳动人事争议仲裁委员会（以下简称"成都仲裁委"）申请仲裁。成都仲裁委于 2017 年 5 月 29 日作出成劳人仲委裁字（2017）第 10118 号仲裁裁决书，认定 B 公司存在违法解除劳动关系的行为，支持了杨某关于要求 B 公司支付违法解除劳动关系赔偿金的请求。后 B 公司履行了该份仲裁裁决。

2016 年 8 月 11 日，A 企业作出合伙人会议决议，决议内容为 A 企业有限合伙人包括杨某在内的 4 人从 B 公司离职，属于合伙协议及其补充协议所规定的应当退伙的情形。但由于杨某等故意不配合 A 企业办理合伙人退伙手续，给 A 企业造成损失，因此经其他合伙人一致同意，决议将该 4 名合伙人除名。除名人应在收到本通知之日起 10 日内协助 A 企业办理退伙的工商变更手续。会议到会合伙人 27 人均签名确认。A 企业于同日向杨某邮寄了除名通知书。

一审法院认为，该案为退伙纠纷。杨某为 B 公司的员工，因 B 公司对其员工实施股权激励计划而设立 A 企业作为持股平台，杨某因此成为 A 企业的有限合伙人。争议焦点为杨某退伙的条件是否已成就。要判定该争议焦点，需厘清以下三点：

1. 杨某是否符合法定退伙事由

依照《合伙企业法》第 49 条的规定，合伙人有下列情形之一的，经其他合伙人一致同意，可以决议将其除名：①未履行出资义务；②因故意或者重大过失给合伙企业造成损失；③执行合伙事务时有不正当行为；④发生合伙协议约定的事由。对合伙人的除名决议应当书面通知被除名人。被除名人接到除名通知之日，除名生效，被除名人退伙。被除名人对除名决议有异议的，可以自接到除名通知之日起 30 日内，向人民法院起诉。在无相反证据足以推翻的情况下，涉案合伙协议及其补充协议可以证明杨某已经履行出资义务，双方当事人对杨某作为有限合伙人的身份均无异议，一审法院依法予以确认。至于杨某的出资款来源并非该案调处范围，一审法院不予置评。

关于 A 企业主张杨某存在《合伙企业法》第 49 条第 1 款第 2 项情形，一审法院认为，A 企业的举证不足以证明杨某存在违反涉案合伙协议第 17 条约定的竞业禁止情形，亦未能证明杨某因故意或者重大过失给 A 企业造成损失，因此，应由负有举证责任的 A 企业承担不利后果，A 企业主张适用该条法律规定的理据不足，一审法院不予支持。

另外，A 企业主张依照《合伙企业法》第 45 条的规定可要求杨某退伙属于适用法律有误。《合伙企业法》第 45 条规定，合伙协议约定合伙期限的，在合伙企业存续期间，有下列情形之一的，合伙人可以退伙：①合伙协议约定的退伙事由出现；②经全体合伙人一致同意；③发生合伙人难以继续参加合伙的事由；④其他合伙人严重违反合伙协议约定的义务。该条法律规定是基于合伙人主动申请退伙的情形，不适用于该案情形。

2. 杨某是否符合约定的退伙事由

涉案合伙协议的补充协议约定，有限合伙人在被投资公司或其子公司任职未满 2 年（自本协议签署之日起至批准离职日），有限合伙人应转让其持有的 A 企业的所有股份。该条约定涉及的是有限合伙人主动申请离职的情形，而案中已有生效的法律文书认定杨某与 B 公司之间的劳动关系属 B 公司违法解除，并非因杨某自身原因申请离职，故并不适用该约定必须退伙的情形。

3. 除名决议对杨某是否具有法律效力

如上所述，杨某并不具有法定或约定的退伙事由，并不属于《合伙企业法》第 49 条规定的可以决议除名的情形，故涉案除名决议对杨某并不具有法律约束力。因此，一审法院依法驳回 A 企业的诉请。A 企业不服上诉。

二审法院认为，根据双方当事人的诉辩情况，本院归纳本案二审的争议焦点为：杨某是否已于 2017 年 9 月 17 日从 A 企业退伙。虽然各合伙人签订的《广州 A 企业股权投资合伙企业（有限合伙）合伙协议》《广州 A 企业股权投资合伙企业（有限合伙）合伙协议之补充协议》均未对合伙人被 A 企业被投资公司或其子公司辞退的情形提供解决方案，但根据双方当事人的陈述及协议约定的内容分析，A 企业是对员工实施股权激励计划而设立的持股平台，在杨某已经与 B 公司解除劳动关系的情况下，杨某不再是 A 企业投资公司或其子公司的员工，则不再是 A 企业实施员工股权激励计划的对象，应从 A 企业退伙。且 A 企业已经于 2016 年 8 月 11 日召开合伙人会议，做出了对杨某的合伙除名决定。但该除名通知书直到一审法院于 2017 年 9 月 17 日送达给杨某才实现有效送达，故应当认定杨某于 2017 年 9 月 17 日退伙，杨某应当协助 A 企业办理退伙的工商变更登记。

综上所述，二审法院推翻了一审判决，支持了 A 企业的上诉请求。

■ 律师精彩点评

本案一审法院与二审法院对于用人单位是否可以强制要求激励对象退出股权做出截然不同的裁判。一审法院认为杨某离职并非主动提出，用人单位以过错解除与杨某的劳动合同属于非法解除。在股权激励协议与有限合伙协议无约定的情况下，用人单位无权要求退伙。同时，用人单位在没有法律依据的情况下，对杨某除名的决议是无效的。而二审法院则认为，当杨某不再是 A 企业投资公司或其子公司的员工，则不再是 A 企业实施员工股权激励计划的对象，应从 A 企业退伙。同时，二审法院也支持了除名决议的有效性。

针对本案，我们认为二审判决是有待商榷的，合伙人的财产份额是具有财产性和身份性的双重属性，对于具有财产属性的自益权仍应遵循私有财产不受侵犯的民法基本原则，非合伙人本人同意，不应该以强制力的方式予以强制处分，这种处分是没有法律依据的。在合伙人与杨某没有就退伙协商一致的情况下，无论是用人单位还是执法机关均无权强制要求杨某退伙。

当然，我们建议公司在制定股权激励计划过程中，应当充分考虑员工的职务升降、离职等岗位异动情况。例如员工主动离职或者公司主动提出解除与其的劳动关系等，股权激励方案中应当明确相对应的条件。

在员工异动情况下股权激励如何实施，可以参考《永辉超市股份有限公司2018年限制性股票激励计划（草案）》部分内容节选：

1. 激励对象因辞职、公司裁员、劳动合同到期而不在公司担任相关职务，激励对象已获授但尚未解除限售的限制性股票不得解除限售，由公司回购注销。

2. 激励对象因退休而离职，在情况发生之日，激励对象已获授限制性股票可按照退休前本激励计划规定的程序进行，且个人绩效考核条件不再纳入解除限售条件。

3. 激励对象因丧失劳动能力而离职，应分以下两种情况处理：

（1）当激励对象因工伤丧失劳动能力而离职时，限制性股票将按照其丧失劳动能力前本激励计划规定的相应程序进行，且个人绩效考核条件不再纳入解除限售条件。

（2）当激励对象非因工伤丧失劳动能力而离职时，对激励对象截止该情况发生之日，已获授但尚未解除限售的限制性股票不得解除限售，由公司回购注销。

4. 激励对象身故的，应分以下两种情况处理：

（1）激励对象若因执行职务身故的，其持有的限制性股票将由其指定的财产继承人或法定继承人代为持有，并按照其身故前本激励计划规定的相应程序进行，且其个人绩效考核条件不再纳入解除限售条件。

（2）激励对象若因其他原因身故的，对激励对象截止该情况发生之日已获授但尚未解除限售的限制性股票不得解除限售，由公司回购注销。

5. 其他未说明的情况由董事会薪酬委员会认定并确定其处理方式。

6. 公司与激励对象之间争议的解决。

公司与激励对象发生争议，按照本激励计划和《2018年限制性股票协议书》的规定解决；规定不明的，双方应按照国家法律和公平合理原则协商解决；协商不成，应提交公司住所所在地有管辖权的人民法院诉讼解决。

员工被辞退引起的股权激励纠纷[1]

2012 年 2 月 2 日，一审原告王某与××股份公司签订《劳动合同》，约定合同为固定期限合同，自 2012 年 2 月 1 日起至 2013 年 1 月 31 日止。2013 年 1 月 17 日，王某与××股份公司签订《劳动合同续签书》，约定双方同意续签 2012 年 2 月 1 日的《劳动合同》，续签合同期限从 2013 年 2 月 1 日至 2018 年 1 月 31 日止。

劳动合同履行期间，2012 年 12 月 5 日，王某（乙方）与案外人沈某（甲方）以及案外人瀚神公司、季某、夏某、方某共同签订《出资转让协议》，约定联耀企业于 2012 年 4 月 27 日成立，认缴出资额为 1000 万元，由合伙人瀚神公司、季某、夏某、方某与甲方共同出资合伙经营，甲方认缴出资额为 490 万元，占合伙企业全部出资额的 49%；经全体合伙人同意，甲方将其在合伙企业出资份额 10 万元（占合伙企业全部出资额的 1%）作价 30 万元转让给乙方，乙方愿意受让；本次转让完成后，乙方持有合伙企业出资份额 10 万元，占合伙企业全部出资额的 1%，是合伙企业的优先合伙人；乙方同意于 2012 年 12 月 5 日前将转让金 30 万元付给甲方；自 2012 年 12 月 5 日起，乙方成为联耀企业合伙人；等等。

同日，王某（甲方）、联耀企业（乙方）、沈某（丙方）共同签订《补充协议》，约定，鉴于甲方已于 2012 年 12 月 5 日签署了关于投资联耀企业的投资文件，意愿成为联耀企业的合伙人。

同日，王某（甲方）、联耀企业（乙方）、沈某（丙方）共同签订《补充协议（二）》，约定，鉴于甲方已于 2012 年 12 月 5 日签署了关于投资联耀企业的投资文件，意愿成为联耀企业的合伙人，并签署了《补充协议》；至本协议签订之日止，联耀企业通过向××股份公司投资 1000 万元，持有××股份公司

---

〔1〕 参见《上海联耀投资管理合伙企业与王某合伙企业纠纷二审案件二审民事判决书》，载 https://xin.baidu.com/wenshu？ wenshuId=bf666544636c0c0e7838a9dd8e468d176f6cfbe5，最后访问日期：2020 年 5 月 24 日。

18.74%的股权，从而使全体合伙人间接持有××股份公司的股权，形成工资及奖金制度之外的奖励措施，特签订本协议。第2条约定，甲方同意并承诺在××股份公司至少工作5年（以下简称"服务期"，自本协议或合伙协议签署之日起算，孰早为准）。第4.1条约定，甲方同意并承诺，其在××股份公司服务期未满前，出现以下特殊情形的，除另有约定外，必须由合伙企业事务执行人或其执行的其他主体将甲方所持合伙企业的出资份额按照甲方于合伙企业的原始出资价格或于丙方处受让该合伙份额所支付的价格予以回购，合伙企业其他有限合伙人无优先受让权：①因甲方原因（包括但不限于：违反劳动法及相关法规，违反《劳动合同》约定、违反股份公司章程制度、违反合伙协议、本协议约定等）而被××股份公司辞退或甲方辞职而丧失××股份公司员工身份的；②甲方存在恶意损害合伙企业、××股份公司或其实际控制人利益的情形；③因甲方重大过失造成合伙企业、××股份公司或其实际控制人利益的重大损害；④被依法追究刑事责任的，致使××股份公司与之解除劳动合同的；⑤因甲方原因，并经丙方同意退出本合伙企业的；⑥××股份公司的实际控制人以及合伙企业执行事务合伙人认为适用本条规定的其他情况。第7条约定，合伙企业的投资收益，根据利益分配时甲方在合伙企业的出资比例进行分配，但是甲方存在本协议中规定的情形而丧失××股份公司员工身份的，甲方所持出资份额由合伙企业事务执行人或其指定的其他主体回购其股权的，则甲方自丧失××股份公司员工身份之日起，其不享有合伙企业的投资收益权；本协议构成《出资转让协议》及《补充协议》的补充，与上述两协议相冲突部分以本协议的约定为准；等等。

一审原告基于上述《合伙协议》《补充协议》约定，诉求判令被告应当支付2016年度及2017年度未分配分红款及利息。

被告用人单位则认为，根据补充协议二的约定，王某持有的股份被第三人回购，其在离职当日开始就不享有合伙企业的投资收益权，王某在2017年3月31日已经离职，其从2017年3月31日起就不享有投资收益权，因此应当驳回其诉讼请求。

一审法院认为：（2017）沪0115民初55321号民事判决书认定××股份公司系违法解除与王某的劳动合同，××股份公司的证据亦不足以证明王某存在"2016年多次矿工、迟到、早退，违反公司劳动纪律及规章制度"的违纪行为，故从现有证据来看，王某服务期未满，责任不在王某。王某作为联耀企业工商登记的且经联耀企业出具《合伙人出资证明书》认可的合伙人，在联耀企业向合伙人进行利润分配时，依法享有分红权，一审法院对此予以确认。故一审法院予以支持了原告的诉请。

后一审被告上诉。二审法院认为本案的争议焦点在于：被上诉人王某从××股份公司离职的事实是否影响其从上诉人处分红的权利。对此，二审法院认为，根据生效判决认定，××股份公司与王某解除劳动合同系违法解除，故王某从××股份公司离职并非其自身原因所致，不符合双方当事人在《补充协议（二）》中约定的应由合伙企业回购王某出资份额的情形。现王某虽然从××股份公司离职，但其仍是上诉人的合伙人，依法享有分红的权利，上诉人认为王某从离职当日开始就不享有合伙企业分红权的主张，缺乏事实和法律依据，本院不予支持。二审法院判决驳回上诉，维持原判。

■ 律师精彩点评

通过解读本案，我们认为本案实质是如何理解劳动合同与股权激励之间的关联性问题。股权激励从本质上说，应该是建立在用人单位与员工之间劳动关系的基础上的。没有劳动关系，股权激励应该终止，并且应该立即实施回购。但是，在股权激励方案制定过程中，对于因劳动者违纪等过错导致用人单位依据过错解除劳动关系的，对用人单位的 HR 提出了更高的合规要求。针对本案，由于用人单位在实施过错解除过程中，没有规划好解除程序，收集固定证据工作不够全面扎实，导致用人单位在与劳动者的劳动争议案件中败诉。这个败诉如果从劳动合同法角度，法律后果仅仅为支付经济赔偿金、解除双方的劳动关系，等等。但是，考虑到员工是公司的间接股东，仍然是员工持股平台的有限合伙人，公司的股权激励方案如果制定不够严谨，将面临无法回购员工财产份额的巨大风险。

本案二审判决认为员工与用人单位解除劳动关系系违法解除，员工离职行为并非其自身存在过错，而是用人单位违法解除，因此员工离职不符合股权回购条件。这就意味着用人单位无法要求该员工退股，员工仍是合伙人，依法享有分红的权利。

这里有一个实施股权激励必须注意的问题，即应当在劳动关系异动及股权回购方面考虑更加全面。如果激励对象与用人单位之间未就违法解除劳动关系是否可以回购股权做出明确约定，用人单位将面临股权无法回购的风险。本案就是一个现实案例，二审法院对于用人单位要求股权回购的诉求是不予支持的。

不过，对于这个问题各地司法机关存在不同的理解，有的司法机关认为员工持股是基于股权激励机制取得的，员工已经离职的情况下，无论主动离职还是非法解除，都会导致股权激励的基础不复存在，因此员工应当退股。本节后续提供一个这方面的案例供大家参考。

三、股权激励协议是否可以约定违约金？

股权激励是以劳动关系为基础建立起来的，激励对象应当与用人单位签署股权激励协议，激励协议应当包括约束机制，从而做到股权激励与约束的统一。这个约束机制一般情况下指的是违约责任，即违反股权激励协议的违约行为将导致的违约责任是什么以及如何承担等。

对照劳动合同，根据《劳动合同法》第 25 条规定："除本法第 22 条和第 23 条规定的情形外，用人单位不得与劳动者约定由劳动者承担违约金。"用人单位以任何名义、任何形式约定违约金都是违法的。《劳动合同法》规定的两种情形，一种是劳动者违反服务期约定要求提前解除合同的，应当按照约定向用人单位支付违约金。但违约金的数额不得超过用人单位提供的培训费用，不得超过服务期尚未履行部分所应分摊的培训费用。用人单位与劳动者约定服务期的，不影响按照正常的工资调整机制提高劳动者在服务期期间的劳动报酬。另一种是用人单位与劳动者可以在劳动合同中约定保守商业秘密和与知识产权相关的保密事项。对负有保密义务的劳动者可以约定离职后的竞业限制条款，为保证这些约定能够执行可以约定违约金。除上述两种情形外，用人单位不得与劳动者约定由劳动者承担的违约金。

我们通过分析前文案例，了解到对于股权激励法律关系的定性，司法机关有不同观点，如果定性为劳动关系，那么不应当约定违约金条款，或者认为违约金条款是违法的；如果定性为股东身份，那么违约金条款应当是合法有效的。以下针对"违约金条款"继续深入分析本节第二个案例即深圳市 A 家居用品股份有限公司的股权激励纠纷案，司法机关认为在该案例中违约金条款并不违反公平原则，是合法有效的。

违约金条款合法有效[1]

2003 年 11 月，彭某入职 A 公司，2007 年 6 月 20 日，A 公司召开第一次临时股东大会，审议通过了《深圳市 A 家居用品股份有限公司限制性股票激励计划（草案）》，同意 A 公司以定向发行新股的方式，向高级管理人员及主要业务骨干发行 700 万股限制性股票，发行价格为 1.45 元/股（以下币种均为人民币）。同年，彭某向 A 公司支付了 40 165 元，认购 A 公司的股票 2.77 万股。

2007 年 6 月 29 日，彭某出具《承诺函》，《承诺函》内容为：本人彭某，为深圳市 A 家居用品股份有限公司（以下简称"公司"）的股东。截至本承诺函签署日，本人持有公司股份 2.77 万股。鉴于本人在公司任职，且是以优惠的条件获得上述股份，本人在此自愿向公司承诺：

（1）自本承诺函签署日至公司申请首次公开发行 A 股并上市之日起 3 年内，本人不以书面的形式向公司提出辞职、不连续旷工超过 7 日、不发生侵占公司资产并导致公司利益受损的行为、不发生收受商业贿赂并导致公司利益受损的行为。

（2）若发生上述违反承诺的情形，本人自愿承担对公司的违约责任并向公司支付违约金。违约金=（本人持有的公司股票在证券市场可以公开抛售之日的收盘价-本人发生上述违反承诺的情形之日的上一年度的公司经审计的每股净资产）×（本承诺函签署日本人持有的股份+本人持有的公司股票在证券市场可以公开出售之日前赠送的红股）。

―――――――――

〔1〕 根据真实案例改编。

（3）若发生上述违反承诺的情形，本人应在持有公司的股票在证券市场可以公开出售之日后3个交易日内向公司支付违约金。

2009年8月，彭某以个人原因为由向A公司提出辞职。随后，A公司诉至法院，请求判令彭某向A公司支付违约金。

一审法院认为，本案的争议焦点为：彭某出具的《承诺函》内容是否合法，彭某是否构成违约。法院认为，彭某在A公司工作期间，向A公司认购了股票，其与A公司形成两种法律关系，一种是彭某基于其劳动者的身份与A公司构成劳动合同关系，另一种是彭某基于其认购了A公司的股票成为A公司的股东，与A公司形成了股东与公司之间的关系。虽然《承诺函》中关于"不以书面形式向公司提出辞职、不连续旷工7日"的表述涉及劳动者应遵守的劳动纪律，但这并非劳动者为了获取工作机会而做出的承诺，承诺内容并非A公司与彭某对劳动合同的补充，而是在彭某获得了以优惠价格购买A公司的股票的资格后做出的承诺，即A公司一方面给予彭某以优惠价格购买股票的资格，另一方面也要对彭某的行为进行一定的约束，是股东基于认购股票对公司的承诺，彭某以其承诺换取股票收益，故A公司与彭某是公司与股东之间的普通合同纠纷，非劳动合同纠纷，不适用《劳动合同法》。

因此，一审法院认为，《承诺函》违约条款并不违反公平原则，是合法有效的。

一审法院认为，激励对象因身为A公司高级管理人员或主要业务骨干而被A公司认可具有认购限制性股份的资格。激励对象与A公司之间劳动合同关系的成立和存续，影响到激励对象与A公司之间股权关系的成立和存续。但劳动合同关系与股权关系属于两个独立的、不同性质的法律关系，有着不同的权利义务内容，不能混为一谈。彭某在A公司上市后3年内离职，《承诺书》约定的对彭某股份投资收益进行限制的条件已经成就，A公司的该项诉讼请求，该院亦予以支持。

上诉人彭某不服原审判决，向二审中院上诉。二审法院维持原判。

■ 律师精彩点评

因为深圳市A家居用品股份有限公司是上市企业，所以本案引起的社会关注比较多，在管理咨询业内颇受关注。深入分析本案，我们认为做好股权激励是一个非常复杂的系统工程，制定股权激励制度应该是激励机制与约束机制的有机结合。用人单位应当从员工履行岗位责任、劳动纪律、绩效考核标准、遵纪守法等多个方面建立约束机制，激励对象如果出现上述违约行为，则应当承担违约责任。结合本案，司法机关认为：从"违约金"的计算公式不难看出，激励对象按照《承诺函》向 A 公司支付"违约金"后所能获得的利益仍为激励对象违反承诺日上一年度经审计的每股净资产价。这体现了激励与约束相结合原则，不存在违约金过高的情形，不违反公平原则，是合法有效的。

四、用人单位在员工离职后对股权激励管理办法的调整是否对该员工有约束力？

通过股权激励的方式，公司能够适当地降低经营成本、减少现金流出。与此同时，也可以提高公司经营业绩，留住绩效高、能力强的核心人才。但实践中，公司在实施股权激励时并未制订相应的考核制度以及退出机制，使得股权激励的实施效果较差，在激励对象离职时造成公司股权的流失。

公司高管受让干股后的股东资格确认[1]

本案一审原告规划公司系 2004 年在南京市规划设计研究院基础上改制成立，公司注册资本 1272 万元。其中，一审被告彭某持股比例为 1.8%。《公司章程》第 20 条规定：与公司有正式劳动关系是股东的必要条件，和公司中止劳动关系的股东必须转让其出资；公司内部实行"股随岗变"的原则，股东之间可以相互转让其出资，但须与岗位相一致，并须经董事会同意，股东一

---

〔1〕 参见《南京市规划设计研究院有限责任公司与彭琛盈余分配纠纷上诉案》，载 http://ms. isheng. net/index. php? doc-view-10394，最后访问日期：2020 年 5 月 1 日。

旦转让其出资，就不得要求增加出资。

2005 年 2 月 23 日，彭某向规划公司提出辞职申请。2005 年 3 月 11 日，规划公司作出解除与彭某劳动合同关系的决定。

2005 年 4 月 15 日，规划公司作出股东会决议，除彭某及另一股东王某外，公司其他股东均同意将彭某及王某在公司的各自 1.8% 的出资转让给另一股东、规划公司法定代表人张某某。但该份决议并无彭某及王某签名，且规划公司未能证明其已按法定程序通知彭某参加。

2005 年 8 月 23 日，规划公司向彭某送达关于召开 2005 年 9 月 11 日股东大会（临时会议）的通知。2005 年 9 月 11 日，规划公司的股东大会决议经 2/3 以上股东同意通过《股权管理办法》。其中，彭某的委托代理人对该管理办法投了反对票，表示不同意该办法。《股权管理办法》第 2 条规定，原始股持股资格：①按照《南京市规划设计研究院改制转企方案》有资格持股的原南京市规划设计研究院职工；②在公司任职并与公司签订正式劳动合同。第 5 条规定，原始股股东如发生辞职、被公司辞退、开除等情况，从而导致与公司解除劳动关系，则丧失持股资格，其所持股份应当转让，由公司董事会代理受让后转入预留股；在本公司工作满一年的员工，其政府优惠折让部分的净值从 2009 年 1 月 1 日开始变现；原始股股东如发生退休、劳动合同到期不再续签、死亡等情况，从而导致与公司终止劳动合同，则丧失持股资格，其所持股份应当进行转让，由公司董事会代理受让后转入预留股。第 14 条规定，股东因为岗位发生变化、解除或终止劳动合同关系而导致其所持有的股份必须转让，其转让的股份所对应的权利和义务终止时间与岗位发生变化、解除或终止劳动合同关系时间相同。第 15 条规定，股东因为岗位发生变化、解除或终止劳动合同关系的，其股权转让手续必须在岗位发生变化、解除或终止劳动合同之日起 30 日内办结。第 16 条规定，股东任职岗位发生变化后，拒绝按规定转让股权的，视同放弃自由转让，其全部股权按强制转让规定办理。第 17 条关于强制转让原始股价格部分规定为：原始股的强制转让行为如发生在 2004 年 1 月 1 日至 2008 年 12 月 31 日间，则股权转让价格为该部分股份所对应的公司上年度末经审计的净资产值，扣除改制时净资产作价折让部分所对应的净资产值；转让时上年度利润已进行分红的，则上述上年度净资产值须扣除已分红部分。第 19 条规定，预留股由董事会统一筹集资金购买，并委托法定代表人代理持有。

2006 年，彭某诉至鼓楼区人民法院，要求确认《股权管理办法》无效。鼓楼区人民法院于 2007 年 7 月 17 日作出（2006）鼓民二初字第 897 号民事判决，判决驳回彭某的诉讼请求。彭某不服，上诉至本院。本院于 2007 年 11 月 29 日作出（2007）宁民二终字第 642 号民事判决（以下简称"642 号判决"），判决驳回上诉，维持原判。

该判决书中载明：公司章程是公司法律人格的集中体现。由股东共同制定的章程，由于股东订立的自愿性，体现了全体股东的共同意志，是公司独立法律人格的发生根据，是公司、股东的行为准则。规划公司章程中有关"股随岗变"的内容，对全体股东均有约束力。《股权管理办法》中有关以公司章程"股随岗变"为基础所形成股份强制转让的内容，不违反法律和行政法规的禁止性规定，也不违反公司章程，应认定该部分内容有效，对全体股东（包括在表决时投同意票、不同意票、弃权票的股东）均有约束力。《股权管理办法》确定的强制股份转让价格，涉及股东的自益权，规划公司以股东会决议的方式通过《股权管理办法》，直接确定强制股份转让的价格，其效力应区别对待。对在表决《股权管理办法》时投同意票的股东，《股权管理办法》确定的股份转让价格产生法律效力；对在表决《股权管理办法》时投不同意票、弃权票的股东，《股权管理办法》确定的股份转让价格不发生法律效力。在股东出现"股份强制转让"的情形时，规划公司不能直接依据《股权管理办法》中有关股份转让价格的内容，要求对《股权管理办法》投不同意票、弃权票的股东接受强制股份转让价格转让其股份。……《股权管理办法》是落实"股随岗变"的细则，就股份转让价格问题，如投不同意票、弃权票的股东认为强制股份转让价格不能接受，股东应当提出自己认为合理的价格；协商不成的，规划公司、股东均可诉讼解决。

一审法院认为：规划公司章程虽规定"股随岗变"，与公司有正式劳动关系是股东的必要条件，和公司中止劳动关系的股东必须转让其出资。但事实上，劳动关系消灭了，仍存在非因股东自身原因而实际未转让股权的情形。股权以财产权为基本内容，股东投资的根本目的是为了从公司获取经济利益。公司可以对股东转让股权进行限制，但这种限制不能直接剥夺股东自身应享有的自益权，除非得到股东本人的同意。因此，股权转让前，原股东仍应享有分红的权利。本案中,《股权管理办法》作出时,彭某已离职,并对《股权管理办法》投反对票,故《股权管理办法》中关于强制转让指定的受让人及转让价格等规定不能直接约束彭某。在彭某离职后,规划公司法定代表人张某某要求彭某按《股权管理办法》规定的价格向其转让股权的主张并未获得法院支持。就股权转让价格,如彭某认为强制股份转让价格不能接受,应当提出自己认为合理的价格;协商不成的,规划公司、彭某均可诉讼解决。但在彭某所持股权转让前,彭某仍是其所持股权的权利人,其所持股权产生的相应财产收益,仍应属彭某所有。规划公司应向彭某给付红利。故彭某主张规划公司给付 2004 年度至 2011 年度的红利共计 938 898.72 元,并自 2012 年 12 月 25 日起给付利息损失的诉讼请求,本院予以支持。据此,依照《公司法》第 35 条,《民事诉讼法》第 64 条、第 142 条的规定,判决:①南京市规划设计研究院有限责任公司于判决生效之日起 10 日内一次性给付彭某分红 938 898.72 元,并自 2012 年 12 月 25 日起至判决确定给付之日止,按中国人民银行同期贷款基准利率给付利息损失;②驳回南京市规划设计研究院有限责任公司的诉讼请求。本诉受理费 80 元,由规划公司承担;反诉受理费 6700 元,由规划公司承担 6550 元,由彭某承担 150 元。

宣判后,规划公司不服,向本院提起上诉。

二审法院认为,股东的分红权是股东的一项重要权利。彭某离职后能否取得分红,应取决于彭某的股东资格是否丧失和何时丧失。

首先,股权具有财产性和身份性的双重属性,虽然股权中部分权能的行使会受限于公司的意志,但对于具有财产属性的自益权仍应遵循私有财产不受侵犯的民法基本原则,非经股东本人同意或法定的强制执行程序,不得以股东大会决议的方式予以强制处分。在规划公司未与彭某就股权转让协商一致的情况下,规划公司无权强制转让股东依法享有的股权。

其次,规划公司章程仅规定了“和公司的正式劳动关系是股东的必要条件,和公司中止劳动合同关系的股东必须转让其出资”,但离职股东的股权如何转让,以什么价格转让并没有约定,且无“股东资格自然丧失”或“不再享有股东权利”等类似的约定,故仅凭规划公司章程,并不能构成一个完整的股权转让合同,不足以确定股东自离职之日起即已丧失了股东资格。

最后,股权自由转让是《公司法》赋予股东的法定权利,股权的管理,特别是对于股权的处分，并非公司自治的范畴，除非股东自己作出同意转让的意思表示。虽然规划公司的股东均应受公司章程和《股权管理办法》中"股随岗变"规定的约束，但股东对其所有的股权仍享有议价权和股权转让方式的决定权。642号判决已明确认定了对《股权管理办法》确定强制股权转让的价格仅对投赞成票的股东有约束力，即投赞成票的股东，如19号案中的朱光远因认可《股权管理办法》中对于股权转让价格和股权交付方式的规定，实质上与规划公司之间已经就股权转让事宜达成了意思表示一致。对于投不同意票、弃权票的股东，《股权管理办法》中的股权转让价格条款和股权转让的方式对其不发生法律效力，因此应当认定双方就股权转让价格和股权转让方式并未达成意思表示一致。在该两项内容双方未能协商一致或通过诉讼以公允方式予以明确的情况下，该股权的强制转让无法实际履行，即不当然产生权利变动的法律后果，其对应的权利仍应属于原权利人即彭某。

综上，二审法院驳回上诉，维持原判。

■ 律师精彩点评

这个案例中，用人单位在制定股权激励制度中存在重大的疏忽，没有就激励对象离职如何回购股权制定周全的制度，没有与激励对象签订具备相关回购条款的股权激励协议。虽然在公司治理层面，股东会可以亡羊补牢，就此问题通过公司章程或者《股权管理办法》的形式表决通过，但是，股权属于自益权，并非公司自治的范畴，因此该表决仅对投同意票的股东有效，对投不同意票的股东不产生法律效力。

股权激励方案：永辉超市股份有限公司 2018 年
限制性股票激励计划（草案）[1]

声　明

　　本公司及全体董事、监事保证本激励计划及其摘要不存在虚假记载、误导性陈述或重大遗漏，并对其真实性、准确性、完整性承担个别和连带的法律责任。

特别提示

　　1. 本激励计划依据《中华人民共和国公司法》《中华人民共和国证券法》《上市公司股权激励管理办法》及其他有关法律、法规、规范性文件，以及《永辉超市股份有限公司章程》制定。

　　2. 本激励计划采取的激励工具为限制性股票。股票来源为公司从二级市场回购本公司 A 股普通股 437 500 股股票及 2017 年限制性股票激励计划授予登记完成后公司回购账户中剩余的 7 213 400 股股票，合计 7 650 900 股股票。

　　3. 本激励计划拟向激励对象授予合计不超过 7 650 900 股限制性股票，涉及的标的股票种类为人民币 A 股普通股，约占本激励计划草案公告日公司股本总额 9 570 462 108 股的 0.08%。本激励计划中任何一名激励对象所获授限

---

　　[1]　参见《永辉超市 2018 年限制性股票激励计划（草案）》，载东方财富网 http://guba. eastmoney. com/ news，601933，783153436. html，最后访问日期：2020 年 4 月 2 日。

制性股票数量未超过本激励计划草案公告时公司股本总额的 1%。

4. 本激励计划限制性股票的授予价格为 4.15 元/股（授予价格为草案公告前 1 日和前 120 日交易均价孰高的 50%）。

5. 本激励计划公告当日至激励对象完成限制性股票股份登记期间，若公司发生资本公积转增股本、派发股票红利、股份拆细或缩股、配股等事宜，限制性股票的授予价格或授予数量将根据本激励计划做相应的调整。

6. 本激励计划有效期自限制性股票授予登记完成之日起至激励对象获授的限制性股票全部解除限售或回购注销之日止，最长不超过 48 个月。

7. 公司不存在《上市公司股权激励管理办法》第 7 条规定的不得实行股权激励的下列情形：

（1）最近一个会计年度财务会计报告被注册会计师出具否定意见或者无法表示意见的审计报告。

（2）最近一个会计年度财务报告内部控制被注册会计师出具否定意见或者无法表示意见的审计报告。

（3）上市后最近 36 个月内出现过未按法律法规、公司章程、公开承诺进行利润分配的情形。

（4）法律法规规定不得实行股权激励的。

（5）中国证监会认定的其他情形。

8. 参与本激励计划的激励对象不包括公司监事、独立董事。单独或合计持有公司 5% 以上股份的股东或实际控制人及其配偶、父母、子女未参与本激励计划。激励对象符合《上市公司股权激励管理办法》第 8 条的规定，不存在不得成为激励对象的下列情形：

（1）最近 12 个月内被证券交易所认定为不适当人选。

（2）最近 12 个月内被中国证监会及其派出机构认定为不适当人选。

（3）最近 12 个月内因重大违法违规行为被中国证监会及其派出机构行政处罚或者采取市场禁入措施。

（4）具有《公司法》规定的不得担任公司董事、高级管理人员情形的。

（5）法律法规规定不得参与上市公司股权激励的。

（6）中国证监会认定的其他情形。

9. 公司承诺不为激励对象依本激励计划获取有关限制性股票提供贷款以

及其他任何形式的财务资助，包括为其贷款提供担保。

10. 激励对象承诺，若公司因信息披露文件中有虚假记载、误导性陈述或者重大遗漏，导致不符合授予权益或行使权益安排的，激励对象自相关信息披露文件被确认存在虚假记载、误导性陈述或者重大遗漏后，将由股权激励计划所获得的全部利益返还公司。

11. 本激励计划经公司股东大会审议通过后方可实施。

12. 自股东大会审议通过本激励计划之日起 60 日内，公司将按相关规定召开董事会对激励对象进行授予，并完成登记、公告等相关程序。公司未能在 60 日内完成上述工作的，终止实施本激励计划。

13. 本激励计划的实施不会导致股权分布不符合上市条件的要求。

一、释义

以下词语如无特殊说明，在本文中具有如下含义：

永辉超市、本公司、公司	指	永辉超市股份有限公司。
本激励计划	指	永辉超市股份有限公司 2018 年限制性股票激励计划。
限制性股票	指	公司根据本激励计划规定的条件和价格，授予激励对象一定数量的公司股票，该等股票设置一定期限的限售期，在达到本激励计划规定的解除限售条件后，方可解除限售流通。
激励对象	指	按照本激励计划规定，获得限制性股票的公司核心管理层及核心业务骨干。
授予日	指	公司向激励对象授予限制性股票的日期，授予日必须为交易日。
限售期	指	激励对象根据本激励计划获授的限制性股票被禁止转让、用于担保、偿还债务的期间。
解除限售期	指	本激励计划规定的解除限售条件成就后，激励对象持有的限制性股票可以解除限售并上市流通的期间。

解除限售条件	指	根据本激励计划，激励对象所获限制性股票解除限售所必须满足的条件。
《公司法》	指	《中华人民共和国公司法》。
《证券法》	指	《中华人民共和国证券法》。
《管理办法》	指	《上市公司股权激励管理办法》。
《公司章程》	指	《永辉超市股份有限公司章程》。
中国证监会	指	中国证券监督管理委员会。
证券交易所	指	上海证券交易所。
元	指	人民币元。

二、本激励计划的管理机构

1. 股东大会作为公司的最高权力机构，负责审议批准本激励计划的实施、变更和终止。股东大会可以在其权限范围内将与本激励计划相关的部分事宜授权董事会办理。

2. 董事会是本激励计划的执行管理机构，负责本激励计划的实施。董事会下设薪酬委员会，负责拟订和修订本激励计划并报董事会审议，董事会对激励计划审议通过后，报股东大会审议。董事会可以在股东大会授权范围内办理本激励计划的其他相关事宜。

3. 监事会及独立董事是本激励计划的监督机构，应当就本激励计划是否有利于公司的持续发展，是否存在明显损害公司及全体股东利益的情形发表意见。监事会对本激励计划的实施是否符合相关法律、法规、规范性文件和证券交易所业务规则进行监督，并且负责审核激励对象的名单。独立董事将就本激励计划向所有股东征集委托投票权。

公司在股东大会审议通过股权激励方案之前对其进行变更的，独立董事、监事会应当就变更后的方案是否有利于公司的持续发展，是否存在明显损害公司及全体股东利益的情形发表独立意见。

公司在向激励对象授出权益前，独立董事、监事会应当就股权激励计划设定的激励对象获授权益的条件发表明确意见。若公司向激励对象授出权益与本激励计划安排存在差异，独立董事、监事会（当激励对象发生变化时）应当同时发表明确意见。

激励对象在行使权益前，独立董事、监事会应当就股权激励计划设定的激励对象行使权益的条件是否成就发表明确意见。

三、本激励计划的目的与原则

为了进一步建立、健全公司长效激励机制，吸引和留住优秀人才，充分调动公司核心管理层及核心业务骨干的积极性，有效地将股东利益、公司利益和核心团队个人利益结合在一起，使各方更紧密地合力推进公司的长远发展，在充分保障股东利益的前提下，按照收益与贡献对等的原则，根据《公司法》《证券法》《管理办法》等有关法律、法规和规范性文件以及《公司章程》的规定，制定本激励计划。

四、激励对象的确定依据和范围

（一）激励对象的确定依据

1. 激励对象确定的法律依据

本激励计划激励对象根据《公司法》《证券法》《管理办法》等有关法律、法规、规范性文件和《公司章程》的相关规定，结合公司实际情况而确定。

2. 激励对象确定的职务依据

本激励计划激励对象为公司核心管理层及核心业务骨干（不包括独立董事、监事）。

（二）激励对象的范围

本激励计划涉及的激励对象共计 21 人，包括核心管理层、核心业务骨干。

本激励计划涉及的激励对象不包括独立董事、监事及单独或合计持有公司 5% 以上股份的股东或实际控制人及其配偶、父母、子女。

以上激励对象中，高级管理人员必须经公司董事会聘任。所有激励对象必须在本激励计划的有效期内与公司或公司的控股子公司签署劳动合同。

（三）激励对象的核实

1. 本激励计划经董事会审议通过后，公司在内部公示激励对象的姓名和职务，公示期不少于 10 天。

2. 公司监事会将对激励对象名单进行审核，充分听取公示意见，并在公司股东大会审议本激励计划前 5 日披露监事会对激励对象名单审核及公示情况的说明。经公司董事会变更的激励对象名单亦应经公司监事会核实。

五、本激励计划所涉及的标的股票来源和数量

（一）本激励计划的股票来源

本次激励计划所涉及的股票来源为公司从二级市场回购本公司 A 股普通股：437 500 股股票及 2017 年限制性股票激励计划授予登记完成后公司回购账户中剩余的 7 213 400 股股票，合计 7 650 900 股股票。

（二）授出限制性股票的数量

本激励计划拟向激励对象授予合计不超过 7 650 900 股公司限制性股票，占本激励计划草案公告时公司股本总额 9 570 462 108 股的 0.08%。

六、激励对象获授的限制性股票分配情况

本激励计划授予的限制性股票在各激励对象间的分配情况如下表所示：

类　别	本次获授的限制性股票数量/股	占本次授予限制性总数的比例/%	占目前总股本的比例/%
核心管理层	1 092 900	14.28	0.07
核心业务骨干	6 558 000	85.72	0.01
合　计	7 650 900	100	0.08

其中激励对象为高级管理人员的分配情况如下表所示：

姓　名	职　务	本次获授的限制 性股票数量/股	占本次授予限 制性总数的比例/%	占目前总股本的 比例/%
李　静	副总裁	1 092 900	14.28	0.01

注：1. 上述任何一名激励对象通过全部在有效期内的股权激励计划获授的限制性股票均累计未超过公司总股本的1%。公司全部在有效期内的股权激励计划所涉及的标的股票总数累计不超过公司总股本的10%。

2. 本激励计划激励对象中没有持有公司5%以上股权的主要股东或实际控制人及其配偶、父母、子女。

七、本激励计划的有效期、授予日、限售期、解除限售安排和禁售期

（一）本激励计划的有效期

本激励计划有效期自限制性股票授予登记完成之日起至激励对象获授的限制性股票全部解除限售或回购注销之日止，最长不超过48个月。

（二）本激励计划的授予日

授予日在本激励计划经公司股东大会审议通过后由董事会确定，授予日必须为交易日。公司需在股东大会审议通过后60日内授予限制性股票并完成公告、登记。

公司未能在60日内完成上述工作的，将终止实施本激励计划。激励对象不得在下列期间内进行限制性股票授予：

（1）公司定期报告公告前30日内，因特殊原因推迟定期报告公告日期的，自愿预约公告日前30日起算，至公告前1日。

（2）公司业绩预告、业绩快报公告前10日内。

（3）自可能对本公司股票及其衍生品种交易价格产生较大影响的重大事件发生之日或者进入决策程序之日，至依法披露后2个交易日内。

（4）中国证监会及上海证券交易所规定的其他期间。以上不得授予的日期不计算在60日内。

（三）本激励计划的限售期和解除限售安排

本激励计划授予的限制性股票限售期为自授予登记完成之日起12个月、24个月、36个月。激励对象根据本激励计划获授的限制性股票在解除限售前

不得转让、用于担保或偿还债务。激励对象因获授的尚未解除限售的限制性股票而取得的资本公积转增股本、派息、派发股票红利、股票拆细等股份和红利同时按本激励计划进行锁定。

限售期满后，公司为满足解除限售条件的激励对象办理解除限售事宜，未满足解除限售条件的激励对象持有的限制性股票由公司回购注销。

本激励计划授予的限制性股票的解除限售期及各期解除限售时间安排如下表所示：

解除限售安排	解除限售时间	解除限售比例/%
第一个解除限售期	自授予登记完成之日起 12 个月后的首个交易日起至授予登记完成之日起 24 个月内的最后一个交易日当日止。	40
第二个解除限售期	自授予登记完成之日起 24 个月后的首个交易日起至授予登记完成之日起 36 个月内的最后一个交易日当日止。	30
第三个解除限售期	自授予登记完成之日起 36 个月后的首个交易日起至授予登记完成之日起 48 个月内的最后一个交易日当日止。	30

（四）本激励计划禁售期

本次限制性股票激励计划的禁售规定按照《公司法》《证券法》等相关法律、法规、规范性文件和《公司章程》的规定执行，具体内容如下：

（1）激励对象为公司董事和高级管理人员的，其在任职期间每年转让的其持有的股份不得超过其所持有本公司股份总数的 25%，在离职后半年内，不得转让其所持有的本公司股份。

（2）激励对象为公司董事和高级管理人员的，将其持有的本公司股票在买入后 6 个月内卖出，或者在卖出后 6 个月内又买入，由此所得收益归本公司所有，本公司董事会将收回其所得收益。

（3）在本激励计划有效期内，如果《公司法》《证券法》等相关法律、法规、规范性文件和《公司章程》中对公司高级管理人员持有股份转让的有关规定发生了变化，则这部分激励对象转让其所持有的公司股票应当在转让时符合修改后的相关规定。

八、限制性股票的授予价格及授予价格的确定方法

（一）限制性股票的授予价格

限制性股票的授予价格为每股4.15元，即满足授予条件后，激励对象可以每股4.15元的价格购买公司限制性股票。

（二）限制性股票的授予价格的确定方法

限制性股票授予价格不低于股票票面金额，且不低于下列价格较高者：

（1）本激励计划公告前1个交易日公司股票交易均价（前1个交易日股票交总额/前1个交易日股票交易总量）每股7.49元的50%，为每股3.75元。

（2）本激励计划公告前120个交易日公司股票交易均价（前120个交易日股交易总额/前120个交易日股票交易总量）每股8.29元的50%，为每股4.15元。

九、限制性股票的授予与解除限售条件

（一）限制性股票的授予条件

同时满足下列授予条件时，公司应向激励对象授予限制性股票，反之，若下列任一授予条件未达成的，则不能向激励对象授予限制性股票。

1. 公司未发生如下任一情形

（1）最近一个会计年度财务会计报告被注册会计师出具否定意见或者无法表示意见的审计报告。

（2）最近一个会计年度财务报告内部控制被注册会计师出具否定意见或者无法表示意见的审计报告。

（3）上市后最近36个月内出现过未按法律法规、公司章程、公开承诺进行利润分配的情形。

（4）法律法规规定不得实行股权激励的。

（5）中国证监会认定的其他情形。

2. 激励对象未发生如下任一情形

（1）最近 12 个月内被证券交易所认定为不适当人选。

（2）最近 12 个月内被中国证监会及其派出机构认定为不适当人选。

（3）最近 12 个月内因重大违法违规行为被中国证监会及其派出机构行政处罚或者采取市场禁入措施。

（4）具有《公司法》规定的不得担任公司董事、高级管理人员情形的。

（5）法律法规规定不得参与上市公司股权激励的。

（6）中国证监会认定的其他情形。

（二）限制性股票的解除限售条件

解除限售期内，同时满足下列条件时，激励对象获授的限制性股票方可解除限售：

1. 公司未发生如下任一情形

（1）最近一个会计年度财务会计报告被注册会计师出具否定意见或者无法表示意见的审计报告。

（2）最近一个会计年度财务报告内部控制被注册会计师出具否定意见或者无法表示意见的审计报告。

（3）上市后最近 36 个月内出现过未按法律法规、公司章程、公开承诺进行利润分配的情形。

（4）法律法规规定不得实行股权激励的。

（5）中国证监会认定的其他情形。

2. 激励对象未发生如下任一情形

（1）最近 12 个月内被证券交易所认定为不适当人选。

（2）最近 12 个月内被中国证监会及其派出机构认定为不适当人选。

（3）最近 12 个月内因重大违法违规行为被中国证监会及其派出机构行政处罚或者采取市场禁入措施；具有《公司法》规定的不得担任公司董事、高级管理人员情形的。

（4）法律法规规定不得参与上市公司股权激励的。

（5）中国证监会认定的其他情形。

公司发生上述第 1 条规定情形之一的，所有激励对象根据本激励计划已获授但尚未解除限售的限制性股票应当由公司回购注销，回购价格为授予价格加上银行同期定期存款利息之和；若公司发生不得实施股权激励的情形，且激励对象对此负有责任的，或激励对象发生上述第 2 条规定情形之一的，该激励对象根据本激励计划已获授但尚未解除限售的限制性股票应当由公司回购注销，且回购价格为授予价格。

3. 公司层面业绩考核要求

本激励计划的解除限售考核年度为 2018—2020 年三个会计年度，每个会计年度考核一次，各年度业绩考核目标如下表所示：

解除限售期	业绩考核目标
第一个解除限售期	以 2017 年的公司净利润为基数，2018 年公司净利润增长率不低于 20%；或者以 2017 年营业收入为基数，2018 年营业收入增长率不低于 25%。
第二个解除限售期	以 2018 年的公司净利润为基数，2019 年公司净利润增长率不低于 20%；或者以 2018 年营业收入为基数，2019 年营业收入增长率不低于 25%。
第三个解除限售期	以 2019 年的公司净利润为基数，2020 年公司净利润增长率不低于 20%；或者以 2019 年营业收入为基数，2020 年营业收入增长率不低于 25%。

注：上述"净利润"指归属于上市公司股东的净利润，并剔除：①公司云创板块和云商板块所有创新公司（创新公司列表见本激励计划附件）对净利润的影响；②管理费用中列示的本次及其他激励计划股份支付费用影响。

公司未满足上述业绩考核目标的，所有激励对象对应考核当年可解除限售的限制性股票均不得解除限售，由公司回购注销，回购价格为授予价格加上银行同期定期存款利息之和。

4. 个人层面绩效考核要求

激励对象个人考核按照《公司 2018 年限制性股票激励计划实施考核管理办法》分年进行考核，根据个人的绩效考评评价指标确定考评结果，原则上绩效评价结果划分为优秀、良好、一般、差四个档次。其中优秀、良好、一般为考核合格档，差为考核不合格档，考核评价表适用于考核对象。

考核结果	合　格			不合格
标准等级	优　秀	良　好	一　般	差
标准系数	1	0.8	0.5	0

个人当年实际解除限售额度＝标准系数×个人当年计划解除限售额度。

激励对象个人考核当年不能解除限售的限制性股票，由公司回购注销，回购价格为授予价格加上银行同期定期存款利息之和。

（三）考核指标的科学性和合理性说明

公司限制性股票考核指标分为两个层次，分别为公司层面业绩考核和个人层面绩效考核。公司层面业绩指标为净利润增长率和营业收入增长率。净利润增长率反映了公司经营状况，而营业收入增长率反映了公司的市场地位。两者都是公司经营业务的重要指标。经过合理预测并兼顾本激励计划的激励作用，制定了该指标。除公司层面的业绩考核外，本计划还对个人设置了严密的绩效考核体系，能够对激励对象的工作绩效做出较为准确、全面的综合评价。公司将根据激励对象前一年度绩效考评结果，确定激励对象个人是否达到解除限售的条件。

综上，公司本次激励计划的考核体系具有全面性、综合性及可操作性，考核指标设定具有良好的科学性和合理性，同时对激励对象具有约束效果，能够达到本次激励计划的考核目的。

十、限制性股票激励计划的调整方法和程序

（一）限制性股票数量的调整方法

若在本激励计划公告当日至激励对象完成限制性股票股份登记期间，公司有资本公积转增股本、派送股票红利、股份拆细、配股、缩股等事项，应对限制性股票数量进行相应的调整。调整方法如下：

1. 资本公积转增股本、派送股票红利、股份拆细

$$Q = Q_0 \times (1+n)$$

其中：Q_0 为调整前的限制性股票数量；n 为每股的资本公积转增股本、

派送股票红利、股份拆细的比率（即每股股票经转增、送股或拆细后增加的股票数量）；Q 为调整后的限制性股票数量。

2. 配股

$Q = Q_0 \times P_1 \times (1+n) \div (P_1 + P_2 \times n)$

其中：Q_0 为调整前的限制性股票数量；P_1 为股权登记日当日收盘价；P_2 为配股价格；n 为配股的比例（即配股的股数与配股前公司总股本的比例）；Q 为调整后的限制性股票数量。

3. 缩股

$Q = Q_0 \times n$

其中：Q_0 为调整前的限制性股票数量；n 为缩股比例（即 1 股公司股票缩为 n 股股票）；Q 为调整后的限制性股票数量。

4. 增发

公司在发生增发新股的情况下，限制性股票数量不做调整。

（二）限制性股票授予价格的调整方法

若在本激励计划公告当日至激励对象完成限制性股票股份登记期间，公司有资本公积转增股本、派送股票红利、股份拆细、配股、缩股或派息等事项，应对限制性股票的授予价格进行相应的调整。调整方法如下：

1. 资本公积转增股本、派送股票红利、股份拆细

$P = P_0 \div (1+n)$

其中：P_0 为调整前的授予价格；n 为每股的资本公积转增股本、派送股票红利、股份拆细的比率；P 为调整后的授予价格。

2. 配股

$P = P_0 \times (P_1 + P_2 \times n) \div [P_1 \times (1+n)]$

其中：P_0 为调整前的授予价格；P_1 为股权登记日当日收盘价；P_2 为配股价格；n 为配股的比例（即配股的股数与配股前股份公司总股本的比例）；P 为调整后的授予价格。

3. 缩股

$P = P_0 \div n$

其中：P_0 为调整前的授予价格；n 为缩股比例；P 为调整后的授予价格。

4. 派息

$P = P_0 - V$

其中：P_0 为调整前的授予价格；V 为每股的派息额；P 为调整后的授予价格。经派息调整后，P 仍须大于 1。

5. 增发

公司在发生增发新股的情况下，限制性股票的授予价格不做调整。

（三）限制性股票数量、授予价格的调整程序

当出现前述情况时，应由公司董事会审议通过关于调整限制性股票数量、授予价格的议案。公司应聘请律师就上述调整是否符合《管理办法》《公司章程》和本激励计划的规定向公司董事会出具专业意见。调整议案经董事会审议通过后，公司应当及时披露董事会决议公告，同时公告律师事务所意见。

十一、限制性股票的会计处理

按照《企业会计准则第 11 号——股份支付》的规定，公司将在限售期的每个资产负债表日，根据最新取得的可解除限售人数变动、业绩指标完成情况等后续信息，修正预计可解除限售的限制性股票数量，并按照限制性股票授予日的公允价值，将当期取得的服务计入相关成本或费用和资本公积。

（一）会计处理方法

1. 授予日

根据公司向激励对象授予股份的情况确认银行存款、库存股和资本公积。

2. 限售期内的每个资产负债表日

根据会计准则规定，在限售期内的每个资产负债表日，将取得职工提供的服务计入成本费用，同时确认所有者权益或负债。

3. 解除限售日

在解除限售日，如果达到解除限售条件，可以解除限售；如果全部或部分股票未被解除限售而失效或作废，按照会计准则及相关规定处理。

4. 限制性股票公允价值及确定方法

根据《企业会计准则第 11 号——股份支付》及《企业会计准则第 22 号——金融工具确认和计量》的相关规定，公司以市价为基础，对限制性股

票的公允价值进行计量。在测算日，每股限制性股票的股份支付公允价值=公司股票的市场价格−授予价格。

（二）预计限制性股票实施对各期经营业绩的影响

公司授予 7 650 900 股限制性股票应确认的总费用由公司在实施限制性股票激励计划的限售期，在相应的年度内按每次解除限售比例分摊，同时增加资本公积。假设授予日为 2018 年 11 月 1 日，则 2018—2021 年限制性股票成本摊销情况测算见下表：

需摊销的总费用/元	2018 年	2019 年	2020 年	2021 年
25 554 006.00	2 768 350.65	14 906 503.50	5 749 651.35	2 129 500.50

注：1. 上述结果并不代表最终的会计成本。实际会计成本除了与实际授予日、授予价格和授予数量相关，还与实际生效和失效的数量有关，同时提请股东注意可能产生的摊薄影响。

2. 上述对公司经营成果的影响最终结果将以会计师事务所出具的年度审计报告为准。公司以目前信息初步估计，在不考虑本激励计划对公司业绩的刺激作用情况下，限制性股票费用的摊销对有效期内各年净利润有所影响，但影响程度不大。若考虑限制性股票激励计划对公司发展产生的正向作用，由此激发管理团队的积极性，提高经营效率，本激励计划带来的公司业绩提升将远高于因其带来的费用增加。

十二、公司实行限制性股票激励计划的实施程序

（一）限制性股票激励计划生效程序

1. 公司董事会应当依法对本激励计划作出决议。董事会审议本激励计划时，与激励对象存在关联关系的董事应当回避表决。董事会应当在审议通过本激励计划并履行公示、公告程序后，将本激励计划提交股东大会审议；同时提请股东大会授权，负责实施限制性股票的授予、解除限售和回购等。

2. 独立董事及监事会应当就本激励计划是否有利于公司持续发展，是否存在明显损害公司及全体股东利益的情形发表意见。

3. 本激励计划经公司股东大会审议通过后方可实施。公司应当在召开股

东大会前，通过公司网站或者其他途径，在公司内部公示激励对象的姓名和职务（公示期不少于 10 天）。监事会应当对股权激励名单进行审核，充分听取公示意见。公司应当在股东大会审议本激励计划前 5 日披露监事会对激励名单审核及公示情况的说明。

4. 公司股东大会在对本次限制性股票激励计划进行投票表决时，独立董事应当就本次限制性股票激励计划向所有的股东征集委托投票权。股东大会应当对《管理办法》第 9 条规定的股权激励计划内容进行表决，并经出席会议的股东所持表决权的 2/3 以上通过，单独统计并披露除公司董事、监事、高级管理人员以及单独或合计持有公司 5%以上股份的股东以外的其他股东的投票情况。公司股东大会审议股权激励计划时，作为激励对象的股东或者与激励对象存在关联关系的股东，应当回避表决。

5. 本激励计划经公司股东大会审议通过，且达到本激励计划规定的授予条件时，公司在规定时间内向激励对象授予限制性股票。经股东大会授权后，董事会负责实施限制性股票的授予、解除限售和回购等。

（二）限制性股票的授予程序

1. 股东大会审议通过本激励计划后，公司与激励对象签署《2018 年限制性股票协议书》，以约定双方的权利义务关系。

2. 公司在向激励对象授出权益前，董事会应当就股权激励计划设定的激励对象获授权益的条件是否成就进行审议并公告。

独立董事及监事会应当同时发表明确意见。律师事务所应当对激励对象获授权益的条件是否成就出具法律意见。

3. 公司监事会应当对限制性股票授予日激励对象名单进行核实并发表意见。

4. 公司向激励对象授出权益与股权激励计划的安排存在差异时，独立董事、监事会（当激励对象发生变化时）、律师事务所应当同时发表明确意见。

5. 股权激励计划经股东大会审议通过后，公司应当在 60 日内授予激励对象限制性股票并完成公告、登记。公司董事会应当在授予的限制性股票登记完成后及时披露相关实施情况的公告。若公司未能在 60 日内完成上述工作的，本激励计划终止实施，董事会应当及时披露未完成的原因且 3 个月内不得再次审议股权激励计划（根据《管理办法》规定上市公司不得授出限制性股票的期间不计算在 60 日内）。

6. 公司授予限制性股票前，应当向证券交易所提出申请，经证券交易所确认后，由证券登记结算机构办理登记结算事宜。

（三）限制性股票的解除限售程序

1. 在解除限售日前，公司应确认激励对象是否满足解除限售条件。董事会应当就本激励计划设定的解除限售条件是否成就进行审议，独立董事及监事会应当同时发表明确意见。律师事务所应当对激励对象解除限售的条件是否成就出具法律意见。对于满足解除限售条件的激励对象，由公司统一办理解除限售事宜，对于未满足解除限售条件的激励对象，由公司回购并注销其持有的该次解除限售对应的限制性股票。公司应当及时披露相关实施情况的公告。

2. 激励对象可对已解除限售的限制性股票进行转让，但应当符合有关法律、法规和规范性文件的规定。

3. 公司解除激励对象限制性股票限售前，应当向证券交易所提出申请，经证券交易所确认后，由证券登记结算机构办理登记结算事宜。

（四）本激励计划的变更、终止程序

1. 本计划的变更程序

（1）公司在股东大会审议本激励计划之前拟变更本激励计划的，需经董事会审议通过。

（2）公司在股东大会审议通过本激励计划之后变更本激励计划的，应当由股东大会审议决定，且不得包括下列情形：①导致提前解除限售的情形；②降低授予价格的情形。

2. 本激励计划的终止程序

（1）公司在股东大会审议本激励计划之前拟终止实施本激励计划的，需经董事会审议通过。

（2）公司在股东大会审议通过本激励计划之后终止实施本激励计划的，应当由股东大会审议决定。

十三、公司与激励对象各自的权利义务

（一）公司的权利与义务

1. 公司具有对本激励计划的解释和执行权，并按本激励计划规定对激励对象进行绩效考核，若激励对象未达到本激励计划所确定的解除限售条件，公司将按本激励计划规定的原则，向激励对象回购并注销其相应尚未解除限售的限制性股票。

2. 公司承诺不为激励对象依本激励计划获取有关限制性股票提供贷款以及其他任何形式的财务资助，包括为其贷款提供担保。

3. 公司应及时按照有关规定履行限制性股票激励计划申报、信息披露等义务。

4. 公司应当根据本激励计划及中国证监会、证券交易所、中国证券登记结算有限责任公司等的有关规定，积极配合满足解除限售条件的激励对象按规定解除限售。但若因中国证监会、证券交易所、中国证券登记结算有限责任公司的原因造成激励对象未能按自身意愿解除限售并给激励对象造成损失的，公司不承担责任。

（二）激励对象的权利与义务

1. 激励对象应当按公司所聘岗位的要求，勤勉尽责、恪守职业道德，为公司的发展做出应有贡献。

2. 激励对象应当按照本激励计划规定限售其获授的限制性股票。

3. 激励对象的资金来源为激励对象自有合法资金。

4. 在解除限售前，限制性股票不得转让、用于担保或用于偿还债务。

公司进行现金分红时，激励对象就其获授的限制性股票应取得的现金分红在代扣代缴个人所得税后由激励对象享有；若该部分限制性股票未能解除限售，公司在按照本激励计划的规定回购该部分限制性股票时应扣除激励对象已享有的该部分现金分红，并做相应会计处理。

5. 激励对象因激励计划获得的收益，应按国家税收法规交纳个人所得税及其他税费。

6. 激励对象承诺，若公司因信息披露文件中有虚假记载、误导性陈述或

者重大遗漏，导致不符合授予权益或行使权益安排的，激励对象应当自相关信息披露被确认存在虚假记载、误导性陈述或者重大遗漏后，将由股权激励计划所获得的全部利益返还公司。

7. 本激励计划经公司股东大会审议通过后，公司将与每一位激励对象签署《2018 年限制性股票协议书》，明确约定各自在本次激励计划项下的权利义务及其他相关事项。

十四、公司、激励对象发生异动的处理

（一）公司发生异动的处理

1. 公司出现下列情形之一的，本激励计划终止实施，激励对象已获授但尚未解除限售的限制性股票不得解除限售，由公司回购注销：

（1）最近一个会计年度财务会计报告被注册会计师出具否定意见或者无法表示意见的审计报告。

（2）最近一个会计年度财务报告内部控制被注册会计师出具否定意见或者无法表示意见的审计报告。

（3）上市后最近 36 个月内出现过未按法律法规、公司章程、公开承诺进行利润分配的情形。

（4）法律法规规定不得实行股权激励的情形。

（5）中国证监会认定的其他需要终止激励计划的情形。

2. 公司因信息披露文件有虚假记载、误导性陈述或者重大遗漏，导致不符合限制性股票授予条件或解除限售安排的，未解除限售的限制性股票由公司统一回购注销处理，激励对象获授限制性股票已解除限售的，所有激励对象应当返还已获授权益。对上述事宜不负有责任的激励对象因返还权益而遭受损失的，可按照本激励计划相关安排，向公司或负有责任的对象进行追偿。董事会应当按照前款规定和本激励计划相关安排收回激励对象所得收益。

（二）激励对象个人情况发生变化

1. 激励对象在公司内发生正常职务变更，但仍在公司内，或在公司下属分、子公司内任职的，其获授的限制性股票完全按照职务变更前本激励计划规定的程序进行。但是，激励对象因不能胜任岗位工作、触犯法律、违反执

业道德、泄露公司机密、失职或渎职、严重违反公司制度等行为损害公司利益或声誉而导致的职务变更，或因前列原因导致公司解除与激励对象劳动关系的，激励对象已获授但尚未解除限售的限制性股票不得解除限售，由公司按本激励计划的规定回购注销。

2. 激励对象如因出现以下情形之一而失去参与本激励计划的资格，激励对象已解除限售的限制性股票继续有效，尚未解除限售的限制性股票由公司回购注销：

（1）最近 12 个月内被证券交易所认定为不适当人选。

（2）最近 12 个月内被中国证监会及其派出机构认定为不适当人选。

（3）最近 12 个月内因重大违法违规行为被中国证监会及其派出机构行政处罚或者采取市场禁入措施。

（4）具有《公司法》规定的不得担任公司董事、高级管理人员情形的。

（5）法律法规规定不得参与上市公司股权激励的。

（6）中国证监会认定的其他情形。

3. 激励对象因辞职、公司裁员、劳动合同到期而不在公司担任相关职务，激励对象已获授但尚未解除限售的限制性股票不得解除限售，由公司回购注销。

4. 激励对象因退休而离职，在情况发生之日，激励对象已获授限制性股票可按照退休前本激励计划规定的程序进行，且个人绩效考核条件不再纳入解除限售条件。

5. 激励对象因丧失劳动能力而离职，应分以下两种情况处理：

（1）当激励对象因工伤丧失劳动能力而离职时，限制性股票将按照其丧失劳动能力前本激励计划规定的相应程序进行，且个人绩效考核条件不再纳入解除限售条件。

（2）当激励对象非因工伤丧失劳动能力而离职时，对激励对象截止该情况发生之日，已获授但尚未解除限售的限制性股票不得解除限售，由公司回购注销。

6. 激励对象身故的，应分以下两种情况处理：

（1）激励对象若因执行职务身故的，其持有的限制性股票将由其指定的财产继承人或法定继承人代为持有，并按照其身故前本激励计划规定的相应程序进行，且其个人绩效考核条件不再纳入解除限售条件。

（2）激励对象若因其他原因身故的，对激励对象截止该情况发生之日已获授但尚未解除限售的限制性股票不得解除限售，由公司回购注销。

7. 其他未说明的情况由董事会薪酬委员会认定并确定其处理方式。

（三）公司与激励对象之间争议的解决

公司与激励对象发生争议，按照本激励计划和《2018年限制性股票协议书》的规定解决；规定不明的，双方应按照国家法律和公平合理原则协商解决；协商不成，应提交公司住所所在地有管辖权的人民法院诉讼解决。

十五、限制性股票回购注销原则

公司按本激励计划规定回购注销限制性股票的，除本激励计划另有约定外，回购价格为授予价格加上银行同期存款利息之和，其中授予价格应当依据本激励计划进行调整。

激励对象获授的限制性股票完成股份登记后，若公司发生资本公积转增股本、派送股票红利、股份拆细、配股或缩股、派息等影响公司股本总额或公司股票价格事项的，公司应对尚未解除限售的限制性股票的回购价格和回购数量做相应的调整。

（一）回购价格的调整方法

1. 资本公积转增股本、派送股票红利、股票拆细

$P = P_0 \div (1+n)$

其中：P为调整后的每股限制性股票回购价格，P_0为每股限制性股票授予价格；n为每股公积金转增股本、派送股票红利、股票拆细的比率（即每股股票经转增、送股或股票拆细后增加的股票数量）。

2. 配股

$P = P_0 \times (P_1 + P_2 \times n) \div [P_1 \times (1+n)]$

其中：P_1为股权登记日当天收盘价；P_2为配股价格；n为配股的比例（即配股的股数与配股前公司总股本的比例）

3. 缩股

$P = P_0 \div n$

其中：P 为调整后的每股限制性股票回购价格，P_0 为每股限制性股票授予价格；n 为每股的缩股比例（即 1 股股票缩为 n 股股票）。

4. 派息

$P = P_0 - V$

其中：P_0 为调整前的每股限制性股票回购价格；V 为每股的派息额；P 为调整后的每股限制性股票回购价格。经派息调整后，P 仍须大于 1。

（二）回购数量的调整方法

1. 资本公积转增股本、派送股票红利、股份拆细

$Q = Q_0 \times (1+n)$

其中：Q_0 为调整前的限制性股票数量；n 为每股的资本公积转增股本、派送股票红利、股份拆细的比率（即每股股票经转增、送股或拆细后增加的股票数量）；Q 为调整后的限制性股票数量。

2. 配股

$Q = Q_0 \times P_1 \times (1+n) \div (P_1 + P_2 \times n)$

其中：Q_0 为调整前的限制性股票数量；P_1 为股权登记日当日收盘价；P_2 为配股价格；n 为配股的比例（即配股的股数与配股前公司总股本的比例）；Q 为调整后的限制性股票数量。

3. 缩股

$Q = Q_0 \times n$

其中：Q_0 为调整前的限制性股票数量；n 为缩股比例（即 1 股公司股票缩为 n 股股票）；Q 为调整后的限制性股票数量。

4. 增发

公司在发生增发新股的情况下，限制性股票数量不做调整。

（三）回购数量和价格的调整程序

1. 公司股东大会授权公司董事会依上述已列明的原因调整限制性股票的回购数量及价格。董事会根据上述规定调整回购价格后，应及时公告。

2. 因其他原因需要调整限制性股票回购数量及价格的，应经董事会做出决议并经股东大会审议批准。

（四）回购注销的程序

公司及时召开董事会审议根据上述规定进行的回购价格调整方案，并按

本激励计划规定将回购股份方案提交股东大会批准，并及时公告。

公司按照本激励计划的规定实施回购时，应向证券交易所申请解除限售该等限制性股票，经证券交易所确认后，由证券登记结算机构办理登记结算事宜。

十六、附则

1. 本计划在公司股东大会审议通过后生效。
2. 本计划由公司董事会负责解释。

永辉超市股份有限公司董事会

二〇一八年九月十五日

股权激励方案：青岛海尔股份有限公司首期股票期权激励计划（草案）摘要[1]

特别提示

1. 本计划依据《中华人民共和国公司法》、《中华人民共和国证券法》、中国证券监督管理委员会《上市公司股权激励管理办法（试行）》、《关于股权激励有关事项备忘录 1 号》、《关于股权激励有关事项备忘录 2 号》、《关于股权激励有关事项备忘录 3 号》及其他有关法律、行政法规、规章、规范性文件以及青岛海尔股份有限公司（以下简称"公司"或"青岛海尔"）《公司章程》制定。

2. 公司拟授予激励对象 1771 万份股票期权，每份股票期权拥有在计划有效期内按照预先确定的价格购买一股青岛海尔股票的权利；股票来源为公司向激励对象定向发行股票。

3. 首期拟授予的股票期权所涉及的股票总数为 1771 万股，占本计划签署时公司股本总额的 1.323%。

---

〔1〕 参见《海尔股权激励方案》，载百度文库 https://wenku.baidu.com/view/401c6e2ded630b1c59eeb5fd.html，最后访问日期：2020 年 4 月 2 日。

4. 本次授予的股票期权的行权价格为 10.88 元。该行权价格在下述两个价格的较高者基础上上浮 0.23 元。

（1）股票期权激励计划草案摘要公布前一个交易日的公司股票收盘价：10.65 元。

（2）股票期权激励计划草案摘要公布前 30 个交易日内的公司股票平均收盘价：10.13 元。

5. 行权安排。本计划有效期为自股票期权授权日起五年。激励对象可在股票期权自授予日起 12 个月且 2009 年年度报告公告后，在本计划规定的可行权日按获授的股票期权总量的 10%、20%、30%、40%分四期行权，具体行权期安排如下（根据《管理办法》等相关规定，该日不得行权的除外）：

行权期	行权有效期	可行权数量占获授期权数量比例/%
第一个行权期	自授权日起 12 个月后的首个交易日起至授权日起 60 个月内的最后一个交易日当日止。	10
第二个行权期	自授权日起 24 个月后的首个交易日起至授权日起 60 个月内的最后一个交易日当日止。	20
第三个行权期	自授权日起 36 个月后的首个交易日起至授权日起 60 个月内的最后一个交易日当日止。	30
第四个行权期	自授权日起 48 个月后的首个交易日起至授权日起 60 个月内的最后一个交易日当日止。	40

6. 行权的业绩条件。本计划的行权日所在的会计年度中，对公司财务业绩指标进行考核，以达到公司财务业绩考核目标作为激励对象当年度的行权条件之一。财务业绩考核的指标主要包括：净资产收益率、复合净利润增长率。其中净资产收益率是指：扣除非经常性损益后的加权平均净资产收益率，若公司发生再融资行为，净资产为在融资当年及下一年扣除再融资数量后的净资产值。净利润增长率是指：扣除非经常性损益后的净利润增长率。股票期权成本应计入公司管理费用，并在经常性损益中列支。各年度财务业绩考核具体目标如下：

行权期	业绩指标
第一个行权期	前一年度加权平均净资产收益率不低于10%；以2008年经审计的净利润为固定基数，公司2009年度经审计净利润较2008年度增长率达到或超过18%。
第二个行权期	前一年度加权平均净资产收益率不低于10%；以2008年末净利润为固定基数，公司2010年度经审计净利润较2008年度的年复合增长率达到或超过18%。
第三个行权期	前一年度加权平均净资产收益率不低于10%；以2008年末净利润为固定基数，公司2011年度经审计净利润较2008年度的年复合增长率达到或超过18%。
第四个行权期	前一年度加权平均净资产收益率不低于10%；以2008年末净利润为固定基数，公司2012年度经审计净利润较2008年度的年复合增长率达到或超过18%。

7. 激励对象行使股票期权的资金全部以自筹方式解决。青岛海尔承诺不为激励对象依股票期权激励计划行使股票期权提供贷款以及其他任何形式的财务资助，包括为其贷款提供担保。

8. 本计划必须满足如下条件后方可实施：中国证券监督管理委员会审核无异议、公司股东大会批准。

9. 青岛海尔承诺，自公司披露本计划草案至本计划经股东大会审议通过后30日内，公司不进行增发新股、资产注入、发行可转换债券等重大事项。

10. 公司审议股票期权激励计划的股东大会将采取现场投票和网络投票相结合的方式，公司独立董事将在股东大会召开前征集委托投票权。

11. 自公司股东大会审议通过本计划之日起30日内，公司将按有关规定召开董事会对激励对象进行授权，并完成登记、公告等相关程序。

一、释义

除非另有说明，以下名词或简称在本计划中具有如下含义：

公司、青岛海尔	指	青岛海尔股份有限公司
股票期权激励计划、激励计划、本计划	指	青岛海尔股份有限公司首期股票期权激励计划（草案）。
股票期权、期权	指	公司授予激励对象在未来一定期限内以预先确定的价格和条件购买公司一定数量股份的权利。
标的股票	指	根据本计划，激励对象有权购买的青岛海尔股票。
高级管理人员	指	公司总经理、副经理、董事会秘书、财务负责人和《公司章程》规定的其他人员。
激励对象	指	依股票期权激励计划获授股票期权的人员。
授权日	指	公司向激励对象授予股票期权的日期。
有效期	指	从股票期权授权日起到股票期权失效为止的时间段。
行　权	指	激励对象根据本计划，在规定的期间内以预先确定的价格和条件购买公司股票的行为。
可行权日	指	激励对象可以开始行权的日期，可行权日必须为交易日。
等待期	指	指股票期权授予后至股票期权可行权日之间的时间。
行权有效期	指	从股票期权可行权日起到股票期权失效为止的时间段。
行权价格	指	公司向激励对象授予股票期权时所确定的、激励对象购买青岛海尔股票的价格。
获授条件	指	根据股票期权激励计划，激励对象获授股票期权所必须满足的条件。
行权条件	指	根据股票期权激励计划，激励对象行使股票期权所必须满足的条件。
中国证监会	指	中国证券监督管理委员会。
上交所	指	上海证券交易所。

登记结算公司	指	中国证券登记结算有限责任公司上海分公司
《公司法》	指	《中华人民共和国公司法》。
《证券法》	指	《中华人民共和国证券法》。
《管理办法》	指	《上市公司股权激励管理办法（试行）》。
《股权激励备忘录》	指	《股权激励备忘录 1 号》《股权激励备忘录 2 号》《股权激励备忘录 3 号》。
《考核办法》	指	《青岛海尔股份有限公司股票期权激励计划实施考核办法》。
《公司章程》	指	《青岛海尔股份有限公司章程》。

二、股票期权激励计划的目的

1. 通过股票期权激励计划，实现股东、公司和激励对象利益的一致，维护股东权益，为股东带来更高效、更持续的回报。

2. 适应公司战略发展需要，增强公司竞争实力，促进公司持续健康发展；进一步完善公司的薪酬激励体系，健全公司激励、约束机制，建立股东与经营管理层之间的利益共享、风险共担机制。

3. 兼顾公司长期利益和近期利益，能更好地吸引、激励和稳定公司经营管理骨干、核心技术（业务）人才以及公司所需的其他关键人才，从而更好地促进公司发展。

三、激励对象的确定依据和范围

（一）激励对象确定的依据

1. 激励对象确定的法律依据

本计划激励对象根据《公司法》《证券法》《管理办法》《股权激励备忘录》及其他有关法律、法规和规范性文件以及《公司章程》的相关规定，结合公司实际情况而确定。

2. 激励对象的职务依据

本计划的激励对象为目前担任公司董事（不含独立董事）、高级管理人员、公司及子公司核心技术（业务）人员以及董事会认为需要以此方式进行激励的相关公司员工。

3. 激励对象确定的考核依据

激励对象必须经《青岛海尔股份有限公司股票期权激励计划实施考核办法》考核合格。

（二）激励对象的范围

首期激励对象包括董事（不包括独立董事）、高级管理人员、公司及子公司核心技术（业务）人员共 49 人。

（三）有下列情形之一的，不能成为本计划的激励对象

1. 最近 3 年内被证券交易所公开谴责或宣布为不适当人选的。

2. 最近 3 年内因重大违法违规行为被中国证监会予以行政处罚的。

3. 具有《公司法》第 147 条规定的不得担任董事、监事、高级管理人员情形的。如在公司本计划实施过程中，激励对象出现以上任何规定不得参与激励计划情形的，公司将终止其参与本计划的权利，收回并注销其已被授予但尚未行权的全部股票期权。此外，如持股公司 5%以上股份，除非经公司股东大会表决通过，且股东大会对该事项进行投票表决时，关联股东须回避表决外，不得成为激励对象。

四、激励计划所涉及标的股票的来源与数量

（一）授出股票期权的数量

本计划拟授予激励对象 1771 万份股票期权，每份股票期权拥有在可行权日在符合行权条件的情况下以行权价格购买一股公司人民币普通股（A 股）股票的权利。

（二）标的股票来源

公司将通过向激励对象定向发行股票作为本计划的股票来源。

（三）标的股票数量

本计划授予激励对象的股票期权数量为 1771 万股，对应的标的股票数量

为 1771 万股，占本计划签署时公司股本总额 133851.88 万股的 1.323%。

五、激励对象的股票期权分配情况

本次授予的股票期权在各激励对象间的分配情况如下表所示：

编 号	姓 名	职 务	期权数量/万份	占授予总量比例/%	标的股票占总股本比例/%
1	杨××	董事长	225	12.705	0.168
2	梁××	副董事长、总经理	158	8.922	0.118
3	崔××	副董事长	68	3.840	0.051
4	谭××	董 事	68	3.840	0.051
5	金××	副总经理	46	2.597	0.034
6	洪××	财务总监	28	1.581	0.021
7	明××	副总经理、董秘	28	1.581	0.021
	公司及子公司核心技术（业务）人员（42人）		1150	64.934	0.859
合 计			1771	100	1.323

本次激励对象中，无公司监事，无持股 5% 以上的主要股东或实际控制人，也无持股 5% 以上的主要股东或实际控制人的配偶及直系近亲属。

本次激励对象均未同时参加两个或以上上市公司的股权激励计划。

公司监事会需对上述激励对象进行核查，并在股东大会上就核实情况予以说明。

公司需聘请律师对上述激励对象的资格和获授是否符合《管理办法》及本计划出具意见。

任何一名激励对象累计获授的股票期权所涉及的股票总数不得超过公司总股本的 1%。

六、激励计划的有效期、授权日、可行权日、标的股票禁售期

（一）有效期

本计划有效期为自股票期权授权日起五年。

（二）授权日

股票期权授权日在本计划报中国证监会备案且中国证监会无异议、公司股东大会审议批准后由股东大会授权董事会确定。授权日不得晚于公司股东大会审议通过本计划后的 30 日。授权日必须为交易日，且不得为下列期间：

（1）定期报告公布前 30 日。

（2）重大交易或重大事项决定过程中至该事项公告后 2 个交易日。

（3）其他可能影响股价的重大事件发生之日起至公告后 2 个交易日。

（三）可行权日

激励对象可以自等待期满后开始行权，可行权日必须为交易日，且在行权有效期内。激励对象应当在上市公司定期报告公布后第 2 个交易日，至下一次定期报告公布前 10 个交易日内行权，但不得在下列期间内行权：

（1）重大交易或重大事项决定过程中至该事项公告后 2 个交易日。

（2）其他可能影响股价的重大事件发生之日起至公告后 2 个交易日。

激励对象必须在期权有效期内行权完毕，计划有效期结束后，已获授但尚未行权的股票期权不得行权。

（四）标的股票的禁售期

禁售期是指对激励对象行权后所获股票售出进行限制的时间段。本次股票期权激励计划的禁售按照《公司法》和《公司章程》的规定执行，具体规定如下：

（1）激励对象为公司董事、高级管理人员的，其在任职期间每年转让的股份不得超过其所持有公司股份总数的 25%；在离职后半年内，不得转让其所持有的公司股份。

（2）激励对象为公司董事和高级管理人员的，将其持有的公司股票在买入后 6 个月内卖出，或者在卖出后 6 个月内又买入，由此所得收益归公司所有，公司董事会将收回其所得收益。

（3）在本次股票期权激励计划的有效期内，如果《公司法》对公司董事和高级管理人员持有股份转让的有关规定发生了变化，则这部分激励对象转让其所持有的公司股票应当在转让时符合修改后的《公司法》和《公司章程》的规定。

七、股票期权的行权价格和行权价格的确定方式

（一）股票期权的行权价格

本次授予的股票期权的行权价格为 10.88 元，即满足行权条件后，激励对象获授的每份股票期权可以以 10.88 元的价格购买一股公司股票。

（二）股票期权行权价格的确定方式

本次授予的股票期权的行权价格为 10.88 元。该行权价格在下述两个价格的较高者基础上上浮 0.23 元。

（1）股票期权激励计划草案摘要公布前一个交易日的公司股票收盘价：10.65 元。

（2）股票期权激励计划草案摘要公布前 30 个交易日内的公司股票平均收盘价：10.13 元。

八、激励对象获授股票期权的条件和行权条件

（一）股票期权的获授条件

1. 公司未发生如下任一情形

（1）最近一个会计年度财务会计报告被注册会计师出具否定意见或者无法表示意见的审计报告。

（2）最近一年内因重大违法违规行为被中国证监会予以行政处罚。

（3）中国证监会认定的其他情形。

2. 激励对象未发生如下任一情形

（1）最近 3 年内被证券交易所公开谴责或宣布为不适当人选的。

（2）最近 3 年内因重大违法违规行为被中国证监会予以行政处罚的。

（3）具有《公司法》规定的不得担任公司董事、监事、高级管理人员情形的。

（二）股票期权的行权条件

激励对象行使已获授的股票期权时必须同时满足如下条件：

1. 考核合格

根据《青岛海尔股份有限公司股票期权激励计划实施考核办法》，激励对象行权的前一年度绩效考核合格。

2. 公司未发生如下任一情形

（1）最近一个会计年度财务会计报告被注册会计师出具否定意见或者无法表示意见的审计报告。

（2）最近一年内因重大违法违规行为被中国证监会予以行政处罚。

（3）中国证监会认定的其他情形。

3. 激励对象未发生如下任一情形

（1）最近 3 年内被证券交易所公开谴责或宣布为不适当人选的。

（2）最近 3 年内因重大违法违规行为被中国证监会予以行政处罚的。

（3）具有《公司法》规定的不得担任公司董事、监事、高级管理人员情形的。

4. 行权安排

本计划的股票期权的有效期为自股票期权授权日起五年，股票期权有效期过后，已授出但尚未行权的股票期权不得行权。激励对象可在股票期权自授予日起 12 个月且 2009 年年度报告公告后，在本计划规定的可行权日按获授的股票期权总量的 10%、20%、30%、40%分四期行权，具体行权期安排如下（根据《管理办法》等相关规定，该日不得行权的除外）：

行权期	行权有效期	可行权数量占获授期权数量比例/%
第一个行权期	自授权日起 12 个月后的首个交易日起至授权日起 60 个月内的最后一个交易日当日止。	10
第二个行权期	自授权日起 24 个月后的首个交易日起至授权日起 60 个月内的最后一个交易日当日止。	20

行权期	行权有效期	可行权数量占获授期权数量比例/%
第三个行权期	自授权日起 36 个月后的首个交易日起至授权日起 60 个月内的最后一个交易日当日止。	30
第四个行权期	自授权日起 48 个月后的首个交易日起至授权日起 60 个月内的最后一个交易日当日止。	40

5. 行权的业绩条件

本计划的行权日所在的会计年度中，对公司财务业绩指标进行考核，以达到公司财务业绩考核目标作为激励对象当年度的行权条件。财务业绩考核的指标主要包括：平均净资产收益率、复合净利润增长率。净资产收益率与净利润的指标均以扣除非经常性损益的净利润与不扣除非经常性损益的净利润二者孰低者作为计算依据，净利润指归属于母公司所有者的净利润。若公司发生再融资行为，净资产为在融资当年及下一年扣除再融资数量后的净资产值。股票期权成本应计入公司管理费用，并在经常性损益中列支。各年度财务业绩考核具体目标如下：

行权期	业绩指标
第一个行权期	前一年度加权平均净资产收益率不低于 10%；以 2008 年经审计的净利润为固定基数，公司 2009 年度经审计净利润较 2008 年度增长率达到或超过 18%。
第二个行权期	前一年度加权平均净资产收益率不低于 10%；以 2008 年末净利润为固定基数，公司 2010 年度经审计净利润较 2008 年度的年复合增长率达到或超过 18%。
第三个行权期	前一年度加权平均净资产收益率不低于 10%；以 2008 年末净利润为固定基数，公司 2011 年度经审计净利润较 2008 年度的年复合增长率达到或超过 18%。

行权期	业绩指标
第四个行权期	前一年度加权平均净资产收益率不低于10%；以2008年末净利润为固定基数，公司2012年度经审计净利润较2008年度的年复合增长率达到或超过18%。

在行权期，如达到相应的行权期规定的所有行权条件，则激励对象可以在该行权期行权；如未达到以上行权条件或激励对象在行权有效期内放弃行权，该部分股票期权由公司注销。

九、激励计划的调整方式和程序

（一）股票期权数量的调整方法

若在行权前公司有资本公积金转增股份、派送股票红利、股票拆细、配股或缩股等事项，应对股票期权数量进行相应的调整。调整方法如下：

1. 资本公积金转增股份、派送股票红利、股票拆细

$$Q=Q_0 \times (1+n)$$

其中：Q_0 为调整前的股票期权数量；n为每股的资本公积金转增股本、派送股票红利、股票拆细的比率（即每股股票经转增、送股或拆细后增加的股票数量）；Q为调整后的股票期权数量。

2. 缩股

$$Q=Q_0 \times n$$

其中：Q_0 为调整前的股票期权数量；n为缩股比例（即1股公司股票缩为n股股票）；Q为调整后的股票期权数量。

3. 配股

$$Q=Q_0 \times (1+n)$$

其中：Q_0 为调整前的股票期权数量；n为配股的比率（即配股的股数与配股前公司总股本的比）；Q为调整后的股票期权数量。

（二）股票期权行权价格的调整方法

若在行权前公司有派息、资本公积金转增股份、派送股票红利、股票拆细、配股或缩股等事项，应对行权价格进行相应的调整。调整方法如下：

1. 资本公积金转增股份、派送股票红利、股票拆细

$P = P_0 \div (1+n)$

其中：P_0 为调整前的行权价格；n 为每股的资本公积金转增股本、派送股票红利、股票拆细的比率；P 为调整后的行权价格。

2. 缩股

$P = P_0 \div n$

其中：P_0 为调整前的行权价格；n 为缩股比例；P 为调整后的行权价格。

3. 派息

$P = P_0 - V$

其中：P_0 为调整前的行权价格；V 为每股的派息额；P 为调整后的行权价格。

4. 配股

$P = P_0 \times (P_1 + P_2 \times n) / [P_1 \times (1+n)]$

其中：P_0 为调整前的行权价格；P_1 为股权登记日当天收盘价；P_2 为配股价格；n 为配股的比例（即配股的股数与配股前公司总股本的比例）；P 为调整后的行权价格。

（三）激励计划的调整程序与授权

公司股东大会授权公司董事会依据本计划所列明的原因调整股票期权数量和行权价格。董事会调整股票期权数量和行权价格后。董事会根据上述规定调整行权价格或股票期权数量后，应及时公告并通知激励对象。公司应聘请律师就上述调整是否符合《管理办法》《公司章程》和本计划的规定向董事会出具专业意见。

因其他原因需要调整股票期权数量、行权价格或其他条款的，公司应聘请律师就上述调整是否符合《管理办法》《公司章程》和本计划的规定向董事会出具专业意见，且应经公司股东大会审议批准。

十、公司与激励对象的权利与义务

（一）公司的权利义务

1. 公司有权要求激励对象按其所聘岗位的要求为公司工作，若激励对象

不能胜任所聘工作岗位或者考核不合格，经公司董事会薪酬与考核委员会批准并报公司董事会备案，可以取消激励对象尚未行权的股票期权。

2. 若激励对象因触犯法律、违反职业道德、泄露公司机密、失职或渎职等行为严重损害公司利益或声誉，经公司董事会薪酬与考核委员会批准并报公司董事会备案，可以取消激励对象尚未行权的股票期权。

3. 公司根据国家税收法规的规定，代扣代缴激励对象应交纳的个人所得税及其他税费。

4. 公司不得为激励对象依股票期权激励计划获取有关股票期权提供贷款以及其他任何形式的财务资助，包括为其贷款提供担保。

5. 公司应当根据股票期权激励计划、中国证监会、上交所、登记结算公司等的有关规定，积极配合满足行权条件的激励对象按规定行权。但若因中国证监会、上交所、登记结算公司的原因造成激励对象未能按自身意愿行权并给激励对象造成损失的，公司不承担责任。

6. 法律、法规规定的其他相关权利义务。

（二）激励对象的权利义务

1. 激励对象应当按公司所聘岗位的要求，勤勉尽责、恪守职业道德，为公司的发展做出应有贡献。

2. 激励对象应按照本计划的规定行权的资金来源于自筹资金。

3. 激励对象有权且应当按照本计划的规定行权，并按规定锁定股份。

4. 激励对象获授的股票期权不得转让或用于担保或偿还债务。

5. 激励对象因本计划获得的收益，应按国家税收法规交纳个人所得税及其他税费。

6. 法律、法规规定的其他相关权利义务。

十一、股票期权激励计划变更、终止及其他事项

（一）公司控制权变更、合并、分立

若因任何原因导致公司发生控制权变更、合并、分立等情况时，所有已授出的股票期权不作变更，激励对象不能加速行权。

（二）激励对象发生职务变更、离职或死亡等事项

1. 职务变更

（1）激励对象职务发生变更，但仍为公司的董事（独立董事除外）、高级管理人员或核心技术（业务）人员，或者被公司委派到公司的子公司任职，则已获授的股票期权不作变更，但若激励对象成为不能持有公司股票或股票期权的人员，则应取消其所有尚未行权的股票期权。

（2）激励对象因不能胜任工作岗位、考核不合格、触犯法律、违反职业道德、泄露公司机密、失职或渎职等行为损害公司利益或声誉而导致的职务变更，经公司董事会薪酬与考核委员会批准，报董事会备案可以取消激励对象尚未行权的股票期权。

2. 解聘

激励对象因不能胜任工作岗位、考核不合格、触犯法律、违反职业道德、泄露公司机密、失职或渎职等行为严重损害公司利益或声誉而被公司解聘的，自离职之日起所有未行权的股票期权即被取消，其已行权的收益公司有权收回。

3. 辞职或不续约

激励对象因辞职而离职，或因激励对象与公司的劳动合同到期后，双方未重新续签劳动合同而离职的，自离职之日起所有未行权的股票期权即被取消。

4. 退休

激励对象达到国家和公司规定的退休年龄退休而离职，则

（1）若在其离职当年绩效考核合格，则其可在本计划的有效期内按规定行权，其所获授的股票期权的数量与行权价格不作变更；

（2）若在其离职当年绩效考核不合格，其自离职之日起所有未行权的股票期权即被取消。

5. 丧失劳动能力

激励对象因执行职务负伤而丧失劳动能力的，其获授的标的股票期权仍按照丧失劳动能力前本计划规定的程序和时间进行。

6. 死亡

激励对象死亡的，其已满足行权条件的股票期权行权不受影响，由其合

法继承人在符合行权条件的情况下可以行权，但不再享受终止服务日以后的股票期权激励。

（三）公司发生如下情形之一时，应当终止实施股权激励计划，激励对象根据股票期权激励计划已获授但尚未行使的期权应当终止行使

（1）最近一个会计年度财务会计报告被注册会计师出具否定意见或者无法表示意见的审计报告。

（2）最近1年内因重大违法违规行为被中国证监会予以行政处罚。

（3）中国证监会认定的其他情形。

（四）在股票期权激励计划实施过程中，激励对象出现如下情形之一的，其已获授但尚未行使的期权应当终止行使

（1）最近3年内被证券交易所公开谴责或宣布为不适当人选的。

（2）最近3年内因重大违法违规行为被中国证监会予以行政处罚的。

（3）具有《中华人民共和国公司法》规定的不得担任公司高级管理人员情形的。

（五）其他

董事会认为有必要时，可提请股东大会决议终止实施本计划。股东大会决议通过之日起，激励对象已获准行权但尚未行权的股票期权终止行权并被注销，未获准行权的股票期权作废。

十二、附则

1. 本计划在中国证监会备案无异议、公司股东大会审议批准之日起生效。
2. 本计划的解释权属于公司董事会。

青岛海尔股份有限公司董事会

二〇〇九年五月十二日

股权激励协议

甲1方（创始股东）：

住所地：

法人代表：

联系方式：

甲2方（创始股东）：

身份证号：

住址：

联系方式：

乙方（激励对象）：

身份证号：

住址：

联系方式：

丙方（目标公司）：

住所地：

法人代表：

联系方式：

鉴于：

1. 甲方系＿＿有限公司（以下简称"目标公司"）的创始股东，持有目标公司的100％的股权；具有签署本协议的完全民事权利能力和民事行为能力；

2. 乙方系中华人民共和国公民，现任职于目标公司，担任＿＿职务，具有签署本协议的完全民事权利能力和民事行为能力；

3. 丙方系依据中华人民共和国法律设立并有效存续的有限责任公司，具有签署本协议的完全民事权利能力和民事行为能力；

协议各方本着自愿、公平、平等互利、诚实信用的原则，根据《中华人民共和国合同法》《中华人民共和国公司法》《＿＿有限公司章程》及《＿＿有限公司股权激励方案》的相关规定，就___有限公司股权转让、分红等股权激励事宜，达成如下协议：

一、股权激励的目的

股权激励是指由公司员工直接或者间接认购本公司的股份，参与经营、按股份享受红利分配的股权激励形式。目标公司决定设立和实施股权激励是为了建立健全公司长期激励机制，吸引和保留人才，充分调动公司中高层管理人员及核心骨干人员的积极性，增强目标公司管理及核心骨干人员对实现公司持续、快速、健康发展的责任感、使命感，最终建立对公司核心员工的中长期激励约束机制。

二、目标公司基本情况

有限公司成立于___年___月___日，主要业务___。

三、股权转让

1. 股权转让价格

为充分调动员工积极性，有效实施股权激励，在保留创始股东权益的基础上（见目标公司《股权激励方案》第十一章），根据目标公司目前发展阶段以及预期收益折现，确认本协议签署之日目标公司估值为人民币 4000 万元，原始股共计 4000 万股，每股 1 元。以上公司估值得到本协议各方一致同意。

2. 股权转让份额及对价款

甲方同意向乙方转让目标公司___股份，股权转让对价款为人民币___万元，占目标公司股权比例为___%。

3. 间接持股

乙方同意通过间接持股方式持有甲方出让的目标公司股权。乙方同意由___企业管理中心（有限合伙）作为股权激励持股平台间接持有乙方股权，并授权___企业管理有限公司担任管理合伙人（以下简称"GP"）。乙方担任有限合伙人（以下简称"LP"），LP 通过所持有的合伙企业份额间接持有___

有限公司的股份，并以出资额为限承担有限责任。各方权利义务由《股权激励方案》《股权转让协议》及《____有限合伙企业合伙协议》为准。

四、各方权利与义务

（一）甲方的权利与义务

1. 甲方有权监督乙方履行本协议约定的承诺。

2. 乙方违反本协议及《股权激励方案》承诺的，甲方有权要求乙方根据本协议的约定返还其基于本协议取得的股权。

3. 甲方有义务在乙方信守承诺的前提下，在条件成就时按本协议的约定向乙方支付红利及转让股权，积极办理股权变更工商登记手续。

（二）乙方的权利与义务

1. 本协议生效后，乙方即按照本协议的约定享有受让股权的分红权，并配合目标公司办理工商登记手续。

2. 自乙方受让股权并完成工商变更登记之日，乙方即间接持有公司股份，乙方有权按其股权比例享有相应权利并承担相应责任。

3. 乙方同意按照本协议及《股权激励方案》规定实施绩效考核制度和分红制度。乙方如违反目标公司规章制度及《股权激励方案》第十一章规定的，根据按照《股权激励方案》执行。

（三）丙方的权利与义务

1. 丙方有权制定和实施公司及股权激励对象的绩效考核制度，乙方对绩效考核结果应当无条件执行。

2. 丙方按照《公司章程》和《股权激励方案》有权制定和实施公司分红制度。

3. 丙方应根据本协议、《股权转让协议》及《股权激励方案》的规定完成股权转让、有限合伙企业的设立以及工商变更登记手续。

五、违约责任

1. 任何一方违反协议约定，给他方造成经济损失的，应根据其责任大小给予他方经济补偿。本协议另有约定除外。

2. 一方违约致使对方采取仲裁或诉讼的方式实现债权时，违约方应承担守约方为此支付的仲裁费、诉讼费、律师费、差旅费及其他实现债权的费用。

六、争议的解决

与本协议有关的争议，各方应首先友好协商解决；协商不成的，任何一方均有权向公司住所地人民法院提起诉讼。

七、协议的生效及其他

1. 本协议经各方签字、盖章之日起生效。

2. 对本协议的任何修改和补充应以书面形式制作补充协议，补充协议与本协议具有同等法律效力。补充协议与本协议不一致之处，以补充协议为准。

3. 本协议内容如与《股权激励方案》发生冲突，以《股权激励方案》为准。

4. 本协议未约定但《股权激励方案》明确规定的，各方同意按照《股权激励方案》执行。

5. 本协议一式三份，协议各方各执一份，具有同等法律效力。

××有限公司管理中心（有限合伙）合伙协议

第一条　根据《中华人民共和国民法通则》和《中华人民共和国合伙企业法》及《中华人民共和国合伙企业登记管理办法》的有关规定，经协商一致订立协议。

第二条　本企业为合伙企业，是根据协议自愿组成的共同经营体。合伙人愿意遵守国家有关的法律、法规、规章，依法纳税，守法经营。

第三条　本协议中的各项条款与法律、法规、规章不符的，以法律、法规、规章的规定为准。

第四条　企业的名称：××有限公司管理中心（有限合伙）。

第五条　主要经营场所：××。

第六条　合伙目的：本合伙企业专为××有限公司××分部员工股权激励持

股平台。

第七条 经营范围：企业管理；企业管理咨询；企业形象策划；经济贸易咨询；会议服务；技术开发、转让、咨询、服务、推广。（以工商局核定为准）。

第八条 合伙人姓名、名称及住所：

姓名（名称）	承担责任方式	住 所
××有限公司	无限责任	× ×
A××	有限责任	× ×
B××	有限责任	× ×
C××	有限责任	× ×
D××	有限责任	× ×
E××	有限责任	× ×
F××	有限责任	× ×
G××	有限责任	× ×
H××	有限责任	× ×

第九条 合伙人认缴或者实际缴付的出资额、缴付期限、出资方式：

姓名（名称）	认缴出资额/万元	实缴出资额/万元	缴付期限	出资方式
××有限公司	1	1	20××年××月××日前	货 币
A××	67	50.7525	20××年××月××日前	货 币
B××	25	20.1	20××年××月××日前	货 币
C××	36	32.4	20××年××月××日前	货 币
D××	20	16.95	20××年××月××日前	货 币
E××	35	26.8625	20××年××月××日前	货 币
F××	25	20.625	20××年××月××日前	货 币
G××	20	18.6	20××年××月××日前	货 币

姓名（名称）	认缴出资额/万元	实缴出资额/万元	缴付期限	出资方式
H××	20	17.8	20××年××月××日前	货　币
合　计	248	204.09	—	货　币

第十条　合伙企业的费用

执行事务合伙人有权向本合伙企业收取实缴出资额的0%的管理费。

第十一条　利润分配和亏损分担办法

1. 企业的利润和亏损，由合伙人以认缴额的比例分配和分担。

2. 合伙企业存续期间，合伙人依据合伙协议的约定或者经全体合伙人决定，可以增加对合伙企业的出资，用于扩大经营规模或者弥补亏损。

3. 企业年度的或者一定时期的利润分配或亏损分担的具体方案，由全体合伙人协商决定或者按照合伙协议约定的办法决定。

4. 普通合伙人对合伙企业债务承担无限连带责任，有限合伙人以其认缴的出资额为限对合伙企业债务承担责任。

5. 全体合伙人一致同意本合伙企业利润全部来源于××有限公司股权激励方案及相关法律文件规定。

第十二条　合伙企业事务执行

1. 执行事务合伙人对外代表企业。全体合伙人委托普通合伙人××有限公司为执行事务合伙人，其他合伙人不再执行合伙企业事务。不参加执行事务的合伙人有权监督执行事务的合伙人，检查其执行合伙企业事务的情况，并依照约定向其他不参加执行事务的合伙人报告事务执行情况以及合伙企业的经营状况和财务状况，收益归全体合伙人，所产生的亏损或者民事责任，由全体合伙人承担。

2. 合伙企业办理变更、注销登记、设立分支机构、修改合伙协议应经全体合伙人一致同意，本协议有明确规定的除外。

3. 特别约定

（1）全体合伙人一致确认，本协议与××有限公司股权激励制度有冲突，一律依据××有限公司股权激励制度执行。

（2）全体合伙人一致同意，本合伙协议与包括但不限于政府工商行政管理部门要求的工商备案格式要求不同的，一律以本协议为准。

（3）有限合伙人不得自营或者同他人合作经营与××有限公司相竞争的业务。

（4）有限合伙人未经执行事务合伙人及××有限公司书面同意，不得擅自质押、转让或者处分其出资份额。

（5）如有限合伙人违反上述竞业禁止或者擅自处分出资份额，给××有限公司造成损失的，该有限合伙人应当承担赔偿责任。

第十三条 执行事务合伙人应具备的条件和选择程序；权限与违约处理办法；除名条件和更换程序。

1. 执行事务合伙人由全体合伙人推举产生，应具备以下条件：

（1）按期缴付出资，对合伙企业的债务承担无限连带责任。

（2）具有完全民事行为能力。

（3）无犯罪记录，无不良经营记录。

2. 执行事务合伙人权限与违约处理办法。

执行事务合伙人负责企业日常运营，对外代表合伙企业。执行事务合伙人不按照合伙协议约定或者全体合伙人决定执行事务导致违约发生的，执行事务合伙人应对其他合伙人造成的损失进行赔偿。

全体合伙人一致同意，执行事务合伙人拥有《合伙企业法》及本协议所规定的对于有限合伙事务的独占及排他的执行权，包括但不限于：

（1）决定、执行有限合伙的投资及其他业务。

（2）采取为维持有限合伙合法存续、以有限合伙身份开展经营活动所必需的一切行动。

（3）开立、维持和撤销有限合伙的银行账户，开具支票和其他付款凭证。

（4）聘用专业人士、中介及顾问机构对有限合伙提供服务。

（5）代表有限合伙订立与有限合伙日常运营和管理有关的协议，对外签署、交付和执行文件。

（6）按照本协议约定批准有限合伙人转让有限合伙权益。

（7）为有限合伙的利益决定提起诉讼或应诉，进行仲裁；与争议对方进行妥协、和解等，以解决有限合伙与第三方的争议；采取所有可能的行动以保障有限合伙的财产安全，减少因有限合伙的业务活动而对有限合伙人、普通合伙人及其财产可能带来的风险。

（8）根据国家税务管理规定处理有限合伙、有限合伙人的涉税事项。

（9）采取为实现合伙目的、维护或争取有限合伙合法权益所必需的其他行动。

（10）根据本协议约定处分有限合伙因正常经营业务而持有的股份及其他非货币财产权利。

全体有限合伙人一致同意向执行事务合伙人进行如下不可撤销的特别授权：

（1）授权执行事务合伙人代表全体及任一有限合伙人在有限合伙所有的企业登记/变更登记文件上签字。

（2）代为办理有限合伙人的工商变更登记手续。

（3）对于本协议规定执行事务合伙人拥有独立决定权之事项相关的协议内容修订，执行事务合伙人可直接代表所有有限合伙人签署。

（4）对于应由合伙人会议表决通过之事项相关的协议内容修订，执行事务合伙人凭相关的合伙人会议决议或合伙人书面意见，即可代表所有有限合伙人签署。

3. 执行事务合伙人除名条件和更换程序。

执行事务合伙人有下列情形之一的，经其他合伙人一致同意，可以决定将其除名，并推举新的执行事务合伙人：

（1）未按期履行出资义务。

（2）因故意或重大过失给合伙企业造成特别重大损失。

（3）执行合伙事务时严重违背合伙协议，有不正当行为。

对执行事务合伙人的除名决议应当书面通知被除名人，被除名人接到除名通知之日，除名生效，被除名人退伙。

被除名人对除名决议有异议的，可以自接到除名通知之日起三十日内，向人民法院起诉。

第十四条　入伙、退伙

1. 新合伙人入伙时，经全体合伙人同意，并依法订立书面协议。订立书面协议时，原合伙人向新合伙人告知合伙企业的经营状况和财务状况。

2. 新合伙人与原合伙人享有同等权利，承担同等责任。新入伙的普通合伙人对入伙前合伙企业债务承担无限连带责任；新入伙的有限合伙人对入伙前合伙企业债务，以其认缴的出资额为限承担责任。

3. 有下列情形之一时，合伙人可以退伙：

（1）合伙协议约定的退伙事由出现。

（2）经全体合伙人同意退伙。

（3）发生合伙人难以继续参加合伙企业的事由。

（4）其他合伙人严重违反合伙协议约定的义务。

合伙人有下列情形之一的，当然退伙：

（1）作为合伙人的自然人死亡或者被依法宣告死亡。

（2）个人丧失偿债能力。

（3）作为合伙人的法人或者其他组织依法被吊销营业执照、责令关闭撤销，或者被宣告破产。

（4）法律规定或者合伙协议约定合伙人必须具有相关资格而丧失该资格。

（5）合伙人在合伙企业中的全部财产份额被人民法院强制执行。

（6）发生××有限公司股权激励制度和相关法律文件规定的退伙事由。

4. 有限合伙人入伙、退伙条件、程序以及相关责任有限合伙人入伙时，经全体合伙人同意，并取得执行事务合伙人同意，订立书面协议。新入伙的有限合伙人对入伙前有限合伙企业的债务，以其认缴的出资额为限承担责任。有限合伙人符合本条第3款条件的，可以退伙。

5. 合伙人有《合伙企业法》第49条规定的情形之一的，经执行事务合伙人同意，可以决议将其除名。对合伙人的除名决议应当书面通知被除名人。被除名人接到除名通知之日，除名生效，被除名人退伙。被除名人对除名决议有异议的，可以自接到除名通知之日起30内，向人民法院起诉。

6. 作为普通合伙人的自然人死亡或者被依法宣告死亡的，对该合伙人在合伙企业中的财产份额享有合法继承权的继承人，经其他合伙人一致同意，从继承开始之日起，取得该合伙企业的合伙人资格。作为有限合伙人的自然人死亡、被依法宣告死亡或者作为有限合伙人的法人及其他组织终止时，其继承人或者权利承受人应当无条件根据××有限公司股权激励制度执行。普通合伙人的继承人为无民事行为能力人或者限制民事行为能力人的，经全体合伙人一致同意，可以依法成为有限合伙人。全体合伙人未能一致同意的，合伙企业应当将被继承合伙人的财产份额退还该继承人。有《合伙企业法》第50条规定的情形之一，合伙企业应当向合伙人的继承人退还被继承合伙人的财产份额。财产份额退还根据××有限公司股权激励制度执行。

第十五条　有限合伙人与普通合伙人互换程序

1. 普通合伙人转变为有限合伙人，或者有限合伙人转变为普通合伙人，应当经全体合伙人一致同意。

2. 有限合伙人转变为普通合伙人的，对其作为有限合伙人期间有限合伙企业发生的债务承担无限连带责任。

3. 普通合伙人转变为有限合伙人的，对其作为普通合伙人期间合伙企业发生的债务承担无限连带责任。

4. 企业仅剩有限合伙人的，应当解散；企业仅剩普通合伙人的，转为普通合伙企业。

第十六条　争议解决办法

合伙人对合伙企业经营发生争议时，通过合伙人协商或调解解决，合伙人不愿通过协商、调解解决或者协商、调解解决不成的，可以向仲裁委员会按照届时有效的仲裁规则仲裁解决。该仲裁为一裁终局制，对双方均具有法律约束力。

第十七条　解散与清算

1. 合伙企业有下列情形之一的，应当解散：

（1）合伙期限届满，合伙人决定不再经营。

（2）合伙协议约定的解散事由出现。

（3）全体合伙人决定解散。

（4）合伙人已不具备法定人数满30天。

（5）合伙协议约定的合伙目的已经实现或者无法实现。

（6）依法被吊销营业执照、责令关闭或者被撤销。

（7）法律、行政法规规定的其他原因。

2. 企业解散后，由清算人对企业的财产债权债务进行清理和结算，处理所有尚未了结的事务，还应当通知和公告债权人。

3. 清算人主要职责：

（1）清理企业财产，分别编制资产负债表和财产清单。

（2）处理与清算有关的合伙企业未了结的事务。

（3）清缴所欠税款。

（4）清理债权、债务。

（5）处理合伙企业清偿债务后的剩余财产。

（6）代表企业参加诉讼或者仲裁活动。

清算结束后，清算人应当编制清算报告，经全体合伙人签字、盖章，在15 日内向企业登记机关报送清算报告，办理企业注销登记。

第十八条　违约责任

合伙人违反合伙协议的，应赔偿其他合伙人的损失，按照合伙人承担责任类型，承担相应责任。造成重大损失的，其他合伙人可以对其进行起诉，追究刑事责任。

第十九条　附则

本协议经全体合伙人签字之日起生效。本协议正本一式九份，全体合伙人各执一份，交工商行政部门备案一份，具有同等法律效力。

××有限公司股东会议事规则

第一章　总　则

第一条　为了完善公司法人治理结构，规范股东会的运作程序，以充分发挥股东会的决策作用，根据《中华人民共和国公司法》等相关法律、法规及《公司章程》的规定，特制定如下公司股东会议事规则。

第二条　本规则是股东会审议决定议案的基本行为准则。

第二章　股东会的职权

第三条　股东会是公司的权力机构，依法行使下列职权：

（1）决定公司经营方针和投资计划。

（2）选举和更换董事，决定有关董事的报酬事项。

（3）选举和更换由股东代表出任的监事，决定有关监事的报酬事项。

（4）审议批准董事会的报告。

（5）审议批准监事的报告。

（6）审议批准公司的年度财务预算方案、决算方案。

（7）审议批准公司的利润分配方案和弥补亏损方案。

（8）对公司增加或者减少注册资本作出决议。

（9）对发行公司债券作出决议。

（10）对公司合并、分立、解散和清算等事项作出决议。

（11）修改公司章程。

（12）对股东向股东以外的人转让出资作出决议；对公司有限合伙企业股东的有限合伙人份额的出资转让作出决议。

（13）审议法律、法规和公司章程规定应当由股东会决定的其他事项。

对前款所列事项股东以书面形式一致表示同意的，可以不召开股东会会议，直接作出决定，并由全体股东在决定文件上签名、盖章。

第三章　股东会的召开

第四条　股东会分为年度股东会和临时股东会。年度股东会每年至少召开一次，应当于上一会计年度结束后的 30 日之内举行。

第五条　有下列情形之一的，公司在事实发生之日起 7 日以内由董事长负责召集召开临时股东会：

（1）董事人数不足《公司法》规定的法定最低人数，或者少于章程所定人数的 2/3 时。

（2）公司未弥补的亏损达股本总额的 1/3 时。

（3）董事长认为必要时。

（4）监事提议召开时。

（5）公司章程规定的其他情形。

第六条　临时股东会只对会议召开通知中列明的提案作出决议。

第七条　股东会会议由董事长依法召集，董事会秘书负责，董事长主持。董事长因故不能履行职务时，由董事长指定的董事主持。

第八条　召开股东会，董事会应当在会议召开 15 日以前以书面方式通知公司股东。股东应当于会议召开 3 日前，将出席会议的书面回复送达公司。公司根据股东会召开前 3 日时收到的书面回复，计算拟出席会议的股东所代表的有表决权的股权额。拟出席会议的股东所代表的有表决权的股权数达到公司有表决权的股权总数 1/2 以上的，公司可以召开股东会；达不到的，公司在 7 日之内将会议拟审议的事项、开会日期和地点以公告形式再次通知股东，经公告通知，公司可以召开股东会。

第九条　股东会会议通知包括以下内容：

（1）会议的日期、地点和会议期限。

（2）提交会议审议的事项。

（3）以明显的文字说明：股东均有权出席股东会，并可以委托代理人出席会议和参加表决，该股东代理人应是公司的股东。

（4）有权出席股东会股东的股权登记日。

（5）投票授权委托书的送达时间和地点。

（6）会务常设联系人姓名，电话号码。

第十条　股东可以亲自出席股东会，也可以委托代理人出席和表决。股东应当以书面形式委托代理人，由委托人签署或者由其以书面形式委托的代理人签署；委托人为法人的，应当加盖法人印章或由其正式委托的代理人签署。

第十一条　代理人出席会议的，应出示本人身份证、授权委托书。法人股东应由法定代表人或者法定代表人委托的代理人出席会议。法定代表人出席会议的，应出示本人身份证，能证明其具有法定代表人资格的有效证明；委托代理人出席会议的，代理人应出示本人身份证、法人股东单位的法定代表人依法出具的授权委托书。

第十二条　股东出具的委托他人出席股东会的授权委托书应当载明下列内容：

（1）代理人的姓名。

（2）是否具有表决权。

（3）分别对列入股东会议程的每一审议事项投赞成、反对或弃权票的指示。

（4）对可能纳入股东会议程的临时提案是否有表决权，如果有表决权应行使何种表决权的具体指示。

（5）委托书签发日期和有效期限。

（6）委托人签名（或盖章）。委托人为法人股东的，应加盖法人单位印章。委托书应当注明如果股东不作具体指示，股东代理人是否可以按自己的意思表决。

第十三条　投票代理委托书至少应当在有关会议召开前24小时备置于公司住所，或者召集会议的通知中指定的其他地方。委托书由委托人授权他人签署的，授权签署的授权书。其他授权文件和投票代理委托书均需备置于公司住所或者召集会议的通知中指定的其他地方。委托人为法人的，由其法定代表人或者董事会其他决策机构决议授权的人作为代表出席公司的股东会议。

第十四条　出席会议人员的签名册由公司负责制作。签名册载明参加会议人员姓名（或单位名称）、身份证号码、住所地址、享有或者代表有表决权的股权数额、被代理人姓名（或单位名称）等事项。

第十五条　股东会召开的会议通知发出后，除有不可抗力或者其他意外事件等原因，董事会不得变更股东会召开的时间；因不可抗力确需变更股东会召开时间的，不应因此而变更股权登记日。

第十六条　公司董事会可以聘请律师出席股东会，对以下问题出具意见：

（1）股东会的召集、召开程序是否符合法律法规的规定，是否符合《公司章程》。

（2）验证出席会议人员资格的合法有效性。

（3）验证年度股东会提出新提案的股东的资格。

（4）股东会的表决程序是否合法有效。

第十七条　公司董事会、监事应当采取必要的措施，保证股东会的严肃性和正常程序，除出席会议的股东（或代理人）、董事、监事、高级管理人员、聘任律师及董事会邀请的人员以外，公司有权依法拒绝其他人士入场。

第四章　股东会提案的审议

第十八条　股东会的提案是针对应当由股东会讨论的事项所提出的具体议案，股东会应当对具体的提案作出决议。董事会在召开股东会的通知中应列出本次股东会讨论的事项，并将董事会提出的所有提案的内容充分披露。

需要变更前次股东会决议涉及的事项的，提案内容应当完整，不能只列出变更的内容。列入"其他事项"但未明确具体内容的，不能视为提案，股东会不得进行表决。

第十九条　股东会提案应当符合下列条件：

（1）内容与法律、法规和章程的规定不相抵触，并且属于公司经营范围和股东会职责范围。

（2）有明确议题和具体决议事项。

（3）以书面形式提交或送达董事会。

第二十条　公司召开股东会，单独或合并享有公司有表决权股权总数的1/3以上的股东，有权向公司提出新的提案。董事会应当以公司和股东的最大利益为行为准则，依法律、法规、公司章程的规定对股东会提案进行审查。

第二十一条　董事会决定不将股东会提案列入会议议案的，应当在该次股东会上进行解释和说明。

第二十二条　在年度股东会上，董事会应当就前次年度股东会以来股东会决议中应由董事会办理的各事项的执行情况向股东会做出专项报告，由于特殊原因股东会决议事项不能执行，董事会应当说明原因。

第五章　股东会提案的表决

第二十三条　股东（包括股东代理人）以其出资比例行使表决权。股东会采取记名方式投票表决。出席股东会的股东对所审议的提案可投赞成，反对或弃权票。出席股东会的股东委托代理人在其授权范围内对所审议的提案投赞成、反对或弃权票。

第二十四条　股东会对所有列入议事日程的提案应当进行逐项表决，不得以任何理由搁置或不予表决。年度股东会对同一事项有不同提案的，应以提案提出的时间顺序进行表决，对事项作出决议。

第二十五条　董事、监事候选人名单以提案的方式提请股东会决议。股东会审议董事、监事选举的提案，应当对每一个董事、监事候选人逐个进行表决。改选董事、监事提案获得通过的，新任董事、监事在会议结束之后立即就任。

第六章　股东会的决议

第二十六条　股东会决议分为普通决议和特别决议。

股东会普通决议，应当由代表 1/2 以上表决权的股东通过。

股东会特别决议，应当由代表 2/3 以上表决权的股东通过。

第二十七条　下列事项由股东会以特别决议通过：

（1）公司增加或者减少注册资本。

（2）发行公司债券。

（3）公司的分立、合并、解散和清算。

（4）公司章程的修改。

（5）公司章程规定和股东会以普通决议认定会对公司产生重大影响的、需要以特别决议通过的其他事项。

上述以外其他事项由股东会以普通决议通过。

第二十八条　股东会各项决议应当符合法律和公司章程的规定。出席会议的股东应当忠实履行职责，保证决议的真实、准确和完整，不得使用容易引起歧义的表述。

第二十九条　股东会应有会议记录。会议记录记载以下内容：

（1）出席股东会的有表决权股权数，占公司总股本的比例。

（2）召开会议的日期、地点。

（3）会议主持人姓名、会议议程。

（4）各发言人对每个审议事项的发言要点。

（5）每一表决事项的表决结果。

（6）股东的质询意见、建议及执行董事、监事的答复或说明等内容。

（7）股东会认为和公司章程规定应当载入会议记录的其他内容。

第三十条　股东会记录由出席会议的股东和记录员签名，并作为公司档案进行保存。公司股东会记录的保管期限为自股东会结束之日起 3 年。

第七章　附　　则

第三十一条　股东会的召开、审议、表决程序及决议内容应符合《公司法》《公司章程》及本议事规则的要求。

第三十二条 对股东会的召集、召开、表决程序及决议的合法性、有效性发生争议又无法协调的，有关当事人可以向人民法院提起诉讼。

第三十三条 本规则经股东会批准后施行，如有与《公司章程》冲突之处，以《公司章程》为准。

第三十四条 本规则由股东会负责解释和修改。

××有限公司董事会议事规则

第一章　总　则

第一条 为了规范××有限公司董事会的工作秩序和行为方式，保证公司董事会依法行使权力，履行职责，承担义务，根据《中华人民共和国公司法》（以下简称《公司法》）及《××有限公司章程》（以下简称《公司章程》），特制定本规则。

第二条 公司董事会是公司法定代表机构和决策机构，是公司的常设权力机构，对股东会负责并向其报告工作。

第三条 公司董事会由 7 名董事组成，设董事长 1 名。

第四条 董事会董事由股东会选举产生，董事长由公司董事担任，董事长为公司的法定代表人。

第二章　董事及董事会的职权与义务

第五条 根据《公司章程》规定，董事会依法行使下列职权：

（一）负责召集股东会，并向股东会报告工作。

（二）执行股东会决议。

（三）审定公司经营计划和投资方案。

（四）制订公司年度财务预算、决算方案。

（五）制订公司利润分配方案和弥补亏损方案。

（六）制订公司增加或减少注册资本的方案以及发行公司债券的方案。

（七）制订公司合并、分立、变更公司形式、解散的方案。

（八）决定公司内部管理机构的设置。

（九）决定聘任或解聘公司经理及其报酬事项，并根据经理的提名决定聘任或者解聘公司副总经理、财务负责人等高级管理人员及其报酬等事项。

（十）制定公司的基本管理制度。

（十一）在股东会授权范围内，决定公司的风险投资、资产抵押及其他担保事项。

（十二）决定公司职工的工资、福利、奖惩方案、岗位职责。

（十三）制订《公司章程》的修改方案。

（十四）听取总经理的工作汇报并检查总经理的工作。

（十五）法律、法规或者《公司章程》规定的其他职权。

第六条　董事会承担以下义务：

（一）向股东会报告公司生产经营情况。

（二）承担向股东会和监事提供查阅所需资料的义务。

第三章　董事会会议

第七条　董事会会议由董事长召集和主持。

第八条　董事会会议的召集，应当在董事会会议举行 10 日前通知各董事，但遇到紧急情况时，可以随时召集。

通知必须以书面或邮件形式进行，并载明召集事由和开会时间、地点。通知必须送达全体董事。

第九条　董事会会议原则上每年 2 次，遇特殊情况时，可临时召集。

第十条　有下列情形之一的，董事长负责召集临时董事会会议：

（一）董事长认为必要时。

（二）2/3 以上董事联名提议时。

（三）监事提议时。

（四）经理提议时。

第十一条　董事会召开临时董事会会议的通知方式为微信或邮件；通知时限为 3 日内。

第十二条　董事会会议通知包括以下内容：

（一）会议日期和地点。

（二）会议期限。

（三）事由及议题。

（四）发出通知的日期。

第十三条 董事会会议应当由 1/2 以上的董事出席方可举行。每一董事享有一票表决权。董事会决议实行多数表决原则。普通决议（法律专门列举规定的特别决议以外的所有其他决议）要求超过半数董事出席会议，出席会议的董事表决权过半数同意方为有效。特别决议必须由 2/3 以上董事出席会议，出席会议的表决权超过半数同意方为有效。

第十四条 董事会临时会议在保障董事充分表达意见的前提下，可以用微信或邮件方式进行并做出决议，并由参会董事签字。

第十五条 董事会会议应当由董事本人出席，董事因故不能出席的，可以书面委托他人代为出席。

委托书应当载明代理人的姓名以及代理事项、权限和有效期限，并由委托人签名或盖章。

代为出席会议的受托人应当在授权范围内行使董事的权利。董事未出席董事会会议，亦未委托代表出席的，视为放弃在该次会议上的投票权。

第十六条 董事会决议表决方式为举手表决。每名董事有一票表决权。

第十七条 董事会会议应当有记录，出席会议的董事和记录人应当在会议记录上签名，在会后 3 日内分发给各董事。出席会议的董事有权要求在记录上对其在会议上的发言做出说明性记载。

董事会会议记录应与出席会议的董事签名簿及代理出席委托书一并作为公司档案保存，10 年内任何人不得销毁。

第十八条 董事会会议记录包括以下内容：

（一）会议召开的日期、地点和召集人姓名。

（二）出席董事的姓名以及受他人委托出席董事会的董事（代理人）姓名。

（三）会议议程。

（四）董事发言要点。

（五）每一决议事项的表决方式和结果（表决结果应载明赞成、反对或弃权的票数）。

第十九条 董事应当在董事会决议上签字并对董事会的决议承担责任。

董事会决议违反法律、法规或者《公司章程》，致使公司遭受损失的，参与决议的董事对公司负赔偿责任。但经证明在表决时曾表明异议并记载于会议记录的，该董事可以免除负责。

第四章　董　事

第二十条　公司董事为自然人，无须拥有公司股权。公司可以聘请独立董事。

第二十一条　具有下列情形之一的，不得担任公司的董事：

（一）无民事行为能力或者限制民事行为能力的。

（二）因贪污、贿赂、侵占财产、挪用财产或者破坏社会主义市场经济秩序，被判处刑罚，执行期满未逾5年的。

（三）担任破产清算的公司、企业的董事或者经理，对该公司企业的破产负有个人责任的，自该公司、企业破产清算完结之日起未逾3年的。

（四）在与本公司主营业务相同或相似的单位专职任职或兼职任职的。

（五）个人所负有数额较大的债务到期未清偿的。

第二十二条　董事为公司董事会的成员。每届任期3年，可以连派或可以连任。

董事在任期届满以前，股东会不得无故解除其职务。董事任期从股东会决议通过之日起计算，至本届董事会任期届满时为止。

第二十三条　董事应当遵守法律、法规和《公司章程》的规定，忠实履行职责，维护公司利益。当其自身的利益与公司和股东的利益相冲突时，应当以公司和股东的最大利益为行为准则，并保证：

（一）在其职责范围内行使权利，不得越权。

（二）除经《公司章程》规定或者股东在知情的情况下批准，不得同本公司订立合同或者进行交易。

（三）不得利用内幕信息为自己或他人谋取利益。

（四）不得自营或者为他人经营与公司同类的营业或者从事损害本公司利益的活动；每位董事必须与公司签署竞业禁止协议，竞业禁止协议见附件。

（五）不得利用职权收受贿赂或者其他非法收入，不得侵占公司的财产。

（六）不得挪用资金或者将公司资金借贷给他人。

（七）不得利用职务便利为自己或他人侵占或者接受本应属于公司的商业机会。

（八）未经股东在知情的情况下批准，不得接受与公司交易有关的佣金。

（九）不得以公司资产为本公司的股东或者其他个人债务提供担保。

（十）未经股东在知情的情况下同意，不得泄露在任职期间所获得的涉及本公司的机密信息。但在下列情形下，可以向法院或者其他政府主管机关披露该信息：

（1）法律有规定。

（2）公众利益有要求。

（3）该董事本身的合法利益有要求。

第二十四条 董事应当谨慎、认真、勤勉地行使公司所赋予的权利，以保证：

（一）公司的商业行为符合国家的法律、行政法规以及国家各项经济政策的要求，商业活动不超越营业执照规定的业务范围。

（二）公平对待所有股东。

（三）认真阅读公司的各项商务、财务报告，及时了解公司业务经营管理状况。

（四）亲自行使被合法赋予的公司管理处置权，不得受他人操纵；非经法律、行政法规允许或者得到股东在知情的情况下批准，不得将其处置权转授他人行使。

（五）接受监事对其履行职责的合法监督和合理建议。

第二十五条 未经《公司章程》规定或者董事会的合法授权，任何董事不得以个人名义代表公司或者董事会行事。董事以其个人名义行事时，在第三方会合理地认为该董事在代表公司或者董事会行事的情况下，该董事应当事先声明其立场和身份。

第二十六条 董事连续两次未能亲自出席，也不委托他人出席董事会会议，视为不能履行职责，董事会应当建议股东会予以撤换。

第二十七条 董事遇有下列情形之一时，必须解任：

（一）任期届满。

（二）被股东会罢免。

（三）董事自动辞职。

第二十八条　因董事退任而发生缺额达 1/3 时，除因届满事由者外，应即要求股东补选董事，以补足原任董事名额为限。在董事缺额未及补选有必要时，可由股东指定人员代行董事职务。

第二十九条　董事的报酬由股东会确定。

第三十条　董事依法享有以下权限：

（一）出席董事会议，参与董事会决策。

（二）办理公司业务，具体包括：

（1）执行董事会决议委托的业务。

（2）处理董事会委托分管的日常事务。

第三十一条　董事必须承担以下责任：

（一）当董事依照董事会决议具体执行业务时，若董事会的决议违反法律、法规或《公司章程》致使公司遭受损害时，参与决议的董事应对公司负损害赔偿责任。但曾经表示异议的董事，有记录或书面声明可资证明者，不负赔偿责任。

（二）当董事在具体执行业务中没有依照董事会决议时，如果致使公司遭受损害，应对公司负损害赔偿责任。

（三）当董事在执行业务中逾越权限致使公司遭受损害时，应对公司负损害赔偿责任。

（四）董事为自己或他人进行属于公司营业范围之内的行为时，该行为本身有效；但公司可以将该行为的所得视为公司所得，并形成董事会决议。董事应向公司交付该行为所取得的财务，转移该行为所取得的权利。

第三十二条　下列人员不得担任独立董事：

（一）在公司或者其附属企业任职的人员及其直系亲属、主要社会关系（直系亲属是指配偶、父母、子女等；主要社会关系是指兄弟姐妹、岳父母、儿媳女婿、兄弟姐妹的配偶、配偶的兄弟姐妹等）。

（二）直接或间接享有公司股权 5% 以上，或者是公司前 5 名股东中的自然人股东及其直系亲属。

（三）在直接或间接享有公司 5% 以上股权的股东单位，或者在公司前 5 名股东单位任职的人员及其直系亲属。

（四）最近一年内曾经具有前三项所列举情形的人员。

（五）为公司或者其附属企业提供财务、法律、咨询等服务的人员。

（六）公司章程规定的其他不得担任独立董事的人员。

（七）经公司董事会认定的其他人员。

第三十三条 独立董事应当对以下事项向董事会或股东会发表独立意见：

（一）提名、任免董事。

（二）聘任或解聘高级管理人员。

（三）公司董事、高级管理人员的薪酬。

（四）独立董事认为可能影响公司股东权益的事项。

（五）公司章程规定的其他事项。

第三十四条 独立董事应当就第十二条所列事项发表以下几类意见之一：同意；保留意见及其理由；反对意见及其理由；无法发表意见及障碍。

第五章 董事长

第三十五条 董事长是公司法定代表人。董事长任期3年，可以连选连任。但不得超过其为董事的任期。董事长行使下列职权：

（一）主持股东大会和召集、主持董事会会议。

（二）督促、检查董事会决议的执行。

（三）签署董事会重要文件和其他应由公司法定代表人签署的其他文件。

（四）行使法定代表人的职权。

（五）在发生特大自然灾害等不可抗力的紧急情况下，对公司事务行使符合法律规定和公司利益的特别处置权，并在事后向公司董事会和股东大会报告。

（六）董事会授予的其他职权。

第三十六条 董事长有业务执行权限：即在董事会休会时，董事长有依照法律、《公司章程》及董事会决议而代行董事会职权的权限，即有对业务执行的重大问题做出决定的权限。

第三十七条 董事长享有董事会其他董事同等权利，承担其他董事同等义务和责任。

第六章　董事会秘书

第三十八条　董事会设秘书 1 人。董事会秘书由董事会委任，负责处理董事会的日常事务，向董事会负责；经董事会授权，负责董事会会议以及其他有关董事会运作的事务；负责协调和组织公司的信息传达工作。

第三十九条　董事会秘书的工作职责：

（一）组织筹备董事会会议和股东大会，准备会议文件，安排有关会务，负责会议记录，保证记录的准确性。

（二）保管会议文件和记录，主动掌握董事会有关决议执行情况，并提醒董事长在下次董事会召开前，对实施中的重要问题，向董事会报告并提出建议。

（三）协调董事会各专门委员会会议及编制有关会议记录。

（四）负责协调董事会和各委员会对所需信息的收集工作。

（五）受委托承办董事会及其有关委员会的日常工作。

第七章　董事会决议的执行及文档管理

第四十条　决议的执行

董事长应当督促有关人员落实董事会决议，检查决议的实施情况，并在以后的董事会会议上通报已经形成的决议的执行情况。

第四十一条　会议档案的保存

董事会会议档案，包括会议通知和会议材料、董事代为出席的授权委托书、会议录音资料、签字单、经与会董事签字确认的会议记录、决议记录、决议公告等，由董事会秘书负责保存。

董事会会议档案的保存期限为 10 年以上。

第八章　附　　则

第四十二条　本规则由公司股东会负责解释。

第四十三条　本规则未尽事宜或与不时颁布的法律、行政法规、其他有关规范性文件和《公司章程》的规定冲突的，以法律、行政法规、其他有关规范性文件和《公司章程》的规定为准。

第四十四条　本规则经公司董事会制定并提交股东会表决通过后实施。

一致行动人协议书

甲方：
身份证号：
居住地：
联系方式：

乙方：
身份证号：
居住地：
联系方式：

鉴于：本协议各方均系××有限公司（以下简称"公司"）的股东。为了公司长期稳定的发展，各方同意按照《中华人民共和国公司法》等有关法律、法规的规定和要求，作为一致行动人行使股东权利，承担股东义务，共同参与公司的经营管理。

为明确协议各方作为一致行动人的权利和义务，根据平等互利的原则，经友好协商，特签订本协议书。

第一条　协议各方的权利义务

1. 协议各方应当在决定公司日常经营管理事项时，按照甲方要求和意见共同行使公司股东权利，特别是行使召集权、提案权、表决权时采取一致行动，具体内容包括但不限于：

（1）决定公司的经营方针和投资计划。

（2）选举和更换执行董事、监事，决定有关执行董事、监事的报酬事项。

（3）审议批准董事会的报告。

（4）审议批准董事会或者监事的报告。

（5）审议批准公司的年度财务预算方案、决算方案。

（6）审议批准公司的利润分配方案和弥补亏损方案。

（7）对公司增加或者减少注册资本作出决议。

（8）对发行公司债券作出决议。

（9）对公司合并、分立、解散、清算或者变更公司形式作出决议。

（10）修改公司章程。

（11）公司章程规定的其他职权。

2. 如公司发展过程中设立董事会，本协议各方应按照甲方意见推选公司的董事，并且该董事在董事会相关决策过程中应当与甲方推选董事确保采取一致行动。

第二条　协议各方的声明、保证和承诺

1. 协议各方均具有权利能力与行为能力订立和履行本协议，本协议对协议各方具有合法、有效的约束力。

2. 协议各方对因采取一致性行动而涉及的文件资料、商业秘密及可能得知的协议他方的商业秘密负有合理的保密义务。

3. 协议各方在本协议中承担的义务是合法有效的，其履行不会与其承担的其他合同义务冲突。

4. 协议各方其在本协议中的所有声明和承诺均为不可撤销的。

第三条　一致行动的特别约定

任何一方如转让其所持有公司股份时应至少提前30天书面通知协议其他各方，协议其他各方有优先受让权。

第四条　违约责任

由于任何一方的违约，造成本协议不能履行或不能完全履行时，由违约方承担违约责任。如出现多方违约，则根据各方过错，由各方分别承担相应的违约责任。

第五条　协议的变更、中止、终止

1. 本协议未尽事宜，或协议有变更，需经各方共同协商，做出书面补充协议；补充协议与本协议具有同等法律效力。

2. 本协议履行期间，任何一方均无权提出中止本协议。

3. 本协议自各方签署之日起生效，一经签署不可撤销。本协议有效期自各方签署之日起至公司解散之日止。

第六条　不可抗力

"不可抗力"是指本协议各方不能合理控制、不可预见或即使预见亦无法

避免的事件，该事件妨碍、影响或延误任何一方根据本协议履行其全部或部分义务。该事件包括但不限于地震、台风、洪水、火灾、瘟疫、其他天灾、战争、政变、骚乱、罢工或其他类似事件，以及新法规或国家政策颁布或对原法规或国家政策的修改等因素。

因不可抗力致本合同不能履行的，遇不可抗力一方应立即通知其他方，各方互不承担违约责任。

第七条　违约责任

因任何一方的违约，造成本协议不能履行或不能完全履行时，违约方应赔偿守约方经济损失。该损失包括但不限于诉讼费用、律师费用、调查取证费用和差旅费用等全部费用。

第八条　争议解决办法

本协议在履行本协议的过程中如发生争议，由各方友好协商解决；如协商不能的，各方一致同意选择北京仲裁委员会适用届时有效的仲裁规则仲裁解决。该仲裁为一裁终局制，仲裁裁决对各方均具有法律约束力。

第九条　其他

1. 本协议未尽事宜，由各方签订补充协议，补充协议与本协议具有同等法律效力。

2. 本协议一式肆份，各方各执一份，具有同等法律效力。

竞业限制协议

甲方：
地址：
法定代表人：
邮政编码：

乙方：
地址：
身份证号码：
鉴于：甲乙双方签署《劳动合同》，乙方作为甲方员工，因工作需要，掌握或获悉到甲方的商业秘密或者对甲方的竞争优势具有重要影响，为保护甲方的商业秘密及其合法权益，确保乙方在职期间和离职后不从事与甲方业务相同的工作，甲乙双方根据《中华人民共和国劳动合同法》等相关法律规定，遵循协商自愿的原则，就乙方对甲方承担竞业限制义务及甲方因一方承担竞业限制义务而对乙方的补偿等相关事宜，达成协议如下：

双方确认，已经仔细审阅过合同的内容，并完全了解合同各条款的法律含义。

第一条　竞业限制

本协议所称竞业限制，是指乙方在《劳动合同》及本协议规定的范围、期限内，不得从事与甲方业务相竞争的业务，包括以下列任何一种方式参与竞争的行为：

（一）未经甲方同意以投资、参股、合作、承包、租赁、委托经营或其他任何方式参与与甲方有关或相似的业务。

（二）直接或间接受聘于其他公司或组织，参与有关的业务。

（三）直接或间接地从与甲方相竞争的企业获取经济利益。

（四）直接或间接地通过任何手段为自己、他人或任何实体的利益或与他人或实体联合，以拉拢、引诱、招用或鼓动之手段使甲方其他成员离职或挖走甲方其他成员。

（五）不论因何种原因从甲方离职，乙方应立即向甲方移交所有自己掌握的，包含职务开发中涉及商业秘密的所有文件、记录、资料、器具、数据、笔记、报告、计划、目录、来往信函、图样等及其复制品（包括但不限于上述内容），并办妥有关手续，所有记录均为甲方所有的财产，乙方保证信息不外泄，不得以任何形式留存甲方商业秘密信息，也不能以任何方式再现、复制或传递，更不得利用前述信息谋取利益。

第二条　禁止期限

竞业限制的期限包括《劳动合同》履行期间及《劳动合同》关系解除、终止后2年内。《劳动合同》解除、终止时间按照以下规定予以确认：

（一）双方协商终止《劳动合同》的，以双方协商确定的时间为准。

（二）因一方违约而终止《劳动合同》的，以劳动仲裁裁决的解除时间为准。

（三）因一方违约终止合同，但未经仲裁、裁决的，自乙方离职且甲方停止支付工资之日起计算。

（四）自乙方达到《中华人民共和国劳动合同法》第44条规定的终止情形之日起2年内。

第三条 禁止行业

本协议所指与甲方相竞争的业务，应理解为与甲方相同和相似的经营领域，包括以下行业：

（一）××行业，包括××。

（二）××行业，包括××。

第四条 禁止地域

乙方承担竞业限制义务的地域范围，包括乙方参与本协议规定的竞业限制行为时，乙方从事甲方工作及甲方开展业务的地域范围内。

第五条 补偿

在合同解除或终止后，乙方履行竞业限制义务期间，甲方给予乙方补偿，补偿标准为双方劳动关系终止前12个月的月平均工资的××%支付补偿费；

经甲方同意，可以放弃要求乙方承担竞业限制义务的权利，不再给予乙方补偿。

第六条 支付

给予乙方的补偿，应当按月（季）支付，乙方应当按照甲方指定的时间到甲方财务部门领取补偿。甲方不按时支付的，乙方应当向甲方申诉，甲方应当在6个月内予以解决；超过期限仍未解决的，乙方不再承担竞业限制义务，否则，不得免除乙方承担的竞业限制义务。

第七条 甲方保留权利

乙方依照本协议承担的竞业限制义务及其他义务，均视为甲方享有相应的权利。在甲方终止与乙方的《劳动合同》关系后，以及甲方认为有必要时，可以直接依据本协议向乙方主张权利。

甲方有权对乙方违反本协议规定的违约行为，直接行使赔偿请求权，除非乙方已经按照本协议的规定全部履行了赔偿义务。

第八条　监督

甲方有权对乙方承担竞业限制义务的情况进行监督与检查，乙方应当履行下列义务，配合甲方的监督与检查：

（一）每季（年）提供一份其人事档案存档机关出具的证明其劳动关系的证明文件。

（二）每季（年）提供一份证明其任职单位为其交纳养老保险的证明文件。

（三）其他甲方要求出具的相关证明文件。

义务人未能按时提供上述证明文件或履行其他义务的，甲方有权停止给予乙方补偿，且不免除乙方的竞业限制义务。

第九条　违约责任

乙方违反本协议规定的竞业限制义务，其所得收入归甲方所有，并应赔偿损失。赔偿损失的数额，为乙方所参与的业务在违约期间所获得的利益，或者甲方在违约期间所受到的损失，包括为制止、调查违约行为所支付的合理开支。

前款所称在违约期间所得利益，或者在违约期间所受损失难以确定的，根据违约行为的情节给予3万元以上100万元以下的赔偿。

乙方违反竞业限制义务的，甲方有权要求其承担违约责任，并停止给予乙方补偿。乙方在承担违约责任后，仍应继续履行竞业限制义务，且无权要求甲方继续给予补偿。

违约金数额为甲方已支付工资及竞业补偿金全部金额的3倍。

第十条　协议文本

本协议未尽事宜，由双方另行协商。

本协议一式两份，由甲方及乙方各存一份，具有同等法律效力。

知识产权与保密协议

甲方：

法定代表人：

注册地址：

邮政编码：

乙方：

性别：

婚姻：

学历：

出生日期：

居民身份证号码：

现住址：

邮政编码：

家庭地址：

联系电话：

根据《中华人民共和国合同法》及相关法律法规，为保护甲方的知识产权与商业秘密，明确乙方保守甲方商业秘密的责任，甲乙双方本着平等自愿、协商一致的原则签订本协议，并约定共同遵守本协议所列条款。

第一章 定 义

第一条 知识产权

本协议所称知识产权是指（包括但不限于）归属于甲方所有的。

1. 职务性发明创造（包括发明、实用新型、外观设计）的专利申请权和专利权。

2. 注册商标、字号及其他标记的专用权。

3. 专有技术及其他不为公众所知的、能为甲方带来经济效益、具有实用性、并经甲方采取保密措施的技术、经营管理信息等商业秘密的专有权利。

4. 职务作品（包括但不限于论文、报告、图书、教材、图册、地图、摄影、声像、文字、工程设计、产品设计图纸等）、计算机软件的著作权。

5. 按照法律规定，甲方对其他智力成果所享有的专有权利。

第二条　商业秘密

本协议所称商业秘密是指归属甲方所有，由甲方提供的，或者乙方在受聘期间了解到的，或者开发出来的，与甲方业务有关的，具有商业价值的，非公知的并经甲方采取保密措施的所有信息。包括（但不限于）以下类型：

1. 关于技术开发的信息。包括：甲方现有的，以及正在开发或者构想之中的产品设计、工具模具、制造方法、工艺过程、材料配方、经验公式、实验数据、计算机软件及其算法、设计等方面的信息、资料和图纸，以及模型、样品、源程序、目标程序、手册、文档等实物，甲方的产品计划、产品开发计划等。

2. 关于市场营销的信息。包括：甲方的营销计划，销售方法，供应商、经销商和客户名单，客户的专门需求，未公开的销售、服务网络以及医院现有的、正在开发或者构想之中的经营项目等的信息。

3. 关于经营管理的信息。包括：甲方的各类工作计划，甲方的生产规模、组织结构、人事、财务、工资福利等情况，甲方现有的或者正在开发之中的内部业务规程与管理体系以及各种重要管理文件等。

4. 关于甲方法律关系的信息。如甲方合同履行情况，知识产权许可、转让情况，商标注册情况，诉讼情况等。

5. 按照法律和协议，甲方对第三方负有保密责任的第三方商业秘密。

6. 甲方要求职工保密的、同甲方有关的其他信息。

第三条　职务开发结果

本协议所称职务开发结果是指：

1. 乙方在甲方工作期间，主要利用甲方的物质技术条件、资源及商业秘密在甲方的业务范围内，为履行自己的职务所完成的或者所构想的所有研究开发结果，包括（但不限于）：

（1）商标标识设计、外观特定装潢设计、标识设计、产品设计、广告、教材、文书。

（2）工模具设计、制造方法、工艺过程、材料配方、经验公式、实验数据。

（3）计算机软件及其算法、设计等。

以及虽不属于自己职务范围但属于甲方业务范围的所有上述研究、开发结果，以及对甲方现有研究、开发结果的改进。

2. 员工在离开甲方（不论何种原因）一年内所得的与其在甲方工作时分配的任务有关的研究、开发结果。

3. 按照国家法律规定或员工与甲方签署的《劳动合同》和本协议中约定的应归甲方享有的其他智力劳动成果。

第二章　知识产权的归属

第四条　乙方在甲方工作期间，自己做出的所有职务开发结果应立即向甲方报告。

第五条　乙方任何职务开发结果的所有知识产权归甲方所有（但依照法律规定应该由乙方享有的除外），包括（但不限于）把发明或设计在国内和国外申请专利的权利，对计算机软件、商标设计和标识设计、计算机软件配套教材及其他作品的著作权，对商业秘密的权利、专有技术所有权及对商品名称和商标的专用权。甲方在其业务范围可充分自由地利用这些发明创造、作品、计算机软件、技术秘密或其他商业秘密信息，进行生产、经营或向第三方转让。

乙方同意按照甲方的要求采取甲方认为取得和保持上述职务开发结果知识产权所需的一切法律行动，包括申请、注册、登记等；并同意按照甲方的要求，出具必要的文件、采取必要的措施以确认甲方对上述职务开发结果的知识产权。

第六条　乙方在履行甲方交付的本职工作之外的任务所得研究、开发结果的知识产权归甲方所有。

第七条　乙方在甲方任职期间，非履行甲方交付的任务所得的研究、开发结果，乙方如主张由其本人对该研究、开发结果享有知识产权，若该研究、开发结果与甲方业务密切相关，乙方应当及时向甲方申明。经甲方核实，认为确属于非职务开发结果，由乙方享有知识产权，甲方不得在未经乙方明确授权的前提下，以任何方式使用该研究、开发结果。

乙方没有申明的，推定该研究、开发结果为职务开发结果，甲方可以利用该研究、开发结果进行生产、经营或向第三方转让。即使日后证明该研究、开发结果实际为非职务开发结果，乙方亦不得要求甲方承担任何经济责任。

乙方申明后，甲方对该研究、开发结果的权属有异议的，双方可协商解决，协商不成的，可通过仲裁或诉讼途径解决。

乙方如果为新调入人员，其所携带的成果的知识产权，经甲方同意后，可以转让给甲方，甲方应支付合理的费用，但乙方必须写出书面保证，以保证其拥有该成果的知识产权，如因此而造成侵权纠纷，一切责任由乙方承担。如能提供相应的证据，乙方应予以提供。

第八条　乙方在离开甲方（不论何种原因）一年内所得的与其在甲方工作时所承担的本职工作或分配的任务有关的研究、开发结果，该结果的知识产权归甲方所有，但甲方必须向乙方支付合理的费用。乙方在离开甲方后，欲继续提高或改进其在甲方工作时获得的知识产权归甲方所有的技术成果，必须得到甲方的许可。

第九条　乙方在甲方工作或离开甲方时，均不得侵占甲方的知识产权。

第三章　商业秘密的保护

第十条　乙方在甲方工作期间，应遵守甲方制定的各种成文或不成文的保密规章、制度，履行与其工作岗位相应的保密职责。

第十一条　乙方在甲方工作期间，因工作需要接触到或使用甲方的商业秘密，应按照甲方要求的范围和程度使用，乙方不得将实物、资料等擅自带离工作岗位，未经甲方书面同意，不得随意进行复制、交流或转移含有甲方商业秘密的资料，不得在学术会议、产品订货会、技术鉴定会等会议或活动以及报纸、杂志、信息网络等媒介上披露甲方商业秘密。

乙方决不为其他目的而使用甲方的商业秘密，更不得利用甲方商业秘密为甲方的竞争企业工作或通过任何途径泄露给第三方（包括不应知悉该商业秘密的甲方其他职员）。

第十二条　乙方在甲方工作期间，未经商业秘密拥有者的书面允许不得使用甲方已承担保密义务的外单位的商业秘密，更不得泄露此商业秘密。

第十三条　乙方因工作需要或其他原因调离原工作岗位或离开甲方，应将接触到的所有甲方商业秘密的文档、记录、笔记、数据、源程序清单、提纲、模型、软磁盘及其他媒介形式的资料如数交回甲方，尤其对软件开发资料（包括源程序、文档、目标产品等）应作专项移交。

第十四条 乙方在离开甲方后（无论以何种原因），应替甲方保守商业秘密，不得将其泄漏给任何第三方，直到这些信息在本行业中成为公知性信息为止。乙方认可，甲方在支付乙方的工资报酬时，已考虑了乙方离职后需要承担的保密义务，故而无须在乙方离职时另外支付保密费。乙方未经甲方同意，不得利用甲方商业秘密进行生产和经营，或进行新的研究和开发，直到这些信息在本行业中成为公知性信息为止。

第十五条 当发现甲方知识产权受到侵害或商业秘密被非法使用或泄漏时，乙方有义务通知甲方并采取合理措施协助甲方，防止侵害的扩大或商业秘密的进一步散失。

第十六条 乙方承诺，在为甲方履行职务时，决不擅自使用任何属于他人的商业秘密，也不擅自实施可能侵犯他人知识产权的行为。如因违反该承诺而导致甲方受到第三方指控时，乙方应承担甲方为应诉而支付的一切费用；甲方因此而承担侵权赔偿责任的，有权向乙方追偿。

但如乙方是按甲方的明确要求或为了完成甲方明确交付的具体工作任务而必然导致侵犯他人知识产权的情况除外。

第四章 违约责任

第十七条 乙方若有违反上述条款的行为，将承担违约责任。违约金额为人民币××万元整。如上述违约金不足以赔偿甲方全部经济损失，乙方还应承担赔偿责任，甲方的经济损失包括但不局限于诉讼费用、律师费用、取证费用、差旅费用等全部损失。

乙方的行为构成犯罪的，甲方将追究其刑事责任。

第十八条 除外条款

如果乙方因按照国家行政、执法机关的要求，配合以上机关执行国家公务、根据工作需要向其透露甲方商业秘密的，可免除上述责任。

第五章 附 则

第十九条 原有知识产权及有关义务的说明

乙方在签订本协议时，应向甲方书面说明：

1. 乙方在此之前已经拥有的各项专利技术、著作权和商业秘密（可以不透露这些商业秘密的实质内容）。

2. 乙方在此之前按照法律或协议已经向任何第三方承担保密义务的商业秘密（当然不得透露这些商业秘密的实质内容）。

3. 乙方在此之前按照协议已经向任何第三方许诺在一定时期、一定工作领域内不得从事的活动。此项书面说明列为本协议的附件二。否则，一切后果由乙方承担。

第二十条　本协议所指聘用期间（含试用期），以乙方从甲方领取工资为标志，并以该项工资代表的工作期间为聘用期间。聘用期间包括乙方在正常工作时间以外加班的时间，而无论加班场所是否在甲方工作场所内。

乙方离开甲方的时间，以任何一方明确表示解除或辞去聘用关系的时间为准。乙方拒绝领取工资且停止履行职务的行为，视为提出辞职。乙方离职后承担保密义务的期限为直到这些信息在本行业中成为公知性信息为止。

对于需要特别保密的知识产权，甲方将根据该知识产权的秘密等级，在包含该知识产权的书面文件、电子文档等载体中标注"秘密"、"机密"或"绝密"字样，乙方在收到上述载体后，应进行书面签收。乙方如拒不进行书面签收的，甲方有权对乙方做出公开批评、降薪、降职、辞退直至开除之处分。

第二十一条　乙方承认，已阅读过本协议，并确切了解协议条款的法律含义。

第二十二条　本协议为甲乙双方所签《劳动合同书》的附件，为《劳动合同书》不可分割的部分。

第二十三条　本协议如与双方以前的口头或书面的协议有抵触，以本协议为准。本协议签署后，非经双方同意并签署书面修改协议，不得修改本协议。

第二十四条　本协议一式二份，甲方执一份，乙方执一份，具有相同法律效力。

第二十五条　本协议经甲方盖章、乙方签字后生效。

《上市公司股权激励管理办法》

中国证券监督委员会令第 148 号

（2016 年 5 月 4 日中国证券监督管理委员会 2016 年第 6 次主席办公会议审议通过 根据 2018 年 8 月 15 日中国证券监督管理委员会《关于修改〈上市公司股权激励管理办法〉的决定》修正）

第一章 总 则

第一条 为进一步促进上市公司建立健全激励与约束机制，依据《中华人民共和国公司法》（以下简称《公司法》）、《中华人民共和国证券法》（以下简称《证券法》）及其他法律、行政法规的规定，制定本办法。

第二条 本办法所称股权激励是指上市公司以本公司股票为标的，对其董事、高级管理人员及其他员工进行的长期性激励。

上市公司以限制性股票、股票期权实行股权激励的，适用本办法；以法律、行政法规允许的其他方式实行股权激励的，参照本办法有关规定执行。

第三条 上市公司实行股权激励，应当符合法律、行政法规、本办法和公司章程的规定，有利于上市公司的持续发展，不得损害上市公司利益。

上市公司的董事、监事和高级管理人员在实行股权激励中应当诚实守信，勤勉尽责，维护公司和全体股东的利益。

第四条 上市公司实行股权激励，应当严格按照本办法和其他相关规定的要求履行信息披露义务。

第五条　为上市公司股权激励计划出具意见的证券中介机构和人员，应当诚实守信、勤勉尽责，保证所出具的文件真实、准确、完整。

第六条　任何人不得利用股权激励进行内幕交易、操纵证券市场等违法活动。

第二章　一般规定

第七条　上市公司具有下列情形之一的，不得实行股权激励：

（一）最近一个会计年度财务会计报告被注册会计师出具否定意见或者无法表示意见的审计报告；

（二）最近一个会计年度财务报告内部控制被注册会计师出具否定意见或无法表示意见的审计报告；

（三）上市后最近 36 个月内出现过未按法律法规、公司章程、公开承诺进行利润分配的情形；

（四）法律法规规定不得实行股权激励的；

（五）中国证监会认定的其他情形。

第八条　激励对象可以包括上市公司的董事、高级管理人员、核心技术人员或者核心业务人员，以及公司认为应当激励的对公司经营业绩和未来发展有直接影响的其他员工，但不应当包括独立董事和监事。外籍员工任职上市公司董事、高级管理人员、核心技术人员或者核心业务人员的，可以成为激励对象。

单独或合计持有上市公司 5% 以上股份的股东或实际控制人及其配偶、父母、子女，不得成为激励对象。下列人员也不得成为激励对象：

（一）最近 12 个月内被证券交易所认定为不适当人选；

（二）最近 12 个月内被中国证监会及其派出机构认定为不适当人选；

（三）最近 12 个月内因重大违法违规行为被中国证监会及其派出机构行政处罚或者采取市场禁入措施；

（四）具有《公司法》规定的不得担任公司董事、高级管理人员情形的；

（五）法律法规规定不得参与上市公司股权激励的；

（六）中国证监会认定的其他情形。

第九条　上市公司依照本办法制定股权激励计划的，应当在股权激励计

划中载明下列事项:

(一)股权激励的目的;

(二)激励对象的确定依据和范围;

(三)拟授出的权益数量,拟授出权益涉及的标的股票种类、来源、数量及占上市公司股本总额的百分比;分次授出的,每次拟授出的权益数量、涉及的标的股票数量及占股权激励计划涉及的标的股票总额的百分比、占上市公司股本总额的百分比;设置预留权益的,拟预留权益的数量、涉及标的股票数量及占股权激励计划的标的股票总额的百分比;

(四)激励对象为董事、高级管理人员的,其各自可获授的权益数量、占股权激励计划拟授出权益总量的百分比;其他激励对象(各自或者按适当分类)的姓名、职务、可获授的权益数量及占股权激励计划拟授出权益总量的百分比;

(五)股权激励计划的有效期,限制性股票的授予日、限售期和解除限售安排,股票期权的授权日、可行权日、行权有效期和行权安排;

(六)限制性股票的授予价格或者授予价格的确定方法,股票期权的行权价格或者行权价格的确定方法;

(七)激励对象获授权益、行使权益的条件;

(八)上市公司授出权益、激励对象行使权益的程序;

(九)·调整权益数量、标的股票数量、授予价格或者行权价格的方法和程序;

(十)股权激励会计处理方法、限制性股票或股票期权公允价值的确定方法、涉及估值模型重要参数取值合理性、实施股权激励应当计提费用及对上市公司经营业绩的影响;

(十一)股权激励计划的变更、终止;

(十二)上市公司发生控制权变更、合并、分立以及激励对象发生职务变更、离职、死亡等事项时股权激励计划的执行;

(十三)上市公司与激励对象之间相关纠纷或争端解决机制;

(十四)上市公司与激励对象的其他权利义务。

第十条 上市公司应当设立激励对象获授权益、行使权益的条件。拟分次授出权益的,应当就每次激励对象获授权益分别设立条件;分期行权的,应当就每次激励对象行使权益分别设立条件。

激励对象为董事、高级管理人员的，上市公司应当设立绩效考核指标作为激励对象行使权益的条件。

第十一条　绩效考核指标应当包括公司业绩指标和激励对象个人绩效指标。相关指标应当客观公开、清晰透明，符合公司的实际情况，有利于促进公司竞争力的提升。

上市公司可以公司历史业绩或同行业可比公司相关指标作为公司业绩指标对照依据，公司选取的业绩指标可以包括净资产收益率、每股收益、每股分红等能够反映股东回报和公司价值创造的综合性指标，以及净利润增长率、主营业务收入增长率等能够反映公司盈利能力和市场价值的成长性指标。以同行业可比公司相关指标作为对照依据的，选取的对照公司不少于 3 家。

激励对象个人绩效指标由上市公司自行确定。

上市公司应当在公告股权激励计划草案的同时披露所设定指标的科学性和合理性。

第十二条　拟实行股权激励的上市公司，可以下列方式作为标的股票来源：

（一）向激励对象发行股份；

（二）回购本公司股份；

（三）法律、行政法规允许的其他方式。

第十三条　股权激励计划的有效期从首次授予权益日起不得超过 10 年。

第十四条　上市公司可以同时实行多期股权激励计划。同时实行多期股权激励计划的，各期激励计划设立的公司业绩指标应当保持可比性，后期激励计划的公司业绩指标低于前期激励计划的，上市公司应当充分说明其原因与合理性。

上市公司全部在有效期内的股权激励计划所涉及的标的股票总数累计不得超过公司股本总额的 10%。非经股东大会特别决议批准，任何一名激励对象通过全部在有效期内的股权激励计划获授的本公司股票，累计不得超过公司股本总额的 1%。

本条第二款所称股本总额是指股东大会批准最近一次股权激励计划时公司已发行的股本总额。

第十五条 上市公司在推出股权激励计划时，可以设置预留权益，预留比例不得超过本次股权激励计划拟授予权益数量的 20%。

上市公司应当在股权激励计划经股东大会审议通过后 12 个月内明确预留权益的授予对象；超过 12 个月未明确激励对象的，预留权益失效。

第十六条 相关法律、行政法规、部门规章对上市公司董事、高级管理人员买卖本公司股票的期间有限制的，上市公司不得在相关限制期间内向激励对象授出限制性股票，激励对象也不得行使权益。

第十七条 上市公司启动及实施增发新股、并购重组、资产注入、发行可转债、发行公司债券等重大事项期间，可以实行股权激励计划。

第十八条 上市公司发生本办法第七条规定的情形之一的，应当终止实施股权激励计划，不得向激励对象继续授予新的权益，激励对象根据股权激励计划已获授但尚未行使的权益应当终止行使。

在股权激励计划实施过程中，出现本办法第八条规定的不得成为激励对象情形的，上市公司不得继续授予其权益，其已获授但尚未行使的权益应当终止行使。

第十九条 激励对象在获授限制性股票或者对获授的股票期权行使权益前后买卖股票的行为，应当遵守《证券法》、《公司法》等相关规定。

上市公司应当在本办法第二十条规定的协议中，就前述义务向激励对象作出特别提示。

第二十条 上市公司应当与激励对象签订协议，确认股权激励计划的内容，并依照本办法约定双方的其他权利义务。

上市公司应当承诺，股权激励计划相关信息披露文件不存在虚假记载、误导性陈述或者重大遗漏。

所有激励对象应当承诺，上市公司因信息披露文件中有虚假记载、误导性陈述或者重大遗漏，导致不符合授予权益或行使权益安排的，激励对象应当自相关信息披露文件被确认存在虚假记载、误导性陈述或者重大遗漏后，将由股权激励计划所获得的全部利益返还公司。

第二十一条 激励对象参与股权激励计划的资金来源应当合法合规，不得违反法律、行政法规及中国证监会的相关规定。

上市公司不得为激励对象依股权激励计划获取有关权益提供贷款以及其

他任何形式的财务资助，包括为其贷款提供担保。

第三章 限制性股票

第二十二条 本办法所称限制性股票是指激励对象按照股权激励计划规定的条件，获得的转让等部分权利受到限制的本公司股票。

限制性股票在解除限售前不得转让、用于担保或偿还债务。

第二十三条 上市公司在授予激励对象限制性股票时，应当确定授予价格或授予价格的确定方法。授予价格不得低于股票票面金额，且原则上不得低于下列价格较高者：

（一）股权激励计划草案公布前 1 个交易日的公司股票交易均价的 50%；

（二）股权激励计划草案公布前 20 个交易日、60 个交易日或者 120 个交易日的公司股票交易均价之一的 50%。

上市公司采用其他方法确定限制性股票授予价格的，应当在股权激励计划中对定价依据及定价方式作出说明。

第二十四条 限制性股票授予日与首次解除限售日之间的间隔不得少于 12 个月。

第二十五条 在限制性股票有效期内，上市公司应当规定分期解除限售，每期时限不得少于 12 个月，各期解除限售的比例不得超过激励对象获授限制性股票总额的 50%。

当期解除限售的条件未成就的，限制性股票不得解除限售或递延至下期解除限售，应当按照本办法第二十六条规定处理。

第二十六条 出现本办法第十八条、第二十五条规定情形，或者其他终止实施股权激励计划的情形或激励对象未达到解除限售条件的，上市公司应当回购尚未解除限售的限制性股票，并按照《公司法》的规定进行处理。

对出现本办法第十八条第一款情形负有个人责任的，或出现本办法第十八条第二款情形的，回购价格不得高于授予价格；出现其他情形的，回购价格不得高于授予价格加上银行同期存款利息之和。

第二十七条 上市公司应当在本办法第二十六条规定的情形出现后及时召开董事会审议回购股份方案，并依法将回购股份方案提交股东大会批准。回购股份方案包括但不限于以下内容：

（一）回购股份的原因；

（二）回购股份的价格及定价依据；

（三）拟回购股份的种类、数量及占股权激励计划所涉及的标的股票的比例、占总股本的比例；

（四）拟用于回购的资金总额及资金来源；

（五）回购后公司股本结构的变动情况及对公司业绩的影响。

律师事务所应当就回购股份方案是否符合法律、行政法规、本办法的规定和股权激励计划的安排出具专业意见。

第四章 股票期权

第二十八条 本办法所称股票期权是指上市公司授予激励对象在未来一定期限内以预先确定的条件购买本公司一定数量股份的权利。

激励对象获授的股票期权不得转让、用于担保或偿还债务。

第二十九条 上市公司在授予激励对象股票期权时，应当确定行权价格或者行权价格的确定方法。行权价格不得低于股票票面金额，且原则上不得低于下列价格较高者：

（一）股权激励计划草案公布前 1 个交易日的公司股票交易均价；

（二）股权激励计划草案公布前 20 个交易日、60 个交易日或者 120 个交易日的公司股票交易均价之一。

上市公司采用其他方法确定行权价格的，应当在股权激励计划中对定价依据及定价方式作出说明。

第三十条 股票期权授权日与获授股票期权首次可行权日之间的间隔不得少于 12 个月。

第三十一条 在股票期权有效期内，上市公司应当规定激励对象分期行权，每期时限不得少于 12 个月，后一行权期的起算日不得早于前一行权期的届满日。每期可行权的股票期权比例不得超过激励对象获授股票期权总额的 50%。

当期行权条件未成就的，股票期权不得行权或递延至下期行权，并应当按照本办法第三十二条第二款规定处理。

第三十二条 股票期权各行权期结束后，激励对象未行权的当期股票期权应当终止行权，上市公司应当及时注销。

出现本办法第十八条、第三十一条规定情形，或者其他终止实施股权激励计划的情形或激励对象不符合行权条件的，上市公司应当注销对应的股票期权。

第五章 实施程序

第三十三条 上市公司董事会下设的薪酬与考核委员会负责拟订股权激励计划草案。

第三十四条 上市公司实行股权激励，董事会应当依法对股权激励计划草案作出决议，拟作为激励对象的董事或与其存在关联关系的董事应当回避表决。

董事会审议本办法第四十六条、第四十七条、第四十八条、第四十九条、第五十条、第五十一条规定中有关股权激励计划实施的事项时，拟作为激励对象的董事或与其存在关联关系的董事应当回避表决。

董事会应当在依照本办法第三十七条、第五十四条的规定履行公示、公告程序后，将股权激励计划提交股东大会审议。

第三十五条 独立董事及监事会应当就股权激励计划草案是否有利于上市公司的持续发展，是否存在明显损害上市公司及全体股东利益的情形发表意见。

独立董事或监事会认为有必要的，可以建议上市公司聘请独立财务顾问，对股权激励计划的可行性、是否有利于上市公司的持续发展、是否损害上市公司利益以及对股东利益的影响发表专业意见。上市公司未按照建议聘请独立财务顾问的，应当就此事项作特别说明。

第三十六条 上市公司未按照本办法第二十三条、第二十九条定价原则，而采用其他方法确定限制性股票授予价格或股票期权行权价格的，应当聘请独立财务顾问，对股权激励计划的可行性、是否有利于上市公司的持续发展、相关定价依据和定价方法的合理性、是否损害上市公司利益以及对股东利益的影响发表专业意见。

第三十七条 上市公司应当在召开股东大会前，通过公司网站或者其他途径，在公司内部公示激励对象的姓名和职务，公示期不少于 10 天。

监事会应当对股权激励名单进行审核，充分听取公示意见。上市公司应当在股东大会审议股权激励计划前 5 日披露监事会对激励名单审核及公示情况的说明。

第三十八条 上市公司应当对内幕信息知情人在股权激励计划草案公告前 6 个月内买卖本公司股票及其衍生品种的情况进行自查，说明是否存在内幕交易行为。

知悉内幕信息而买卖本公司股票的，不得成为激励对象，法律、行政法规及相关司法解释规定不属于内幕交易的情形除外。

泄露内幕信息而导致内幕交易发生的，不得成为激励对象。

第三十九条 上市公司应当聘请律师事务所对股权激励计划出具法律意见书，至少对以下事项发表专业意见：

（一）上市公司是否符合本办法规定的实行股权激励的条件；

（二）股权激励计划的内容是否符合本办法的规定；

（三）股权激励计划的拟订、审议、公示等程序是否符合本办法的规定；

（四）股权激励对象的确定是否符合本办法及相关法律法规的规定；

（五）上市公司是否已按照中国证监会的相关要求履行信息披露义务；

（六）上市公司是否为激励对象提供财务资助；

（七）股权激励计划是否存在明显损害上市公司及全体股东利益和违反有关法律、行政法规的情形；

（八）拟作为激励对象的董事或与其存在关联关系的董事是否根据本办法的规定进行了回避；

（九）其他应当说明的事项。

第四十条 上市公司召开股东大会审议股权激励计划时，独立董事应当就股权激励计划向所有的股东征集委托投票权。

第四十一条 股东大会应当对本办法第九条规定的股权激励计划内容进行表决，并经出席会议的股东所持表决权的 2/3 以上通过。除上市公司董事、监事、高级管理人员、单独或合计持有上市公司 5% 以上股份的股东以外，其他股东的投票情况应当单独统计并予以披露。

上市公司股东大会审议股权激励计划时，拟为激励对象的股东或者与激励对象存在关联关系的股东，应当回避表决。

第四十二条　上市公司董事会应当根据股东大会决议，负责实施限制性股票的授予、解除限售和回购以及股票期权的授权、行权和注销。

上市公司监事会应当对限制性股票授予日及期权授予日激励对象名单进行核实并发表意见。

第四十三条　上市公司授予权益与回购限制性股票、激励对象行使权益前，上市公司应当向证券交易所提出申请，经证券交易所确认后，由证券登记结算机构办理登记结算事宜。

第四十四条　股权激励计划经股东大会审议通过后，上市公司应当在 60 日内授予权益并完成公告、登记；有获授权益条件的，应当在条件成就后 60 日内授出权益并完成公告、登记。上市公司未能在 60 日内完成上述工作的，应当及时披露未完成的原因，并宣告终止实施股权激励，自公告之日起 3 个月内不得再次审议股权激励计划。根据本办法规定上市公司不得授出权益的期间不计算在 60 日内。

第四十五条　上市公司应当按照证券登记结算机构的业务规则，在证券登记结算机构开设证券账户，用于股权激励的实施。

激励对象为外籍员工的，可以向证券登记结算机构申请开立证券账户。

尚未行权的股票期权，以及不得转让的标的股票，应当予以锁定。

第四十六条　上市公司在向激励对象授出权益前，董事会应当就股权激励计划设定的激励对象获授权益的条件是否成就进行审议，独立董事及监事会应当同时发表明确意见。律师事务所应当对激励对象获授权益的条件是否成就出具法律意见。

上市公司向激励对象授出权益与股权激励计划的安排存在差异时，独立董事、监事会（当激励对象发生变化时）、律师事务所、独立财务顾问（如有）应当同时发表明确意见。

第四十七条　激励对象在行使权益前，董事会应当就股权激励计划设定的激励对象行使权益的条件是否成就进行审议，独立董事及监事会应当同时发表明确意见。律师事务所应当对激励对象行使权益的条件是否成就出具法律意见。

第四十八条　因标的股票除权、除息或者其他原因需要调整权益价格或者数量的，上市公司董事会应当按照股权激励计划规定的原则、方式和程序进行调整。

律师事务所应当就上述调整是否符合本办法、公司章程的规定和股权激励计划的安排出具专业意见。

第四十九条 分次授出权益的，在每次授出权益前，上市公司应当召开董事会，按照股权激励计划的内容及首次授出权益时确定的原则，决定授出的权益价格、行使权益安排等内容。

当次授予权益的条件未成就时，上市公司不得向激励对象授予权益，未授予的权益也不得递延下期授予。

第五十条 上市公司在股东大会审议通过股权激励方案之前可对其进行变更。变更需经董事会审议通过。

上市公司对已通过股东大会审议的股权激励方案进行变更的，应当及时公告并提交股东大会审议，且不得包括下列情形：

（一）导致加速行权或提前解除限售的情形；

（二）降低行权价格或授予价格的情形。

独立董事、监事会应当就变更后的方案是否有利于上市公司的持续发展，是否存在明显损害上市公司及全体股东利益的情形发表独立意见。律师事务所应当就变更后的方案是否符合本办法及相关法律法规的规定、是否存在明显损害上市公司及全体股东利益的情形发表专业意见。

第五十一条 上市公司在股东大会审议股权激励计划之前拟终止实施股权激励的，需经董事会审议通过。

上市公司在股东大会审议通过股权激励计划之后终止实施股权激励的，应当由股东大会审议决定。

律师事务所应当就上市公司终止实施激励是否符合本办法及相关法律法规的规定、是否存在明显损害上市公司及全体股东利益的情形发表专业意见。

第五十二条 上市公司股东大会或董事会审议通过终止实施股权激励计划决议，或者股东大会审议未通过股权激励计划的，自决议公告之日起 3 个月内，上市公司不得再次审议股权激励计划。

第六章 信息披露

第五十三条 上市公司实行股权激励，应当真实、准确、完整、及时、公平地披露或者提供信息，不得有虚假记载、误导性陈述或者重大遗漏。

第五十四条　上市公司应当在董事会审议通过股权激励计划草案后，及时公告董事会决议、股权激励计划草案、独立董事意见及监事会意见。

上市公司实行股权激励计划依照规定需要取得有关部门批准的，应当在取得有关批复文件后的 2 个交易日内进行公告。

第五十五条　股东大会审议股权激励计划前，上市公司拟对股权激励方案进行变更的，变更议案经董事会审议通过后，上市公司应当及时披露董事会决议公告，同时披露变更原因、变更内容及独立董事、监事会、律师事务所意见。

第五十六条　上市公司在发出召开股东大会审议股权激励计划的通知时，应当同时公告法律意见书；聘请独立财务顾问的，还应当同时公告独立财务顾问报告。

第五十七条　股东大会审议通过股权激励计划及相关议案后，上市公司应当及时披露股东大会决议公告、经股东大会审议通过的股权激励计划、以及内幕信息知情人买卖本公司股票情况的自查报告。股东大会决议公告中应当包括中小投资者单独计票结果。

第五十八条　上市公司分次授出权益的，分次授出权益的议案经董事会审议通过后，上市公司应当及时披露董事会决议公告，对拟授出的权益价格、行使权益安排、是否符合股权激励计划的安排等内容进行说明。

第五十九条　因标的股票除权、除息或者其他原因调整权益价格或者数量的，调整议案经董事会审议通过后，上市公司应当及时披露董事会决议公告，同时公告律师事务所意见。

第六十条　上市公司董事会应当在授予权益及股票期权行权登记完成后、限制性股票解除限售前，及时披露相关实施情况的公告。

第六十一条　上市公司向激励对象授出权益时，应当按照本办法第四十四条规定履行信息披露义务，并再次披露股权激励会计处理方法、公允价值确定方法、涉及估值模型重要参数取值的合理性、实施股权激励应当计提的费用及对上市公司业绩的影响。

第六十二条　上市公司董事会按照本办法第四十六条、第四十七条规定对激励对象获授权益、行使权益的条件是否成就进行审议的，上市公司应当及时披露董事会决议公告，同时公告独立董事、监事会、律师事务所意见以及独立财务顾问意见（如有）。

第六十三条　上市公司董事会按照本办法第二十七条规定审议限制性股票回购方案的，应当及时公告回购股份方案及律师事务所意见。回购股份方案经股东大会批准后，上市公司应当及时公告股东大会决议。

第六十四条　上市公司终止实施股权激励的，终止实施议案经股东大会或董事会审议通过后，上市公司应当及时披露股东大会决议公告或董事会决议公告，并对终止实施股权激励的原因、股权激励已筹划及实施进展、终止实施股权激励对上市公司的可能影响等作出说明，并披露律师事务所意见。

第六十五条　上市公司应当在定期报告中披露报告期内股权激励的实施情况，包括：

（一）报告期内激励对象的范围；

（二）报告期内授出、行使和失效的权益总额；

（三）至报告期末累计已授出但尚未行使的权益总额；

（四）报告期内权益价格、权益数量历次调整的情况以及经调整后的最新权益价格与权益数量；

（五）董事、高级管理人员各自的姓名、职务以及在报告期内历次获授、行使权益的情况和失效的权益数量；

（六）因激励对象行使权益所引起的股本变动情况；

（七）股权激励的会计处理方法及股权激励费用对公司业绩的影响；

（八）报告期内激励对象获授权益、行使权益的条件是否成就的说明；

（九）报告期内终止实施股权激励的情况及原因。

第七章　监督管理

第六十六条　上市公司股权激励不符合法律、行政法规和本办法规定，或者上市公司未按照本办法、股权激励计划的规定实施股权激励的，上市公司应当终止实施股权激励，中国证监会及其派出机构责令改正，并书面通报证券交易所和证券登记结算机构。

第六十七条　上市公司未按照本办法及其他相关规定披露股权激励相关信息或者所披露的信息有虚假记载、误导性陈述或者重大遗漏的，中国证监会及其派出机构对公司及相关责任人员采取责令改正、监管谈话、出具警示函等监管措施；情节严重的，依照《证券法》予以处罚；涉嫌犯罪的，依法移交司法机关追究刑事责任。

第六十八条　上市公司因信息披露文件有虚假记载、误导性陈述或者重大遗漏，导致不符合授予权益或行使权益安排的，未行使权益应当统一回购注销，已经行使权益的，所有激励对象应当返还已获授权益。对上述事宜不负有责任的激励对象因返还已获授权益而遭受损失的，可按照股权激励计划相关安排，向上市公司或负有责任的对象进行追偿。

董事会应当按照前款规定和股权激励计划相关安排收回激励对象所得收益。

第六十九条　上市公司实施股权激励过程中，上市公司独立董事及监事未按照本办法及相关规定履行勤勉尽责义务的，中国证监会及其派出机构采取责令改正、监管谈话、出具警示函、认定为不适当人选等措施；情节严重的，依照《证券法》予以处罚；涉嫌犯罪的，依法移交司法机关追究刑事责任。

第七十条　利用股权激励进行内幕交易或者操纵证券市场的，中国证监会及其派出机构依照《证券法》予以处罚；情节严重的，对相关责任人员实施市场禁入等措施；涉嫌犯罪的，依法移交司法机关追究刑事责任。

第七十一条　为上市公司股权激励计划出具专业意见的证券服务机构和人员未履行勤勉尽责义务，所发表的专业意见存在虚假记载、误导性陈述或者重大遗漏的，中国证监会及其派出机构对相关机构及签字人员采取责令改正、监管谈话、出具警示函等措施；情节严重的，依照《证券法》予以处罚；涉嫌犯罪的，依法移交司法机关追究刑事责任。

第八章　附　则

第七十二条　本办法下列用语具有如下含义：

标的股票：指根据股权激励计划，激励对象有权获授或者购买的上市公司股票。

权益：指激励对象根据股权激励计划获得的上市公司股票、股票期权。

授出权益（授予权益、授权）：指上市公司根据股权激励计划的安排，授予激励对象限制性股票、股票期权的行为。

行使权益（行权）：指激励对象根据股权激励计划的规定，解除限制性股票的限售、行使股票期权购买上市公司股份的行为。

分次授出权益（分次授权）：指上市公司根据股权激励计划的安排，向已确定的激励对象分次授予限制性股票、股票期权的行为。

分期行使权益（分期行权）：指根据股权激励计划的安排，激励对象已获授的限制性股票分期解除限售、已获授的股票期权分期行权的行为。

预留权益：指股权激励计划推出时未明确激励对象、股权激励计划实施过程中确定激励对象的权益。

授予日或者授权日：指上市公司向激励对象授予限制性股票、股票期权的日期。授予日、授权日必须为交易日。

限售期：指股权激励计划设定的激励对象行使权益的条件尚未成就，限制性股票不得转让、用于担保或偿还债务的期间，自激励对象获授限制性股票完成登记之日起算。

可行权日：指激励对象可以开始行权的日期。可行权日必须为交易日。

授予价格：上市公司向激励对象授予限制性股票时所确定的、激励对象获得上市公司股份的价格。

行权价格：上市公司向激励对象授予股票期权时所确定的、激励对象购买上市公司股份的价格。

标的股票交易均价：标的股票交易总额/标的股票交易总量。

本办法所称的"以上"、"以下"含本数，"超过"、"低于"、"少于"不含本数。

第七十三条　国有控股上市公司实施股权激励，国家有关部门对其有特别规定的，应当同时遵守其规定。

第七十四条　本办法适用于股票在上海、深圳证券交易所上市的公司。

第七十五条　本办法自 2016 年 8 月 13 日起施行。原《上市公司股权激励管理办法（试行）》（证监公司字［2005］151 号）及相关配套制度同时废止。

《关于上市公司实施员工持股计划试点的指导意见》

证监会公告［2014］33 号

为了贯彻《中共中央关于全面深化改革若干重大问题的决定》中关于"允许混合所有制经济实行企业员工持股，形成资本所有者和劳动者利益共同体"的精神，落实《国务院关于进一步促进资本市场健康发展的若干意见》（国发［2014］17 号）中关于"允许上市公司按规定通过多种形式开展员工持股计划"的要求，经国务院同意，中国证监会依照《公司法》、《证券法》相关规定，在上市公司中开展员工持股计划实施试点。上市公司实施员工持股计划试点，有利于建立和完善劳动者与所有者的利益共享机制，改善公司治理水平，提高职工的凝聚力和公司竞争力，使社会资金通过资本市场实现优化配置。为稳妥有序开展员工持股计划试点，现提出以下指导意见。

一、员工持股计划基本原则

（一）依法合规原则

上市公司实施员工持股计划，应当严格按照法律、行政法规的规定履行程序，真实、准确、完整、及时地实施信息披露。任何人不得利用员工持股计划进行内幕交易、操纵证券市场等证券欺诈行为。

（二）自愿参与原则

上市公司实施员工持股计划应当遵循公司自主决定，员工自愿参加，上市公司不得以摊派、强行分配等方式强制员工参加本公司的员工持股计划。

（三）风险自担原则

员工持股计划参与人盈亏自负，风险自担，与其他投资者权益平等。

二、员工持股计划的主要内容

（四）员工持股计划是指上市公司根据员工意愿，通过合法方式使员工获得本公司股票并长期持有，股份权益按约定分配给员工的制度安排。员工持股计划的参加对象为公司员工，包括管理层人员。

（五）员工持股计划的资金和股票来源

1. 员工持股计划可以通过以下方式解决所需资金：

（1）员工的合法薪酬；（2）法律、行政法规允许的其他方式。

2. 员工持股计划可以通过以下方式解决股票来源：

（1）上市公司回购本公司股票；（2）二级市场购买；（3）认购非公开发行股票；（4）股东自愿赠与；（5）法律、行政法规允许的其他方式。

（六）员工持股计划的持股期限和持股计划的规模

1. 每期员工持股计划的持股期限不得低于 12 个月，以非公开发行方式实施员工持股计划的，持股期限不得低于 36 个月，自上市公司公告标的股票过户至本期持股计划名下时起算；上市公司应当在员工持股计划届满前 6 个月公告到期计划持有的股票数量。

2. 上市公司全部有效的员工持股计划所持有的股票总数累计不得超过公司股本总额的 10%，单个员工所获股份权益对应的股票总数累计不得超过公司股本总额的 1%。员工持股计划持有的股票总数不包括员工在公司首次公开发行股票上市前获得的股份、通过二级市场自行购买的股份及通过股权激励获得的股份。

（七）员工持股计划的管理

1. 参加员工持股计划的员工应当通过员工持股计划持有人会议选出代表或设立相应机构，监督员工持股计划的日常管理，代表员工持股计划持有人行使股东权利或者授权资产管理机构行使股东权利。

2. 上市公司可以自行管理本公司的员工持股计划，也可以将本公司员工持股计划委托给下列具有资产管理资质的机构管理：（1）信托公司；（2）保险资产管理公司；（3）证券公司；（4）基金管理公司；（5）其它符合条件的资产管理机构。

3. 上市公司自行管理本公司员工持股计划的，应当明确持股计划的管理方，制定相应的管理规则，切实维护员工持股计划持有人的合法权益，避免产生上市公司其他股东与员工持股计划持有人之间潜在的利益冲突。

4. 员工享有标的股票的权益；在符合员工持股计划约定的情况下，该权益可由员工自身享有，也可以转让、继承。员工通过持股计划获得的股份权益的占有、使用、收益和处分的权利，可以依据员工持股计划的约定行使；

参加员工持股计划的员工离职、退休、死亡以及发生不再适合参加持股计划事由等情况时，其所持股份权益依照员工持股计划约定方式处置。

5. 上市公司委托资产管理机构管理本公司员工持股计划的，应当与资产管理机构签订资产管理协议。资产管理协议应当明确当事人的权利义务，切实维护员工持股计划持有人的合法权益，确保员工持股计划的财产安全。资产管理机构应当根据协议约定管理员工持股计划，同时应当遵守资产管理业务相关规则。

6. 员工持股计划管理机构应当为员工持股计划持有人的最大利益行事，不得与员工持股计划持有人存在利益冲突，不得泄露员工持股计划持有人的个人信息。

7. 员工持股计划管理机构应当以员工持股计划的名义开立证券交易账户。员工持股计划持有的股票、资金为委托财产，员工持股计划管理机构不得将委托财产归入其固有财产。员工持股计划管理机构因依法解散、被依法撤销或者被依法宣告破产等原因进行清算的，委托财产不属于其清算财产。

三、员工持股计划的实施程序及信息披露

（八）上市公司实施员工持股计划前，应当通过职工代表大会等组织充分征求员工意见。

（九）上市公司董事会提出员工持股计划草案并提交股东大会表决，员工持股计划草案至少应包含如下内容：

1. 员工持股计划的参加对象及确定标准、资金、股票来源；

2. 员工持股计划的存续期限、管理模式、持有人会议的召集及表决程序；

3. 公司融资时员工持股计划的参与方式；

4. 员工持股计划的变更、终止，员工发生不适合参加持股计划情况时所持股份权益的处置办法；

5. 员工持股计划持有人代表或机构的选任程序；

6. 员工持股计划管理机构的选任、管理协议的主要条款、管理费用的计提及支付方式；

7. 员工持股计划期满后员工所持有股份的处置办法；

8. 其他重要事项。

非金融类国有控股上市公司实施员工持股计划应当符合相关国有资产监督管理机构关于混合所有制企业员工持股的有关要求。

金融类国有控股上市公司实施员工持股计划应当符合财政部关于金融类国有控股上市公司员工持股的规定。

（十）独立董事和监事会应当就员工持股计划是否有利于上市公司的持续发展，是否损害上市公司及全体股东利益，公司是否以摊派、强行分配等方式强制员工参加本公司持股计划发表意见。上市公司应当在董事会审议通过员工持股计划草案后的 2 个交易日内，公告董事会决议、员工持股计划草案摘要、独立董事及监事会意见及与资产管理机构签订的资产管理协议。

（十一）上市公司应当聘请律师事务所对员工持股计划出具法律意见书，并在召开关于审议员工持股计划的股东大会前公告法律意见书。员工持股计划拟选任的资产管理机构为公司股东或股东关联方的，相关主体应当在股东大会表决时回避；员工持股计划涉及相关董事、股东的，相关董事、股东应当回避表决；公司股东大会对员工持股计划作出决议的，应当经出席会议的股东所持表决权的半数以上通过。

（十二）股东大会审议通过员工持股计划后 2 个交易日内，上市公司应当披露员工持股计划的主要条款。

（十三）采取二级市场购买方式实施员工持股计划的，员工持股计划管理机构应当在股东大会审议通过员工持股计划后 6 个月内，根据员工持股计划的安排，完成标的股票的购买。上市公司应当每月公告一次购买股票的时间、数量、价格、方式等具体情况。

上市公司实施员工持股计划的，在完成标的股票的购买或将标的股票过户至员工持股计划名下的 2 个交易日内，以临时公告形式披露获得标的股票的时间、数量等情况。

（十四）员工因参加员工持股计划，其股份权益发生变动，依据法律应当履行相应义务的，应当依据法律履行；员工持股计划持有公司股票达到公司已发行股份总数的 5% 时，应当依据法律规定履行相应义务。

（十五）上市公司至少应当在定期报告中披露报告期内下列员工持股计划实施情况：

1. 报告期内持股员工的范围、人数；

2. 实施员工持股计划的资金来源；

3. 报告期内员工持股计划持有的股票总额及占上市公司股本总额的比例；

4. 因员工持股计划持有人处分权利引起的计划股份权益变动情况；

5. 资产管理机构的变更情况；

6. 其他应当予以披露的事项。

四、员工持股计划的监管

（十六）除非公开发行方式外，中国证监会对员工持股计划的实施不设行政许可，由上市公司根据自身实际情况决定实施。

（十七）上市公司公布、实施员工持股计划时，必须严格遵守市场交易规则，遵守中国证监会关于信息敏感期不得买卖股票的规定，严厉禁止利用任何内幕信息进行交易。

（十八）中国证监会对上市公司实施员工持股计划进行监管，对利用员工持股计划进行虚假陈述、操纵证券市场、内幕交易等违法行为的，中国证监会将依法予以处罚。

（十九）法律禁止特定行业公司员工持有、买卖股票的，不得以员工持股计划的名义持有、买卖股票。

（二十）证券交易所在其业务规则中明确员工持股计划的信息披露要求；证券登记结算机构在其业务规则中明确员工持股计划登记结算业务的办理要求。

《关于上市公司实施员工持股计划试点的指导意见》 的起草说明

为了贯彻落实党的十八届三中全会和《国务院关于进一步促进资本市场健康发展的若干意见》（国发〔2014〕17 号）精神，中国证监会起草了《关于上市公司实施员工持股计划试点的指导意见》（以下简称《指导意见》），经国务院同意，现予以发布。《指导意见》分为员工持股计划的基本原则、主要内容、实施程序和信息披露要求及员工持股计划的监管等四部分，共计二十条。现将有关情况说明如下：

一、起草背景

作为企业鼓励其员工持有本公司股票的一种有效方式，员工持股计划在境外成熟市场相当普遍。上市公司实施员工持股计划试点，有利于建立和完善劳动者与所有者的利益共享机制，改善公司治理水平，提高职工凝聚力和公司竞争力。

十八届三中全会决定明确提出"允许混合所有制经济实行企业员工持股，形成资本所有者和劳动者利益共同体"，为实施员工持股计划提供了明确的政策依据。当前上市公司员工持股的现象比较普遍，持股来源多样，在上市公司实施员工持股试点具备了相应的市场基础。目前尚无专门法规规章规范管理上市公司员工持股，需要及时出台规则，强化信息披露，防范风险，促使上市公司员工持股计划更加公开、透明、规范。

二、员工持股计划的性质和基本原则

《指导意见》中所说的员工持股计划是指上市公司根据员工意愿，通过合法方式使员工获得本公司股票并长期持有，股份权益按约定分配给员工的制度安排。员工持股计划的持有人既是设立持股计划的委托人，也是持股计划的受益人。员工持股计划的持有人根据出资额享有标的股票对应的份额权益。员工持股计划持有的股票、资金为委托财产，员工持股计划管理机构不得将委托财产归入其固有财产。

《指导意见》要求员工持股计划符合三条原则：一是依法合规原则，二是自愿参与原则，三是风险自担原则。

三、《指导意见》的主要内容

（一）资金、股票来源和持股数量、期限

员工持股计划资金来源于员工的合法薪酬以及法律、行政法规允许的其他方式。员工持股计划可以通过以下方式解决股票来源：（1）上市公司回购本公司股票；（2）二级市场购买；（3）认购非公开发行股票；（4）股东自愿赠与；（5）法律、行政法规允许的其他方式。

员工持股计划所持有的股票总数累计不得超过公司股本总额的 10%，单个员工所获股份权益对应的股票总数累计不得超过公司股本总额的 1%。每期员工持股计划的最短持股期限为不低于 12 个月。

（二）员工持股计划的管理

员工可以通过员工持股计划持有人会议选出代表或设立相应机构，监督员工持股计划的日常管理、代表员工持股计划持有人行使股东权利或者授权资产管理机构行使股东权利。

上市公司可以自行管理本公司的员工持股计划，也可以选任独立第三方机构，将员工持股计划委托给合格的资产管理机构管理。无论采取那种管理方式，都应切实维护员工持股计划持有人的合法权益。

（三）实施程序和信息披露要求

上市公司实施员工持股计划，要根据《指导意见》的规定充分履行相应程序，并做好信息披露工作，及时向市场披露持股计划的实施情况，接受市场监督。员工持股计划及参与员工，依据法律应当履行相应义务的，应依法履行。

（四）员工持股计划的监管

中国证监会对员工持股计划实施监管，对存在虚假陈述、操纵证券市场、内幕交易等违法行为的，中国证监会将依法予以处罚。

为便于员工持股计划的信息披露及账户管理，《指导意见》规定证券交易所和证券登记结算机构应当在其业务规则中明确员工持股计划的信息披露要求和登记结算业务的办理要求。

四、需要说明的几个问题

（一）自愿参与原则

自愿参与是指是否参加员工持股计划由员工自愿选择。上市公司实施员工持股计划，应当充分征求员工意见，履行相应程序。上市公司不得以摊派、强行分配等方式强制员工参加本公司的员工持股计划。

（二）关于资金和股票来源

关于上市公司实施员工持股计划的资金和股票来源，《指导意见》作了相应的规定，支持企业在法律、行政法规允许的范围内通过不同方式解决资金和股票来源，增强了员工持股计划的可操作性。

（三）股东自愿赠与及公司回购股票奖励员工

股东自愿赠与作为解决股票来源的一种方式，需股东自愿采取且需要履行相应的股东内部审批程序。股东自愿赠与是员工获得股份的方式，员工通过此种方式取得公司股份后，与其他投资者享受平等股东权益。

公司采取回购本公司股票奖励员工的方式解决员工持股计划股票来源时，员工自愿参与且机会平等，通过股东大会、职工代表大会等决策程序，最大程度的保障公平性。

（四）员工持股计划期限与标的股票锁定期限

员工持股计划长期持续有效。每期员工持股计划持有股票的锁定期为不低于 12 个月，公司可以自行规定更长的持股期限。以非公开发行方式实施员工持股计划，根据《上市公司证券发行管理办法》、《上市公司非公开发行股票实施细则》的规定，持股期限确定为 36 个月。

（五）《指导意见》与相关政策的衔接

《指导意见》对所有类型的上市公司都具有直接的指导和规范作用。上市公司实施员工持股计划应依据《指导意见》的规定。此外，非金融类国有控股上市公司实施员工持股计划应当符合相关国有资产监督管理机构关于混合所有制企业员工持股的有关要求，金融类国有控股上市公司实施员工持股计划应当符合财政部关于金融类国有控股上市公司员工持股的规定。

（六）实施员工持股计划是否需要行政许可

上市公司可以根据《指导意见》采取不同的方式实施员工持股计划。除非公开发行方式外，中国证监会对员工持股计划的实施不设行政许可。

特此说明。

《关于做好股权激励和技术入股所得税政策贯彻落实工作的通知》

税总函〔2016〕496号

各省、自治区、直辖市和计划单列市国家税务局、地方税务局：

为进一步鼓励科技创新，充分调动科研人员创新创业积极性，经国务院批准，财政部和税务总局联合制发了《关于完善股权激励和技术入股有关所得税政策的通知》（财税〔2016〕101号）。为确保该项优惠政策不折不扣落实到位，现将有关事项通知如下：

一、高度重视，切实强化组织领导

1. 强化组织领导。实施股权激励和技术入股所得税优惠政策，是国务院在经济发展新常态下作出的又一项重大决策。该项政策优惠力度大，对鼓励创新创业，调动科研人员积极性，最大程度将科技成果转化为现实生产力具有积极的促进作用。各级税务机关务必高度重视，强化组织领导，明确职责分工，确保政策落到实处。

二、全面宣传，及时开展政策培训

2. 及时做好政策业务培训。股权激励和技术入股所得税政策调整较大，涉及多个税种、多个环节、多项所得。各地税务机关要充分领会政策精神，熟悉政策内容和征管规定，迅速开展税务干部及相关人员的政策业务培训工作，确保办税服务厅咨询人员、窗口受理人员、12366热线服务人员及其他一线征管人员能够第一时间熟练掌握政策规定内容和操作要求。

3. 全面开展政策宣传。各级税务机关应充分利用门户网站、广播、手机短信、办税服务厅电子屏幕、12366热线、报纸、电视等传统宣传渠道，积极尝试利用微博、微信等新兴宣传渠道，开展全方位、立体式的广泛宣传。

三、优化服务，提升业务办理效率

4. 不断提高纳税服务水平。积极扩展和畅通渠道，加强与纳税人沟通。

热情服务纳税人，耐心细致地做好政策辅导和解释工作。及时受理纳税人报送的备案资料，减少纳税人等待时间，妥善解决征纳过程中出现的问题。

5. 切实提升业务办理效率。结合本地区征收管理和纳税服务的实际情况，利用现代化的信息技术和管理手段，不断提升咨询、查询、受理、反馈等业务环节的办理效率，使纳税人办理业务更加便捷。

四、完善管理，形成协同共治合力

6. 加强事中事后管理。主管税务机关要建立规范的电子台账，对报送的股权激励和技术入股备案表及其他证明材料进行系统登记和录入。根据年度报告表及时动态调整台账，定期开展风险分析，实行闭环式管理。

7. 深化国税地税合作。税务机关内部各相关部门之间、各级税务机关之间，要紧密衔接配合。国税部门和地税部门要深化沟通合作，建立长效机制，加强信息共享，凝聚服务和征管合力，确保该优惠政策落实到位。

8. 加强部门协同共治。要进一步加强与科技、知识产权、工商行政管理等部门的协作配合，建立统一规范的信息交换平台和信息共享机制，保障及时获取技术成果转让、股权变更等涉税信息，实现信息共享、管理互助。

五、加强分析，强化舆情监测应对

9. 深入开展效应分析。不折不扣地做好股权激励和技术入股所得税优惠政策的贯彻落实，严格做好相关数据统计，积极开展以政策效应分析为重点的税收分析，每季度首月末向税务总局（所得税司）报送上季度统计数据和分析材料。

10. 加强舆情监测应对。加强与媒体沟通，引导宣传重点，避免因曲解或误读政策引发负面舆情。密切关注舆论焦点，发现问题按规定及时上报和处理。

国家税务总局

2016 年 9 月 28 日

《关于股权奖励和转增股本个人所得税征管问题的公告》

国家税务总局公告 2015 年第 80 号

为贯彻落实《财政部 国家税务总局关于将国家自主创新示范区有关税收试点政策推广到全国范围实施的通知》（财税〔2015〕116 号）规定，现就股权奖励和转增股本个人所得税征管有关问题公告如下：

一、关于股权奖励

（一）股权奖励的计税价格参照获得股权时的公平市场价格确定，具体按以下方法确定：

1. 上市公司股票的公平市场价格，按照取得股票当日的收盘价确定。取得股票当日为非交易时间的，按照上一个交易日收盘价确定。

2. 非上市公司股权的公平市场价格，依次按照净资产法、类比法和其他合理方法确定。

（二）计算股权奖励应纳税额时，规定月份数按员工在企业的实际工作月份数确定。员工在企业工作月份数超过 12 个月的，按 12 个月计算。

二、关于转增股本

（一）非上市及未在全国中小企业股份转让系统挂牌的中小高新技术企业以未分配利润、盈余公积、资本公积向个人股东转增股本，并符合财税〔2015〕116 号文件有关规定的，纳税人可分期缴纳个人所得税；非上市及未在全国中小企业股份转让系统挂牌的其他企业转增股本，应及时代扣代缴个人所得税。

（二）上市公司或在全国中小企业股份转让系统挂牌的企业转增股本（不含以股票发行溢价形成的资本公积转增股本），按现行有关股息红利差别化政策执行。

三、关于备案办理

（一）获得股权奖励的企业技术人员、企业转增股本涉及的股东需要分期缴纳个人所得税的，应自行制定分期缴税计划，由企业于发生股权奖励、转增股本的次月 15 日内，向主管税务机关办理分期缴税备案手续。

办理股权奖励分期缴税，企业应向主管税务机关报送高新技术企业认定证书、股东大会或董事会决议、《个人所得税分期缴纳备案表（股权奖励）》、相关技术人员参与技术活动的说明材料、企业股权奖励计划、能够证明股权或股票价格的有关材料、企业转化科技成果的说明、最近一期企业财务报表等。

办理转增股本分期缴税，企业应向主管税务机关报送高新技术企业认定证书、股东大会或董事会决议、《个人所得税分期缴纳备案表（转增股本）》、上年度及转增股本当月企业财务报表、转增股本有关情况说明等。

高新技术企业认定证书、股东大会或董事会决议的原件，主管税务机关进行形式审核后退还企业，复印件及其他有关资料税务机关留存。

（二）纳税人分期缴税期间需要变更原分期缴税计划的，应重新制定分期缴税计划，由企业向主管税务机关重新报送《个人所得税分期缴纳备案表》。

四、关于代扣代缴

（一）企业在填写《扣缴个人所得税报告表》时，应将纳税人取得股权奖励或转增股本情况单独填列，并在"备注"栏中注明"股权奖励"或"转增股本"字样。

（二）纳税人在分期缴税期间取得分红或转让股权的，企业应及时代扣股权奖励或转增股本尚未缴清的个人所得税，并于次月 15 日内向主管税务机关申报纳税。

本公告自 2016 年 1 月 1 日起施行。

特此公告。

附件：1.《个人所得税分期缴纳备案表（股权奖励）》及填报说明

2.《个人所得税分期缴纳备案表（转增股本）》及填报说明

国家税务总局

2015 年 11 月 16 日

《关于股权激励有关个人所得税问题的通知》

国税函〔2009〕461号

各省、自治区、直辖市和计划单列市地方税务局，西藏、宁夏、青海省（自治区）国家税务局：

为适应上市公司（含境内、境外上市公司，下同）薪酬制度改革和实施股权激励计划，根据《中华人民共和国个人所得税法》（以下简称个人所得税法）、《中华人民共和国个人所得税法实施条例》（以下简称实施条例）有关精神，财政部、国家税务总局先后下发了《关于个人股票期权所得征收个人所得税问题的通知》（财税〔2005〕35号）和《关于股票增值权所得和限制性股票所得征收个人所得税有关问题的通知》（财税〔2009〕5号）等文件。现就执行上述文件有关事项通知如下：

一、关于股权激励所得项目和计税方法的确定

根据个人所得税法及其实施条例和财税〔2009〕5号文件等规定，个人因任职、受雇从上市公司取得的股票增值权所得和限制性股票所得，由上市公司或其境内机构按照"工资、薪金所得"项目和股票期权所得个人所得税计税方法，依法扣缴其个人所得税。

二、关于股票增值权应纳税所得额的确定

股票增值权被授权人获取的收益，是由上市公司根据授权日与行权日股票差价乘以被授权股数，直接向被授权人支付的现金。上市公司应于向股票增值权被授权人兑现时依法扣缴其个人所得税。被授权人股票增值权应纳税所得额计算公式为：

股票增值权某次行权应纳税所得额＝（行权日股票价格－授权日股票价格）×行权股票份数。

三、关于限制性股票应纳税所得额的确定

按照个人所得税法及其实施条例等有关规定，原则上应在限制性股票所有权归属于被激励对象时确认其限制性股票所得的应纳税所得额。即：上市公司实施限制性股票计划时，应以被激励对象限制性股票在中国证券登记结算公司（境外为证券登记托管机构）进行股票登记日期的股票市价（指当日收盘价，下同）和本批次解禁股票当日市价（指当日收盘价，下同）的平均价格乘以本批次解禁股票份数，减去被激励对象本批次解禁股份数所对应的为获取限制性股票实际支付资金数额，其差额为应纳税所得额。被激励对象限制性股票应纳税所得额计算公式为：

应纳税所得额＝（股票登记日股票市价+本批次解禁股票当日市价）÷2×本批次解禁股票份数−被激励对象实际支付的资金总额×（本批次解禁股票份数÷被激励对象获取的限制性股票总份数）

四、关于股权激励所得应纳税额的计算

（一）个人在纳税年度内第一次取得股票期权、股票增值权所得和限制性股票所得的，上市公司应按照财税［2005］35号文件第四条第一项所列公式计算扣缴其个人所得税。

（二）个人在纳税年度内两次以上（含两次）取得股票期权、股票增值权和限制性股票等所得，包括两次以上（含两次）取得同一种股权激励形式所得或者同时兼有不同股权激励形式所得的，上市公司应将其纳税年度内各次股权激励所得合并，按照《国家税务总局关于个人股票期权所得缴纳个人所得税有关问题的补充通知》（国税函［2006］902号）第七条、第八条所列公式计算扣缴个人所得税。

五、关于纳税义务发生时间

（一）股票增值权个人所得税纳税义务发生时间为上市公司向被授权人兑现股票增值权所得的日期；

（二）限制性股票个人所得税纳税义务发生时间为每一批次限制性股票解禁的日期。

六、关于报送资料的规定

（一）实施股票期权、股票增值权计划的境内上市公司，应按照财税〔2005〕35号文件第五条第（三）项规定报送有关资料。

（二）实施限制性股票计划的境内上市公司，应在中国证券登记结算公司（境外为证券登记托管机构）进行股票登记、并经上市公司公示后15日内，将本公司限制性股票计划或实施方案、协议书、授权通知书、股票登记日期及当日收盘价、禁售期限和股权激励人员名单等资料报送主管税务机关备案。

境外上市公司的境内机构，应向其主管税务机关报送境外上市公司实施股权激励计划的中（外）文资料备案。

（三）扣缴义务人和自行申报纳税的个人在代扣代缴税款或申报纳税时，应在税法规定的纳税申报期限内，将个人接受或转让的股权以及认购的股票情况（包括种类、数量、施权价格、行权价格、市场价格、转让价格等）、股权激励人员名单、应纳税所得额、应纳税额等资料报送主管税务机关。

七、其他有关问题的规定

（一）财税〔2005〕35号、国税函〔2006〕902号和财税〔2009〕5号以及本通知有关股权激励个人所得税政策，适用于上市公司（含所属分支机构）和上市公司控股企业的员工，其中上市公司占控股企业股份比例最低为30%（间接控股限于上市公司对二级子公司的持股）。

间接持股比例，按各层持股比例相乘计算，上市公司对一级子公司持股比例超过50%的，按100%计算。

（二）具有下列情形之一的股权激励所得，不适用本通知规定的优惠计税方法，直接计入个人当期所得征收个人所得税：

1. 除本条第（一）项规定之外的集团公司、非上市公司员工取得的股权激励所得；

2. 公司上市之前设立股权激励计划，待公司上市后取得的股权激励所得；

3. 上市公司未按照本通知第六条规定向其主管税务机关报备有关资料的。

（三）被激励对象为缴纳个人所得税款而出售股票，其出售价格与原计税价格不一致的，按原计税价格计算其应纳税所得额和税额。

八、本通知自发文之日起执行

本文下发之前已发生但尚未处理的事项，按本通知执行。

国家税务总局

二〇〇九年八月二十四日